조정래 장편소설

정글만리

조정래
장편소설

1

정글만리

해냄

두 가지 의미

1980년대 중반의 일이었다. 개혁개방한 중국의 미래에 대해 전망하는 자리가 있었다.

"라면 하나씩만 팔아도 10억 개다."

"그들이 양말 한 짝씩만 만들어도 5억 켤레다."

그리고 6년쯤 지나 소설 취재를 위해 중국에 갔었다. 그때 왜 소련은 몰락했는데 중국은 건재하는지 그 이유를 확인했다. 그 발견과 함께 중국을 무대로 새 소설을 써야겠다는 생각이 일었다. 새 소설을 취재하면서 또다른 새 소설을 생각하곤 하는 습관성이 또 고개를 든 것이다.

그런데 지금 중국의 인구는 14억에 이르렀고, 중국은 G2가 되었다. 이 느닷없는 사실에 세계인들이 놀라고, 중국 스스로도 놀라고 있다. 예상을 40년이나 앞당겼기 때문이다. 그러나 그건 흔히 말하는 '기적'이 아니다. 중국 전 인민들이 30여 년 동안 흘린 피땀의 결실이다. 우리의 지난날이 그렇듯이.

이제 머지않아 중국이 G1이 되리라는 것을 부인하는 사람은 아무도 없다. 그런데, 중국이 강대해지는 것은 21세기의 전 지구적인 문제인 동시에 수천 년 동안 국경을 맞대온 우리 한반도와 직결된 문제이다.

중국인들이 오늘을 이루어내는 동안 겪은 삶의 애환과 고달픔도 우리의 경험과 다를 게 무어랴. 그 이야기를 두루 엮어보고자 했다.

그리고 우리는 분단 현실 때문에 작가들의 의식에도 울타리가 쳐져 휴전선 이남을 벗어나 다른 곳을 소설 무대로 삼아본 적이 거의 없다.

"그들이 빛의 속도로 산업화하고 근대화할 수 있다는 것을 믿는다."

작가 펄 벅이 1962년에 한 말이다. 작가의 투시력이 40년 앞을 내다본 것이다.

이제 세 권의 소설을 마친다.

다시 새 작품을 향해 새 길을 떠날 짐을 꾸려야겠다.

2013년 7월

조정래

조정래 장편소설

정글만리 **1**

| 차례 |

깨끗한 돈, 더러운 돈

"오시느라고 수고하셨습니다. 저 전대광입니다."

남자는 상대방의 이름이 적힌 종이를 반으로 접는가 싶더니 곧바로 명함을 내밀었다. 그 연속동작은 기름칠이 잘된 기계의 작동처럼 빠르고도 자연스러웠다. 그의 그런 동작은 울림 좋은 목소리며 부드러운 표정과 어울려 세련된 여행사 직원 같은 느낌을 풍기기도 했다.

"아 예에……, 제가 명함이……."

명함 교환을 예상하지 못했던지 상대방은 당황스런 몸짓으로 양복 주머니를 더듬었다.

"아니 괜찮습니다. 저는 원장님께서 안심하시도록 명함을 드려야 하지만, 원장님이야 제가 다 알고 있는걸요." 전대광은 큼직한 여행 가방 두 개가 실린 카트를 자기 앞으로 끌어당기며, "저희야 날마다 명함 남발해 대는 생활이라 그렇지만, 원장님이야 명함 쓰실 일이 별로 없으시니……." 얼른 명함을 찾아내지 못하는 상대방의 입장까지 배려하고 있었다.

"이거……, 분명히 챙겨 넣었는데……."

허둥대듯 이 주머니, 저 주머니로 손을 옮기고 있는 상대방의 얼굴에까지 당황스러움이 드러나고 있었다.

"복잡하니까 우선 밖으로 나가시지요." 전대광은 카트를 밀기 시작하면서, "아이고 인간들, 어지간히 떠들어대네. 이 버릇 언제나 고쳐지려나 그래." 그는 시끌시끌한 소리가 넘쳐나는 공항 대합실을 둘러보며 혀를 찼다.

중국 '경제 수도'의 공항답게 드넓은 대합실은 사람만 와글와글 가득 찬 것이 아니었다. 그 많은 사람들이 마음 놓고 떠들어대는 소리가 높은 천장을 더 높이 떠받쳐 올릴 기세였다. 그 시끄러운 소리들은 주고받는 말 때문만이 아니었다. 핸드폰 거는 소리들이 더 많았다. 중국사람들은 전파 성능이 뛰어난 최첨단 전화기를 쓰면서도 어찌 된 일인지 있는껏 고래고래 소리를 질러댔다. 초고속의 줄기찬 경제발전 속도에 따라 핸드폰 소지자는 날로달로 늘어나게 되어 있고, 그 와글바글 끓어오르는 소음은 갈수록 심해질 수밖에 없었다. 그런데 중

국사람들의 말소리 큰 버릇은 정부도 골치를 썩는 문젯거리
였다. 대국이라고 뻐기는 것과 몐쯔(체면) 세우는 것은 중국
사람들이 유별나게 좋아하는 것이었다. 그러니 올림픽 개최
는 그 두 가지 기분을 배 터지도록 즐길 수 있는 그야말로 하
늘이 내려주신 절호의 찬스가 아닐 수 없었다. 지구 60억 인
구 중에 40억이 동시에 텔레비전을 보는 게 올림픽 아니던가.
그러나 '대국으로서의, 체면'을 당당하고 거룩하게 세우는 일
은 그리 쉽게 될 일이 아니었다. 몇몇 가지를 단속하고 정비하
지 않고는 대국의 체면을 망치고, 전 세계 사람 모두에게 돈
들여 망신을 사게 되어 있었다. 그래서 중국 정부는 그들의
주특기의 하나인 '자아비판'의 실력을 동원하여 꼭 고쳐야 할
자신들의 결점 10가지를 간추려 뽑았다. 그리고 국민들을 향
해 엄숙하게 전개하기 시작한 올림픽 캠페인은 '문명 10대 개
조'였다. 머리를 깨끗하게 깎자. 잠옷 입고 외출하지 말자. 아
무 데나 침 뱉지 말자. 웃통 벗고 다니지 말자. 그런 것들 중
에 '아무 데서나 떠들지 말자'도 분명히 들어 있었다. 그런데
이게 어찌 된 일인가. 그 엄숙한 문명 운동이 아무런 효과도
못 거둔 것일까. 아니면 올림픽이 끝나자 그 몹쓸 병이 다시
금 도진 것일까. 중국 제일의 상업도시라서 베이징 공항 못지
않게 외국인들이 많이 드나드는 상하이 공항은 중국말 특유
의 억센 악센트들이 부딪치고 뒤엉키며 시끌시끌한 소음의

바다를 만들고 있었다.

"아니, 그거 이리 주십시오. 전 부장님이 여행사 가이드도 아니고……."

상대방이 다급하게 전대광을 뒤따르며 카트를 잡으려고 팔을 뻗었다.

"괜찮습니다. 신경 쓰지 마세요. 원장님은 상하이가 초행인 손님이시고, 저는 엄연히 중국 정부에 세금을 바치고 있는 상하이 시민입니다. 그리고 직업상 이런 식의 손님 접대는 몸에 배기도 했구요."

전대광은 상대방과 눈길을 맞추며 입술로 웃었다.

"이거 죄송해서……." 상대방은 마주 웃으며, "이 사람들, 인천 공항에서보다 몇 배 더 떠드는군요. 이건 원……." 그는 두 손으로 귀를 막는 듯한 몸짓을 하며 강한 느낌으로 고개를 절레절레 저었다. 그런 얼굴에 어두운 그늘이 스쳐갔다.

"너무 실망하지 마십시오. 첫인상치고는 별로 좋진 않지만, 살다 보면 곧 익숙해지게 됩니다. 그리고 중국은 이런 거슬리는 것보다는 마음에 들고, 좋은 게 더 많은 곳입니다."

"예, 적응해 가야지요."

그 남자는 그늘을 털어내며 목소리를 바꾸었다.

'아, 당신은 상사원이라 그런지 무척 눈치도 빠르고, 세련됐군. 인상만이 아니라 목소리도 좋고. 타고난 상사원이야. 난 당신같이 사교성 있는 사람이 부러워.' 그는 걸으며 옆눈길로 전대광이라는 40대 중반의 사내를 살폈다.

둘이는 트렁크에 가방 하나씩을 실었다.

"여기 있습니다." 벨트를 맨 그가 전대광에게 명함을 내밀고는, "겉주머니에 두고는 괜히 속주머니만 뒤졌으니……." 혼잣말을 흘렸다.

명함을 받아 든 전대광은 금세 어이없는 얼굴이 되었다. 명함에 적힌 이름 서, 하, 원. 그것은 분명 한글이었다. 세종대왕께서는 분명 너 기특하다 하시겠지만, 그는 무슨 생각으로 김포가 아닌 인천 공항에서 비행기를 탄 것일까. 주민등록증이 아닌 여권을 내고 국제선 비행기를 타면서 한글 전용 명함을 휴대한 그의 둔감이 참 대단하다 싶었다. 그러나 실소가 나오려는 감정을 전대광은 곧 바로잡았다. 싼 인건비를 찾아 중국 땅으로 쏟아져 나왔던 한국 중소기업의 그 많은 사장님들은 명함을 센스 있게 다 한문으로 바꾸셨다. 그런데 직함만은 모두 '社長'이거나 '代表'였으니 중국에서 불통이었다. 중국에서 사장 직함이 총경리(總經理)라는 것을 깨닫기까지는 한참이 걸렸다. 돈벌이는 눈치놀음이라고 하는 사장님들께오서 그런 무지와 둔감을 저지르는 판이었으니 의사 선생님의 그런 둔감은 그야말로 애교로 봐줄 수밖에 없다 싶었다.

내가 명함 새로 박아줘야 하게 생겼네, 하고 생각하며 전대광은 서하원에게로 눈길을 돌렸다. 서하원은 아까 받은 명함을 손끝에 들고 유심히 내려다보고 있었다. 이름을 암기하는 것도 아닐 것이고, 그게 무슨 초친맛인지 알 수가 없었다.

"그 이름 참 한심하지요?"

전대광은 핸들을 우회전으로 돌리며 불쑥 말했다.

"네에……?"

서하원은 자다 깬 듯한 눈길로 전대광을 쳐다보았다.

"그 이름, 둘째가라면 서러울 정도로 촌스럽잖아요. 큰 대(大)에, 빛 광(光), 아무 글자나 하나만 쓸 일이지 좋은 뜻을 곱빼기로 갖다 붙였으니, 우리 아버지 욕심이 촌스러움의 극치예요. 그렇게 기도해 봤자 기껏 종합상사 부장 꼴일 뿐인데……."

전대광은 혀를 차면서 코웃음을 쳤다.

"저는 그런 생각은 전혀 안 했고……, 그냥 전 부장님이 인상이 참 좋구나……, 좋은 사람 같다……." 서하원은 밥을 꼭꼭 씹는 것처럼 말을 누르는 느낌으로 느리게 하고, "세상에는 고약한 사람들만 드글드글한 줄 알았는데……." 그는 이 말을 멀리 사라지는 소리처럼 중얼거렸다.

전대광은 그의 얼굴을 흘낏 곁눈질했다. 그 얼굴에 쓸쓸한 기색과 함께 또 그늘이 스치고 지나갔다.

전대광의 뇌리에는 언젠가 텔레비전 화면에서 본 양 한 마리가 떠올랐다. 어떤 사나운 동물들에게 물어뜯긴 것인지 그 양은 상처투성이의 몸으로 바위틈에서 오들오들 떨고 있었다. 클로즈업된 두 눈에는 눈물이 그렁그렁 어려 있었다. 아, 양도 우는구나! 그때 처음 느낀 가슴 먹먹함이었고, 그렇지, 소도 우는데……, 하며 그 양을 다시 보려 했을 때 화면은 광막한 초원으로 바뀌어 있었다. 상처 입은 그 가엾은 짐승, 얼마나 고통스럽고 겁나고 외로웠을까……, 어떻게 되었을까……, 그렇게 떨어대다가 혼자 죽어갔을까…….

한동안 그 가엾은 짐승의 모습이 문득문득 떠오르곤 했었다. 그건 어쩌면 자신의 모습이었는지도 모른다. 이국땅에서 종합상사의 영업을 하며 받아온 크고 작은 상처가 그 얼마인지 알 수가 없었다. 그 양은 몸을 물어뜯겼지만 자신은 마음을 물어뜯긴 것이었다. 아프고 겁나고 외로웠지만 그때마다 그 상처를 스스로 어루만지고 핥으며 다시 일어나고는 했었다.

거절을 두려워하지 말라!

종합상사원의 절대 수칙이었다. 아니, 절대 조건이었다. 아니, 절대 신념이었다. 그것을 실천할 수 없으면 영업하는 자가 될 수 없었다.

거절당할수록 찾아가라. 웃으면서 열 번이고 백 번이고 찾아가라. 그런 배짱과 용기가 없다면 일찌감치 여길 떠나라.

전 세계를 누비며 영업을 했다는 상무의 잔혹하리만큼 냉정한 말이었다. 정말 그 말에 기 질려 사원 생활 사나흘 만에 그만둔 사람도 서넛 되었다. 역시 그 상무의 말은 과장도 잔혹한 것도 아니었다. 영업 현장은 늘 숨 가쁘고 냉정하고 치열했다. 거절당하는 것은 자신만이 아니었다. 자본주의 글로벌 시대에 세계 영업 현장에서 뛰고 있는 사람은 수백만, 수천만이었다. 그들은 동병상련의 동업자이면서 경쟁자였다. 그들의 존재가 두려운 한편으로 위안이 되기도 했다. 주저앉고 일어서고, 넘어지고 다시 일어서면서 부장 자리를 차지했던 것이다.

그런데 서하원이 갑자기 그 상처 입은 양으로 보였다.

"원장님, 다 잊으세요. 국내에서 있었던 일 다 잊으세요. 여긴 중국입니다. 새 세상이에요. 나라만 바뀐 게 아니라 시장이 바뀌었다니까요. 의료시장……, 이게 말이 되나?" 전대광은 고개를 갸우뚱하다가는, "응, 말이 안 될 게 없지. 시장은 엄연히 시장이니까. 의료시장이 막대하게 넓어졌어요. 인구 5천만의 한국이 호수라면, 14억의 중국은 망망대해예요. 그 망망대해의 의료시장이 원장님 앞에 쫘아악 펼쳐져 있는 겁니다. 원장님의 새 인생이 열린 거라구요." 그는 '쫘아악'이라는 긴 어감에 맞추어 오른팔을 왼쪽에서부터 오른쪽으로 시원스럽게 저었다.

"글쎄요. 한국까지 원정을 오는 건 상류층의 극히 일부고……."

서하원은 예의 중얼거리는 투로 말했다.

"아 예, 중국시장이 어떤지 아직 감이 안 잡히시는 모양이군요. 당연합니다. 우리 한국사람들은 아직도 중국이 싼 인건비에 목을 매고 있는 것으로 알고 있는데, 그건 번지수가 영 틀린 생각입니다. 중국은 변해도 엄청나게, 정신을 차릴 수 없도록 빠르게 변하고 있습니다. 세계적으로 G2가 된 것이 그것을 입증합니다. 중국이 어느 날 갑자기, 느닷없이 G2가 되었을 때 전 세계가 깜짝 놀랐습니다. 당사자인 중국도 어리뺑뺑했다니 다른 나라들이야 더 말해서 뭐하겠습니까. G2는 그만두고, 중국 1인당 GDP가 4천 불이 되려면 2040년쯤에나 가능하다고 생각했었지요. 미국만이 아니라 유럽도, 일본도, 당사자 중국까지도 그렇게 생각하고 있었어요. 그런데, 작년 2010년에 일본을 걷어차고 G2 자리를 차지한 겁니다. 참, 예상을 30년이나 앞당겨버렸으니 각 나라가 받은 충격이 어땠겠어요. 일본은 날벼락 맞아 기절해 버렸고, 미국은 야구방망이로 뒤통수 맞아 정신이 어질어질하고, 유럽 국가들은 라이트 레프트 스트레이트를 맞아 비틀비틀하고, 우리 한국사람들은 무슨 소린지 감이 잘 안 잡혀 눈을 껌벅껌벅하고 있는 상태지요. G2를 한마디로 하자면 '세계 공장'이었던 중국이

'세계 시장'으로 바뀌었다는 뜻이고, 세계의 소비시장이 된 구체적인 예는 많지만, 두 가지만 들겠습니다. 상용차를 포함한 모든 자동차의 수가 2억 대를 넘어 미국을 제치고 세계 1위가 되었고, 여성들의 명품 사냥이 브라질을 밀어내고 2위가 되었으며, 미국마저 제치고 1위를 차지하는 것은 시간문제입니다. 여성들의 그 기세는 이미 성형으로 불이 붙기 시작했습니다. 14억 중에서 절반이 여성이고, 7억 중에서 절반이 예뻐지기를 갈망하고 있습니다. 이래도 시장이 무궁무진하고 망망대해라는 것이 실감이 안 되십니까?"

전대광은 고개를 완전히 돌려 서하원을 빤히 쳐다보았다. 소나타의 속도계 바늘은 120킬로에 머물러 있었다.

"예, 말씀 듣고 보니 그렇군요. 저는 그런 데는 무식해서……."

서하원은 멋쩍은 얼굴에 부끄러움을 드러내며, 대기업 종합상사 부장은 괜히 부장이 아니군, 중국에 대해선 아주 도통해 있어, 전대광에 대한 믿음이 한결 깊어지고 있었다. 아니, 그에 대한 믿음이 아니라 자신의 앞날에 대한 안도라고 해야 옳았다.

"무식하긴요. 의사 선생님이 이런 것까지 다 알면 곤란하지요. 우리 같은 사람이 아는 체할 게 없어지니까요."

전대광이 소리 내 웃었고, 서하원도 처음으로 밝은 웃음을 피워냈다.

"원장님, 혹시 류샤오치라고 아십니까?"

"류샤오치……?"

"예, 당연히 몰라야 합니다. 저도 중국 오기 전에는 몰랐던 인물이니까요. 그 사람은 마오쩌둥, 우리 식으로 하면 모택동과 함께 중국 공산혁명을 이룩해 중화인민공화국을 세운 중요 정치인 중의 한 사람인데, 그 사람이 아주 중요한 말을 했어요. 나라를 세워놓고 전 사회를 공산당 질서로 탈바꿈시키기 위한 운동이 대대적으로 벌어지고 있었어요. 그 열기에 따라 여자들이 화장을 하는 것은 부르주아 행태고 불필요한 낭비일 뿐이니 화장품 공장을 없애버리자는 의견이 나왔어요. 많은 사람들이 들뜬 소리로 지지하고 나섰는데, 류샤오치는 반대로 손을 저었어요. 그가 말하기를, '여성들이 화장을 안 하면 그건 사람 사는 세상이 아니다. 화장품 공업 발전 여부는 우리가 결정할 문제가 아니다. 인민들이 필요로 하면 저절로 발전하게 마련이다' 했어요. 그 말 어떻게 생각하세요?"

"예에, 그것 참 멋진데요. 그래서 어떻게 됐어요?"

서하원은 밝은 기색으로 관심을 드러냈다.

"그 사람 말대로 됐죠. 그 사람이 모택동 다음가는 2인자였으니까요. 그 사람은 여자들이 화장을 하고 싶어 하는 건 여자들이 예뻐지고 싶어 하는 본능의 작용이라는 것을 알고 있었고, 그 본능이 G2가 된 시점에 이르러 걷잡을 수 없이 폭발하고 있는 겁니다. 그 증거가 바로 2~3년 전부터 한국 화장품들이 없어서 못 팔아먹을 정도로 폭발적 인기를 누리고 있는 것이고, 성형 붐도 함께 불기 시작한 바람 아닙니까."

"아, 그게 그렇군요. 알 것 같습니다."

서하원은 고개까지 끄덕였는데, 그 오른손이 가슴을 누르고 있었다.

서하원이 그렇게 안도하는 것을 보면서 전대광은 적이 만족을 느꼈다. 앞길에 대해 몹시 불안해하고 있을 그를 안심시켜 주고 싶었던 것이다.

"이제부터 상하이 시내로 본격 진입합니다." 전대광은 엉덩이를 약간 들썩이며 자리를 고쳐 앉고는, "참 이름이 한자로 무슨 자, 무슨 자를 씁니까?" 지나가는 말처럼 물었다.

"아 예, 물 하(河) 자에, 멀 원(遠) 자를 씁니다."

"아, 멀리 흘러가는 강이라, 멋있습니다. 운치가 아주 그만이에요."

전대광은 빈말하는 것이 아니었다. 그 이름이 참 문학적이라고 느끼고 있었다.

"어, 어, 어! 저, 저, 저것!"

서하원이 상체를 벌떡 일으키며 다급한 소리를 토해 냈다. 그의 오른손은 어느새 천장의 손잡이를 틀어잡고 있었다.

"놀라지 마세요. 이게 상하이예요."

전대광은 빙그레 웃으며 말했다. 그러나 여유로운 목소리와는 반대로 그의 두 눈은 앞을 주시하고 있었다.

차창 밖의 넓은 도로는 믿을 수 없을 지경으로 온갖 바퀴 달린 것들이 뒤죽박죽 뒤엉켜 굴러가고 있었다. 버스 뒤에 자전거, 그 사이로 파고드는 오토바이, 승용차 옆으로 바짝 붙은 삼륜차, 삼륜차를 아슬아슬하게 피하는 리어카, 그것들 사이사이를 피해 길을 건너는 보행자들……. 금방 교통사고가 일어날 것만 같은 그 어지러운 난장판을 처음 본 서하원이 다급한 소리를 토할 만했다.

"안심하고 눈 감고 계세요. 이런 길에서 10년 넘게 무사고 운전을 해온 베테랑이니까요."

바로 그 순간이었다. 차가 크게 출렁하며 급정거를 했다.

"아니, 쩌, 쩌, 쩌 사람……."

서하원이 창밖을 손가락질하며 말을 더듬고 있었다. 그의 얼굴이 하얗게 변해 있었다.

"새끼, 재수 없게 끼어들고 지랄이야!"

전대광은 침을 내뱉듯 말하며 거칠게 입술을 훔쳤다. 그런 그 모습은 전혀 딴사람이었다.

"어쩌지요, 저 사람. 전혀 꼼짝을 안 하는데, 많이 다친 것 같아요."

서하원이 당황해서 말을 더듬었다.

자전거와 함께 길바닥에 나뒹굴어진 남자는 정말 미동도 없었다.

서하원은 겁 질린 얼굴로 허둥지둥 벨트를 풀었다. 그리고 차 문을 열려고 했다. 그때 전대광이 재빨리 그의 팔을 틀어 잡으며 말했다.

"나가면 큰일 나요. 저 새끼 저거, 어디서 피가 나나, 안 나나만 봐주세요."

전대광이 명령하듯 말했다.

"피요? 피가 문제가 아니에요. 뇌진탕은 피가 안 나오고도 죽을 수가 있어요. 빨리 신고해서 앰뷸런스를 불러야 해요."

서하원의 얼굴에는 '이 무식한 자야' 하는 안타까움이 진하게 내배고 있었다. 그는 다시 문을 열려고 했다.

"아 글쎄, 내 감이 있다니까요. 피 나나, 안 나나 그것만 살펴보라구요."

전대광이 다시 서하원의 소매를 낚아채며 소리쳤다.

전대광의 서슬에 눌린 서하원은 창밖 저 길바닥에 쓰러져 있는 남자에게로 시선을 집중시킬 수밖에 없었다. 핸들 위에 두 주먹을 불끈 말아 쥔 전대광은 매서운 눈길로 그 남자를 응시하고 있었다.

그러는 동안에 도로에서는 난리가 나고 있었다. 차들은 시합이라도 하듯 빵빵거리고, 길은 더 어지럽게 뒤엉키고, 그 북새통에 어떤 차는 그 쓰러진 남자 옆에 멈춰서 구경을 하고 있었다.

"봐요, 봐요! 저 새끼 방금 눈 빠끔 떴지요?"

전대광이 목소리만큼 다급하게 서하원을 흔들었다.

"글쎄요, 뜬 것 같기도 하고, 아닌 것 같기도 하고……." 서하원은 우물쭈물했고, "이젠 됐어요. 틀림없이 눈 떴다가 감았어요. 개새끼, 누구 앞에서 엉까고 자빠졌어. 어으 쓰팔, 이런 때 담배나 한 대 빨았으면 딱 좋겠다." 전대광은 거침없이 상소리를 내뱉으며 주먹으로 핸들을 내리쳤다.

서하원은 무슨 영문인지 사태 파악을 하지 못한 채 저 앞에 쓰러져 있는 남자의 눈을 노려보듯 하고 있었다. 저 사내가 눈을 떴다 감는 것을 분명하게 보지 못한 것이 자신의 불찰이라는 것을 느끼고 있었기 때문이다.

그 남자의 한쪽 팔이 약간 움직이는 듯했다. 그리고 조금 있다가 한쪽 눈이 빠끔 열리고 있었다.

"떴어요, 떴어요! 눈 떴어요."

서하원은 기쁨의 소리를 질렀다.

"봤지요? 저 새끼가, 우리가 어떻게 나오나 살살 살피고 있는 거예요. 이럴 때 나가서 우리가 겁먹고 몸 달아 하면 그땐 용코로 걸리는 거지요. 저 새낀 대박 나고 우린 피박 뒤집어

쓰는 겁니다. 2천 위안이고, 3천 위안이고 부르는 게 값이니까요."

"그럼 저 사람이 일부러 차 앞으로 뛰어나와서 다친 척하고 저렇게 쑈를 하고 있는 겁니까?"

"비로소 상황 판단이 제대로 되셨군요. 이것으로써 중국에 살 수 있는 첫 번째 자격을 획득하신 겁니다."

전대광은 늘어지게 기지개를 켜며 하품을 했다.

"헌데, 이런 일이 자주 일어납니까?"

"그런 편이지요. 저렇게 생쑈를 해서 100위안만 뜯어내도 힘들게 노동하는 것보다는 나으니까요."

"차들은 이렇게 밀려대고……, 언제까지 저렇게 연극을 할 작정일까요?"

"엿장수 맘대로지요. 한 시간도 되고, 두 시간도 되고, 세 시간도 되고."

"세 시간이나요?"

"예, 몇 년 전 난징, 그러니까 남경에 갔다가 꼭 이런 식으로 걸려 세 시간 버티고 나서 100위안으로 쑈부 봤죠."

"아휴, 세 시간씩이나."

"원장님도 지금부터 버티기 작전에 빨리 익숙해져야 해요. 만만디라는 말 아시지요? 그게 중국사람들의 특질 중에 하나인데, 우리나라 사람들은 그 반대로 그저 빨리빨리, 빨리빨리, 성질이 불같이 급하잖아요. 만만디 앞에서 성질 급한 것은 판판이 백전백패예요. 우리나라 상사원들이 중국땅에서 갖는 최대 약점이 그 성질 급한 겁니다. 초창기에 너나없이 그 약점 때문에 숱하게 애먹고 당하고 그랬지요. 성질 급하다 보면 제물에 몸 달아 이쪽 패 다 까 보이며 질질 끌려가게 돼 있거든요. 여기서 상사원으로 성공하려면 중국사람보다도 더 느긋하고 두둑하게 버틸 수 있는 지구력을 쌓는 게 기본 조건이고 절대 조건이에요. 물론 상사원만이 아니고 누구나 중국에 살려면 그 만만디 훈련을 계속해야만 해요. 혼자 성질 급하게 바둥거려봤자 되는 건 아무것도 없고 제 몸만 상하니까요. 마침 저 친구가 좋은 기회를 제공했어요. 이게 바로 중국다운 좋은 관광거리라고 생각하시고 지금부터 마음 편안하게 지구력 키우는 도나 닦으세요. 비행기 타고 오시느라 피곤하셨을 텐데 한숨 주무셔도 좋구요."

전대광은 또 기지개를 켜고는 머리를 의자 받침대에 부렸다.

"아니, 저건 뭐지요? 저기 사람들이 자꾸 모여들면서 우리한테 손가락질도 하고, 뭐라고 떠들어대고 그러는데."

서하원이 뭔가 불안한 기색으로 건너편 인도를 향해 턱짓했다.

"아, 이런 일 생기면 으레껏 모여드는 구경꾼들이에요. 중국사람들 공짜 구경 좋아하기로도 아마 세계 1등일 겁니다."

전대광은 인도 쪽을 힐끗 쳐다보고는 피식 웃었다.

"근데 저 사람들, 무슨 말들을 저렇게 열심히 하는 걸까요?"

"그냥 구경만 하면 심심하잖아요. 구경을 더 재미있게 하려고 제각기 관람평이랄까, 훈수를 두는 것이랄까, 말이 되든 안 되든 중구난방 떠들어대는 거예요. 저거 죽을지도 모른다. 아니다, 피가 안 나니 죽지는 않는다. 저거 얼마나 받게 될까. 1천 위안? 에이, 피가 한 방울도 안 나는데 무슨 1천 위안. 재수 좋아야 200~300이지. 공안이 오면 더 유리할까 불리할까? 그야 재수지. 공안이 나타나면 저 차 주인이 내려서, 병원으로 가서 진찰하자. 모든 건 보험으로 처리하겠다 해버리면, 저 친구는 땡전 한 닢 구경 못하고 헛물만 켜는 거지. 뭐 이런 식으로 제멋대로 떠들어대고 있는 거지요."

전대광이 달변으로 말하고는 병뚜껑을 열어 녹차 한 모금을 마셨다. 자기 때문에 도로가 막히거나 말거나, 사방에서 차들이 빵빵거리거나 말거나 그는 그저 무사태평이었다.

참 이상한 나라도 다 있다. 뒷골목도 아니고 대로상에서 저런 쇼를 벌이는 것은 뭐며, 이렇게 긴 시간이 지나고 있는데도 교통순경은 왜 안 나타나는 건가. 교통순경도 만만디인가? 모를 일이다. 또, 베이징과 함께 중국에서 제일가는 도시라는 데의 교통질서가 왜 이렇게 엉망진창일까. 하염없이 이런 생각을 하고 있던 서하원은 상체를 벌떡 일으켰다. 죽은 듯 쓰러져 있던 남자가 느리게 일어서더니 이쪽으로 걸어오는 것이 아닌가!

"저 사람이 이쪽으로 오고 있어요."

서하원이 침을 삼키며 말했다.

전대광은 무표정하게 아무 반응이 없었다.

그 남자가 차에 바짝 다가서며 차창을 두들겼다. 전대광은 마지못한 듯 손가락이 겨우 드나들 정도로만 차창을 내렸다.

"이봐, 왜 사람을 치어놓고 나와보지 않는 거야!"

투박한 중국말이 차창 틈으로 밀려들었다.

"공안이 오길 기다리고 있으니까 당신도 얌전히 기다리고 있어."

전대광의 거침없는 중국말 대꾸였다.

"공안을 뭐하러 기다려. 당신이 치료비를 물면 됐지."

"공안과 함께 병원에 가서 진찰받고, 모든 치료비는 보험료로 해결할 거야."

"뭐 보험료!"

남자가 벌컥 소리치며 주먹으로 차창을 쳤다.

"그래, 보험료. 당에서도 그렇게 하라고 계속 지시하고 있잖아."

"이봐, 그러지 말고 좋게 해결하자구. 아까 넘어지면서 무릎을 길바닥에 부딪혀 아파 죽겠어. 500위안만 내. 싸게 해주는 거니까."

그 남자의 얼굴은 비굴하게 변해 있었고 목소리는 사정조였다.

"좋아, 한 푼도 주고 싶지 않지만……, 이것으로 끝내!"

전대광은 100위안짜리 한 장을 꺼내 차창 틈으로 내밀었다. 그 남자는 순식간에 돈을 낚아챘다. 그리고 쫓기듯이 자전거 쪽으로 달려갔다.

"40분 걸렸어요."

서하원이 시계를 보며 말했다.

"허, 저놈이 그래도 손님 대접할 줄은 아는 놈인데요."

전대광은 차를 출발시키며 빙긋 웃었다.

"저런 사람이 많으면 참 살기 힘들겠는데요."

서하원은 고개를 저으며 한숨까지 내쉬었다.

"아닙니다. 별로 걱정할 것도 없고 실망할 것도 없습니다. 정도의 차이만 있을 뿐이지 우리나라에도 저런 인간들 심심찮게 있잖아요. 여자들 차만 골라 뒷바퀴에 발 집어넣고 공갈 협박 치는 것들, 골목 사각지대에서 갑자기 튀어나와 접촉사고 일으켜놓고 보험금 빼먹는 것들. 그런 얌체족들은 사람 사는 세상에는 어디에나, 미국에도 있고 프랑스에도 다 있어요. 저런 인간들 그저 가엾게 봐주고, 중국 정부에 거주세 낸다고 생각하면 돼요. 불우이웃 돕기로."

"어! 쩌, 쩌!"

서하원이 또 소리쳤다.

전대광은 핸들을 급히 왼쪽으로 꺾었다. 승용차 한 대가 아슬아슬하게 왼쪽으로 꺾어 돌고 있었다. 그 차는 전대광의 차 오른쪽 차선을 달리고 있다가 느닷없이 왼쪽으로 방향을 튼 것이었다. 그건 추월이 아니라 유턴을 하는 거였다. 위험천만한 그런 불법 유턴은 비일비재하게 일어나는 일이었다. 서하원은 여전히 천장 손잡이를 붙든 채 불안한 눈길을 좌우로 회전시키기에 바빴다.

인도로 치고 올라가는 차가 있는가 하면, 길 한복판에 오토바이와 리어카를 세워놓고 두 남자가 삿대질을 하며 싸우고 있었고, 어린아이의 손을 잡고 길을 건너는 여자 바로 앞에서 차 한 대가 엔진 비명을 지르며 급정거하고 있었다.

"어, 어! 저건 정말!"

서하원은 질겁을 하며 눈을 부릅뜨고 있었다. 그가 본 것은 역주행해 오고 있는 차였다.

"괜찮다니까요. 여기선 흔히 저래요."

전대광이 태평스럽게 말했다.

"아, 어찌 이럴 수가 있습니까. 중국 최고의 도시에서."

서하원은 한탄하듯이 말했다.

"놀라지 마세요. 이래도 상하이가 교통질서가 제일 좋은 곳입니다."

"뭐라구요?" 서하원은 기가 찬다는 표정을 짓더니, "그럼 교통사고가 엄청나게 많이 일어날 것 아닙니까." 그는 고개를 설레설레 저었다.

"그야 물론이지요. 한 해에 7만 명 이상이 요단강을 건너갑니다. 그것도 세계 1위의 기록이지요. 차가 날이날마다 불어나고 있으니 스스로 기록 갱신을 해나가면서."

"아이쿠, 7만 명이나!"

서하원은 입을 다물지 못했다.

"아니, 그리 놀랄 것 없습니다. 우리나라는 얼만지 아세요? 연간 4,500명 정도가 천국행이 됩니다. 얼핏 보면 우리가 아주 양호한 것 같지만, 과학적으로 따져보면 그 반대예요. 14억 대 5천만, 인구 비례로 따져보세요. 우리가 훨씬 더 많이 죽어가고 있어요."

아니, 그게 정말이야? 가만 있어봐, 그럼 그게 얼마지? 서하원은 암산하기에 바빴지만 앞을 살피는 것 또한 바빠 얼른 답이 나오지 않았다.

"호텔에 다 왔습니다."

전대광이 가뿐한 목소리로 말했다.

호텔 치장은 흔히 말하는 5성급 호텔을 비웃을 만큼 으리으리하고 번들번들했다. 드넓은 로비는 천연색 대리석들로 호화롭게 꾸며져 있었고, 하늘 높이로 솟아 있는 천장은 가슴 트이는 해방감과 함께 웅장미를 과시하고 있었다. 서너 층에 이르는 저 높은 공간에 호텔방을 배치하면 꽤나 많을 것 같았다. 저 시원한 공간을 위해 그 이익을 포기하다니…… 서하원은 그 공간을 올려다보며 호텔 주인의 배포와 안목이 예사가 아니라고 생각하고 있었다. 무질서한 도로에서 받았던 스트레스가 그 높고 큰 공간의 시원함으로 풀리고 있었다.

"체크인 다 끝났습니다. 호텔이 맘에 드세요?"

여권과 방 키를 내밀며 전대광은 이미 서하원의 속마음을 알아차린 눈치였다.

"굉장히 호화롭군요. 보통 5성급 호텔하고는 영 달라요. 이게 특별히 좋은 건가요?"

서하원은 로비를 다시 둘러보며 말했다.

"아닙니다. 상하이 보통 호텔들이 다 이 수준입니다. 호텔 시설 나쁜 유럽사람들이 와서 깜짝 놀라고, 기죽고 하는 것은 당연한 일이죠."

"그런데 이런 걸 누가 지은 거죠?"

서하원의 눈에는, 설마 중국사람들이 지은 건 아니겠죠, 하는 말이 담겨 있었다.

"예, 초창기인 20여 년 전에는 주로 이태리나 프랑스 설계에 독일 기술들이 동원됐지요. 그런데 10년쯤 지나면서부터는 전부 중국사람들 손으로 바뀌었어요. 그동안에 기술 습득을 다 해버린 거지요. 그러니까 이게 지은 지 5년도 안 됐으니까, 100퍼센트 메이드 인 차이나인 거지요."

"그래요? 이런 고층 건물을……."

서하원은 믿을 수 없다는 듯 새로운 눈길로 로비를 둘러보았다.

"이까짓 건물 짓는 건 아무것도 아닙니다. 합작으로 시작한 독일 기술을 습득해서 고속철을 손수 만들어내고 있는 게 중국입니다. 그 고속철은 우리의 KTX보다 훨씬 더 빠릅니다."

"고속철도요……?"

서하원은 더 믿을 수 없다는 표정으로 고개를 갸웃했다.

"우리나라 사람들은 대부분 중국 하면 싼 인건비, 짝퉁, 불량식품 같은 것만 생각하지 초스피드의 경제성장에 발맞추어 모든 분야의 기술이 세계적 수준에 도달하고 있다는 생각은 안 해요. 상대방을 얕잡아 보는 선입관도 있고, 발전이나 변화를 인정하고 싶지 않은 인간의 심사도 작용하고 그런 거지요. 살아가면서 이런 것, 저런 것 알아가면 중국은 참 흥미롭고 재미있는 나랍니다."

엘리베이터는 방 키를 꽂지 않으면 작동이 되지 않는 최신식이었다. 그 첨단 설비의 엘리베이터 안은 용들이 꿈틀거리는 붉은 비단으로 치장되어 있었다. 그 치장에서 중국 고유의 냄새가 물씬물씬 풍기고 있었다.

"여섯 시에 다시 오겠습니다. 그동안에 좀 쉬세요."

전대광이 손가락 두 개로 경례를 하고는 돌아섰다. 그 활달한 모습을 바라보고 서서 서하원은, 그 사람 참 남자다워, 생각하며 자신에게 많은 부족감을 느끼고 있었다.

서하원은 낮부터 씻으려고 화장실로 들어갔다. 화장실도 청결하게 닦여진 식기들처럼 말끔히 정돈되어 있었다. 중국의 관광업이 탄탄하게 국제 수준을 닦아나가고 있음을 여실히 느낄 수 있었다. 하긴 몇 년 전에 동업자 의사들과 베이징 쪽 여행을 했을 때도 벌써 호텔들은 세계 어디에 내놓아도 아무 손색이 없을 정도의 면모를 갖추고 있었던 것이다. 하물며 세계를 놀라게 하는 초고속 경제발전을 해오고 있는 사회에서 그동안 호텔 시설들은 얼마나 더 좋아졌을 것인가. 그런데 전대광의 말마따나 자신의 마음속에는 중국에 대해서 무언가 찜찜해하는 느낌이 도사리고 있었다. 언제부터, 무엇 때문에 뿌리내리기 시작한 생각인지는 막연하면서도 중국사람들은 지저분하다……, 게으르다……, 거짓말을 잘한다……, 이런 부정적인 인상이 깊이 박혀 있었다. 어쩌면 그런 인식은 전혀 근거 없는 것이 아닐 수도 있었다. 중국과 수교가 되고 나서 우리나라 사람들은 서로 앞다투어 중국 여행에 나서기 바빴다. 좀 먹고살 만하게 되어 해외여행 붐이 일어나고 있던 시기에 마침내 중국의 문도 열렸던 것이다. 중국 여행비는 동남아 여행비보다 더 쌌다. 그리고 중국은 영원히 한 발짝도 디딜 수 없을 것 같았던 공산주의, 빨갱이 나라가 아니었던가. 그들은 정말 뿔 돋힌 도깨비고, 사람 피 빨아먹는 흡혈귀일까……. 그 궁금증과 호기심은 여행 충동을 더욱 자극하는 요소였다. 우리나라 사람들이 떼 지어 가서 으악 하고 첫 번째 놀란 것이, 더럽고 낡은 것을 말로 다 할 수 없는 중국의 공중변소들이었다. 그때 벌써 우리나라 공중변소는 모두 수세식인 데다가 대형 두루마리 화장지도 맘껏 쓰게 걸어 놓았으니 우리 여행객들이 기절초풍한 것도 과장이라 할 수 없었다. 그런데 그 냄새 지독스럽고 칸막이도 없는 공중변소마저 흔한 것이 아니었다. 어느 대학 교수가 세미나에 참석했는데 물이 바뀐 데다가 기름기 많은 중국음식으로 배탈이 났다. 그 교수는 호텔을 나설 때 화장실을 세 번째 다녀오는 것으로 단단히 준비를 했었다. 그런데 천안문 광장에 이르렀을 때 또 급보가 왔다. 교수님은 들끓는 배를 부여잡고 이리 뛰고 저리 뛰었다. 그러나 공중변소는 찾을 수가 없었다. 방법은 하나, 아무 호텔이나 찾아 들어가는 것이었다. 교수님은 높은 건물들을 향해 뛰기 시작했다. 그러나 얼마 뛰지 못하고 아랫배를 틀어잡은 채 신음을 물며 주저앉아야 했다. 야속하게도 괄약근은 제 임무를 포기하고 말았던 것이다. 대한민국의 점잖으신 교수님의 체면이 베이징 한복판에서 여지없이 구겨진 이야기까지 겹쳐서 퍼지고 있었으니 중국의 인상이 좋을 도리가 없었던 것이다.

그런데 중국은 현재 우리보다 더 빠른 고속철을 손수 만들어내고, 이런 최신식 고층 빌딩도 척척 지을 수 있다는 것 아닌가. 지난 20여 년 동안 그렇게 발전했다는 것인가? 믿을 수가 없는 일이었다. 어떻게 해서 그렇게 된 것인지 도무지 이해가 되지 않았다. 그러면서 괜히 부아가 치미는 것 같은가 하면, 누구 허락 맡고 그렇게 된 거야 하는 식으로 심사가 꼬이기도 했다. 그런데 문득 한 가지 떠오르는 것이 있었다. 유인 인공위성의 발사와 귀환을 멋지게 성공시킨 것이었다. 아아, 중국이 그런 나라였구나. 서하원은 저 속 깊은 곳에서 솟아오르는 신음을 씹었다. 그리고 연달아 떠오르는 또 하나의 생각이 있었다. 오래전에 원자폭탄을 가진 나라. 가만 있어봐라, 그때가 언제쯤이었을까. 꽤 오래된 것이 분명한데……, 그때가……, 그때가……, 20년 더 전이었을까……. 아무리 머리를 쥐어짜도 어림으로라도 그 시기를 짚어내기가 어려웠다. 아아, 의학 서적만 파댔지 인문학 서적은 10년에 한 권도 안 읽었으니 그런 사실을 어림짐작이나마 할 수 있을 것인가. 그냥 20년 전쯤이라고 하더라도, 그럼! 중국은 그런 공중변소들이 널려 있는 상태에서 원자폭탄 보유국이 되었다는 것 아닌가. 이게 무슨 일인가. 어떻게 그런 일이 가능할 수 있는가. 도대체 중국은 어떤 나라일까……. 중국땅에 옴으로써 중국이 품게 하는 생각이었다. 만약 지금 핸드폰 통화가 될 수 있다면 당장 전대광에게 그 연도를 물어보고 싶었다. 어느새 그는 중국에 대해서 척척박사일 거라는 믿음이 생겨나 있었다.

인간은 역시 환경의 동물인 것인가……. 서하원은 거울에 비친 자신의 모습을 보면서 이런 생각을 했다. 그게 언제까지일지는 모르지만, 중국에서 살아야 하는 건 피할 수 없는 현실이었다. 어떤 뜨거움이나 차가움처럼 선명하게 느껴지는 그 현실 앞에서 자신의 신경은 온통 중국으로 집중되어 있었다. 인천 공항을 떠나오면서도 느끼지 못했던 감정이었다.

유배……, 도피…….

거울 속의 자신을 바라본 채 수도꼭지를 틀며 서하원은 문득 이런 생각을 했다. 그 순간 거울에 세 얼굴이 나타났다. 아내와 두 아이……. 그는 눈을 질끈 감았다가 떴다. 아내와 두 아이의 모습은 지워지지 않고 그대로 선명했다.

'여보 미안해.'

소리 없는 이 말이 가슴 저 깊은 곳에서부터 솟아올랐다. 그 말은 가슴을 흔들며 울컥 눈물이 솟구치게 했다. 눈물만 쏟아지려고 하는 게 아니었다. 울음이 터져 나오려고 했다.

걷잡을 수 없는 거센 힘으로 울음이 터져 나오고 있었다. 그는 황급히 수돗물을 틀었다. 끝까지 다 돌아간 수도꼭지에서는 거센 물줄기가 요란한 소리와 함께 쏟아지기 시작했다. 그세찬 물소리에 그의 울음소리가 묻히고 있었다.

맘 놓고 울음을 터트리니까 슬픔이 더 진해지고, 그 슬픔은 울음을 더 복받치게 만들고, 새롭게 솟는 울음은 사무치는 서러움이 되고, 그 서러움은 억울함이 되면서 새로운 울음을 또 밀어 올리고 있었다.

그건 정말 억울한 일이었다. 수술은 아무 이상 없이 잘되었다. 의학적인 점검, 재점검에서도 만족할 만큼 잘된 수술이었을 뿐만 아니라 기분도 더할 수 없이 가뿐하고 맑았던 것이다. 수술을 마칠 때마다 느끼는 것이지만, 그 기분이라는 것은 과학적 판단이나 점검보다도 예리하고 정확한 데가 있었다. 의학적으로 이상 무 확인을 했는데도 무언가 찜찜하거나 께름칙하면 거의 어김없이 뒤탈이 나 골치가 아프고는 했다.

모든 것이 정상이었던 그 여자는 이틀이 지나 호흡곤란 증세를 일으켰다. 응급처치를 했지만 효과가 없었다. 더구나 원인을 규명할 수 없는 것이 치명적이었다. 상황이 너무 급박해 종합병원 응급실로 이송했다. 그러나 그 여자는 밤을 넘기지 못하고 떠나갔다. 그 순간 닥쳐온 것은, 살인의사! 그건 의사로서 사형선고였고, 인간으로서 지옥행이었다.

다음 날부터 병원은 폐쇄상태로 들어갔다. 유가족들이 떼지어 몰려들었던 것이다. 당연한 일이었다. 스물여섯 살 처녀였던 것이다. 그런 데다 경찰 수사까지 벌어졌다.

"방법 없습니다. 빨리 합의 보는 수밖에는."

변호사가 말했다.

"우린 이해해요. 병가상사라는 걸. 허나 유가족 입장은 그게 아니잖아요. 하늘이 무너진 건데. 헌데 우리 경찰 입장에서는 일단 살인죄로 수사할 수밖에 없어요. 우리 입장 난처하지 않게 하고, 빨리 해결하는 방법은, 변호사 말 들었지요? 예, 그 길밖에 없어요. 변호사보고 빨리빨리 해치우라고 하세요. 이건 적당히 끝날 문제가 아니고, 구덩이에 풍덩 빠져버린 거니까 그냥 빠져나올 방법은 없어요. 감옥에 가느냐, 보상을 하느냐, 두 길뿐인데, 어떤 길로 가야 할지 빤하잖아요. 변호사가 구세주일 수밖에 없으니까, 알아서 하세요."

담당형사가 한 말이었다.

그러나 합의는 쉽지가 않았다. 피해자가 하필이면 직장여성이었기 때문이다. 그 여자는 3개월 동안의 포상휴가를 받아 양악수술을 받은 거였다. 그녀의 유가족들은 보험회사의 계산법을 동원해 어마어마한 위자료를 청구했던 것이다. 퇴직할 때까지를 계산한 그 액수는 10억에 이르렀다.

"기다리세요. 깎고 있어요. 원장님 어려운 형편 잘 알아요."

날이 갈수록 변호사의 말에서는 짜증이 묻어나고 있었다. 그쪽의 태도가 너무 완강해 변호사도 차츰 지쳐가고 있었던 것이다.

"솜씨 좋기로 소문난 자네한테 옴이 붙어도 어찌 그리 고약한 옴이 붙었나 그래. 그 많은 여자 중에 하필 직장여성일 게 뭐야. 그나마 탤런트 아니기에 천만다행이지 뭔가. 탤런트였어 봐. 100억 소리 나왔지. 어떻게 하든 빨리빨리 덮어. 끌수록 나쁜 소문 자꾸 부풀어지고 있으니까."

어느 선배가 술을 사주며 말했다.

나쁜 소문이 얼마나 거센 바람이 되어 퍼지고 있는지 잘 알고 있었다. 문 닫은 병원 앞에, '살인의사 보상하라, 양심 찾아 보상하라' 하는 플래카드가 내걸렸기 때문만이 아니었다. 동업자들이 멀찌감치 떨어져 좋은 구경거리 생겼다며 속으로 키들키들 웃어댈 뿐만 아니라, 참 안됐다고 동정하는 척해가며 소문을 부풀리는 풀무질을 해대고 있었던 것이다. 나 잘되는 것보다 남 잘못되는 것을 더 좋아한다는 세상인심이었다.

그런데 유가족들은 마침내 아파트까지 치고 들어왔다. 그들은 병원에 걸린 것과 같은 플래카드를 아파트 출입문 앞에 들고 서서 '살인의사 서하원'을 외쳐댔다. 아파트 주민들 전체에게 구경거리가 되었고, 아내도 울고, 두 아이도 울었다. 그 어디에도 숨을 곳이 없었다. 이 넓은 세상에 붙들 것이 아무것도 없었다. 당장 15층으로 올라가 뛰어내리고 싶었다.

"그 사람들 뻑뻑하기가 녹슨 기계보다 더 해요. 무슨 말을 해도 더는 먹히지가 않아요. 이참에 아주 팔자 고치기로 작정한 사람들 같다니까요."

변호사가 그만 포기하고 싶다는 기색으로 말했다. 변호사는 2억을 더 깎아 5억으로 낙찰하려고 해왔던 것이다.

"좀 과하긴 하지만 칼자루를 쥔 쪽은 그쪽이니 어쩌겠어요. 뱀 있지요, 무서운 독을 가진 뱀 말이에요. 거 머시냐, 아프리카인지 아마존 강인지 하는 데 사는 거, 가끔 텔레비전에 나오기도 하는, 악어도 칭칭 감아 죽여버리는 그 무지무지하게 큰 뱀 말이에요, 그런 놈한테 감겼다고 생각할 수밖에 없어요. 석 달이면 오래 버틴 것이고, 그 사람들은 독이 오를 대로 올라 물어뜯을 생각만 하고 있어요. 그 사람들이 우리 경찰도 못 믿겠다며 검찰에 고발장을 찔러 넣으면 원장님은 빼지도 박지도 못하고 즉각 구속이에요. 그 독에 안 물리려면 알아서 하세요. 변호사도 더는 할 일이 없어요."

담당형사가 하품을 하며 하는 말이었다.

"여보, 우리 걱정은 하지 말아요. 집은 또 장만하면 되잖아요. 당신은 아직 젊어요."

온 얼굴이 울음인 아내는 입술을 깨물고 또 깨물며 어깨를 떨었다.

"여보, 미안해."

"아니에요, 아니에요. 제가 미안해요. 너무 미안해요. 이런 때……, 이런 때……."

"그런 말 하지 마. 당신이……, 당신이 날 원망하지 않아서 너무 고마워."

그는 아내를 끌어안았다. 아내는 전신을 떨며 억누른 소리로 느껴 울었다.

아내는 결혼을 할 때 '미안해요. 너무 미안해요' 했고, 개업을 할 때도 무슨 죄라도 진 것처럼 같은 말을 되뇌었던 것이다. 의사, 판검사 사위에게는 열쇠를 서너 네댓 개씩을 주는 게 유행 풍조가 된 세상이었다. 어떤 의사는 약속한 것을 안 지킨다며 1년 동안 아내를 두들겨 패다가 끝내 이혼했다는 사실이 텔레비전에 보도되는 세태였다. 그런데 자신은 대학생 때부터 사귀어왔던 애인을 아내로 맞이했다. 그런데 처가는 가난했다. 아니 장인은 평생 성실하게 살아온 중산층이었다.

자신은 부부동반의 동창 모임을 철저하게 피해버렸다. 친정 덕을 보인 여자들의 주책없는 입놀림에 아내가 상처받게 해서는 안 되었기 때문이다.

7억을 장만하기 위해서는 아파트를 팔고, 병원 보증금도 보태야 했다. 의사생활 10년이 깡그리 불타 재로 흩어져갔다. 서울특별시에서 내몰려 경기도에 전세를 얻어야 했다. 두 아이를 전학시키는 날 끝없는 속울음을 울고 또 울었다. 슬픔과 괴로움으로 가슴이 미어지고 찢어진다는 말이 무엇인지 비로소 알게 되었다. 어린것들에 대한 미안함은 아내에 대한 미안함보다 수십 배, 수백 배 더 컸다.

물론 양악수술은 쌍꺼풀이나 코수술에 비해 위험도가 훨씬 큰 수술이었다. 수술 부위에 중요한 혈관들이 많기 때문에 섬세한 고도의 의술을 필요로 했다. 아무리 신경을 써도 자칫 잘못하면 여러 부작용이 발생할 수 있었다. 안면마비, 얼굴비대칭, 함몰, 턱관절 장애, 통증 같은 것이 올 수 있고, 더 심하게는 식물인간이 되거나 출혈 발생으로 사망할 수도 있었다.

그런데 그런 위험 부담 많은 수술에 굳이 손을 대는 것은 환경과 상황의 변화 때문이었다. 성형외과를 차리면 떼돈을 번다는 소문은 이미 10년 전 이야기였다. 성형 유행바람이 기세 좋게 불기 시작하고 몇 년 동안은 그야말로 돈을 갈퀴로 긁어모으는 것 같은 호시절이기도 했다. 그런데 이 나라가 출산율 세계 최하위를 기록하는 시대가 계속되면서 산부인과들이 문을 닫기 시작했다. 그럼 그 의사들은 어찌해야 할 것인가. 앉아서 굶어 죽을 수는 없는 일이었다. 그들이 성형의사로 변신했다. 그리고 대형병원들이 계속 생겨나면서 또 궁지에 몰리는 의사들이 있었다. 내과 개업의들이었다. 대형병원에 환자를 뺏기기 시작한 그들도 성형외과를 차리고 나섰다. 성형외과의 범람은 당연히 경쟁에 불을 붙였고, 그 과열의 길은 수술비 덤핑의 수렁으로 이어졌다. 그 제 살 깎아먹기의 상황에서 구세주로 나타난 것이 양악수술이었다. 더욱 미모로 변한 연예인들의 모습은 예뻐지기를 갈망하는 세상 여자들의 마음을 즉각 뒤흔들었다. 양악수술은 쌍꺼풀이나 코수술에 비해 수가가 대여섯 배나 높았다. 덤핑 출혈로 폐업의 위기에 몰리고 있던 병원들이 그 수술을 마다할 리가 없었다.

"여보, 힘내세요. 당신은 쫓겨 가는 게 아니에요. 새로운 세상을 찾아가는 거지요. 당신도 알지요? 영어학원만큼 중국어 학원들도 번창하고 있는 거. 중국 유학도 갈수록 많이 보내고 있구요. 당신이 기운 내서 어서어서 기반 잡아 우릴 부르세요. 그럼 우리 애들은 자연스럽게 중국 유학 가게 되는 거예요. 내가 들어보니까 앞으론 미국이 아니라 중국이래요. 애들한테 하나도 미안해 할 것 없어요. 걔네들한테 더 좋은 기회를 주는 것일 수도 있으니까요. 그리고 여기 생활은 하나도 걱정하지 말아요. 학습지 교사를 하든 뭘를 하든 애들 굶기지 않을 테니까요. 정말 당당하게 굳세게 마음먹어요. 당신은 우리집 태양이잖아요."

힘껏 포옹을 한 아내가 뜨거운 입김으로 한 말이었다.

'여보, 고마워. 정말 고마워. 전 부장 말 들으니까 여기 잘 온 것 같아. 시장이, 성형시장이 망망대해래. 쌍꺼풀하고 코수술만 1억 명을 해치울 거야. 그럼 한국에서보다 훨씬 더 잘살게 돼. 여보, 조금만 참아. 곧 부를 테니까.'

서하원은 가슴 터지도록 이 소리를 외쳐대며 두 주먹으로 눈물을 훔치고 또 훔쳤다. 군대에서 얻어맞으면서 아프냐고 물으면 안 아프다고 힘차게 외쳐대야 하고, 슬퍼도 눈물을 보여서는 안 되는 것이 남자의 조건이었다. 그런데 지치도록 울고 나자 꽉 막혔던 가슴이 뻥 뚫린 듯 후련했다.

"이거 받으세요, 명함입니다."

시간 맞춰 온 전대광이 조그만 플라스틱 상자를 내밀었다.

"무슨 명함을……."

서하원이 의아한 눈길을 보냈다.

"내일 만날 사람들이 모두 중국사람들입니다."

편잔하듯이 전대광은 서하원의 한글 명함을 두 손가락 끝에 끼워 까딱까딱 해보였다.

"아아……, 죄송합니다. 제가 하도 정신없이 사느라고……." 서하원은 면구스러운 웃음을 지어내고는, "그런데 어떻게 이리 빨리……." 명함갑과 전대광을 번갈아 쳐다보았다.

"30분 속성이 한국에만 있는 게 아닙니다. 아까 말했듯이 중국은 모든 분야에서 기술 격차가 거의 없어요. 어떤 나라의 서류든 필요하기만 하면 깜쪽같이 위조해 내는 솜씨인데 이까짓 거야……."

전대광이 앞서 방을 나섰다.

"갑자기 음식을 바꾸는 것도 안 좋을 것 같아 그냥 한식으로 했습니다."

전대광이 엘리베이터를 타며 말했다.

"예, 아무거나 좋습니다."

서하원은 건성으로 대꾸하며, 아까 길바닥 쇼를 했던 사내한테 준 돈이며, 명함 만든 값을 어떻게 해야 하나 생각하고 있었다. 당장 주어야 하는 것인지 아닌지, 어떤 것이 예의에 맞는 것인지 분간할 수가 없었다.

"식사하고 야경을 보시겠습니까? 북한의 김정일 위원장이 천지개벽이라고 감탄한 이후 더욱 유명해진 야경입니다."

전대광이 비빔밥을 비비며 말했다.

"좀 피곤한데 차차 보지요."

서하원이 조심스럽게 말했다.

"예, 그러세요. 관광여행으로 낼 떠날 것도 아닌데. 그런데 실은 상하이 사람들은 중국 경제발전의 상징으로 야경을 자랑하고 보여주고 싶어 하지만 세련된 사람들의 눈에는 영 촌스러운 거지요. 울긋불긋 요란하기만 하지 대도시는 어디나 비슷비슷하고 그게 그거지요. 어찌 보면 그거 다 전력 낭비고, 공해 확대재생산이에요."

전대광은 씁쓰레한 웃음을 밥과 함께 씹고 있었다.

"저어……, 전혀 알아들을 수는 없지만 전 부장님은 중국말을 유창하게 잘하시던데, 그렇게는 아니고 그냥 좀 하려면 얼마나 걸리는지……."

서하원의 말에서는 앞날에 대한 불안함이 드러나고 있었다.

"아 예, 아무 걱정하지 마세요. 머리와 노력에 따라 개인차가 있겠지만, 원장님 같은 머리면 1차 6개월, 2차 1년이면 진료에 필요한 말은 다 할 수 있을 겁니다. 예, 중국말은 빨리 배울수록 좋습니다. 그래야 중국사람과 쉽게 친해질 수 있고, 중국에 대한 친근감도 생기고 그렇지요. 여기 잘 가르치는 좋은 학원들 많습니다."

서하원은 자정이 지나도록 잠을 이루지 못했다. 풍랑 거센 바다 같기도 하고, 가파르고 험한 산길 같기도 하고, 발 푹푹 빠지는 뜨거운 사막 같기도 하고……, 자신의 인생이 이다지도 구겨지고 뒤엉키고 망가질 줄 몰랐던 것이다. 그냥 집으로 돌아가고 싶었다. 그러나 돌아갈 수가 없었다. 죽으나 사나 앞으로 걸어 나갈 수밖에 없었다. 시트를 말아 잡고 잔뜩 웅크린 채로 뒤척이고 또 뒤척이며 그는 끊임없이 신음소리를 내고 있었다.

전대광의 안내로 병원 앞에 도착한 것이 9시였다.

"저것 보세요. 아주 근사하지요?"

전대광이 건물 위를 손가락질했다.

"아니, 저게⋯⋯, 저게⋯⋯, 뭡니까!"

서하원은 소스라치게 놀라며 말까지 더듬고 있었다.

서하원의 눈길이 박힌 그곳, 큰 건물 2층쯤에 대형사진 다섯 개가 걸려 있었다. 그 사진 속의 여자들은 하나같이 빼어난 미녀들이었다. 그런데 그녀들과 함께 웃고 있는 다섯 남자는 웃는 모습만 약간씩 다른 동일인이었다. 그 남자는 다름아닌 서하원이었다.

"뭘 그리 놀라십니까. 환자들이 앞다투어 몰려들 것 같지 않아요?"

전대광이 능청스레 웃고 있었다.

"저, 저게 무슨 사진들입니까."

서하원은 여전히 말을 더듬고 있었다. "무슨 사진이긴요. 척 보면 모르시겠습니까. 원장님의 신술(神術)로 미녀 만들어준 한류 스타들이지요."

"뭐라구요? 저 중에서 내가 시술한 사람은 한 사람뿐이에요."

서하원은 핏기 없는 얼굴로 고개를 내젓고 있었다.

"에이, 하나 했으면 다섯 다 한 거나 마찬가지지요. 어서 들어갑시다."

"아니요, 그런 거짓말 하면 안 돼요."

절대 움직이지 않겠다는 듯한 기세로 서하원은 고개를 내둘렀다. 이쪽의 요구대로 굳이 초록색 수술복을 입고 웃기까지 하며 수십 장의 사진을 찍었었다. 이메일로 보낸 그 사진들이 이런 합성으로 둔갑할 줄은 꿈에도 생각하지 못했던 것이다.

"하 참, 순진하시긴." 전대광은 하늘을 향해 어이없다는 웃음을 흘리고는, "똑똑히 들으세요. 여긴 한국이 아니라 중국입니다. 중국은 말이죠, 짝퉁 아이폰5가 미국보다 먼저 출시되어 팔리는 나라고, 세계 명품이란 명품은 죄다 만들어 파는 전문 짝퉁시장을 버젓이 열어놓고 올림픽을 개최했고, 그 배짱이 하도 희한해서 개막식에 참석했던 선진국 원수들이 줄줄이 구경을 갔다가 쇼핑까지 해가지고 나온 게 중국이에요. 이런 나라에서 저 정도 사진 합성한 건 거짓말이 아니라 애교고, 지극히 정상적인 영업활동일 뿐이에요. 그러니 한국식 양심 그만 접고 빨랑 갑시다."

전대광이 시계를 보며 서하원의 팔을 잡으려고 했다.

"싫어요, 저것 고치기 전에는."

서하원이 팔을 뿌리치듯 했다.

"아니, 귀먹었어요. 원장님은 지금 빨리빨리 돈 벌어야 되잖아요, 돈! 근데 진흙탕길이다 아스팔트다 따지게 생겼어요, 지금. 원장님 애들 경기도에서 셋방살이 한다면서요. 걔네들 어서 빨리 서울에서 살게 해야 되잖아요. 돈에는 깨끗한 돈, 더러운 돈 표시가 없다구요. 자아, 알아서 하세요."

전대광은 서하원을 내팽개치듯 하고 걸음을 떼어놓기 시작했다.

서하원의 눈앞에는 두 아이의 모습이 불쑥 다가들었다. 아아……, 그는 신음을 씹었다. 가슴에서 무언가가 와르르 와르르 무너지고 있었다. 그래, 돈, 돈이 필요했다. 돈에는 깨끗한 돈, 더러운 돈이 없다…….

서하원은 서둘러 전대광을 따라가기 시작했다. 전대광이 무섭게 느껴지기도 했고, 어제보다 더욱 믿음직스럽기도 했고, 종잡을 수가 없었다.

내 인생의 주인은 나

"여보, 여보, 전화 받아요."

전대광의 아내는 남편을 흔들어 깨웠다.

"아 귀찮아. 누구야, 아침 일찍부터."

잠에 취해 혀가 잘 돌아가지 않는 소리를 내쏘며 전대광은 이불을 말아 옆으로 돌아누웠다.

"당신이 이뻐죽는 베이징대 학생."

그의 아내의 깔끄장한 목소리였다.

"엉? 재형이가 어쩐 일이야."

전대광은 이불을 걷어차며 스프링 튕기듯 일어났다.

"아이구, 친자식도 아니고 조카가 어찌 저리 좋을까."

그의 아내는 남편의 뒤에다 대고 눈만 흘기는 것이 아니라 입술까지 삐죽였다. 그 노골적인 못마땅해함을 등 뒤로 환히 느끼면서도 전대광은 모르는 척했다. 아내와 누나는 어찌할 수 없는 시누이와 올케 사이였다. 누나가 아내를 비비 틀어보거나 아내가 누나를 비비 꼬아보거나 그건 해결할 묘약이 없는 운명적 인간관계였다. 시어머니와 며느리 사이를 견원지간(犬猿之間)이라고 하는데, 시누이와 올케 사이는 그 다음으로 나쁜 관계라 할 수 있었다. 개와 원숭이 다음으로 사이가 나쁜 동물이 무엇일까? 어쨌거나 아내가 조카 재형이에게 흔쾌하지 않은 것은 순전히 시누이에 대한 감정 때문이었다. 재형이는 아무 잘못도 없이 괜히 덤터기를 쓰고 있었다. 그런 해결이 안 되는 감정 문제는 그저 모르는 척해 버리는 것이 가장 좋은 해결책이었다.

　"아 여보세요, 재형이냐?"

　전대광의 큰 목소리는 반가움을 내뿜고 있었다.

　"예 외삼촌, 안녕하셨어요?"

　싱싱하게 젊은 목소리가 인사했다.

　"이리 일찍 어쩐 일이냐? 무슨 일 있어?"

　전대광은 형식적으로 안부를 묻는 것이 아니었다. 마음 한 쪽에는 엷은 불안기가 서려 있었다. 재형이는 그저 그렇게 무덤덤한 조카가 아니었다. 친자식보다도 더 살갑게 정이 든 사이였다. 재형이의 베이징대학 진학은 전적으로 자신의 의견을 따른 것이었다. 그러니 재형이에게는 늘 보호자 의식이 작용하고 있었다. 같이 베이징에 살면 모르겠는데 멀리 상하이에 떨어져 있으니 마음은 더 쏠려가고 있었다.

"아아니요." 저쪽에서는 한 템포 쉬고는, "저 지금 상하이에 와 있어요" 하고는 의미 모호한 웃음을 큭큭 흘렸다.

"상하이? 무슨 일이냐, 방학도 아니고."

목소리가 긴장되며 전화기를 고쳐 잡았다.

"예, 대학 동아리 활동으로 역사탐방 왔어요."

"역사탐방?"

전대광의 목소리는 금세 마뜩잖은 기색으로 뒤꼬리가 비꼬여 올라갔다.

"예에, 상하이는 중국 역사에서, 특히 근현대사에서 빼놓을 수 없는 중요한 곳이잖아요."

조카는 외삼촌의 마뜩잖아함을 전혀 느끼지 못했다는 듯 천연덕스럽게 진지한 대꾸를 하고 있었다.

"그야 당연하지. 상하이야 중국 역사뿐이 아니라 우리나라 대한민국의 역사와도 떼려야 뗄 수 없도록 중요한 곳이지. 근데 내 말은, 넌 역사학도가 아니라 상학도 아니냐 그 말이야. 방학도 아닌데 경영학 공부는 어쩌고 한가하게 역사탐방을 나섰냐 그런 말씀이다, 이 외삼촌의 말씀은."

전대광의 어조는 사뭇 엄하게 변해 있었다.

"외삼촌, 매력 없어요. 꼭 엄마처럼 빡빡하게 말하는 거. 실망했어요."

그 실망감을 분명하게 전하려는 듯 전화기에서는 한숨 소리가 길었다.

"얌마, 외삼촌 서운하게 그런 말 말어. 난 어쩔 수 없이 여기선 보호자잖아!"

"예, 그건 맞아요. 그래서 뵈려고 하는 거예요."

"흥, 너 멋진 꿈의 도시 상하이에서 기분 좀 내려고 용돈이 필요한 모양이구나?"

전대광은 네놈 심보 다 안다는 투로 말했다.

"저 그렇게 철부지 아니에요. 너무나 큰 고층 빌딩들만 숨 막히게 서 있는 공해의 도시 상하이가 멋지지도 않구요."

"뭐라구, 뭐라구? 하 이거 대학물 좀 먹더니 시건방진 소리는 다 몰아서 하네." 전대광은 허를 찔린 기분으로 헛웃음을 치고는, "그래, 용건은 뭐냐?" 하며 담배에 불을 붙였다.

"아유, 집 안에서는 안 피우기로 했잖아요!"

그의 아내가 빠락 소리쳤다.

"전화로 말씀드리기는 곤란해요. 중요한 문제라서……."

"알았다, 만나서 얘기하자. 혹시 무슨 사고 친 건 아니지?"

전대광은 또 보호자 의식이 발동하고 있었다.

"아 참, 외삼촌은. 전 철부지가 아니라니까요."

"야 이놈아, 너 성인이다. 그래, 집으로 올래?"

"아아니요. 단체행동이라 자유시간이 별로 없어요. 점심시간에 외삼촌 사무실 건물 1층에 있는 커피숍으로 갈게요. 12시 반에요."

"그래, 점심 먹으며 얘기하자."

"아니요, 점심은 단체로 해야 해요. 전화 끊을게요. 이따가 뵐게요."

"아니……."

이미 전화는 끊겼다. 전대광은 전화기를 물끄러미 쳐다보며 고개를 갸웃거렸다. 어디에서 점심을 먹기에 12시 반까지 온다는 것일까. 아무리 종류 많은 중국요리를 먹지 않는다 해도 중국식 점심식사로는 그런 시간계산이 나오지 않았다. 녀석이 나하고 식사하는 게 거북한 모양이지, 하며 그 생각을 정리해 버렸다.

"여기 왔대요?"

그의 아내가 그냥 넘길 수 없다는 기색으로 물었다.

"응, 단체로 역사탐방을 왔는데, 점심때 잠깐 만나기로 했어."

"당신 신 나겠네요. 용돈 푹 주면서 맘껏 폼 잡을 수 있어서."

그의 아내가 입을 삐쭉했다.

"하이고, 헛짚으셨어. 나도 딱 그런 줄 알고 찔렀다가 면박만 당했어."

"면박?"

"철부지 취급 말래."

"호! 그럼 뭐죠?"

"몰라. 무슨 사고 친 것도 아니라고 하고, 통 감이 안 잡혀."

"그러게요. 나도 멍해지네요." 그의 아내가 고개를 갸우뚱하며 돌아서다 말고, "당신 요새 또 수상한 짓 하기 시작했죠!" 목소리가 앙칼지게 변했다.

"무슨 소리야?"

전대광이 어리둥절해서 아내를 쳐다보았다.

"또 상하이 어떤 년하고 놀아나고 있는 것 아니냐구요!"

표독스럽게 변한 그녀의 눈빛이 전대광을 노리고 있었다.

"미친 소리 작작 해. 또 병 도졌어!"

전대광이 몸을 일으키며 벌컥 소리를 질렀다.

"그럼 왜 그런 잠꼬대를 해요. 가지 마라, 가지 마라, 가서는 안 된다, 왜 이런 소리를 해대냐구요. 요런 잠꼬대 듣고도 의심 안 하는 년이 바보지!"

그녀는 곧 대들 것처럼 기세를 올렸다.

"내가 그런 잠꼬대를⋯⋯?"

그때 문득 떠오르는 꿈의 장면이 있었다. 서하원이 한사코 한국으로 돌아가겠다며 호텔을 나서고 있었고, 자신은 기를 쓰며 서하원의 가방을 잡아끄는 장면이었다. 이상한 일이었다. 자신이 서하원보다 기운이 셀 게 분명한데 어쩐 일인지 자신이 자꾸만 질질 끌려가고 있었다. 그러다 보니 '가지 말라'를 크게 외쳐댈 수밖에 없었다.

"아 알았어, 무슨 꿈이었는지. 그저께 온 의사 있잖아. 그 사람이 자꾸만 한국으로 되돌아가겠다고 호텔을 나서고, 난 붙들고 하다 보니 그런 잠꼬대를 한 거야. 그것 참 이상한 꿈이네."

전대광은 아내한테는 관심이 없고 꿈을 되짚고 있었다.

"그거 큰일이잖아요. 왜, 그 의사가 맘에 안 들어해요?"

언제 남편을 의심했냐는 듯 그녀의 기색이 완전히 바뀌어 있었다.

"그게 그런 건 아닌데……."

"상신원 때문에 잘되기를 바라서 당신이 너무 신경 쓰나 봐요."

"글쎄, 그런지도 모르겠네."

전대광이 쩝쩝 입맛을 다시며 얼굴을 훔쳤다.

"근데 그 의사 기술 믿을 만해요?"

"그러니까 모셔 왔지."

"아니, 보나 마나 1급은 아닐 거예요. 1급이 미쳤다고 이 중국땅까지 건너오겠어요. 강남에 편케 앉아 있어도 돈 싸 들고 줄줄이 밀려들 텐데."

"이보시게. 10년 전 얘긴 그만하시지. 그 벌이도 동업자 풍년으로 파리 날리고 배고프게 된 지가 오래야."

"어머나, 내가 없는 동안에 세상이 그리 변했다구요?" 그녀는 믿기 어렵다는 표정을 짓고는, "그럼 그 사람이 1급이 맞는 거예요?" 새롭게 관심을 드러냈다.

"한류 스타들을 시술한 사람이면 알잖아."

"어머머, 그럼 틀림없이 1급이네. 그럼 나도 이참에 미녀 한번 돼봐?"

그녀는 한껏 애교를 부리며 남편을 옆눈길에 담고 있었다.

"맙소사! 나잇값이나 하셔. 마흔 다 넘어가지고."

전대광은 퉁을 놓으며 일어섰다.

"뭐라구요? 말조심해요. 여잔 여든에도 여자예요!"

그녀는 정말 성깔이 돋아 있었다.

전대광은 서하원의 의료사고에 대해서는 아내한테도 입을 딱 닫고 있었다. 여자의 입은 천 근의 추도 못 당한다고 하지 않았던가. 이 아파트촌에는 한국 기업의 주재원 가족들이 서른 가구 가까이 모여 살고 있었다. 타국에서 끼리끼리 뭉치는 약자의 자기 보호 본능 같은 것이었다. 그 주부들은 고향 떠나온 외로움을 이기려고 자주 모였고, 온갖 얘기꽃을 피우며 서로를 위로하고 의지하며 살았다. 만약 그녀들에게 서하원의 사건이 알려지면 어떻게 될까. 아내에게 '절대 비밀!'을 수십 번씩 다짐했다 해도 아내는 '꼭 비밀을 지켜야 한다'는 말까지 곁들여가며 비밀 누설에 열을 올릴 게 뻔했다. 그럼 그 소문은 불씨 품은 연기가 되어 다른 아파트 단지로 금세 퍼지고, 그 불길은 또 다른 아파트 단지로 날아가……, 그 소문이 상하이 시내를 점령하는 것은 그야말로 시간문제였다. 더구나 지금은 인터넷 시대고 스마트폰 시대가 아닌가. '한국 명의가 시술'한다는 광고 문구와 함께 그 합성사진이 인터넷에 뜨고 있는데, 거기다가 누군가가 '살인의사'라고 넉 자만 올려버리면 어찌 될 것인가. 서하원의 인생은 부엌 바닥에 떨어진 달걀이나 유리컵 꼴이 되는 것이었다. 아니, 아니다. 서하원의 인생이 깨지든 부서지든 그건 알 바 아닌 것이다. 그 여파, 아니 여파가 아니고 직접적 영향은 화살 아닌 총알이 되어 자신의 심장을 꿰뚫게 되어 있었다.

병원 일이 그런 식으로 망쳐지게 되면 샹신원과의 인간관계도 곧바로 파탄 나게 되어 있었다. 그 병원은 샹신원의 사촌 것이었고, 샹신원의 은밀한 부탁을 받고 자신이 신속하게 물색해 온 의사가 서하원이었다. 샹신원의 사촌은 대륙에 불기 시작한 성형 유행바람을 타고 일확천금을 노리고 있었다. 그러나 그는 중국 의사들의 공통된 약점인 서양의학에 허약했다. 더구나 성형수술에 대해서는 내과 의사가 산부인과 수술을 모르는 것처럼 완전 백지상태였다. 그래서 한국 의사를 불러다가 동업하는 식으로, 중국의 철칙인 '기업합작'을 이루었던 것이다. 세계에서 세 번째로 넓은 땅덩어리의 나라, 타의 추종을 불허하는 세계 최대의 14억 인구. 거기다가 여성의 가장 강한 본능 중의 하나인 예뻐지고자 하는 욕망과, 여성이 제일 약하게 휘둘리기 마련인 유행이 한데 어우러진 것이 성형수술 바람이었다. 그런 시장을 겨냥하다니……! 돈 쫓아 20년 가까이 헤맨 종합상사원의 코에 강한 바다 내음처럼 끼쳐오던 돈냄새. 그건 천 리 금광을 찾은 것이나 다름없고, 100년 묵은 산삼을 캔 '심봤다!'나 마찬가지였다. 샹신원의 부탁을 적극적으로 받아들인 이유였다. 병원이 돈밭이 되기만 하면 샹신원의 뒷다리를 단단히 잡게 되는 것이었다. 아니, 어찌 뒷다리겠는가. 바로 불알을 틀어잡고 있는 격이었다.

"여기 성형외과들이 상황이 좀 나빠지기는 했지만 선뜻 중국으로 가려는 사람들은 거의 없어. 알잖아 왜, 여러모로 중국은 좀 그렇잖아. 그런데 마침 적당한 사람이 하나 있어. 기술은 1급인데 좀 재수 없는 일을 당해서……."

고등학교 선배는 그 재수 없는 의사의 기술만큼은 틀림없이 보증한다고 몇 번이고 다짐했었다.

"본인이 죽을 때까지 양악수술은 손 안 댈 것이고, 눈코만 손대는 데는 1급이 아니라 특급이야, 특급."

선배의 이 말을 믿고, 사고는 딱 비밀에 부치기로 하고 모셔 온 것이 서하원이었다.

샹신원은 중국의 경제 심장인 상하이 세관의 주임이었다. 세관의 주임—그는 세관을 관계해야 하는 모든 기업들의 생사여탈권을 쥐고 있는 관운장이었다. 얼굴이 팥죽색으로 붉어 더욱 위엄을 갖춘 사나이,『삼국지』에 등장하는 그 많은 영웅호걸들 가운데 유일하게 신으로 추앙받고 있는 관운장의 위력을 지닌 존재가 샹신원이었다.

중국과 관계를 맺고 있는 세계의 수만 개 기업들은 하나도 빼지 않고 수출입 업무에 연결되어 있었다. 그 막대한 자본이 드나드는 목줄기가 세관이었고, 그 목줄기의 여닫기를 조종하는 실무자 중의 한 사람이 샹신원이었다.

상하이에 자리 잡은 모든 기업의 상사원들은 샹신원 주임과 같은 사람들과 '꽌시' 맺기를 기독교인들이 하나님 뵙기를 바라는 것만큼 갈망하고 있었다. 중국 천지에서 꽌시만큼 중요한 것이 없었다. 그것이 없어서는 관으로 통하는 그 어떤 길도 열리지 않았다. 그건 보물섬을 찾아가는 지도였고, 안 될 일도 되게 하는 요술방망이였고, 지옥에서 천국으로 갈 수 있는 열쇠였다. 그런데 단 하나의 예외가 있었다. 중국이 필요로 하는 초대형 기업일 경우에는 중국이 먼저 천안문 광장에 붉은 카펫을 깔아 환영했다.

샹신원은 세관 통관처 주임이었다. 주임은 우리나라의 국장급에 해당하는 실무총책이었다. 가장 실하고 효과 좋은 빽은 대통령이 아니라 실무자라는 것은 어느 나라나 공통이었다. 그러니 외국기업들은 샹신원 같은 직위의 사람들과 꽌시를 맺으려고 동분서주, 좌충우돌이었다. 그러나 요직일수록 날아드는 화살이 많고, 감시의 눈초리도 많을 뿐 아니라 당사자도 몸을 사리며 조심하기 때문에 꽌시를 맺기란 돌팔매질로 날아가는 새 떨어뜨리기 만큼이나 어려웠다.

더구나 중국사람들은 속 깊기가 삼천 척 바닷속이요, 수만 리 구름 속이었다. 으레 상담(商談)의 자리를 벌여놓고 그들은 상담을 하는 게 아니라 느긋하게 이쪽의 관상을 보는 것이었다. 그들의 특질인 만만디를 소파 삼아 푹신하게 앉아서, 가면 또 올 세월 흘러서 가라 하고 시간을 보내며 사람을 뜯어보고 재보고 이리 되작 저리 되작 하면서 얼마나 믿을 수 있는지, 인간성 됨됨이는 어떨지, 형제 같은 깊은 정까지를 나눌 수 있을 것인지를 점검했다. 속전속결로 비즈니스 효과를 얻고 싶은 상사원들에게 그런 중국사람들의 기질은 난해한 숙제였고, 험한 산이었다. 그러니 요직에 있는 사람들과 꽌시를 맺기란 얼마나 어려울 것인가.

중국 특유의 꽌시란 한자로 관계(關係)라고 썼고, 그 뜻은 '연줄·뒷배·네트워크' 등이 뭉뚱그려진 것 정도로 이해할 수 있었다. 그건 한국 사회의 고질병이고, 나라 망치는 학연·지연·혈연을 다 합쳐서 이루어지는 그 어떤 것이었다. 볼 수도 없고, 만질 수도 없고 그러면서도 분명히 존재하는 그 꽌시 때문에 중국에 처음 진출한 외국기업들은 한동안 정글을 헤매며 허방을 딛고, 넘어지고, 길을 잃고 우왕좌왕하는 것 같은 어려움을 겪어야 했다.

그런데 전대광은 요행히 샹신원과 꽌시가 맺어져 있었다. 그래서 샹신원은 자기 사촌의 일을 은밀하게 전대광에게 부탁했던 것이다. 철저하게 비밀 보장이 된다는 것을 믿기 때문이었다. 전대광이 다른 사람들보다 빨리 부장으로 승진한 것도 샹신원의 덕이 컸다. 샹신원은 전대광네 회사의 수출입 업무를 언제나 수월하게 풀어주었고, 그 덕은 전대광의 빠른 승진으로 이어졌던 것이다.

그런데 서하원이 그냥 돌아가거나, 의료사고가 들통 난다면……. 그거야말로 두말할 것 없이 인생 끝장이었다. 샹신원이 사사건건 트집 잡고 서류를 자꾸 밑으로 밀쳐버리면 수출입 상품이 6개월이고 1년이고 컨테이너 야적장에서 썩을 수도 있었다.

"외삼촌!"

"아이쿠, 재형이구나!"

전대광은 조카를 얼싸안았다. 그들의 목소리는 중국사람

들에게 질세라 쿠렁쿠렁하게 컸다. 그러나 커피숍에 가득한 사람들은 두 사람의 거리낌 없는 행동에 대해 아무도 거슬려 하는 눈치를 보이지 않았다. 그들도 맘껏 왁자지껄 얘기들을 하고 있었기 때문이다. 그런 자유 만발한 광경을 보고 어느 서양 기자는 비교양이며 반문명이라고 비난하고, 그런 무질서와 무자각 상태이기 때문에 민주주의가 이루어지지 않고 있는 것이라고 기발한 비약까지 하고 있었다. 맞는 말 같기도 하고, 아닌 것 같기도 하고, 알쏭달쏭하기 그지없었다.

"얌마, 난 너만 보면 기분 나빠 야!" 전대광이 조카의 어깨를 픽 쳤다.

"왜요?"

"외삼촌이 자꾸 올려다보게 하잖아. 내 고개가 더 뒤로 넘어가는 것 같은데, 더 큰 거냐?"

"예에, 2센티요."

송재형이 씨익 웃으며 뒷머리를 긁적였다. 그 키가 훤칠했고, 인물도 눈길을 끌었다.

"이런 참, 그럼 몇이라는 거냐?"

"1미터 82요."

"이런 제길……, 나보다 10센티가 더 크잖아. 참 좋을 때다, 아직도 키가 크고 있으니. 그래, 많이 커라. 글로벌 시대에 키 큰 것도 경쟁력이다. 앉자."

전대광이 자리 잡자, "커피 가져와야죠. 외삼촌은 뭐 드실 거예요." 송재형이 엄지손가락을 세워 옆쪽을 가리켰다.

"나 이래서 이놈에 커피숍 싫어. 돈은 받을 것 다 받으면서 손님보고 갖다 먹어라, 먹은 것 치워라, 이런 불친절하고 버르장머리 없는 놈들이 어딨어. 중국 찻집은 더 싸면서도 친절하게 차 다 우려내 따라주고, 그 분위기도 얼마나 점잖고 고상해. 난 그냥 커피다."

"아, 아메리칸 커피요. 알았어요."

송재형이 걸음을 떼어놓았다.

"얌마, 이거!"

전대광이 돈을 흔들었다.

"아니요, 저한테 있어요."

송재형이 인상 좋게 웃으며 돈을 마주 흔들었다.

"너 까불래. 너한테 커피 얻어먹는 것 느네 엄마가 보면 상 주겠지?"

"치이……, 기죽이는 기술은……."

송재형은 입꼬리를 비틀며 외삼촌 손에서 돈을 빼냈다.

"넌 아직도 중국차에 맛 들이지 못했니?"

전대광이 커피잔을 받아 들며 물었다.

"글쎄요, 그게 어째 좀……, 가짜가 많다고도 하고……."

송재형이 외삼촌의 눈치를 보며 우물쭈물했다.

"너, 동양의 잎차들이 WHO에서 뽑은 세계 5대 식품 중에서 첫 번째에 꼽힌다고 말해 줬잖아. 특히 중국은 차의 종주국이잖아. 중국에 살면 중국 문화를 직접 몸으로 익혀야 중국을 진짜로 알게 되는 거야. 이거 잔소리로 들리니?"

"아니요." 송재형은 고개까지 저어 보이며, "근데 중국애들도 커피를 자꾸 많이 마시기 시작하니까 차 마실 기회가 없어지고 그래요." 멋쩍어하는 웃음을 지었다.

"그래, 그것이 큰 문제다. 일본이고 한국이고 중국이고 요새 젊은것들이 아주 문젯거리야."

전대광이 마땅찮은 얼굴로 혀를 찼다.

"외삼촌, 외삼촌이 이상해 보여요."

송재형이 울상을 지어 보였다.

"뭐가?"

전대광이 커피잔을 입으로 가져갔다.

"외삼촌이 갑자기 늙어 보여요. 젊은것들 하고 말하니까……."

"허, 그러냐? 네가 이렇게 어른이 다 돼버렸으니 나도 어쩔 수 없이 기성세대가 돼버렸고, 나도 모르게 젊은것들을 입에 올리게 되고 그러는구나. 인생이란 것이……."

전대광의 얼굴에 문득 허전해하는 기색이 스치고 지나갔다.

"커피 때문에 세 나라 젊은것들이 무슨 문제가 있는 거죠?"

송재형은 얼른 외삼촌의 말꼬리를 찾아주었다. 외삼촌은 말주변이 좋은 데다 외국 주재원 생활을 오래 해서 경험과 식견이 넓어 배울 게 많았던 것이다.

"응, 그게 다른 말이 아니고 최근 몇 년 사이에 세 나라 젊은것들이 커피에 환장들을 하고 나선다 그 말이야. 이 말 무슨 뜻인지 알겠어?"

"글쎄요, 그게……."

송재형은 고개를 갸웃하며 커피를 한 모금 마셨다.

"너 단체행동 한다며? 시간 없잖아."

전대광이 핸드폰의 시계를 들여다보았다.

"아니 괜찮아요. 1시 반까지 루쉰공원으로 가면 되니까 시간 여유 있어요."

"응, 그거 잘됐다."

전대광은 고개를 끄덕이며, 루쉰공원이 옛날 우리 윤봉길 의사가 거사했던 홍구공원이 바뀐 건 알지? 하는 말은 하지 않았다. 너무 어린애 취급하는 것 같았기 때문이다.

"그게 말이야, 그저 입맛에 맞는 음료를 마시는 건데 뭘 하는 식의 간단한 문제가 아니란 말야. 자아, 한국은 어차피 동양식의 차 문화가 어떻게 흐지부지되어 보잘 것이 없었으니까 커피가 안하무인으로 깽판을 친다고 쳐. 근데 일본은 그게 아니었거든. 일본은 아주 괴상스러운 나라야. 아시아에서

66

솔선해서 서양문화를 제일 먼저 받아들였는데 딴 나라들에 비해서 별로 영향을 받지 않고 거의 변하지 않은 세 가지가 있었어. 예수교가 전혀 기세를 펴지 못해 확산되지 않았고, 커피가 녹차에 막혀 영 맥을 못 추었고, 코카콜라가 마구 광고를 해대도 고전을 면치 못했지. 그 이해할 수 없는 현상을 서양에서는 일본의 3대 불가사의라고 불렀어. 옷이나 건물들이 거의 서양식으로 바뀐 것하고는 영 딴판이었으니까. 근데 말야, 몇 년 전부터 한 가지에 이변이 일어나기 시작했어. 젊은 사람들이 커다란 종이컵을 들고 커피를 홀짝거리면서 거리를 활보하는 유행을 일으킨 거야. 그런데 더 문제는 중국이야. 4천 년이 넘는 중국차의 아성 앞에서 커피 제까짓 게 꼼짝 못할 줄 알았지. 헌데 중국차의 만리장성마저 커피 앞에서 속절없이 무너지고 있는 거야. 베이징이고 상하이고 톈진이고 광둥이고 큰 도시마다 급속도로 늘어나고 있는 게 스타벅스 같은 커피집이고, 젊은것들은 남녀 없이 그 커다란 종이컵을 들고 무슨 자랑이라도 하듯 거리를 누빈단 말야. 10위안짜리 점심 먹고 30위안짜리 커피컵 들고 나서면서, 그게 아주 세련되고 멋지고, 첨단 문화인이 된 것처럼 으스대는 꼴들 하고는. 남들이 다 하는데 나도 빠져서는 안 되지 하는 모방심리가 작용해 그런 유행바람에 휩쓸리는 거지. 그거 아주 속이 텅 빈 유치하고 치졸한 흉낸데, 그런 모습 어디서 많이 본 것 같지 않니?"

전대광은 답을 캐내려는 듯 조카의 눈을 응시했다.

"글쎄요오……."

송재형은 고개를 갸웃갸웃했다.

"너 서양영화 좋아하잖아."

"아 예. 생각났어요. 서양사람들이 많이 그러고 다녔어요. 딱 그거네요."

송재형이 두 손가락으로 딱 소리를 냈다.

"녀석, 센스 한번 쓸 만하네. 근데 말이다, 서양을 대표하는 게 미국인데, 한·중·일 젊은 분네들께오서 갈수록 그저 미국 흉내 내기에 넋들이 빠져 있는 거야. 비웃음 당하는 줄도 모르고."

"예에, 말씀 듣고 보니 그러네요. 거 있잖아요, 중국 학생들이 우리나라 학생들보다 미국을 훨씬 더 좋아하는 걸 보고 많이 놀랐어요. 미국 유학 갔다 오면 출세가 빠르다는 건 알지만."

"그래, 일본은 훨씬 더하지. 그런 현상은 한마디로 하기 어려운, 여러 가지가 얽혀서 일어나는 복잡한 문제야. 앞으로 차차 그 답을 찾아 나가봐라. 그것도 꽤나 중요한 사회 공부니까. 자아, 이제 그만 네 얘기 듣자."

전대광은 자리를 고쳐 앉으며 커피컵을 들어 올렸다.

"외삼촌……." 송재형은 어리광이 섞인 듯한 나긋한 목소리로 외삼촌을 부르고는, "제 부탁 꼭 들어주셔야 돼요" 하며 외삼촌의 눈을 빤히 들여다보았다. 목소리보다는 그 눈길이 더 절실한 마음을 담고 있었다.

"얘, 겁주지 마라. 그런 못부터 박는 사람들이 이 세상에서 젤 무서운 법이다. 난 그런 사람 상대 안 해."

전대광이 과장되게 손을 내저었다.

"외삼촌이 손해 볼 일 아니에요. 별로 힘드는 일도 아니구요. 근데 꼭 외삼촌이 해결할 수 있는 문제예요."

송재형은 얼굴이 굳어질 만큼 심각하게 얘기했다. 아까의 웃음기 서렸던 편안한 얼굴은 간 곳이 없었다.

"야, 뜸 들이고 돌리고 하지 말고 빨리 말해라. 바이어 상담을 하는 것도 아니고."

"예, 알았어요." 송재형은 엉덩이를 약간 들었다 놓고는, "저, 전공을 바꾸고 싶어요. 엄마를 설득해 주세요." 그는 단호한 어조로 한달음에 말했다.

"뭐라고? 전공을 바꿔?"

전대광은 주춤 놀라며 자신의 귀를 의심하는 듯 오른쪽 손바닥을 바가지를 만들어 귓바퀴에 갖다 댔다.

"예에, 전공을 바꾸고 싶어요."

송재형은 다시 힘주어 말하고는 목젖이 꾸룩 소리를 내도록 침을 삼켰다.

"뭘로?"

"예, 역사학이요."

"뭐, 역사학?"

전대광은 목소리만 커진 것이 아니라 눈까지 부릅떴다.

"예, 역사학이요!"

송재형은 외삼촌의 거부감을 무찌르듯이 아까보다 더 강하고 또렷한 소리로 같은 말을 반복했다.

"너 그게 가능하다고 생각하니? 네 엄마가 그걸 받아들일 것 같아?"

"그러니까 외삼촌한테 부탁드리는 것 아니에요."

"얌마, 차라리 대학 안 다니겠다는 게 낫지, 난 그런 것 못해."

전대광이 화 돋은 얼굴로 손을 내저었다.

"치이, 못하시는 게 아니라 안 하시려는 거지요? 외삼촌부터 맘에 안 드시는 일이잖아요."

"뭐라구? 너 그걸 어떻게 알아?"

"외삼촌 얼굴에 다 씌어 있는 걸요, 뭘. 전 어린애가 아니에요."

"허, 내 참. 너 역사 공부 해가지고는 밥 굶기 딱 알맞다는 것 알아, 몰라?"

전대광은 속 터진다는 듯 엉덩이를 들었다 놓았다.

"부자로는 못 살아도 밥을 굶지는 않아요."

"아이구 저것, 저것. 입 달렸다고 말은 꼬박꼬박 다 하네. 그래, 평생 찌질이 가난하게 살 텐데 네 엄마가 그렇게 하라고 할 것 같으냐?"

"그러니까 외삼촌한테 응원을 청하는 거죠."

"아서라. 내가 나서도 아무 소용 없다. 엄만 절대로 허락 안 하실 거다. 자식이 평생을 궁상스럽게 고생하며 사는 길로 가겠다는데, 나라도 결사반대다!"

점점 커지고 있는 전대광의 목소리에는 신경질과 짜증이 잔뜩 묻어나고 있었다.

"그렇담 별수 없죠. 저는 엄마 아빠 소유물도, 미성년자도 아니에요. 난 나예요."

"그게 무슨 소리야? 그럼 네 뜻대로 하겠다는 거냐?"

"결론은 그렇죠."

송재형은 물을 마시듯 커피를 벌컥벌컥 들이켰다.

"허 참, 너 지금 대사 멋지게 엮어가며 연극하는 거냐? 야, 좀 더 멋지게, 내 인생의 주인은 나야, 내 인생의 설계자는 나야, 정도는 해야 더 폼 나는 것 아니니?" 전대광은 콧방귀를 뀌고는, "결론 다 내려놓고 나서 나더러 응원해 달라는 건 또 무슨 초친맛이냐?" 쓴웃음을 물며 한숨을 쉬었다.

"그렇더라도 일단 말씀드려 양해를 구하는 게 자식 된 도리니까요."

"너 참 잘났다. 그래, 역사학은 너무 막연하고, 구체적으로 어떤 역사를 전공하겠다는 거냐?"

"중국에서 공부하는 거니까 당연히 중국사죠."

"뭐, 중국사!"

전대광은 정말 어이없다는 듯 입 크게 벌리며 헛웃음을 쳤다.

"왜 그렇게 웃어요, 기분 나쁘게."

송재형은 무시당한 기분을 불퉁스러운 말로 풀고자 했다.

"이봐라, 너 도대체 어쩌다가 그런 황당한 생각을 하게 된 거냐?"

"공부를 해갈수록 경영학은 맞지 않아요."

"얌마, 맞고 안 맞고가 어딨냐. 누구나 그냥 적당히 맞춰가는 거지."

"외삼촌. 외삼촌도 지식인이면서 어찌 그렇게 무식한 사람처럼 말해요. 사람한테는 제각기 적성이라는 게 있잖아요. 적성에 안 맞는 공부는 할 수 없는 거잖아요."

외삼촌을 응시하고 있는 그의 눈이 동의를 압박하고 있었다.

"참 배부른 소리 하고 앉았다. 탄탄대로 두고 가시밭길 가겠다니."

전대광은 아까보다 더 짙은 한숨을 토하며 고개를 절레절레 저었다.

"예, 엄마나 외삼촌이 말하는 그 탄탄대로로 갈 능력이 제겐 없어요. 엄마는 제가 외삼촌처럼 되길 바라시는 건데, 전 아무리 생각해도 외삼촌처럼 될 수가 없어요. 모르는 사람들 끝없이 접촉해야 하고, 영업 실적을 계속 올려야 하고, 전 그런 일이 체질에도 기질에도 안 맞아요. 상상만으로도 숨이 막혀요."

송재형은 어깨를 부르르 떨었다.

"얌마, 천재 예술가나 천재 과학자들처럼 이거 아니면 안 된다 하고 처음부터 딱 정해져 있는 일이 어딨니. 인생사라는 게 대개 어물어물 그렇고 그렇게 짜 맞추고 적당하게 적응해 가면서 사는 거지. 그러고 넌 말야, 인물 훤칠하겠다, 키 늘씬하겠다, 서양놈들하고 붙어도 꿀릴 것 하나도 없는 조건을 딱 갖추고 있잖아. 배부른 소리 작작 하고 그 길로 매진이야!"

더 잔소리하지 말라는 듯 전대광은 손끝으로 탁자를 쳤다.

"아휴, 한 핏줄 아니랠까 봐 외삼촌은 어찌 그리도 엄마하고 똑같은 식으로 말하세요. 제가 괜히 말 꺼냈네요."

너무 실망했다는 기색으로 송재형은 고개를 외로 틀었다.

"얌마, 너 말을 해도 어찌 그렇게 섭섭하게 하냐. 네 엄마 같았으면 벌써 어떻게 됐을지 알지? 이미 몇 번 소리 질렀고, 울음 터지고 하지 않았겠어? 그렇지만 그래도 난 어디까지나

널 인격적으로 대우하며 이성적으로 대화하고 있잖아."

"무조건 안 된다고 하는 게 무슨 이성적 대화예요. 제가 제시한 적성, 체질, 소질 같은 걸 비교하고 고려해서 과학적 판단을 내리는 것이 이성적 대화지."

"하 그놈, 대학물 먹었다고 제 놈 유리한 쪽으로 꾸며대는 말재주 늘었네. 너 도대체 중국사를 해서 앞으로 창창하게 남은 한평생을 어떻게 살아가겠다는 거냐? 나 같은 사람한테는 중국 천지가 앞으로 30년은 너끈히 파먹을 수 있는 젖과 꿀이 흐르는 땅이지만 말야."

"그건 하나도 염려할 것 없어요. 저도 그런 중국 덕 충분히 볼 수 있으니까요. 베이징대학 박사학위를 가지고 귀국하면 대학에 얼마든지 자리 잡을 수 있다고 했어요. 다른 학과와 달리 중국사학과는 계속 증원되고 있는 데다, 공부만 열심히 하면 그 교수가 추천서도 써주겠다고 했어요."

"그 교수라니?"

"중국사 교수지요."

"아니 그럼, 너 이미 과를 옮겨버린 거야?"

전대광이 화들짝 놀랐다.

"아아니요. 옮기려고 마음먹고 동아리 활동을 시작한 거지요."

"아하, 너 그래서 역사탐방인가 뭔가 나선 거로구나!"

전대광이 마침내 깨닫고는 무릎을 쳤다.

"외삼촌, 정말 늙었어요? 눈치 기막히게 빠르면서 그걸 이제야 알게."

"얌마, 약 올리지 말어. 네놈이 하도 요상스런 소릴 토해 놓으니까 정신을 다 뺏겨버려서 그렇지." 전대광은 조카를 향해 헛주먹질을 하고는, "야, 정말 그렇게 상사원 노릇이 싫은 거냐? 베이징대학만 나오면 여기서 대기업에 재깍 현지채용인데. 너 2년 반이나 바친 세월이 아깝지도 않니?" 그는 조카를 쓰다듬는 눈길로 바라보며 은근하게 말했다.

"아이고 외삼촌, 그만하세요. 그런 유혹에 홀려 엄마가 절 중국으로 떠밀어 보냈잖아요. 제발 저 좀 살려주세요."

송재형은 꽃이 벙그는 듯 곱게 웃는 리옌링의 모습을 보고 있었다. 그 마음을 들킬까 봐 그는 얼른 커피컵을 들어 올렸다.

"중국사가 흥미진진하긴 하지만, 역사가 긴 데다가 왕조들도 수없이 많아서 공부가 보통 어려운 게 아닐 텐데. 중국어 실력은 좀 어떠냐?"

"예, 이젠 말하고 강의 듣고 하는 데 별 지장이 없어요. 한문도 처음엔 정신이 하나도 없었는데 문자 구조를 터득해 나가니까 한문 공부가 재미있어요."

"그래? 아주 열심히 한 모양이구나. 어느 나라 말이든 꼭 해야 할 필요를 느끼고, 일단 흥미가 생기면 아주 빠르게 습득이 되지. 그럼 지금부터 나하고 중국어로 해볼까."

"아이고 외삼촌, 하나 있는 조카 스트레스 받게 해 죽일 일 있어요? 시간 다 됐어요. 저 갈래요."

송재형이 잽싸게 컵을 양쪽 손에 하나씩 들고 일어섰다.

"야, 이것 받아라."

전대광이 봉투를 내밀었다.

"저 충분해요. 그 일이나 잘 처리해 주세요."

송재형이 외삼촌을 돌아보며 눈을 찡긋했다.

"도둑놈, 날 지옥에다 몰아넣고!"

전대광이 봉투를 반으로 접어 조카의 바지 주머니에 밀어 넣었다. 그리고 그의 실팍한 등을 철썩 쳤다.

닷새가 지나 전대광은 상신원의 전화를 받았다.

"아, 샤오취안!"

반가움이 넘치는 첫마디였다.

전대광은 가슴에 촉수 높은 전등이 환하게 켜지는 것을 느꼈다. 그 한마디는 서하원의 의술에 만족한다는 표시였기 때문이다. 중국사람들에게 '샤오'라는 호칭을 듣기는 이만저만 어려운 것이 아니었다. 이쪽이 외국인인 데다가, 저쪽이 사회적 직위가 높은 경우에는 더더욱 말할 것이 없었다. 샤오는 믿음과 정겨움을 함께 표현하는 '동생, 아우님' 하는 호칭이었다. '취안'은 '전(全)'이라는 성의 중국 발음이었다. 전에 술이 많이 취하면 가끔 샹신원은 '샤오취안'을 쓰긴 했지만 맨 정신에 그 호칭을 쓴 것은 처음이었다. 그건 서하원에 대한 만족의 크기를 잘 보여주고 있었다.

"오늘 서 박사와 넷이서 저녁 할 수 있소?

샹신원은 중국사람답게 서하원의 호칭을 첫날부터 '서 박사'로 고정했다. 중국사람들은 유난히 직책을 좋아해 그 작은 명함에도 직책이란 직책을 죄다 줄줄이 적어댔다. 세상의 많고 많은 직책들 중에서 그들이 최고로 치는 것이 중국공산당 고위직이었고, 그 다음으로 치는 것이 '박사'였다. 하긴 박사를 대단하게 생각하는 것은 세계 공통이기도 했다. 어느 나라에서나 정치인들의 경우에도 굳이 박사라는 사실을 드러내고자 했다. 그리고 한국에서는 자기 아들 호칭도 '김 박사, 박 박사' 하는 어머니들이 적지 않았다.

"그럼요, 맛있는 것 사주세요."

전대광도 한껏 친근감을 드러내며 대꾸했다.

"그럽시다. 음식도 술도 최고급이오!"

샹신원은 귀청이 울리도록 유쾌하게 소리치고는 전화를 끊었다.

중국인들과의 인간관계에서 그들이 먼저 음식 대접을 제안하는 것은 그 관계의 성공을 의미했다. 거기다가 음식도 술도 최고로 하겠다는 것은 최대 호의의 표현이었다.

"아 오랜만에 진짜 마오타이 한번 먹어보겠네."

전대광은 혼잣말을 하다가 깜짝 놀랐다. 자신의 목소리가 너무 컸던 것이다.

중국 최고의 명주 마오타이는 그 회사 사장마저도 가짜에 속을까 봐 자기가 마실 술을 자가용에 싣고 다니는 것으로 유명했다. 마오타이는 정부의 공식행사에 대는 것만으로도 모자란다고 했다. 그런데 시중에는 마오타이가 넘쳐나고 있었다. 그 가짜 술들은 어찌나 잘 만들었는지 그 회사 검사원들도 식별하기 어렵다는 얘기가 널리 퍼져 있었다. 그리고 양조회사 사장들도 열 번에 서너 번은 가짜를 마시게 된다는 소문이었다.

그런 판에 샹신원만큼은 진짜를 마실 수 있는 사람이었다. 그건 그의 직위가 발휘하는 힘이었다. 만약 그에게 가짜를 선물했다가 밝혀지는 날에는 어찌 될 것인가.

샹신원과 생고무줄만큼 질긴 꽌시가 맺어진 것은 정확하게 9년 전이었다. 그때 자신은 중국에 파견되어 겨우 2년밖에 안 된 초짜였다. 자신이 하는 일이라곤 서울 본사에 일일업무 보고 잠깐 하고 나서는 나머지 시간에는 그저 중국말 익히느라고 기를 쓰는 것이 전부였다. 넓디나 넓은 망망대해의 시장을 정복하기 위한 가장 강한 무기가 원활한 언어 소통이라는 것이었다.

"서양 양코배기들은 그렇다 치더라도 일본놈들도 중국말 배우기를 싹 외면해 버리고 있단 말야. 일본놈들, 즈네들도 서양 수준이라고 중국 깔보고 우습게보고 하는 짓인데. 쪼아, 제놈들이 그리 까불면 우리에게 그만큼 덕 보여주는 거지. 중국말 매끈매끈하게 잘하는 우리와, 맨날 통역 내세우며 배부른 척하는 일본놈들과, 중국사람들이 누굴 더 좋아하겠느냔 말야. 입장을 딱 바꿔놓고 생각해 봐. 우리라면 어떻겠는지."

중국말이 유창한 부장의 정신교육이었다.

중고등학교 때 영어 하느라고 헐떡거리며 한자라고는 거의 대한 일이 없었다. 한자로 제 아버지 이름, 제 집 주소도 못 쓴다고 나이 많은 세대들의 통탄을 들으며 고등학교를 졸업했었다. 그런데 신입사원이 되고 나서야 중국어 학원으로 떠밀려 나가야 했다. 본격적으로 중국 시장을 공략하기 위한 회사의 전략이었다.

"라면 하나씩만 팔아먹어도 13억 개다!"

사장의 이 외침은 전 사원을 휘어잡는 기막힌 웅변이었다. 한국 전체 인구 고작 4,500만일 뿐인 그 당시에 13억 개라니! 가자, 중국 시장으로! 이 외침이 절로 나오지 않을 수 없었다.

중국말 익히기에 밤낮없이 낑낑대고 있던 어느 날 지사장이 현지 직원 열댓 명을 뺀 전 사원을 소집했다.

"긴급 상황이야. 누구 서울 종합병원에 수술 잘하는 유명한 의사 아는 사람 없어? 이 일만 잘 해결하면 우리 회사에는 탄탄대로가 열리는 거야. 세관을 무사통과할 수 있는 튼튼한 꽌시가 생기는 거라구, 꽌시! 누구 없어?"

지사장은 얼굴이 벌겋게 되도록 다급해져 있었다.

"저요!"

전대광은 자신도 모르게 손을 번쩍 들었다. "언제든지 필요하면 연락해." 문득 떠오른 한민우 선배의 말이 일으킨 힘이었다. 한 선배는 우리나라 제일의 병원에 자리 잡고 있었다.

"있어! 그게 누구야?"

지사장은 기쁨의 소리를 내질렀다.

"형이요."

전대광은 불쑥 대꾸했다. 속으로는 고등학교 선배요, 하면서도 어찌 된 일인지 입으로는 그런 엉뚱한 소리가 나갔다. 자신감을 보이고 싶었고, 평소에 형이라고 부르고 있었고, 한 선배가 틀림없이 도와주리라는 확신이 있었고……, 그런 것들이 뭉뚱그려진 탓이었을 것이다.

"자네 내 방으로 와."

단둘이 앉자 지사장은 빠르게 설명했다. 세관 실무자 샹신원이라는 사람의 처남이 급히 신장 수술을 해야 한다. 중국 의술이 약해 미국으로 가려고 하는데 그건 어렵고, 그래서 우리나라로 가고 싶어 한다. 중국에서는 상하이 여자들을 '여자 명품'으로 치는데, 샹신원의 아내는 그중에서도 미인 축에 든다. 그래서 샹신원이 끔찍이 사랑하는데, 그 아내가 또 병난 남동생을 끔찍하게 생각한다. 그러니 샹신원이 몸이 단 것이다. 샹신원은 중국 정치의 중심 세력인 상하이방에 속하는 사람이다. 장차 세관장까지 될 인물이다 그거야. 그러니 이번 일만 잘 해결하면 우리 회사에는 고속도로가 확 뚫려. 그리고 자네도…….

전대광은 지사장만큼 몸이 달아 한 선배에게 전화를 걸었다.

"형, 나 좀 도와줘. 큰일이 생겼어."

전대광은 밑도 끝도 없이 쏟아놓았다.

"그래, 알았어. 빨리 도착시키기나 해. 최고 권위 남 박사님께서 집도하시도록 할 테니까. 나도 보조할 거고."

선배 한민우의 정다운 말이었다.

"형 고마워, 정말 고마워."

전대광은 목이 메려고 했다.

"고맙긴. 네가 백운대에서 날 업고 내려온 것을 어찌 잊을 수 있겠니."

한민우의 따뜻한 어조는 그때의 고마움을 갚고 싶다는 마음을 담고 있었다.

그때 5월의 등산 시합은 자하문 밖에서부터 백운대 인수

봉까지 주파하는 것이었다. 한 조가 4명씩이었고, 고3 한민우는 조장이었고, 자신은 고1이었다. 다른 두 명은 고2였다. 상위 그룹을 유지하며 그들은 경쾌하게 달리고 있었다. 백운대가 가까워질수록 그 뒷길은 오르막 내리막이 심해지며 험해지고 있었다. 그들은 그런 길에서도 뛰기를 멈추지 않았다. 기운이 펄펄 뻗치는 나이였고, 시합이었다. 그런데 어느 내리막에서 앞서서 리드를 하고 있던 조장이 비명을 지르며 나뒹굴어졌다. 그는 숨이 끊어지는 것 같은 비명을 질러대며 더 걸을 수 없었다. 발목을 다쳐도 많이 다친 모양이었다. 전대광은 선배 앞에 등을 디밀며, 빨리 병원에 가야죠, 했다. 셋이 번갈아가며 한민우를 업고 정릉 쪽으로 빠졌다.

"고등학교 시절의 마지막 추억을 멋지게 장식하려다가 꼴우습게 됐다."

인대가 끊어져 한 달 가까이 목발 신세가 된 한 선배의 말이었다. 그런 사고를 당하고도 한 선배는 거뜬하게 의대생이되었던 것이다.

샹신원 처남의 수술은 신속히 진행되었다. 수술이 잘 끝나고 회복되기를 기다리면서 전대광은 선배에게 다시금 큰 고마움을 느꼈다. 남 박사에게 그런 대수술을 받으려면 최소한 3개월은 기다려야 한다는 것이었다. 한 선배가 얼마나 애를 썼는지 알 수 있었다. 간호사의 그 말을 통역하자 샹신원의 아내는 눈물을 글썽이며 고개를 숙이고 또 숙였다. 그녀는 동생을 따라왔던 것이다.

"자넨 프로야, 프로. 프로답게 철저하게 서비스해. 감동 서비스가 감동을 얻는 거니까."

지사장이 안내를 맡기며 그에게 다짐한 말이었다. 본사에서는 의전차량까지 내주었다. 전대광은 그 사람이 퇴원할 때까지 열흘 동안 집에 아예 전화 한 통 하지 않았다. 맹수만 한 번 문 사냥감의 목덜미를 놓치지 않는 것이 아니었다. 무한경쟁의 전쟁터에 나선 수컷들도 한 번 잡은 기회를 놓칠 리가 없었다. 전대광은 샹신원 부인을 그림자로 따라붙으며 프로의 감동 서비스를 하기에 열을 다 바쳤다. 그녀의 예쁜 얼굴에 피어나는 웃음이 피로회복제이기도 했다.

샹신원의 처남은 건강을 되찾았고, 샹신원은 전대광을 끌어안으며 "당신은 내 라오펑유야, 라오펑유!" 하면서 등을 두들겨댔다. 샹신원의 강한 몸짓에서 전대광은 그의 아내의 마음이 섞여 있음을 느끼고 있었다. 라오펑유는 '오랜 친구'라는 뜻으로, 가장 깊은 신뢰와 정을 느낄 때만 쓰는 말이었다.

서하원을 식당으로 데려가기 위해서 전대광은 시간 맞춰 병원으로 갔다. 통역하는 간호사 없이 중국 의사와 단둘이 식당으로 가는 동안의 불편을 없애기 위해 그가 나서기로 한 것이었다.

전대광이 병원으로 들어섰을 때 서하원은 그날 마지막 환자의 수술을 끝내고 손을 씻고 있었다.

"일하기 어떠세요?"

전대광은 조심스럽게 물었다. 샹신원의 만족과 다르게 서하원은 그 어떤 불편스러움이나 마땅찮은 것이 있을 수 있었던 것이다. 중간에 선 소개자의 신경 쓰임이었다.

"네, 괜찮아요."

서하원이 손등으로 눈을 훔치면서 엷게 웃었다. 그 얼굴에 여전히 그늘이 서려 있었다. 그 우울한 기색이 태생적인 것인지, 의료사고 탓인지 모를 일이었다. 어쨌거나 그는 명랑 쾌활한 사람이 아닌 것은 분명했다.

"간호사는 통역 잘합니까?"

간호사는 통역을 할 수 있어야 하기 때문에 일부러 조선족이 많이 사는 지린성에서 어렵사리 구해왔던 것이다.

"예, 어감이 좀 귀에 설어도 시술에는 아무 지장이 없습니다."

"잘됐습니다, 좀 신경 쓰였는데." 전대광은 소파에 앉으며, "샹신원 주임이 서 박사님한테 대만족입니다. 저도 이제 완전히 신경 꺼도 되게 되었습니다." 그는 홀가분하게 웃었다.

"제가 열심히 잘할 테니 신경 쓰지 마십시요. 제 속마음을 다 말씀드릴 수는 없지만……, 전 부장님께 크게 감사하고 있습니다. 첫날 말씀하셨던 것처럼 여긴 망망대해가 맞는 것 같습니다."

서하원은 고개까지 숙여 속마음을 표현하려고 했다. 그러면서 그는 크리넥스를 뽑아 또 눈을 훔쳤다.

"아니, 벌써 그렇게 느낄 정도로 환자가 많습니까?"

전대광은 반색을 했다.

"예, 벌써 일주일 예약이 밀려 있습니다. 꼭 10년 전 우리나라 같은 기분이 듭니다."

서하원의 얼굴에서 그늘이 걷히면서 흐릿한 웃음이 피어났다.

그 웃음이 두고 온 가족을 생각하는 걸 거라고 전대광은 짐작했다.

"예에, 앞으로는 점점 더 많아질 겁니다. 그래야 원장님이 가족 만날 날도 빨라지구요."

"예, 은근히 불안하기도 했었는데……."

"그게 여기 상하이의 파워입니다. 얼굴을 뜯어고치고는 싶은데 한국으로 의료관광을 못 떠나는 여자들이 수두룩하니까요." 전대광은 부지불식간에 쏟아져버린 '뜯어고친다'는 말에 당황하며, "상하이는 상주인구 2천만에, 유동인구까지 치면 2,300만이 넘어 서울보다 두 배나 되는 큰 도시고, 상하이 GDP만 분리해서 따지면 이미 2만 불에 육박해 한국을 별볼일없이 생각하게 되었습니다. 그뿐만 아니라 모든 흐름이 주변 중급 도시들에서 상하이로 유입되고 있는 형태니까 환자는 갈수록 많아질 수밖에 없습니다." 그는 그 상스러운 말을 지우려는 듯 숨 쉴 겨를도 없이 말을 빨리 해댔다.

"2만 불이라니요……?"

서하원은 의아스럽기 그지없는 눈길로 전대광을 쳐다보았다.

"예에, 2, 만, 불!" 전대광은 틀림이 없다고 꼭꼭 짚어서 말하다가, 상대가 경제에는 허약한 의사라는 것을 깨닫고는, "아, 예, 의문이 생기는 건 당연합니다. 그러니까 말이죠, 덩샤오핑 아니, 등소평이 30년 전에 개혁개방을 해서 경제개발을 시작할 때 전체 중국땅을 대상으로 할 수가 없었습니다. 왜냐하면 땅이 너무 넓은 데다 인구도 너무 많은데, 자본은 없었습니다. 중국땅이 우리 남한의 거의 90배가 된다는 것을 생각해 보세요. 그래서 실험 지역을 선정했지요. 그 1차가 저 남쪽의 광둥성 선전 경제특구였고, 그 효과가 좋아 동쪽 해안 지역, 그러니까 상하이를 중심으로 한 남북 상하 도시들을 2차 실험 지역으로 삼은 것입니다. 그 실험 역시 대성공을 거두며 중국의 기적, 중국의 신화로 세계를 놀라게 하기 시작했습니다. 그런데 한편으로 심각한 문제가 야기되었습니다. 땅이 너무 넓어 개발의 혜택을 거의 입지 못한 중서부 지역은 여전히 가난에 찌들어 있었습니다. 그 너무 심한 지역격차는 그 지역 인민들의 불만으로 쌓여갔고, 그런 위험스런 민심은 당과 정부의 큰 짐이 되었습니다. 우리 한국에서는 볼 수 없는 현상이었지요. 그래서 정부에서 서둘러 시작한 것이 서부대개발입니다. 3~4년 전부터 서부대개발, 서부대개발이 새로운 구호가 되었습니다. 그러니까 중국이 작년에 G2가 되었지만 14억 인구의 평균 GDP를 따지면 5천 불이 될까 말까 그런 거지요. 그래서 국제회의에서, 중국은 G2로서 선진국의 책임을 다하라 하면, 중국은 시침을 뚝 따고, 우리는 GDP 5천 불일 뿐인 개발도상국에 불과하다, 하고 능청스럽게 대응하고는 하지요. 그건 그냥 유들유들한 배포로 버티기를 하는 게 아니라 논리적으로 전혀 하자가 없는 계산법이니까 다른 나라들도 더 할 말이 없는 거지요. 이런 이상스러운 현상은, 중국이 지난 30년 동안 매해 평균 10퍼센트대의 초고속 성장을 한 것과 함께 중국만이 보여줄 수 있는 2대 관심거리지요. 이해가 되십니까?" 그의 말은 숙달된 연사처럼 빠르고 매끈하게 이어졌다.

"예, 제가 워낙 경제에 무식해서······."

진지하게 이야기를 듣고 있던 서하원이 쑥스럽게 웃었다.

"예, 그만 나가실까요."

전대광이 시계를 보며 몸을 일으켰다.

"아이구, 이거 참······."

밖으로 나온 서하원이 손수건을 꺼내며 또 눈을 훔쳤다.

"아니, 눈병 났어요?"

전대광이 서하원의 눈을 들여다보듯 하며 물었다. 서하원의 눈은 핏기가 성성했고, 눈자위는 붉게 부풀어 있었다. 실내에서는 미처 보지 못했던 증상이었다.

"아니, 저것 때문에……."

서하원이 저쪽 먼 데를 폭넓게 손가락질했다.

"뭐요……?"

전대광은 먼 허공을 둘러보며 어리둥절했다. 저쪽 멀리에는 하늘을 찔러대는 초고층 빌딩들의 난무가 있을 뿐 색다르게 눈에 띄는 것은 아무것도 없었다.

"저기 저 매연……."

서하원은 진저리치듯 하며 고개를 저었다.

"아하, 저 매연 때문에 눈이 아픈 겁니까?"

"예에, 계속 눈물이 나고, 목도 칼칼하게 아프고……. 이렇게 심한 건 생전 처음이에요."

서하원은 침울한 소리로 말했다.

뾰족뾰족한 빌딩들 저편으로 짙은 안개 같은 질감의 매연띠가 칙칙하게 드리워져 있었다. 그 죽은 색깔의 매연띠는 두 층을 이루고 있었다. 위층은 검은색이 섞인 불그죽죽한 색이었고, 아래층은 매연이 더 심해 검푸르죽죽하게 탁했다. 거기까지가 1킬로쯤이나 될까……. 수많은 빌딩들의 모습이 썩은 안개 같은 매연의 바닷속으로 침침하게 사라져가고 있었다.

"이거 참, 우린 면역이 돼버려서 괜찮아요. 10년 전에는 이보다 열 배는 더 심했어요. 2008년 올림픽을 치르면서 도시 공해 추방운동을 벌였고, 자동차들도 털털이에서 대부분 신형으로 바뀌고 해서 많이 좋아진 거지요."

"근데 무슨 매연이 이렇습니까. 이건 매연이 아니라 독가스 수준이에요."

서하원이 울상으로 고개를 저었다.

"이게 또 하나의 메이드 인 차이나예요. 서울이나 뉴욕의 매연과는 완전히 다르지요. 이건 세 가지, 그러니까 3대 재료가 혼합되어 만들어진 특제 매연이에요. 자동차 배기가스, 초고층 빌딩들 건축 현장에서 일어나는 먼지, 그리고 도시 주변의 공장들이 뿜어대는 석탄 연기의 혼합품입니다. 좌우간 안약부터 구해야 되잖아요. 갑시다, 약국으로."

전대광이 서하원의 팔을 붙들었다.

"아니 됐어요. 집에 편지 했어요, 보내라고."

서하원이 또 손수건으로 눈을 누르며 말했다.

"집에요? 한국에?"

전대광이 놀랐고, 서하원이 고개를 끄덕였다.

"아니, 왜요. 무슨 특효약이 있습니까?"

"아니……, 그냥……, 그게…….."

서하원이 우물쭈물했다.

"아하! 중국 건 못 믿겠다 그건가요?"

서하원이 민망한 듯 고개를 끄덕였다.

"글쎄요, 안약 정도는 괜찮지 않을까요?"

서하원이 핏발 선 눈으로 전대광을 바라본 채 고개를 저으며, "중국에서는 아버지도 가짜랬어요." 불쑥 말했다.

"예에? 그런 말 어디서 들었어요?"

전대광이 놀라면서 어처구니없이 웃었다.

"몇 년 전에 북경 여행을 갔을 때 조선족 가이드가 그랬어요. 처음엔 어리둥절했다가 한참이 지나서야 무슨 뜻인지 알아들었어요."

서하원이 그 말뜻을 다시 생각하는 듯 빙긋이 웃었다.

"허 참, 그 가이드가 이중으로 중국사람들 얼굴에 똥칠했네."

전대광이 끌끌 혀를 찼다.

"이중으로요?"

서하원의 눈은 무슨 뜻이냐고 묻고 있었다.

"보세요, 중국이 짝퉁 천국이라는 것을 그보다 명확하게 찌를 수가 없고, 또 하나는 중국여자들이 정조관념 없이 마구 바람을 피워댄다고 하는 말 아닙니까."

"흐흐흐……, 중국여자들이 정말 그렇습니까?"

그 얘기 하면 부처님도 빙그레 웃으시더라고 생전 그런 데 관심이 없을 것 같았던 서하원이 비릿한 웃음을 흐흐거리고 있었다.

"차차 겪어보세요. 한국과는 영 딴판의 신천지니까요."

두 손가락으로 동그라미를 그려 보이며 눈을 찡긋한 전대광이 걸음을 떼어놓았다.

차에서 내린 전대광이 건물을 가리키며 말했다.

"이 건물 전체가 식당입니다."

"예에……?" 놀란 서하원이 뒤로 젖힌 고개를 한동안 까딱까딱하더니, "이거 8층이나 되잖아요. 근데 어떻게 전부가……." 도저히 믿을 수 없다는 얼굴이었다.

"대도시마다 이런 식당들이 수두룩해요. 이 어마어마한 규모, 이게 중국이에요. 자금성 보셨지요? 그게 중국사람들이 좋아하는 폼이에요."

전대광은 서하원을 위해 쯔진청이라고 하지 않고 자금성이라고 했다.

"여기도 온통 빨간색이군요."

서하원이 서너 개의 계단을 오르며 현관과 좌우를 둘러보았다.

"예, 중국의 3대 상징이 있는데, 형상으로 용, 색깔로 빨강, 꽃으로는 모란입니다. 이 빨간색은 악귀를 몰아내고 액운을 막아주며, 행운과 부귀영화를 가져다준다고 믿고 있어요."

두 점원이 목청 드높게 인사하며 양쪽으로 열어젖힌 유리문으로 서하원이 먼저 들어가기를 권하며 전대광이 설명했다.

안내된 방으로 들어선 서하원은 또 한 번 눈이 휘둥그레졌다. 네 사람이 식사하기에는 너무 넓은 독방은 휘황하게 치장되어 있었다. 강렬한 색깔의 꽃들이 만발해 있는 푹신푹신한 카펫, 빨간색과 황금색 무늬들이 어우러진 현란한 비단으로 도배된 벽, 서너 겹으로 층을 이룬 입체 천장의 중앙에 드리워진 눈부신 빛의 덩어리 샹들리에. 그 모든 것들이, 내가 얼마나 비싼지 알아? 하는 것처럼 하나같이 돈냄새를 풍풍 풍기고 있었다. 그것들은 값비싸 보이기는 했지만, 온갖 값나가는 치장은 요란하게 해서 오히려 촌티 더덕더덕 묻히고 있는 여자처럼 전혀 조화가 되지 않았다.

"자아, 우리 사업이 만리장성처럼 번성을 기원하면서, 간베이!"

샹신원의 건배에 따라 네 사람은 간베이를 합창하며 해맑은 백주 마오타이잔을 부딪쳤다. 전대광은 능숙하게 샹신원의 말을 통역하고, 빠르게 덧붙였다. "술이 독합니다만 첫잔은 중국식으로 원샷 해야 합니다."

서하원은 술이 목에 콱 막히며 기침이 나오려고 했고, 코로 솟구쳐 오르는 그 독한 맛을 가까스로 참아내며 술을 꿀

껙 삼켰다. 그는 부르르 진저리를 치며 저 아래 끝까지 찌르르 전기가 오르는 것을 느꼈다.

"자아, 한 잔씩 했으니까 먼저 중요한 말부터 합시다. 전 부장, 오피스텔 좀 알아봐주시오, 고급으로. 서 박사님 마음에 들게."

샹신원이 말했다. 그게 오늘 술자리를 마련한 이유였다. 서하원은 샹신원의 관상 보기에 합격한 셈이었다.

한국식 와인 따르기

사샤스 레스토랑은 곱게 늙어가는 노인의 풍모로 긴 세월의 여운을 간직하고 있었다. 소리 없이 번져가는 초저녁 어스름 속에서 그 고전미 흐르는 모습은 우아했고, 어떤 인간적 품격 같은 것마저 느끼게 했다. 유럽식 2층 건물의 벽은 핏빛으로 붉었고, 단순한 듯 정교한 직사각형의 창들은 신부의 드레스처럼 새하얗고, 지붕은 수많은 비둘기들이 날개를 펼친 듯 깊은 느낌의 은회색 옷을 입고 있었다. 그 세 가지 색은 강렬한 대비를 이루며 세월을 초월해 건축가의 영혼이 숨 쉬고 있음을 보여주는 듯했다.

그 아담하고 고풍스러운 건물은 상하이의 역사를 한눈에

느끼게 하고 있었다. 유럽 귀족을 닮은 그런 건물이 중국땅 상하이에 자리 잡은 것은 지난 세월 동안 중국이 겪은 수난을 뚜렷이 증거하는 것이었다. 썩고 병든 청나라 왕조는 외부 세력으로부터 나라를 지킬 아무런 힘도 없었다. 그 속수무책 앞에서 상하이는 탐욕스러운 서양인들의 발아래 무참히 짓밟혀야 했다. 이 세상에서 가장 치사하고 파렴치한 전쟁으로 꼽히는 아편전쟁에서 참담하게 패배한 중국은 영국의 요구대로 홍콩을 내주어야 했다. 영국사람들은 뒤늦게 중국차에 맛들리기 시작해 날이 갈수록 점점 더 차를 많이 마셔댔다. 중국차를 자꾸 실어 나르는 무역상들은 그 쉬운 돈벌이에 신바람이 났다. 그런데 심각해진 것은 영국 정부였다. 차를 사들이느라고 귀한 영국돈이 너무나 많이 중국으로 빨려들어 가고 있었다. 이른바 무역 역조였다. 그 손실 복구가 급선무였다. 손쉽게 찾아낸 방법이 중국에 아편을 팔아먹는 것이었다. 영국은 이미 식민지로 장악하고 있던 인도에서 본격적으로 아편을 만들게 해 중국으로 실어왔다. 그러나 청나라 왕조가 나태하고 허약하다고 해도 나라를 뿌리까지 망쳐버리게 될 흉악한 물건인 마약을 팔게 할 리가 없었다. 그 거부에 영국이 빼든 것이 칼이었다. 다 망조가 들어 있던 중국은 그 싸움에서 제대로 싸워보지도 못하고 무릎을 꿇었다. 신사의 나라라고 자처하는 영국은 자기 잇속을 챙기기 위해서 수천 년에 걸쳐 모든 나라에서 금해온 사람 망치는 마약을 팔아먹기 위해 이름하여 '아편전쟁'을 일으켰던 것이다.

그 전쟁은 덩치로 보자면 코끼리와 생쥐의 싸움이었다. 그런데 생쥐가 이겨버린 것이다. 그러자 다른 생쥐들이 와아 하고 쓰러진 코끼리에게 달겨들었다. 그보다 더 좋은 먹이가 어디 있는가. 그래서 북쪽으로 올라가면서 동부 해안의 상하이 칭다오 톈진 등은 별 시차 없이 그 생쥐들의 먹이로 물어뜯기게 되었다. 그중에서도 상하이에는 특히 생쥐들이 많이 달겨들었다. 중국에서 제일 크고 긴 양쯔 강 하구인 데다가, 딴나라와도 연결이 용이한 교통의 요충지였던 것이다.

조계지라는 이름 아래 상하이는 강간당하기 시작했다. 그것은 중국의 반식민지 역사의 개막이었다. 조계지 안에서는 유럽 여러 나라들이 무슨 짓을 하든 중국 정부는 말 한마디 할 수 없게 되어 있었다. 그 무한 자유 속에서 유럽 나라들은 서로 다투어가며 자기네 세상을 건설해 나갔다. 날마다 새로 지어지는 건물마다 그 땅이 중국 것이 아니라고 소리치고 있었다.

그러고 얼마 지나지 않아 일본의 본격적인 침략이 감행되면서 중국의 반식민지 상태는 훨씬 더 넓어지게 되었다. 왕조의 시대는 종말을 고했지만 새 이름을 단 중국 역시 일본의 힘을 막아낼 만큼 튼튼하지 못했다. 일본의 패망과 함께 내

전을 거쳐 중화인민공화국이 세워지기까지 덩치 큰 중국이 당한 수모는 한없이 굴욕스러운 것이 아닐 수 없다. 그래서 그 시대에다 그들 스스로 붙인 이름이 '굴욕의 세기'였다. 개혁개방 이후 그 이름은 새로운 깃발로 나부끼고 있었다.

"이게 어떻게 용케 살아남았다니까."

김현곤은 넥타이를 약간 느슨하게 조종하며 사샤스 건물을 올려다보았다.

지난 10여 년 동안 상하이가 가장 열성적으로 한 일이 옛날 건물들 때려 부수고 새 건물들 지어대는 것이었다. 그것도 20~30층이 아니라 50~60층 이상의 초고층 빌딩들을 짓고 짓고 또 지었다. 그 끔찍이 큰 빌딩들은 개혁개방의 대성공을 보여주는 확실한 증거물들이었던 것이다. 어마어마한 건물이 하늘을 찌르며 치솟을 때마다 정부는 자랑스럽게 업적 선전하는 쾌감을 즐길 수 있었고, 국민들은 그 장엄하고 으리으리한 빌딩들을 우러러보며 아무런 의심도 회의도 없이 정부를 믿고 따랐다. '공산당이 없으면 신중국도 없다'는 혀가 닳도록 불러온 노래 구절을 떠올리며.

그 줄기찬 빌딩 짓기는 정부가 적극 앞장서고 있는 일이니, 옛 건물을 보호하자, 무조건 철거 반대, 고도를 제한하라, 환경 파괴 중단하라, 하고 아무리 외쳐대도 우이독경이요 마이동풍일 뿐이었다. '환경 변호사'라는 별명을 가진 어떤 변호사가 마침내 법정싸움에 팔을 걷어붙이고 나섰다. 그는 50번이 아니라 그 열 배인 500번의 소송을 걸었다. 몇 번이나 이겼을까. 그는 500번 전부 패소했다. 하나도 놀랄 게 없다. 다른 나라 아닌 중국에서는 법원은 정부 아래 있고, 정부는 당 아래에 있는 것이다. 그런데 그 변호사가 몽니를 부리느라고 앞으로 또 500번을 더 소송을 제기한다 해도 그는 또 판판이 지게 되어 있었다. 왜냐하면 상하이 시에서는 그렇게 하지 않을 수 없는 확실 분명한 이유가 두 가지 있다. 첫째는 상하이를 홍콩 능가하는 세계적 금융 허브로 부상시키기 위해 도시 규모를 지금보다 훨씬 더 키우는 계획을 추진하고 있는 중이었다. 둘째는 중앙정부에서 톈진을 상하이보다 다섯 배는 큰 국제도시로 육성한다는 국가급 개발계획을 발표한 것이었다. 만약 그 계획이 실현된다면 상하이는 두 번째 도시에서 밀려세 번째로 추락하는 것이었다. 그건 도저히 용납할 수도, 수용할 수도 없는, '굴욕의 세기' 다음에 겪는 두 번째 굴욕인 것이다. 톈진에게 지지 않는 방법은 막개발이든 뭐든 부지런히 빌딩을 세우는 길뿐이었다. 지금의 4천여 개가 4만여 개가 될 때까지.

그런 난개발의 광풍 속에서 고색창연한 2층짜리 건물이 아직까지 살아남아 있다는 것이 신기한 것을 넘어 기적처럼 느껴지기도 했다.

'혹시 그것 때문에, 문화재로 보호하려는 생각이었을까……'

문득 떠오르는 생각에 김현곤은 다시 건물을 찬찬히 살펴보았다. 점점 농도 진해지는 어스름 속에서 조명을 받고 있는 건물은 더욱 낭만적이고 운치 있어 보였다. 그러나 그는 느리게 고개를 저었다.

'문화재로 보호하려면 레스토랑에 임대를 주었을 리가 없지. 아직까지 개발계획이 미치지 않았을 뿐인 거지……'

김현곤은 떫은 입맛을 다셨다. 만약 개발계획이 선다면 포클레인의 무지막지한 힘 앞에서 한나절이면 자취를 감추게 될 거였다.

그 건물은 옛날에 장제스(대만의 첫 번째 총통 장개석)가 쑹메이링과 결혼했을 때 부자인 쑹메이링 집안에서 예물로 준 것이었다. 그런 사실은 보는 입장에 따라 그 건물을 문화재로 만들 수도 있고, 아닐 수도 있었다.

김현곤은 1층 바의 구석자리로 갔다. 서양사람 대여섯 명이 여기저기 자리 잡고 있었다. 그들은 모두 백인이었다. 그 남자들은 한눈에 세련된 멋쟁이였고, 돈냄새를 짙게 풍기고 있었다. 중국에서는 흑인을 보기가 드물었다. 서양 대기업들은 중국사람들이 유난히 흑인을 싫어한다는 걸 일찌감치 눈치챈 게 분명했다. 비즈니스에 아무 도움이 안 되는 흑인들을 파견하는 어리석음을 범할 리 없었던 것이다. 그 백인들 사이로 긴 검은 머리를 어루만지며 호리호리하게 뻗은 여자가 느리게 걷고 있었다. 나 쓸 만하잖아. 중국여자는 남방이고, 남방 중에서도 상하이야. 나 상하이 토박이라구. 낭창거리듯 살랑거리듯 걷고 있는 여자의 온몸이 이런 말을 하고 있는 듯했다.

'미친년들. 돈을 더 주는 것도 아닌데 흰둥이 새끼들을 왜 그렇게 좋아하고 지랄이야. 그 새끼들의 물건이 좀 클 뿐, 다 서봤자 물렁물렁 영 젬뱅이잖아.'

김현곤은 이렇게 투덜거리며 시계를 보았다. 아직 약속시간은 5분이 남았다. 무료한데 여자 구경을 할 수밖에 없다. 수컷에게 해도 해도 지루하지 않고, 늘 새 맛이 나는 게 암컷 구경 아니던가. 다시 여자에게 눈길을 주는데, 여자의 모습이 바뀌어 있었다. 이젠 앞모습이다. 꽤나 잘생긴 모습이다. 아니, 이런 데 드나드는 여자치고 빠지는 인물이 있던가. 몸을 파는 것이되 얼굴이 수준 이하면 이 직업도 못해먹는다. 수컷들의 구미가 돋고, 안 돋고는 얼굴에서 좌우되는 까닭이다. 시간이 이른 탓인지 어쩐지 아무도 그 여자를 거들떠보지도 않는다. 그 여자가 나가자 배턴 터치라도 했는지 다른 여자가 등장한다. 중국 천지 도처에는 저런 여자들이 드글드글 넘쳐난다. 10여 년 전만 해도 눈 감고 아웅 식이기는 했어도 단속이라는 것이 있었는데 이젠 자유 만만세가 되었다. '문제 삼지 않으면 아무 문제가 없는데 문제 삼으니까 문제가 된다.' 사회를 운영해 가는 중국식 법칙이다. 이 법칙에 따라 문제 삼지 않으니까 아무 문제 없이 세상은 조용하고, 세계에서 으뜸을 차지할 8천만에서 1억을 헤아리는 여성 인민들은 편히 배부르게 잘 살고 있지 않은가. 그리고 특히 이국땅에서 고생하는 무수한 외국 상사원들의 외로움과 고달픔을 얼마나 잘 위로해 주고 잘 풀어주어 새 활력을 돋게 해주고 있는가. 그런데 한국은 이런 철학적이고 여유롭고 자비스러운 법칙을 왜 창안해 내지 못하고 매매촌 일제 단속이라는 칼을 빼들었을까. 깨끗한 사회라는 이상도 좋고, 여성 인권이라는 명분도 좋지만, 그것은 세상이 얽히고설켜 돌아가는 그 복잡 미묘한 켯속을 모르고 저지른 단순함이고 어리석음이었다. 그래, 그리 야단법석을 떨어 '집창촌'을 강제로 폐쇄하고 허물고 해서 바라는 목적을 달성했는가. 세상 사람들은 다 안다. 모두모두 지하로 숨어들어 성업 중이라는 것을. 그리고 위험부담금이 보태져 값만 훌쩍 치솟고 말았다. 맞다. 문제 삼지 않으면 아무 문제가 없는데 문제 삼으니까 수입이 그저 그런 가엾은 수컷들 경제 부담만 가중시키는 문제를 야기하지 않았는가. 어디 그뿐인가. 단속을 강화하는데도 자꾸만 심해지고 있는 성폭행 사건들은 그 경제 부담과 연결되어 있지는 않은 것인가. 유럽 최고의 문명국이고 인권국으로 꼽히는 프랑스와 독일에서 어째서 공창제를 실시하고 있을까. 더구나 청정 환경을 위해서 공해 배출 공장은 하나도 세우지 않은 뉴질랜드에서 뒤늦게 공창제를 시행한 것은 무슨 까닭일까…….

'허 미친놈, 지가 무슨 대통령이라고!'

코웃음을 치며 시계를 보는 김현곤 앞에 한 남자가 다가와 섰다.

"아, 먼저 와 계셨군요. 오래 기다리셨습니까?"

손을 내민 것은 전대광이었다.

"아, 전 부장님. 얼마 안 됐습니다."

김현곤은 반갑게 악수를 나누었다.

"2층으로 올라가실까요. 저녁 하면서 얘기 나누게.

2층은 프랑스 식당이었다.

"난 와인 체질은 아니지만, 우리가 아무의 눈에도 안 띄게 만나도록 장소를 제공해 준 자릿세를 낼 겸해서 와인은 여기 서 젤 비싼 걸로 마십시다."

전대광이 메뉴판을 펼치면서 말했다.

"프랑스 식당에서 와인을 빼서는 안 된다는 건 상식이지만, 제일 비싼 거는 값이 장난이 아닐 건데요? 그래도 괜찮을 만한 건입니까?"

김현곤이 민첩한 영업 감각을 내비쳤다.

"예, 우리가 그 정도 기분을 내야 어울릴 만한 건입니다."

전대광이 보이에게 손짓했다.

"자아, 듭시다."

전대광을 따라 김현곤도 와인잔을 들었다.

쟁그랑……

그 세련되고 복스럽게 생긴 모양에 어울리게 와인잔의 울림은 맑고도 고왔다. 와인잔들은 서로 닮은꼴이면서도 다양하기 그지없는데, 그 은방울 구르듯 하는 울림은 공통적이었다.

서양 것들, 술 한 잔을 마셔도 부릴 멋은 다 부려. 각양각색의 잔으로 먼저 눈으로 마시고, 잔을 부딪치면서 귀로 마시고, 잔을 기울이며 번지는 향을 코로 마시고, 그리고 혀로 핥으며 입으로 마시다니……

김현곤은 이런 생각을 하며 와인을 느리게 넘기고 있었다. 그는 와인 맛을 음미하는 게 아니라 전대광의 말을 기다리고 있었다. 전대광의 말처럼 자신에게도 와인은 친숙한 술이 아니었다. 중국사람들을 상대로 독한 중국술을 많이 마셔야 하는 탓이었다. 그런데 한국에서처럼 중국에서도 와인 바람이 서서히 일어나고 있었다. 명품 바람을 뒤따라서 일어나고 있는 서양 바람이었다.

"자아, 서로 잘 아는 처지에 결론부터 말씀드리자면……." 전대광은 약간 남은 와인을 마저 비우고는, "이번에 10만 톤 발주 건이 발생했습니다." 그는 김현곤을 주시하며 힘 실린 어조로 말했다. 그의 태도에는 영업의 입장이 우위에 있는 영업 전문가의 기가 서려 있었다.

"아 예, 월척입니다. 낚으시느라 수고하셨습니다."

김현곤은 진정을 담아 고개를 숙여 보였다. 그리고 술병을 들어 전대광의 잔에 술을 따랐다. 10만 톤, 그건 800억의 매출이었다. 그 정도면 자신의 1년 치 영업실적을 훨씬 넘는 것이었다. 그것을 자신을 통해서 거래해 주는 것이었다. 그건 같은 영업부장이기 때문만이 아니었다. 그 이상의 인간적인 그 무엇이 없고서는 되는 일이 아니었다. 그가 얼마나 고마운지……, 가슴이 화해지는 어떤 발열 현상이 일어나고 있었다. 말이라는 것이 사람의 감정을 표현하는 데 얼마나 부족하고 답답한 것인지 그는 다시금 느끼고 있었다.

"곧 자세히 얘기하겠지만, 그게 내가 다이렉트로 해낸 일이 아닙니다. 나하고 이어져 있는 중국 꽌시가 다리를 놓은 것이지요."

전대광이 잔을 들며 어서 마시자는 손짓을 했다.

"그런 꽌시를 확보하고 있다는 게 바로 수고스러운 일이고, 큰 능력이지요. 자아, 많이 드세요. 오늘은 제가 물주입니다."

김현곤은 잔을 부딪치며 흔쾌하게 말했다.

"아닙니다, 오늘은 내 기분 살려 내가 내고, 김 부장은 다음에 내세요. 10만 톤이면 적은 양이 아니니 김 부장님은 납품

일만 잘 지켜주면 돼요. 그게 시간을 다투는 공사니까."

"공사요오……?"

김현곤은 이야기를 독촉하는 눈길을 보냈다. 선박 회사나 자동차 회사가 아니라 예측이 빗나갔기 때문이었다.

"예에, 혹시 골드라는 부동산 개발업체 아십니까?"

김현곤은 빠르게 고개를 저었다.

"모르시겠지요. 나도 이번에 처음 알았어요. 베이징에서 커서 상하이에는 첫 진출이니까요."

"골드라……."

김현곤은 상호를 되뇌었다.

"황금! 너무 직설적이라 좀 야하기는 하지만 모호한 것보다는 솔직해서 좋잖아요. 나는 돈을 벌고 싶다! 누구한테나 어필하고, 기억하기 쉽고요."

"예, 과감하군요. 만인의 속마음을 일거에 뒤집는 직사폰데요."

"그렇다니까요. 그 회사에서 이번에 또 하나의 맘모스 빌딩을 세웁니다."

전대광은 일부러 뜸이라도 들이는 듯 만만디로 와인잔을 기울였고, 김현곤은 대화의 예의를 갖추듯이 물었다.

"몇 층짜리지요?"

상하이 대형 빌딩들의 족보에 오르는 첫 번째 조건은 '몇

층이냐'였다.

"88층!"

"88층! 골드와 같은 발상이군요. 대박 나게 생겼어요."

"그렇지요? 나도 즉각 그 생각이 떠올랐어요." 전대광은 담배에 불을 붙이고는, "중국에서 8자 붙들면 돈 못 버는 사업이 없는데, 딴 빌딩들은 왜 그 쉬운 생각을 못했는지 모르겠어요" 하고는 담배 연기를 길게 내뿜었다.

"그 빌딩 이름도 88빌딩이겠지요?"

김현곤이 술잔을 들며 물었다.

"그건 잘 모르겠어요. 말 듣고 보니 그렇게 하는 게 좋겠는데요."

"골드 88이든, 88 골드든 하면 더 좋구요. 그걸 다시 풀면 돈·돈·돈이 되잖아요. 그 뜻을 알면 중국사람들이 얼마나 환장을 하겠어요. 그리고 회사는 상호를 넣어 회사 선전까지 해서 좋구요."

"맞았어요. 이건 또 하나의 아이디어예요. 내 꽌시한테 말해 줘야겠어요."

전대광은 엄지손가락을 세워 보이며 만족스럽게 고개를 끄덕였다.

중국인들의 8자 선호는 그 도가 상상을 초월한다. 그 정도가 어찌나 심한지 '선호'라는 말로는 그 심도와 열도를 다 드러내기는 너무 빈약하다. 중국인들은 8자를 광적으로 좋아하고, 그 맹신은 가히 신앙적이다. 그 이유는 돈과 직결되어 있었다. 중국말 파차이는 '돈을 번다'는 뜻이다. 그런데 그 발음 '파'가 숫자 8의 발음 '빠'와 얼핏 혼동할 정도로 같이 들린다. 돈을 많이 많이 벌어 떼부자가 되고 싶은 중국사람들에게 8자는 곧 돈이라 믿는 행운의 숫자가 되었다. 그래서 8자는 빨간색보다도 더 위에 오르는 신앙의 대상으로 떠받들려졌다. 그들의 8자에 대한 집착과 열광은 생활 도처에 나타난다. 8자 들어가는 날은 무조건 길일이 되고, 그래서 8월 8일 오후 8시에 결혼식을 시작하는 사람이 수두룩하고, 축의금도 888위안을 내는 사람이 최고의 하객이 되는 것이다. 에이, 그런 웃기는 일이 어디 있느냐고 하겠는가. 그런 사실을 믿지 못하겠으면 2008년 베이징 올림픽을 보면 된다. 그 개막식 날짜와 시간은 어떠했는가. 2008년 8월 8일 오후 8시에 성화가 타올랐다. 그러자 호들갑스러운 언론들은 거기다가 '8분 8초'를 덧붙이는 약삭빠른 작문을 해댔다. 국가의 공식행사가 이러했는데, 그것을 허황된 미신 조장이라고 비난한 사람은 아무도 없었다. 그 당시 13억 5천여만의 중국 인민들은 정부의 그런 배려에 환호의 박수갈채를 보냈던 것이다. 인민들은 국가가 자신들에게 부자 될 행운을 내려준다고 믿었고, 정부는 인민들의 돈을 향한 열망에 손쉽게 편승해 뜨거운 지지를 받는 정치적 효과를 톡톡히 거두었던 것이다. 아파트 분양 때 8자 들어가는 동들의 8층 8호에 엄청난 웃돈이 붙고, 자동차 번호 8888이 1억 원에 거래되는 나라가 중국이었다. 이러한 광풍은 개혁개방과 함께 시작된 '중국 특색의 자본주의' 세월이 해를 거듭해갈수록 점점 가속도가 붙었던 것이다. 그런데 그 반대로 천대받는 숫자가 있었다. 4 자였다. 그 발음 '쓰'와 죽을 사(死) 자 발음 '쓰'가 높낮이만 약간 다를 뿐 음은 똑같았던 것이다.

"그런데 말이지요……."

전대광이 고개를 약간 숙이며 담배를 깊게 빨아들였다. 한 옥타브 가라앉는 그의 어조가 화제의 변화를 느끼게 하고 있었다.

"예, 편하게……. 우리끼리……, 다 잘 풀리게 해야죠."

김현곤도 목소리를 지그시 누르며 본격적인 상담의 자리를 펼쳤다. 그들 둘 사이에는 순식간에 은밀한 막이 둘러쳐졌다. 아무도 범접할 수도, 아무도 침범할 수도 없는 견고한 막. 그 누가 엿들어서도, 그 누구에게 알려져서도 안 되는 비즈니스를 그들은 시작하려 하고 있었다. 비즈니스는 보병의 야전이었다. 야전은 순간순간 상황이 변하는 전투였다. 그 급박함에서 살아나려면 순간순간 판단하고 적응하지 않으면 안 된다. 그러므로 야전에는 기본전략은 있되 철칙은 없다. 소총을

든 병사들은 기본을 바탕으로 순간순간 살아날 길을 판단해야 한다. 스스로가 독립된 지휘관이어야 한다. 비즈니스맨도 상황에 따라 그 독립성을 기민하게 발휘하고 활용해야 한다. 비즈니스는 상대에 따라 그 상황과 형편이 전부 제각각이다. 그에 따라 케이스 바이 케이스로 민첩하게 움직여야 한다. 그 기민성과 결단력이 비즈니스 성패를 좌우한다. 비즈니스맨의 비즈니스 비밀은 첩보원의 첩보활동 비밀과 맞먹는다. 그 독립성과 융통성이 비즈니스맨 생활의 매력이기도 하다. 큰 건일수록 결재는 신속하다. 일단 결재가 끝나면 비즈니스 과정은 완전히 비밀로 묻힌다. 그 철칙이 기업을 움직이는 힘이다. 그래서 케이스 바이 케이스 원칙이 존재한다.

"그쪽에서 샘플을……."

전대광의 목소리가 더 가라앉아 납작해진 느낌이었다.

"예에, 얼마나……."

김현곤도 목소리 톤을 맞추며 상대방의 말을 풀어나갔다.

"500을……."

전대광이 무거운 짐을 부려놓은 듯 와인잔을 비웠다.

"예에……."

김현곤의 머리는 발동 걸린 기계처럼 빠르게 회전하기 시작했다.

500톤이나? 우리가 아프리카 철강 회사도 아니고. 이미 품

질보증이야 세계 타이틀 땄잖아. 300이면 됐지, 무슨 도둑놈 배짱이야. 헌데, 10만 톤이잖아. 따로 섭외비도, 수고도 든 게 없고. 그냥 굴러들어온 떡인데……. 저쪽에서도 그 계산하고 질러대는 것 아냐? 그리고 지금 불황, 급한 비탈이잖아. 5만 톤에도 300을 줄 수 있는데, 10만에 500이잖아? 그래, 질러! 질러! 쌓아두면 녹만 슬고, 국제 이자만 나가지. 박리다매, 파는 게 장땡이야!

김현곤은 10초를 넘겨서는 안 된다는 촉박함에 쫓기며 대답했다.

"잘 알겠습니다. 그렇게 하지요."

그도 소리 없는 긴 한숨을 내쉬며 와인잔을 기울였다.

"예, 감사합니다."

전대광은 입가에 약간 웃음을 피워내는 듯하며 앉음새를 고쳤다. 그리고 새 담배에 불을 붙였다.

담배에 옮겨 붙는 라이터 불빛을 보며 김현곤은 혁대를 바짝 조이듯 다시 긴장했다. 이제 본론이 나올 참이었다.

"이번에는 다른 때와는 달리 중간 소개자가 있어서……."

"예, 물론 생각하고 있습니다."

이미 예상하고 있었던 것이라 김현곤은 선선히 응대했다. 다만 본론의 용건을 뒤바꾼 것이 무슨 의도인지 신경이 긴장되었다. 회사의 마진과 중간 소개자의 보너스를 완전히 따로 떼어서 공략하려는 전술일 수 있었다. 그런 경우가 더러 있었지만, 그건 신경소모가 많은 꾀까다로운 협상이 되고는 했다. 거의 공식화되다시피 한 마진에다 중간자의 보너스까지 합해지면 생산자의 이익은 그만큼 줄어들 수밖에 없었다. 그러나 종합상사 입장에서는 생산자의 마케팅 비용이 전혀 들지 않았고, 생산품을 빨리빨리 회전시켜야만 회사가 안정적으로 돌아갈 수 있다는 생산자의 약점 아닌 약점까지 다 알고 고삐를 조이기 마련이었다.

"그분이 나하고는 특별한 관계고, 직위도 상당해서 앞으로도 계속 꽌시를 잘 유지해 나가야 하기 때문에⋯⋯."

전대광은 연달아 이쪽으로 서브를 먹이고 있었다.

"예에, 그 입장 충분히 이해합니다. 중국에서 좋은 꽌시를 갖기가 얼마나 어려운데요. 전 부장님 입장이 설 수 있도록 해야지요."

김현곤은 가장 안전하게 공을 받아넘겼다. 네가 먼저 불러봐, 하는 뜻이었다.

"예, 다 아는 사이에 김 부장님 쪽에 그 해결을 다 떠넘기는 억지는 부리지 않겠습니다. 우리가 하루 이틀 볼 사이도 아니고⋯⋯." 전대광은 담배를 깊이 빨았다가 연기를 길게 내뿜고는, "우리도 우리 마진에서 1불을 돌릴 테니까, 김 부장 쪽에서는 3불씩으로 이해해 주면 어떨지요." 그는 강한 눈빛으로 상대방을 똑바로 바라본 채 또박또박 말했다.

김현곤은 전대광의 그 기 강한 상담술을 맞받아 그의 눈을 맞쏘아보고 있었다. 그러면서 김현곤의 머리는 재빠르게 계산기를 두들기고 있었다. 10만 톤에 톤당 3불. 3억 6천만 원. 한 건 소개하고 그 정도면 꽤 배부른 수입이다. 그러나 그런 소개를 할 만큼 상당한 지위라면 그 정도 수입은 하찮아할지도 모른다. 중국 고위 관리들의 배포는 역시 대국의 관리답게 크고, 그 배 또한 무한정 크다. 인민들의 지탄을 끝없이 받으면서도 여전히 끝없이 이어지고 있는 엄청난 부정 사건들이 그걸 잘 보여주고 있다. 그런데 전 부장은 회사의 마진에서 1불을 돌리겠다고 했다. 그건 부동산 소개업자가 집을 보여주면서, 이거 두 사람이 맘에 있어하니까 계약하시려면 빨리하셔야 합니다, 하는 입에 발린 거짓말과 다를 게 없었다. 이쪽에서 3불을 놓고 더는 흥정하지 못하게 하는 쐐기 박기였다. 우리가 1불을 내놓는 판에 너희는 더 잔말 마 하는. 이쪽에서는 3불로 배팅을 하느냐 마느냐 하는 벼랑끝에 몰린 상황이었다. 그러나 또 하나의 패가 없는 건 아니었다. 흥정 없는 장사 없고, 물건 사는 재미는 깎는 재미라고 했다. 2불로 깎기였다. 1불을 깎는 데는 두 가지 수가 있었다. 첫째 1불을 부르고, 반응이 비꼬이면 두 번째로 그 절반으로 꺾는 것이다. 50센트도 10만 톤이면 5만 달러, 6천만 원이다. 그러나……, 꽌시,

이런 일을 따내줄 만큼 영향력 실한 꽌시 아닌가. 거대한 우리 회사에 6천만 원 더 보태는 건 그야말로 조족지혈이고 벼룩의 간일 뿐이지 않은가. 이 꽌시를 잘 모시면 앞으로 그 열 배, 백 배, 아니 천 배, 만 배 덕을 볼 수 있지 않을까. 사업의 성패는 투자로 결정된다. 판매망 구축이란 곧 사람 관리고, 사람 관리는 자본에 버금가는 투자 아닌가. 더구나 중국처럼 연줄이 모든 것을 지배하는 사회에서. 좋아! 미래 투자다!

"예, 이것이 내 전권을 좀 넘어서는 것이기는 하지만, 전 부장님 제안대로 하기로 하지요. 꽌시 대접하신다는데, 전 부장님네 꽌시면 곧 우리 꽌시이기도 하니까요."

김현곤은 전대광보다 더 또박또박 말했다. 굳이 끝말을 한 것은, 앞으로도 이 꽌시를 통해 이루어지는 일은 꼭 나와 연결시키라는 다짐이었다.

"아, 감사합니다. 김 부장님은 언제나 판단 빠르시고 화통해서 일하기 너무 좋아요. 그 꽌시가 정치적 배경이 튼튼해 앞길이 창창합니다. 우리 서로 돕고 삽시다."

만족감이 넘친 전대광의 눈치 빠른 응답이었다.

"자아, 한 잔 받으시지요."

전대광이 호기롭게 와인병을 들었다. 그리고 퀄퀄 소리가 날 지경으로 술을 따랐다. 핏빛 와인은 배가 불룩하고 큼직한 잔을 금방 반쯤 채웠다. 와인은 잔의 5분의 1쯤 따른다는 기본예법을 무시해 버린 것이었다. 그 한국식 술따르기에는 전대광의 흡족해하는 마음이 가득 담겨 있었다.

김현곤도 전대광의 잔에 술을 따르려고 병을 들었다. 그러나 술은 바닥나 있었다. 전대광은 술을 빨리 가져오라고 독촉했다. 김현곤도 전대광의 잔에 술을 퀄퀄 따랐다.

"자아, 듭시다. 술맛 제대로 나게 생겼습니다."

전대광이 눈을 찡긋했고,

"와인 마시고 취하면 할아버지도 몰라본다던데요."

두 사람은 흔쾌한 웃음을 터뜨리며 잔을 부딪쳤다.

"외삼촌, 엄마가 중국에 온다는데 알고 계세요?"

송재형은 첫마디부터 불퉁스럽게 내질렀다. 핸드폰을 고쳐 잡는 그의 일그러진 얼굴에 짜증이 잔뜩 묻어 있었다.

"아닌데, 무슨 소리야?"

전화 속의 외삼촌은 태평스러운 느낌이었다.

"아이고 참, 일을 어떻게 했길래 엄마가 중국에 오게 만들어요, 글쎄."

송재형이 마구 혀를 차면서 짜증을 부렸다.

"언제 오신다는 거냐?"

"모레요. 아까 아침에 전화 받았어요."

"나 그럴 줄 알았다."

"아니 외삼촌, 어떻게 그렇게 무책임하게 말할 수가 있어요. 제가 그렇게 사정했는데."

송재형이 또 짜증을 부렸다.

"얌마, 무슨 말이 그러냐. 난 최선을 다했지만 도통 먹히질 않았어. 니 엄마 모성애가 최고조로 발동하는데 내가 그걸 어찌 당하겠냐. 너 우리나라 엄마들 극성맞은 모성애 알지? 죽기 아니면 까무러치기로 덤비는 거. 니 엄마가 지금 그런 상태야. 근데 말이다, 엄마를 과하다고 할 수도 없어. 아들놈 하나 있는 게 대학 잘 다닌다 믿고 있었는데 느닷없이 방향을 바꿔 고생길로 가겠다는 데 가만히 있을 어머니가 어딨겠냐. 너 아무래도 다시 생각해야 될 것 같으다."

"외삼촌! 절 설득시키라고 엄마한테 밀명 받았어요?"

송재형은 벤치에서 벌떡 일어서며 냅다 소리를 질러댔다. 옆에 앉아 책을 읽고 있던 여학생이 화들짝 놀랐고, 양쪽 벤치에 앉아 있던 학생들의 눈길도 이쪽으로 쏠렸다.

"얌마, 귀청 떨어지겠다. 밀명이 아니라 내가 곰곰 생각해봐도 그건 길이 아니더란 말이다. 그러니 엄마 맘이야 오죽하겠니."

"아 참, 답답해 미치겠네. 경영학은 내 적성에 안 맞다고 했잖아요. 적성에!"

송재형은 부르르 떨듯 또 소리쳤다.

"하이고 이놈아, 아주 발악을 하는구나, 발악을 해. 철딱서
니 없는 놈, 야 이놈아, 적성 타령 작작 해라. 니놈이 부모 잘
만나 호의호식하면서 고생이라곤 모르고 자라 지금 배부른
소리 하고 앉았지. 그래, 적성에 맞춰 어디 하고 싶은 대로 해
봐라. 10년, 아니 아니 바로 4~5년 후에 밥벌이는 안 되고, 배
는 쫄쫄 곯고, 그때 후회해 봤자 기차 버스는 다 떠난 후고,
아아 때는 늦으리, 때는 늦으리."

전화 속의 목소리는 가락까지 맞추고 있었다.

"외삼촌, 지금 누구 약 올리는 거예요? 그렇게 살살 화나게
놀려서 맘 돌려보려는 전법인 모양인데, 괜히 머리 쓰고, 애
쓰고 하지 마세요. 누가 무슨 소리, 무슨 방법을 써도 아무
소용이 없어요. 전 이미 강을 건넜어요. 지난번에 말씀드렸지
요. 제 인생은 제가 알아서 한다고. 제 인생의 주인은 저라고.
제 인생은 제가 노를 저어요. 이젠 한마디만 하고 전화 끊겠
어요."

언제 발악적으로 소리를 질렀나 싶게 송재형의 목소리는
차분하고 담담하기까지 했다.

"얌마, 너 중국물 먹고 살더니 마치 이태백이나 두보 다 된
것 같구나. 너 그렇게 멋떨어진 말 골라가며 째부리는 게 바
로 코흘리개 짓이고, 철딱서니 없는 쑈라는 거야. 애, 제발 좀

들어라, 그런 운치 있고 고상한 짓은 취미로 평생 해도 좋으니까, 밥벌이 튼튼히 할 수 있는 주무기는 반드시 갖춰야 한다니까. 세상살이는 감상이 아니고, 더구나 적성도 아니야. 전쟁이야, 전쟁. 피도 눈물도 없는 전쟁터라구. 그러니 정신 좀 차려라."

"외삼촌, 힘 그만 빼세요. 전 그동안 외삼촌이 상당하다고 생각해 왔어요. 근데 이번에 완전 실망했어요. 외삼촌은 소위 지식인인데 어찌 그럴 수가 있어요. 그것도 한다하는 명문대를 나오구서는. 제 길을 바르게 찾아가고자 하는 조카한테 부끄럽지도 않으세요?"

"얌마, 얌마, 네가 그렇게 막가는 식으로, 절교 선언하듯 말해 버리면 내가 섭하고 섭하지. 애, 봐라, 내가 이러고 싶어 이러냐. 느네 엄마는 내 누나고, 느네 엄마는 또 엄마잖아. 너 엄마 맘이라는 것 아니? 이 세상 모든 엄마란 자기 목숨보단 자식들을 더 사랑해. 너도 알지. 전쟁터에서 폭탄이 마구 터지자 엄마가 자식을 품에 품고 자기 몸으로 폭탄을 막아내 자기는 죽고 자식은 살려낸 거. 아니야, 이건 너무 먼 얘기고. 몇 년 전에 말이다, 엄마가 아이를 데리고 길을 건너는데 갑자기 차가 밀어닥쳤어. 근데 엄마가 아이를 품고 차에 치여 엄마는 즉사하고 아이는 아무 데도 다친 데 없이 무사했어. 너도 그 일을 기억할지 몰라. 텔레비전에 나온 거니까. 엄마들 마음은 그런 거야, 그게 바로 모성애라구. 엄마는 그런 마음으로 널 대하니까 당연히 그러시는 거구, 난 그런 누나와 너 사이에 끼어 완전 샌드위치 신세 아니냐. 누나한테 포악당하구, 조카한테 무시당하구, 이게 어디 사람이 할 짓이냐. 네 심정 나도 이해해. 그렇지만 인생사를 넓게 보고 어머니의 그 간절한 마음도 이해해야만 자식 된 도리가 아니겠냐."

"외삼촌, 모성애가 이성인가요, 본능인가요?"

"뭐, 뭐라구⋯⋯?"

"모성애는 본능이고, 한 인간의 진로 선택은 이성이에요."

송재형의 얼굴도 목소리도 냉정했다.

"아이고, 아이고, 알았다. 전화 그만 끊자."

"외삼촌, 한 가지 여쭤볼게요. 외삼촌 친구나 동생 중에 교수 하는 분 없어요?"

"글쎄다, 많지는 않지만 몇 명 있는데. 근데 왜?"

"외삼촌은 그런 분들 앞에서, 내가 너희들보다 잘산다, 하고 자신 있고 당당하기만 하세요?"

"글쎄⋯⋯, 그게 무슨 뜻이지?"

"예, 돈은 좀 더 많지만, 어떤 지적 콤플렉스 같은 것 안 느끼시냐구요."

"얌마, 무슨 말을 하고 싶은 거야?"

"저는 돈 좀 더 있으면서 지적 콤플렉스를 느끼며 살고 싶지는 않다구요."

"배부른 돼지보다는 배고픈 소크라테스가 되겠다 그거냐?"

"예에, 바로 그거예요. 그렇게 잘 아시면서."

"알겠다. 난 모자혈투에서 그만 빠지겠다. 이제부터는 관전자야."

"예, 마지막으로 이 일 하나만 해주세요. 저 오늘 역사탐방 떠나요. 그러니 엄마 오셔봤자 저 못 만난다구요."

"뭐야! 어디로 가는데?"

"그걸 말하면 찾아오시라구요?"

"너 지금 거짓말하는 거지?"

"확인하러 와보세요."

"재형아, 너 정말 어쩔려고 이러니?"

"어쩌긴요. 모자혈투의 결과는 이미 나왔는걸요."

"그건 또 무슨 소리야?"

"자식 이기는 부모 봤어요?"

"얌마, 얌마 너……."

"전화 끊어요!"

송재형은 핸드폰을 귀에서 떼며 벤치의 여학생 옆에 앉았다.

"여자들이 전화 오래 건다고 흉보더니만 남자도 별수 없네요."

여학생이 상그레 웃으며 눈을 곱게 흘겼다.

"예에, 인생 중대사잖아요."

송재형이 정답게 웃으며 여학생 옆으로 더 다가앉았다. 중국말로 대꾸하는 그는 흡사 중국사람 같았다.

"근데 왜 그렇게 소리를 질러요?"

여학생이 무언가 탐색하는 눈빛으로 물었다.

"내 편인 줄 알았던 외삼촌이 엄마 편을 들고 나서잖아요. 배신자한테 소리 안 지르고 누구한테 질러요."

송재형이 입술을 비틀며 씨익 웃었다.

"그건 당연하지요." 여학생이 고개를 끄덕였고, "뭐라구요? 리옌링도 그쪽 편이에요?" 송재형이 버럭 화를 내는 척했다.

"생각해 봐요, 엄마하고 외삼촌은 형제간인 데다가, 장래가 별로 보장도 없는 과로 전공을 바꾸겠다니 기성세대는 당연히 한편이 될 수밖에요. 처음부터 쉽게 끝날 싸움이 아니었어요."

리옌링이 걱정스러운 빛으로 말했다.

"아니요, 싸움은 다 끝났어요."

칼로 무엇을 내려치듯 송재형은 손바닥을 곧게 펴 허공을 내려쳤다.

"다 끝나요? 어떻게요……?"

리옌링이 의아스럽게 송재형을 쳐다보았다.

"그야 당연히 내 승리지요."

송재형이 리옌링 앞에 주먹을 쥐어 보였다.

"어떻게 그리 됐어요? 말은 못 알아들어도 느낌은 그게 아닌 것 같았는데……."

리옌링이 석연찮은 얼굴로 고개를 갸웃했다.

"내가 일방적으로 승리를 선언해 버렸어요." 송재형이 불쑥 말했고, "아니, 그건 또 무슨 소리예요?" 리옌링의 표정은 더 의아스럽게 변했다.

"중국은 어떤지 모르겠지만, 우리 한국에는 '자식 이기는 부모 없다' 하는 속담이 있어요. 그 무기를 휘두르며 외삼촌한테 내 승리를 선언해 버렸어요. 그 말을 엄마한테 전하면 엄마도 꼼짝을 못하고 백기를 들 거예요."

"어머나, 호호호호……. 우리 중국에도 그런 똑같은 속담이 있어요. 잘했어요, 그거 아주 멋진 공격이에요. 그 공격은 언제나 필승이에요. 자아, 축하해요."

리옌링이 손바닥을 쫙 펴 송재형 앞에 세웠다. 송재형도 손바닥을 쫙 폈다. 둘은 손바닥을 힘껏 맞때렸다. 두 손바닥이 맞부딪치는 소리가 찰싹 경쾌했고, 서로 마주 보고 웃는 그들의 눈에서는 반짝반짝 빛나는 별들이 쏟아지고 있었다.

"중국에서도 그 방법이 잘 통한다니 참 신통하군요."

"예에, 당연히 중국에서는 한국보다 몇 배 더 효과가 있지요."

"몇 배? 왜 그렇지요?"

"바링허우 세대라는 것 알지요?"

"예에, 계획생육에 따라 80년 이후 출생한 세대를 말하는 거잖아요."

"맞아요. 그리고 소황제, 소공주란 말도 알지요?"

"예, 계획생육 정책에 따라 무조건 한 집에 하나씩만 낳게 되어 귀한 자식들이라서 붙여진 별명이지요."

"아주 척척이네요. 그럼 '한 입에 여섯 주머니'란 말도 알겠네요?"

"예, 귀한 자식 한 아이가 돈 나올 주머니 여섯 개를 차고 있다는 뜻이죠. 친할아버지 할머니 둘, 외할아버지 외할머니 둘, 엄마 아빠 둘."

"이제 아셨죠? 왜 효과가 몇 배인지."

"예, 알았어요. 중국 젊은이들이 부러워요. 모든 게 간섭 받지 않고 척척 되니."

"아니, 꼭 그렇지도 않아요. 돈 드는 일은 척척 해결되지만, 진로 문제에 대해서는 엄청 빡빡해요. 특히 엄마들 극성은 한국 엄마들보다 더했으면 더했지 덜하지 않아요. 중국 사교육 열풍 점점 거세지고 있는 것 보세요. 얼마나 심하면 영어학원 억만장자가 생겨나겠어요. 미국 유학 보내려고 혈안이 된 엄마들 덕에 영어학원 떼부자들은 앞으로도 얼마든지 더 생겨날 거예요."

"예, 이 나라나 저 나라나 엄마들 다 미쳤어요. 자식들 개성이든 적성이든 싹 무시하고 왜 자기들 욕심대로 자식을 못살게 구는지 모르겠어요. 엄마들은 그게 사랑이라고 하는데, 그게 일방적 억지고 구속이라는 걸 왜 모르는지 모르겠어요."

"그 장벽을 뚫고 승리했으니 송재형 씨는 참 대단해요."

"아니, 아직 완전 승리는 아니에요. 한 가지 방어작전이 남았어요."

송재형이 자리를 고쳐 앉았다. 새로운 전투에 나서는 소대장처럼 그의 표정과 어조가 달라졌다.

"작전……?"

리옌링이 송재형에게 눈길을 모았다. 그 큰 눈이 곱고 깊었다.

"엄마가 모레 베이징에 도착해요."

"어머나, 어쩌죠?"

리옌링이 놀라며 손으로 입을 가렸다. 더 커진 눈이 얼굴을 더 돋보이게 했다.

"싸우지 않고 이기는 것이 가장 값진 승리다. 이 손자병법을 따르면 돼요."

"싸우지 않고 이긴다……?"

한마디씩 말을 씹으며 리옌링이 고개를 갸우뚱했다.

"내일 역사탐방을 떠나는 거지요."

"피하자는 건가요?"

"그렇지요. 이미 이긴 싸움인데 괜히 충돌할 필요 없잖아요."

"예에, 그렇긴 한데……. 그럼 어디로 갈 거예요?"

"장소보다 먼저 정해야 할 것이 있어요." 오케스트라 지휘자가 지휘봉을 들어 주의를 집중시키듯 송재형은 검지손가락을 리옌링 앞에 세우고는, "함께 동행해 줘야 해요." 진지하고 무거운 어조였다.

"나하고요?"

"예, 리옌링 씨와."

리옌링을 응시하고 있는 송재형의 눈에서는 이상야릇한 불길이 일렁이고 있었다.

"단둘이?"

"예, 단둘이."

"어머, 왜요?"

"내 전과의 절반 이유는 리옌링한테 있잖아요. 그 책임을 져야죠."

"어디로 갈 건데요."

"시후!"

"항저우 시후?"

"예, 항저우 시후!"

"거기 멀어요."

"알아요."

"······."

두 사람은 서로를 응시하고 있었다. 그들의 눈에는 동질의 불길이 일렁이고 있었다. 그 불길이 차츰 허공에서 뒤얽히고 있었다.

"언제요?"

"내일."

리옌링이 잠시 망설이는 듯하다가 고개를 끄덕였다. 송재형이 책 위에 올려진 리옌링의 손을 조심스럽게 잡았다. 포개진 두 손 아래로 네 개의 큰 글자가 3분의 2쯤 모습을 드러내고 있었다. 그 글자는 '중국통사'였다.

짙은 숲에 에워싸인 웨이밍 호(湖)는 고요롭고 잔잔했다. 베이징대학의 캠퍼스에는 울창한 숲이 유난히 넓었고, 그 가운데 신성한 알을 품고 있는 듯한 신비스러운 호수가 웨이밍 호였다. 그래서 그 이름이 '이름 붙일 수 없는[未名] 호수'인지도 모른다. 숲 그림자가 담긴 웨이밍 호 가장자리로는 벤치들이 적당한 간격으로 놓여 있었다. 그 벤치마다 갓 벙글기 시작한 인간의 꽃들이 짝지어 앉아 삶의 내밀한 언어들을 엮어내고 있었다. 그 몸짓 언어들은 가지가지 다양했다. 바람 스며들세라 서로 꽉 끌어안고 있었고, 여자가 남자 품에 편히 안겨 있었고, 불이 붙도록 뜨겁게 키스를 하고 있었고, 남자가 여자의 무릎을 베고 누워 있었고, 서로 손을 깍지 끼고 앉아 키득거리고 있었고, 서로 머리를 맞대고 앉아 책을 읽고 있기도 했다. 그런데 어느 벤치에서는 서너 명 남자들이 연상 손짓을 해가며 이야기에 열중해 있는가 하면, 또 어느 벤치에는 외다리로 선 한 마리 해오라기처럼 한 남자가 굳어진 듯 전혀 움직임 없이 망연히 앉아 있기도 했다.

그 가지가지 풍경들은 여기가 사회주의 국가, 그것도 이 나라에서 제일가는 대학의 캠퍼스인지 믿기 어려울 지경이었다. 그 젊은이들은 파리나 뉴욕의 젊은이들이 어디서나 아무 거리낌 없이 누리는 것과 똑같은 절대자유를 만끽하고 있었다. 그들은 '중국 특색의 사회주의'가 아니라 '중국 특색의 자본주의'라고 해야 할 중국의 변화가 무엇인지 굳이 설명할 것 없이 선명하게 보여주고 있었다. 베이징대 학생들은 공부만 열심히 하는 게 아니라 하늘이 내려주신 신성하고 거룩한 임무도 열성적으로 수행하고 있는 참이었다. 그 임무 수행이야말로 인간이 피워내는 가장 순수하고 아름다운 꽃이었다. 일찍이 부처님께서는 '여자는 남자에게 향기롭고 남자는 여자에게 향기롭다'고 하셨고, 예수께서는 '번성하라' 하시었다.

그들은 다음 날 아침 일찍 베이징 역에서 만났다. 예의 역사탐방 때의 차림이었다. 송재형과 리옌링은 아무도 느낄 수 없는 은밀한 눈길을 나누며 공범자의 비밀스런 웃음을 꾹 다문 입술에 물었다. 권모술수 범람하는 중국 역사를 전공하는 리옌링이 어머니 아버지에게 왜 갑자기 역사탐방을 떠나야 하는지 둘러붙이기는 손바닥 뒤집기보다 더 쉬웠을 것이니 굳이 묻고 어쩌고 할 것이 없었던 것이다.

"아, 런타이둬! 런타이둬!"

리옌링이 짜증스럽게 내뱉었다. 예쁜 그녀의 얼굴이 와글와글 들끓고 있는 인파를 한심스러운 듯 바라보며 잔뜩 찌푸러져 있었다.

"응, 런타이둬! 런타이둬!"

넓은 대합실이 미어터질 듯이 가득 찬 사람들을 내모는 것 같은 손짓을 하며 송재형도 맞장구를 쳤다.

런타이둬(人太多)는 "사람이 너무 많아!" 하는 불만에 찬 부정적인 말이었다. 그 말은 '런둬(人多)'와 함께 중국사람들이 입버릇처럼 많이 하는 말이었다. 사람이 많이 북적거리는 곳이면 어디에서나 툭툭 튀어나오는 소리였고, 중국은 어디를 가나 사람들이 바글바글 넘쳐나지 않은 곳이 없었다.

"그 말 속에 생략된 말이 있지. 사람이 너무 많아. '한 3억은 없어져야 돼' 하는 말이지. 그런데 그 생략된 말 속에 또 한마디가 감춰져 있어. '나 빼고' 하는 말이지. 그러니까 사람들이 런타이둬 할 때마다 '나 빼고 한 3억은 없어져야 돼' 하는 생각을 하는 셈이지. 애들까지도 그 말을 입에 달고 사니까 중국사람들 전체가 그런 의식에 젖어 있는 거나 마찬가지야.

나 빼고 3억쯤 없어져 10억 정도로 줄면 좀 살기 편해지고 좋아지겠지 하는 생각인 게야. 이게 중국과 중국사람들을 이해해 나가는 중요한 키포인트의 하나가 될 수 있겠지. 너무 심하게 나밖에 모르고, 남의 일에는 전혀 신경 쓰지 않는 철저한 이기심과 무관심 같은 것들을 비롯해서……."

어느 젊은 교수의 설명이었다.

그 뒤로 런타이둬라는 말을 들을 때마다 어김없이 '나 빼고 한 3억은 없어져야 돼' 하는 말이 떠오르곤 했다. 어떤 차가운 손이 가슴에 얹혀지는 섬뜩함과 함께.

'정치 수도' 베이징과 '경제 수도' 상하이를 잇는 고속철은 외형만 늘씬하고 미끈한 현대형이 아니었다. 내부 시설도 고급스럽고 세련되게 꾸며져 있었다. 고속철이 정시에 출발하자 출입문 위에 붙은 속도계의 숫자가 빠르게 바뀌기 시작했다. 눈이 어지러울 지경으로 그 숫자들은 숨 가쁘게 바뀌고 있었다.

10분이 되었을까 어쩔까……, 속도계의 숫자는 300을 넘어서고 있었다. 시속 300킬로로 달리고 있는 열차, 그런데 객실에서는 전혀 그런 속도감을 느낄 수가 없었다. 그 어떤 소음도 진동도 없는 안락한 승차감을 제공하고 있었던 것이다. 속도계 숫자는 340에서 멈추었다.

"난 고속철을 탈 때마다 손상된 자존심이 회복되는 걸 느껴요."

리옌링이 나직하게 말했다. 그녀의 눈길은 먼 속도계에 박혀 있었다.

송재형은 리옌링에게 눈길을 돌리며 무슨 소리냐고 눈으로 물었다.

"어떤 미국 기자가 중국의 나쁜 점만 들어가며, 중국이 아무리 몸부림쳐봤자 영원히 열등국일 뿐이라고 썼어요. 근데 이 고속철을 타면 그때 상한 자존심이 좀 회복되는 기분이 들어요."

리옌링의 입이 뾰로통해졌다. 프랑스 TGV는 시속 320킬로, 한국 KTX는 300킬로인데 중국 고속철 허셰호는 350킬로였던 것이다.

"그런 것 하나도 신경 쓸 것 없어요. 미국놈들, 아니 서양 것들 전부가 그런 식이에요. 백인 우월주의지요. 그리고 중국이 세계적으로 부상하는 것을 근본적으로 싫어하는 심뽀구요."

"아주 고약한 심뽀예요. 즈네들만 군림하고 싶어서." 리옌링은 무엇을 깨물듯 입술을 잔뜩 오물더니, "송재형 씨는 어떻게 생각하세요?" 불쑥 물으며 송재형을 빤히 쳐다보았다.

"그야 두말할 것 없이 중국이 잘되는 게 좋지요. 내 처가 나란데!" 송재형이 능청스럽게 대꾸했고, "어머머……." 리옌링의 얼굴이 붉은 꽃으로 변하며 송재형의 팔을 꼬집었다. 그 얼굴은 화장기가 없어서 더욱 싱그럽고 청순하게 돋보였다. 중국 여대생들은 거의 화장을 하지 않았다. 일반 여성들 사이에서 성형 바람과 함께 일기 시작한 화장 유행에 여대생들은 아직 물들지 않고 있었다.

시후(西湖)는 넓고 넓었다. 아득하게 먼 끝이 수평선을 이루어내고 있어서 흡사 바다 앞에 선 기분을 자아내게 했다. 파도치는 물굽이 없이 잔잔한 수면과 크고 큰 원을 따라 우거진 나무숲들이 아른아른 물에 담겨 정적 깊은 풍광을 이루어내고 있는 것이 호수라는 것을 말해 주고 있었다.

"아, 아, 이렇게 큰 호수가 있다니. 아아, 정말 대단하다, 대단해……."

송재형은 호수를 다 싸안으려는 듯 두 팔을 있는껏 벌리고 감탄을 연발하고 있었다.

"이런 호수 첨 보는 거예요?"

리엔링이 웃음 띤 얼굴로 송재형을 올려다보았다. 꼭 낀 청바지를 입은 리엔링도 늘씬하게 컸다. 그러나 180을 넘는 송재형을 올려다보지 않을 수 없었다.

"한국은 좁은 나라잖아요."

송재형이 아쉬워하는 기색으로 말했다.

"속상해하지 말고 실컷 즐기세요. 처가 나라 것은 바로 송재형 씨 것이기도 하니까요." 리옌링이 입을 가리고 돌아서며 호호호호 웃음을 터뜨렸고, "예에, 말 잘했어요. 리옌링도 내 것, 이 호수도 내 것, 다 내 꺼예요." 송재형이 리옌링을 곧 안 으려는 듯 두 팔을 활짝 벌렸다.

리옌링이 송재형을 피해 방울 구르는 소리로 웃음을 뿌리 며 달리기 시작했다. 그 뒤를 송재형이 따라 뛰기 시작했다. 두 사람의 그림자가 물속에서 함께 뛰고 있었다.

"우리 자전거 탈래요?" 리옌링이 살짝 뒤돌아보며 외쳤고, "좋아요, 자전거 타고 호수 한 바퀴 돌아요." 송재형이 마주 소리쳤고, "자전거 빌리는 데 저쪽이에요." 리옌링이 더 세게 달리기 시작했다.

그들은 나란히 자전거 페달을 밟았다. 자전거 속도가 빨라 질수록 리옌링의 긴 머리칼이 바람 탄 깃발처럼 나부꼈다. 햇 빛을 받아 검은 윤기가 더 도드라지고 있는 그 머리카락 사 이사이로 비치는 호수의 풍광은 더욱 환상적이었다. 송재형 은 그 풍경과 리옌링의 매혹적인 옆얼굴을 함께 보며 호수보 다 더 넓고 큰 행복감에 취하고 있었다.

"왜 하필 도피처로 시후를 골랐어요?"

콧노래를 멈추며 리옌링이 물었다.

"저어……." 송재형은 문득 멈칫하다가, "진작 와보고 싶었 어요. 아름답다는 소문을 너무 많이 들어서." 그는 찡긋 눈웃음을 보냈다.

"만족해요?"

"두 배로."

"두 배?"

"리옌링이 있어서."

"몰라요!"

리옌링이 발딱 몸을 일으키더니 힘차게 페달을 밟기 시작했다. 앞서기 시작하는 리옌링의 뒷모습……, 송재형은 눈을 질끈 감았다가 떴다. 바지가 곧 찢어질 듯 팽팽하게 드러난 리옌링의 육감적인 엉덩이가 가슴을 뒤흔들었다. 그리고 남자의 불길을 곤두서게 했다. 송재형은 속입술을 깨물었다. 중국 여자들은 자전거 타는 폼이 끝내줘. 다 프로야. 그는 마음을 다잡으며 페달을 힘껏 밟기 시작했다.

"아, 아, 노을이 물들고 있어요!"

리옌링이 서쪽 하늘을 가리키며 탄성을 질렀다.

"아, 아……, 아름다워라, 정말 아름다워……."

리옌링 옆에 자전거를 세운 송재형은 하늘을 우러른 채 말을 잃고 있었다.

하늘이 불붙어 타고 있었다. 아래의 진한 불길이 위로 퍼지고 넓게 번지며 하늘을 온통 불바다로 만들고 있었다. 붉은색의 찬란한 향연이었다. 그 붉은색은 어떤 종이에 칠해진 붉은색도, 그 어떤 천에 물든 붉은색도 아니었다. 하늘을 물들이고 있는 그 붉은색은 그 어떤 붉은색도 당해낼 수 없는 싱싱한 색감과 생생한 질감으로 살아 있었다. 그렇다. 어찌 인공의 색이 자연의 색을 당하랴. 그 붉은색은 하늘의 주인인 태양이 그려내는 거대한 화폭이었다. 그런데 그 현란하고 황홀한 화폭은 하나가 아니라 둘이었다. 호수에 또 하나의 화폭이 불붙어 타고 있었다. 두 개의 화폭은 점점 더 진한 불길로 타오르며 아름다움의 극치를 이루어내고 있었다.

"아, 아, 차라리 죽고 싶어요……."

리옌링이 넋을 잃은 듯 중얼거리고 있었다.

송재형은 리옌링에게로 눈길을 돌렸다. 리옌링의 얼굴도, 눈도, 아니 전신이 노을로 물들어 타고 있었다. 특히 그녀의 크고 깊은 눈에서 타고 있는 노을은……, 노을 속에 빠져버린 그녀의 모습은 정신이 혼미해질 만큼 아름답고 신비스러웠다. 송재형은 다시 솟구치는 남성의 불길에 휩싸였다. 전신이 부서지도록 그녀를 끌어안고 싶은 충동이었다. 어질거리고 혼미해지는 정신을 어금니로 깨물며 그 충동을 이겨냈다.

아, 아, 차라리 죽고 싶어요…….

리옌링의 표현이 절창이었다. 마치 시구(詩句) 같은 그 표현을 송재형은 한 자, 한 자 곱씹었다. 지금 이 숨 막히는 절경 앞에서 그보다 더 절절한 표현은 없을 것 같았다. 송재형은 자신의 감상도 꼭 그렇다고 생각하고 있었다. 이 순간 리옌링과 함께 죽고 싶다는 생각이 불현듯 떠올랐다. 형용하기 어려운 절경 앞에서 죽고 싶다는 생각이 떠오른 것은 처음이었다.

노을에 넋을 잃고, 노을에 흠뻑 빠져, 노을에 흥건히 취해 얼마나 오래 있었는지 모른다. "우리 참 재수가 좋아요. 시후 10경 중에 하나를 이렇게 실컷 보다니." 리옌링이 노을에 젖은 목소리로 말했고, "그래요, 리옌링이 재수가 좋은 사람이라 그래요." 송재형이 리옌링의 손을 잡으며 말했다. 리옌링이 노을빛처럼 곱게 웃으며 손을 마주 잡았다. 송재형을 올려다보는 리옌링의 눈에서 노을이 사위어져 가고 있었다.

"갑시다, 돤차오 쪽으로."

송재형이 발을 떼어놓으며 말했다.

"아니, 돤차오를 어떻게 알아요? 여기 초행이면서."

리옌링이 이상하다는 듯 물었다.

"지난밤에 꿈에서 봤어요."

"아, 알았어요. 미리 공부했군요."

"당연하지요, 역사탐방인데."

"어머머, 깍쟁이!" 리옌링이 그 농담에 화답하듯 환하게 웃으며, "그럼 백사 전설도 다 알겠네요" 하며 긴 머리카락을 뒤로 넘겼다.

"그렇지요. 그게 내 역사학 박사논문이 될 텐데."

송재형의 능청스러움에 리옌링이 까르르 웃었다.

그들이 아치형 다리 돤차오에 도착했을 때는 그 곱던 노을
은 거의 다 사위고 하늘에서는 실안개 퍼지듯 어스름이 내리
고 있었다.

송재형은 아름다운 아치형 다리 돤차오로 리옌링을 이끌
었다. 돤차오는 사랑의 전설을 피워낸 다리에 어울리게 아담
했다.

"리옌링, 이걸 받아줘요."

다리 가운데 멈춰 선 송재형이 주머니에서 조그마한 상자
를 꺼냈다. 그 뚜껑을 열자 반지 두 개가 나타났다. 똑같은 모
양이었다.

리옌링은 올려다보았고, 송재형은 내려다보았다. 둘의 눈에
서 아까의 노을이 다시 타오르기 시작했다. 그 불길은 점점
심하게 일렁였다. 그리고 마침내 뒤엉켰다.

리옌링이 송재형을 응시한 채 손을 내밀었다. 송재형이 리
옌링의 손가락에 반지를 끼웠다. 그리고 상자를 리옌링에게
넘겨주었다. 리옌링이 송재형의 손가락에 반지를 끼워주었다.

"워 쩐신더 아이 니, 옌링!(당신을 진심으로 사랑해, 옌링!)"

송재형이 리옌링을 끌어안으며 최초의 말을 뜨겁게 토해냈
다. 그는 처음으로 성을 떼고 옌링이라고만 불렀다.

"워 쩐신더 아이 니, 재형!"

리엔링도 송재형을 끌어안으며 목소리가 떨리고 있었다.

송재형의 입술이 리엔링의 입술과 하나가 되었다. 그들은
서로를 더 꼭꼭 끌어안았다. 송재형은 강하게 끼쳐오는 그녀
의 체취를 들이켜며 부르르 떨었다. 톡 쏘는 꽃향기 같기도
하고, 풋풋한 풀향기 같기도 하고, 배릿한 갯내음 같기도 한
체취가 그의 남성을 뒤흔들며 곤두세우고 있었다. 그의 손이
그녀의 몸을 뜨겁게 더듬어 내리고 있었다.

"여기선……, 누가, 누가 봐요……."

완강한 힘으로 그녀가 그를 떠밀었다. 그제서야 송재형은
제정신을 차렸다.

"우산을 선물해선 안 된다는 것도 알죠?" 리엔링이 딴차오
를 벗어나며 말했고, "지금 당장 소나기가 쏟아져도 우산을
안 사줘요. 그리고 영원히." 송재형이 강한 어조로 대꾸했다.

리엔링은 믿음 가득한 눈길을 보내며 송재형의 허리를 감
싸안았다. 송재형은 긴 팔로 그녀의 어깨를 감싸안았다.

백사 전설의 두 주인공은 백소정과 허선이다. 백소정은 흰
뱀에서 인간이 되었고, 허선은 시후에 놀러 왔다가 딴차오
가운데서 백소정을 만났다. 때마침 비가 내려 허선이 백소정
에게 우산을 빌려주었다. 그런데 그들은 한눈에 반해버렸다.
그들은 불타는 사랑의 완성으로 결혼을 했다. 행복하게 사는
그들 앞에 어느 날 법해선사가 나타난다. 그 스님은 요괴를

퇴치하는 법력을 지녔고, 그 눈에 백소정이 뱀이라는 사실이 드러나고 만 것이다. 그들은 헤어지지 않으려고 몸부림쳤지만 법해선사의 법력을 끝내 이겨내지 못하고 생이별의 눈물을 뿌려야 했다.

그래서 중국의 연인들은 절대로 우산을 선물로 주지 않는다. 우산의 '산(傘)' 자와 헤어진다는 뜻의 '산(散)' 자 발음이 '싼'으로 똑같은 탓이었다.

정글법칙, 약육강식

차도는 언제나처럼 무질서의 시범을 보이듯 각종 바퀴 달린 것들이 뒤죽박죽되어 어지러웠다. 그러나 그 혼란한 무질서 속에는 그 나름의 질서랄까 규율이 있었다. 갑자기 끼어들기를 하든, 느닷없이 유턴을 하든, 난데없이 역주행을 해오든 아무 사고 없이 피했으면 그만이지 그런 일로 다투는 일이라곤 없었다. 나도 그러는데 뭘 하며 이해를 하는 것인지, 만만디 기질이라 마음이 느긋해서 그러는 것인지, 남의 일에는 무관심하니까 그리 되는 것인지, 풀기 어려운 수수께끼였다. 어쨌거나 상하이의 모든 탈것의 운전수들은 방어운전의 고수들인 것은 의심할 바 없었다.

그런데 차도 못지않게 인도도 수많은 사람들이 제각기 바삐 오가느라고 번잡스럽고 어지럽기는 마찬가지였다. 다만 차들처럼 접촉사고나 충돌위험이 없을 뿐이었다. 그러나 꼭 안전이 보장되는 것은 아니었다. 한눈이라도 팔거나, 간판 같은 것을 찾느라고 다른 데를 두리번거리며 걷다가는 금세 충돌사고를 일으킬 위험이 컸다. 인간 포화상태의 대도시 어디에나 감춰져 있는 지뢰밭이었다.

허리 구부정한 두 노인네가 서로를 의지하듯 하며 걸어가고 있었다. 뒷모습인데도 서양사람 표가 금방 났다. 또한 여행객이라는 표도 동시에 느껴졌다. 그 차림새도 그랬지만, 경제업무가 숨 가쁘게 돌아가고 있는 도시 상하이에 그런 노인네들이 주민일 리가 없었던 것이다. 상하이에 붙박여 사는 서양사람들은 한결같이 빠릿빠릿한 젊은 사람들이었다. 그렇기는 동양사람들도 마찬가지였다. 먹이 풍성한 곳을 찾아 가창오리 떼 수십만 마리가 몰려들듯 돈을 좇아 수많은 나라의 젊은이들이 몰려들어 와글와글 들끓는 곳이 상하이였다.

그런데 한 남자가 재빠른 동작으로 그 서양 노인네 부부 옆으로 다가서는 듯싶었다. 그 다음 순간 그 남자는 여자 노인네의 핸드백을 날쌔게 낚아챘다. 여자 노인네가 곧 넘어질 것처럼 비틀거렸다. 남자 노인네가 당황해서 아내를 부축했다.

"헬프 미! 헬프 미!"

가까스로 몸을 가눈 여자 노인네가 팔을 뻗으며 소리쳤다.

"오우, 헬프 미, 헬프 미!"

남자 노인네도 소리쳤다. 그러나 여자 노인네의 목소리에는 영 미치지 못했다. 남자 노인네가 앞을 향해 뛰기 시작했다.

"헬프 미! 폴리스, 폴리스!"

여자 노인네는 필사적으로 소리치며 남편을 따라 뛰기 시작했다. 그녀는 경찰을 부르고 있었지만 중국 경찰 공안의 모습은 어디에도 보이지 않았다.

노인네 부부는 저 앞에 가고 있는 날치기범을 향해 분명 기를 쓰며 달리고 있을 거였다. 그러나 남들의 눈에 그건 일반적인 달리기가 아니었다. 텔레비전 화면에 가끔 나오는 슬로비디오였다. 그런데 날치기범은 노인네들의 기력 허한 동작을 다 알고 있다는 듯 잽싸게 도망가는 게 아니라 그저 빠른 걸음으로 걸어가고 있었다. 어디 날 잡아봐라, 용용 약 오르지, 하는 것처럼.

"헬프 미, 헬프 미! 폴리스, 헬프 미!"

자신의 핸드백이 빤히 저 앞에서 달랑달랑 흔들리며 가고 있으니 여자 노인네의 외침은 더 발악적으로 찢어지고 있었다. 그러나 길을 오가고 있는 그 많은 사람들 중에 노인네 부부를 도우려고 나서는 사람은 없었다. 거의 모든 사람들이 아무 소리도 들리지 않는다는 듯 무표정하게 제 갈 길을 가고 있었고, 몇몇 사람만이 그 일에 눈길을 던지고 있었다. 그러나 그들 또한 아무 표정이 없었다. 그들은 다만 구경꾼일 뿐이었다.

"저거 좀 도와줄까? 저 날치기가 같은 패거리 없이 혼자인 것 같은데."

한 남자가 일본말로 말했다.

"미쳤어? 저런 자들이 칼 같은 흉기 가진 것 몰라?"

다른 남자가 언성을 높였다.

"그렇겠지? 그냥 굿이나 보지 뭐."

그 남자가 무르춤해졌다.

"당연하지. 얼마 전에 조센진이 칼침 맞은 것 몰라?"

"조센진이 왜?"

그들의 입에서는 분명 식민지 시대에나 썼던 '조센진'이라는 말이 튀어나오고 있었다. 그 말은 단순히 '한국놈'이라는 욕이 아니었다. 한국사람들이 '일본놈들', '왜놈들' 할 때 단순한 분노나 증오를 넘어 사무치는 원한과 저주 그리고 복수심까지 응결되어 있는 것처럼 일본사람들이 조센진이라고 할 때는 한국사람에 대한 천시와 무시와 멸시 그리고 야유와 희롱 같은 복합적인 감정까지 담고 있었다.

"왜긴 왜야? 얼마 전 어느 대형 쇼핑몰에서 반짝세일을 하는데 어떤 중국사람이 줄을 안 서고 자꾸 새치기를 하자 어떤 남자가 나서서 새치기 하지 말라고 지적을 했어. 그런데 어떻게 됐겠어. 돈만큼 체면 좋아하는 중국사람 입장에서 체면 확 구긴 거잖아. 그 남자는 주머니에서 커터를 꺼내 상대방의 얼굴을 확 그어버렸어."

"아니 그 날카로운 면도칼로! 그 남자 어떻게 됐어?"

"허 참, 싱겁게 그런 걸 뭐하러 물어. 살았거나 죽었거나. 좌우간 그 조센진 괜히 잘난 척하다가 제대로 임자 만난 거지."

"글쎄 말야. 즈네들도 문화국민 아니면서 남보고 줄 서라 마라 간섭이야, 간섭이. 그 친구 그거 중국 온 지 얼마 안 되는 초짜인 모양이군."

"그러게 말야. 똑같은 돼지들이 잘 노는 꼴들이지. 좌우간 중국놈들은 안 돼. 나라에서 그렇게 머리 자주 감아라, 침 아무 데나 뱉지 말아라, 새치기 하지 말아라, 하며 계몽을 해대도 죽어라고 말을 안 듣거든. 중국 이거 아직 멀었어."

그들은 커다란 커피잔을 들고 서서 찔끔찔끔 마셔가며 마치 재미난 연극이라도 관람하듯 날치기 현장을 관망하고 있었다. 그들이 세월아 가라 하고 입을 놀리고 있는 동안 날치기범은 인파 속으로 사라져버리고, 노인네 부부는 더 쫓기를 포기하고 길바닥에 주저앉아 있었다.

"아무리 날치기꾼이라지만 너무 양심이 없어."

"무슨 소리야?"

"아무리 돈벌이가 급해도 그렇지, 왜 하필 서양사람을 상대로 그 짓이야. 중국 인상이 얼마나 나빠지겠어."

"허허, 이봐 이토 히데오, 온갖 가짜 명품 다 만들어내고, 온갖 소프트웨어 다 카피해 대고, 온갖 산업기술 다 유출해내고, 그러면서 세계적 망신 다 당해도 눈 하나 깜짝 안 하고, 그런 걸 오히려 묵인 방조 조장하고 있는 게 중국 정부인데, 저까짓 날치기쯤이야!"

"맞아, 아라키 자네 말이 맞아. 난 꼭 우리 일본식으로 생각하는 게 문제라니까. 좌우간 중국의 이 야만성이 문명화되려면 얼마나 걸릴까?"

그때 그 대답이라도 하듯이 한 남자가 카아악! 요란한 소리로 가래를 돋우어 올리더니 탁 내뱉으며 그들 옆을 지나갔다. 누르팅팅한 가래 덩어리가 끈적한 느낌으로 보도블록에 찰싹 달라붙어 있었다. 중국의 3독(毒)이 담배·여자·술이라서 그런지 중국사람들의 가래는 유난스러웠다. 햇빛을 받아 윤기까지 내고 있는 그 가래는 '중국은 영원히 안 돼!' 하는 멸시에 어깃장을 놓고 있는 것 같았다.

"저런 야만인!" 이토 히데오가 얼굴을 잔뜩 찌푸린 채 멀어져가는 남자의 뒤통수를 노려보았고, "가자고, 할 일 별로 없는 토요일 오후니까 발마사지나 하러." 도요토미 아라키가 걸음을 떼어놓았다.

"독방." 도요토미 아라키가 일본말로 말했고, "예, 알았습니다." 직업적인 웃음을 지으며 여자도 일본말로 대답했다. 일본말이 통하는 발마사지집이었다.

그들은 비좁은 통로를 돌고 돌아 안내 받고 있었다.

"그거 되긴 잘될까?"

도요토미 아라키가 물었다.

"별로 걱정하지 않아도 될 거야."

이토 히데오가 대답했다.

"월요일쯤이면 끝날까?"

"늦어도 수요일까지는."

"거참 지루하네."

"너무 신경 쓰지 마."

"이건 자존심 문제거든."

"잘 알아, 돈만이 아닌 거."

여자가 통로 맨 끝에서 발을 멈추었다.

"푹 쉬다 가게."

"자네도."

두 사람은 여자가 열어주는 방으로 각기 들어갔다.

좁은 방에는 발마사지 받는 침대가 하나 놓여 있었다. 도요토미 아라키는 양복을 벗기 시작했다. 그는 곧 팬티만 걸친 채 침대에 벌렁 누웠다. 그리고 담뱃갑을 집어 들었다. 중국여

자에게 일본말을 하게 했듯 그 담배도 마일드세븐, 일본 것이
었다.

여자가 나무통을 들고 들어섰다. 푸른색 간편복을 입은 여
자는 앳되고 예쁜 편이었다. 통을 내려놓고 여자는 전기를 껐
다. 침대 머리맡의 꼬마전구가, 나도 켜져 있었어요, 하는 듯
불그스레한 빛을 발산하고 있었다. 그러나 그 흐린 불빛은 방
안의 모든 것을 드러내기에 모자람이 없었다.

여자가 간편복 끈을 풀었다. 금방 알몸의 상체가 드러났
다. 앳된 만큼 강한 탄력을 품은 유방이 돋아 보였다. 여자는
거침없이 바지를 내렸다. 천을 최대한 절약한 것 같은 삼각팬
티가 나타났다. 그 작은 팬티는 중국 국기 오성홍기와 똑같
은 새빨간 색이었다. 그 여자는 액운을 막고 행운이 오기를
빌며 그 팬티를 입었는지 모르지만, 도요토미 아라키는 가
슴이 꿈틀하는 성적 자극을 느끼고 있었다. 그런 낌새를 다
안다는 듯 앳된 여자는 나무통 위에 올려져 있던 수건 하나
를 쫙 펼쳤다. 그것은 일반 호텔에서 쓰는 대형 샤워타월이
었다. 여자는 그 김 나는 타월로 도요토미 아라키의 전신을
덮었다.

도요토미 아라키는 또 시계를 들여다보았다. 회사의 하루
가 막을 내리려 하고 있었다. 그는 핸드폰을 들었다. 반으로
굽은 엄지손가락이 자판에 곧 닿을 듯하다가 멈추었다. 그러

기를 벌써 몇 번째였다. 월요일은 한 주의 첫날이니까 하고 넘겼다. 화요일은 결론이 나지 않을까 긴장하고 초조했었는데 또 그냥 넘어갔다. 핸드폰을 든 것은 어제 오후부터였다. 그러나 기분대로 자판을 눌러댈 수는 없었다. 한시라도 빨리 전화를 걸고 싶은 사람은 자신이 아니라 이토 히데오였다. 앞에 나서고 있는 사람으로서 얼마나 몸이 달 것인가. 그렇게 마음을 다독이며 화요일도 보냈다.

그런데 오늘도 허망하게 그냥 넘어가려 하고 있었다. 그럼 실패가 아닌가…… 도요토미 아라키는 이 불길한 생각이 뱀처럼 몸을 친친 감아오는 것을 시간이 갈수록 심하게 느끼고 있었다. 조센진들에게……, 조센진들에게 밀리다니…… 도요토미 아라키는 또 핸드폰에 엄지손가락을 대려다가 멈추며 뿌드득 이빨을 갈았다. 도저히 용납할 수가 없었다. 조센진들하고 경쟁을 한다는 것도 용납이 안 되었고, 더구나 밀린다는 것은 더욱 용납이 안 되는 일이었다. 독일이나 프랑스라면 또 모른다. 그런데 그까짓 조센진한테 패배하다니…… 축구나 야구 시합에서 패했을 때와 똑같이 분하고 열받는 일이었다. 아니다. 그보다 훨씬 더 분이 솟고 열이 치받치는 일이었다. 운동시합에서 졌을 때는 감정만 상할 뿐이지만 이런 경쟁에서는 자존심이 심히 상하는 데다 회사에 적잖은 금전적 손실까지 끼치는 것이었다. 조센진은 더 볼 것 없는 열등족들이었다. 우리 일본이 2차대전만 일으키지 않았더라면 한반도는 영원히 우리 것이었을 것이다. 영원히 우리 발밑에서 꼼짝 못하고 살아야 될 3류 인간 열등족들이 감히 경쟁을 하고 나서다니…… . 도요토미 아라키는 차츰 감정이 격화되어 가슴까지 벌떡이는 것을 느끼며 긴 한숨을 내쉬었다.

아니야. 이런 때일수록 침착하고 느긋해야 해. 여긴 일본이 아니라 중국이야. 만만디의 나라 중국. 여기선 만만디를 익혀야 해. 우리 일본식으로 닛폰도를 뽑아 단칼에 치는 식으로 해선 안돼. 중국놈들을 이기려면 중국놈들보다 더 만만디를 해야 해. 이열치열 아니던가. 만만디를 이길 수 있는 건 만만디 아니던가. 허나 말은 쉬운데 말처럼 잘 되지가 않는 게 문제였다.

도요토미 아라키는 신경질적으로 담배에 불을 붙였다. 그런데 가스라이터 불꽃이 무슨 폭발이라도 하듯이 갑자기 확 커졌다. 그는 질겁을 하며 뒤로 물러섰다. 그 바람에 입에서 담배가 떨어져 내렸다.

"요런 미친 새끼들. 이따위 것 하나 제대로 못 만들어."

도요토미 아라키는 이런 소리를 내쏘며 라이터를 노려보았다. 그건 의심의 여지없이 100퍼센트 메이드 인 차이나였다. 일본에서는 이런 1회용 가스라이터가 생산되지 않은 것이 이미 20년이 넘었다. 한국산 싸구려가 밀려들어 인건비 비싸게 먹힌 일제는 전혀 경쟁을 할 수 없었던 것이다. 가격 경쟁력을 상실한 상품이 가야 할 길은 단 하나. 생산 중단이었다. 그건 필연적으로 닥친 단순 제조업의 포기였다. 그런데 중국이 개혁개방을 하면서 한국도 똑같은 과정을 거쳐야 했다. 중국의 개혁개방은 한국이 가격 경쟁력을 강화할 수 있는 절호의 찬스였다. 한국도 경제발전에 따른 인건비 상승이 가격 경쟁력 약화의 지름길이 되고 있었기 때문이다. 그 위기의 탈출구로 나타난 것이 중국이었다. 한국의 제조업들은 서로 앞다투어 중국의 싼 인건비의 바다로 뛰어들었다. 싼 인건비를 뜯어먹고 금방 치부를 하려는 황홀한 꿈들을 품고서. 그러나 그것은 황금의 바다가 아니라 익사의 바다였다. 왜냐하면 중국은 단순 기술을 재빨리 습득해서 역공의 인해전술을 펼치기 시작했기 때문이다. 한국은 6·25 이후 두 번째 인해전술을 당해 또다시 중국 앞에 백기를 들어야 했다. 그 패배는 고기압이 저기압 쪽으로 흐르고, 물이 높은 곳에서 낮은 곳으로 흐르는 것과 같은 필연적 경제순환이었다.

담배를 새로 빼문 도요토미 아라키는 다시 라이터를 켰다. 사각진 얼굴에 짜증이 잔뜩 묻어나고 있어서 평소와 달리 그의 인상은 별로 좋아 보이지 않았다. 그가 담배연기를 깊이 들이켜고 있는데 핸드폰이 울렸다.

"여보세요, 나야!" 이토 히데오의 목소리는 다급했고, "응,

나야!" 도요토미 아라키는 상대방의 짧은 어감에서 밝은 빛이 쭉 뻗쳐오는 것을 직감하고 있었다.

"도쓰게키 완료!"

이토 히데오의 외침이었다. 그 감격에 벅찬 외침은 영락없는 군대의 전과 보고였다. 도쓰게키(돌격)!는 2차대전 때 일본군이 수없이 외쳐댔던 소리였다.

"아하! 아하! 수고했어, 수고했어, 이토 히데오! 그래, 이건 도쓰게키였지, 틀림없는 도쓰게키였어!"

도요토미 아라키는 정말 승전의 보고를 받는 상관처럼 상기된 얼굴로 기쁨을 토해 내고 있었다.

"어떻게 할까, 만나야지?"

"암, 암, 당연히 만나야지. 이런 때 한잔 안 하고 언제 해."

"그렇지. 이런 때 마시는 술은 술이 아니라 보약이니까."

"어때, 우리 단둘이보다는 축하객이 하나 있는 게."

"그거 더욱 좋지. 근데 아직은 보안이 필요하니까, 누가 마땅할까?"

"그야 이시하라 시로가 어때?"

"아, 그 친구라면 좋지. 입이 자물통이고, 술자리에서 화끈하게 잘 놀고."

"좋아, 오늘 밤이 우리를 위한 밤이 되겠군. 내가 이시하라한테 바로 연락하겠어."

"좋아, 좋아. 이따가 만나."

이토 히데오와 통화를 끝낸 도요토미 아라키는 의자에 털썩 몸을 부렸다. 그는 긴 한숨을 내뿜으며 철강 10만 톤의 압력이 눈 녹듯 사라지는 것을 느끼고 있었다. 이번 일의 압박감은 그만큼 컸던 것이다. 이번의 납품전쟁은 절대 져서는 안 되는 전쟁이었다. 애초에 '전량 납품'으로 추진되었던 일인데 중간에서 10만 톤이 떨어져나가려 했고, 그 훼방꾼이 다름 아닌 한국 기업이었던 것이다. 그건 절대로 물러설 수 없는 전쟁이었다. 이익을 줄이더라도, 아니 이익이 하나도 남지 않더라도 이겨야 하는 싸움이었다. 돈이 아니라 자존심이었다. 감히 한국 기업이 맞서고 덤비다니. 절대 용납할 수 없는 일이었다. 일본 철강과 맞설 수 있는 곳은 단 하나, 독일뿐이었다.

"어머나 도요토미 상, 어서 오세요. 오늘 오실 줄 알았어요."

화장 짙은 여자가 곧 남자를 끌어안을 듯이 반색을 했다. 그 유창한 일본말과 일본식의 호들갑스러운 몸짓이 꼭 일본여자 같았다. 그러나 무언가 끈적한 것 같고 황토색 느낌이 강한 인상의 그 여자는 전형적인 중국여자였다.

"그래, 돈냄새 잘 맡는 장 마담의 촉수는 언제나 정확하니까. 그동안 일본말이 더 늘었는데 그래?"

도요토미 아라키가 무척 호남아인 것처럼 폼을 잡으며 껄

껄껄껄 웃었다.

"네에, 저희집을 단골로 정해놓고 찾아주시는 일본 손님들께 그것 말고 제가 할 수 있는 일이 뭐가 있어야지요. 손님들 불편하시지 않게 하려면 앞으로 더 열심히 해야죠."

마담은 색정 는적거리는 애교를 능란하게 부리며 착착 감기도록 아부를 했다.

"암, 암, 그래야지. 그래야 이쁨 받고 돈도 더 많이 벌지. 돈에 원수 갚고 싶은 게 꿈이라면서?"

"예에, 돈이 황제고 하느님이니까요. 어머나, 죄송해요. 제가 너무 속을 내보여서. 한심하고 추해 보이죠?"

"아니, 아니, 아주 솔직해서 좋아. 세상에 돈 싫어하는 인간은 단 하나도 없잖아. 욕심부리지 마라, 돈을 너무 쫓지 마라, 하고 고상한 말들을 입에 달고 사는 목사고 승려들도 뒤로는 돈 끌어모으느라고 환장들 하고 있는 세상인데. 그런 속 다르고 겉 다른 위인들보다는 장 마담처럼 말해 버리는 게 훨씬 더 진실하고 인간적이야. 내가 장 마담 괜히 좋아하나. 예쁘고 그렇게 솔직해서 좋아하지."

"어머나, 그렇게 이해해 주셔서 정말 감사합니다. 저도 도요토미 상이 너무 좋습니다."

침실에라도 든 것처럼 여자는 진한 색정을 내뿜었다.

"아라키, 무슨 얘기가 그렇게 재미있어? 술도 안 마시고 벌써 통정하고 있는 거야?"

"아 시로, 어서 와. 심심해서 잡담하고 있던 참이야."

도요토미 아라키는 막 들어선 친구 이시하라 시로와 악수했다.

"근데 멋지게 술 마실 일이란 뭐야?"

이시하라 시로가 담뱃갑을 꺼내며 물었다.

"응, 이토 상이 곧 올 테니까 조금 있다가 들어. 나도 잘 모르는 대목들이 있거든."

도요토미 아라키는 이시하라 시로가 권하는 담배를 빼들며 대답했다.

"이런, 내가 꼴찌잖아. 늦어서 미안해. 위에 자세하게 보고하느라고."

서둘러 들어오며 이토 히데오가 말했다.

웃음 피워내는 얼굴로 마담은 앞장섰다. 그 웃음은 플라스틱 조화 같았다.

"예쁜 애들 곧 대령하겠습니다. 재미나게 즐기세요."

마담은 룸의 문을 열며 인사했다. 허리를 깊이 숙이는 그 몸짓이 흡사 일본여자였다.

룸은 세 사람이 술을 마시기에는 지나치게 넓었다. 대형 식당의 방보다 더 호화롭고 요란하게 치장된 룸은 정사각형이었다. 고급 소파는 두 벽면으로만 줄지어 놓여 있었다. 그리고 턱없이 넓은 유리탁자가 소파 쪽으로 치우쳐 놓여 있었다. 한쪽 소파와 마주 보고 있는 벽에는 초대형 화면의 텔레비전이 걸려 있었고, 그 아래는 넓은 공간이었다. 영어로 '가라오케'라고 쓴 간판을 설명하고 있는 공간이었다. 거기서 맘껏 노래하고 춤추라는 뜻이었다.

문이 열리고 제복을 입은 젊은 남자가 로봇처럼 연상 굽실굽실하며 들어섰다. 그 뒤를 여자들이 줄줄이 따라 들어오고 있었다. 그 여자들은 한둘이 아니었다. 대여섯도 아니었다. 예닐곱도 아니었다. 텔레비전 아래 공간에 부동자세로 도열한 여자들은 자그마치 열둘이었다. 세 남자를 위해 앳된 티 싱싱한 여자들이 열두 명이나 긴장되어 서 있었다. 그 젊은 아가씨들은 하나같이 예쁘다는 말을 들을 수 있는 인물들이었고, 짧게 입은 치마 아래로 드러난 다리들이 몸매 또한 날씬하다는 것을 한눈에 보여주고 있었다.

세 남자는 제각기 검지손가락 끝으로 여자들을 이리 훑고 저리 훑고 있었다. 그 손가락을 따라 아가씨들의 얼굴이 점점 더 굳어지고 있었다. 세 남자의 선택을 위하여 4배수로 동원된 여자들. 과연 인구 세계 제일의 나라 중국다웠다.

세 남자의 손가락이 좌우로 왔다 갔다 하다가 하나가 내려졌다. 그리고 또 하나가 내려졌다. 세 번째 손가락이 문 쪽으로 뻗치며 외침이 울렸다.

"완스 어게인!"

영어를 외친 것은 도요토미 아라키였다. 그는 중국말은 한 마디도 하고 싶지 않다는 듯한 태도였다.

"하이!"

남자 종업원은 일본말로 대답하고는 서둘러 아가씨들을 몰고 나갔다. 선택되지 못하고 퇴짜 맞은 아가씨들은 숱하게 당하는 일이라는 듯 아무 표정이 없었다.

"이 집도 한물이 갔나." 이토 히데오가 중얼거렸고, "치이, 500명이나 드글거리는데 맘에 드는 애가 없을라구. 그걸 다 보다간 밤샐 거구, 세 탕은 걸러야지. 바꿔가며 고르는 것도 중국에서나 맛볼 수 있는 재미고 유희니까." 도요토미 아라키가 흐흐흐 웃었다.

다시 젊은 아가씨들이 줄줄이 들어왔다. 세 남자들의 손가락이 다시 여자들을 훑기 시작했다.

"너!"

이시하라 시로가 한 여자를 찍었다.

"너!"

이토 히데오가 또 한 여자를 찍었다.

그런데 도요토미 아라키는 우에서 좌우로 팔을 일직선으로 휘둘러 문쪽을 가리켰다. 열 명의 아가씨들은 그 손가락 끝에 밀려 문 밖으로 나갔다.

곧 아가씨들이 또 들어왔다. 도요토미 아라키는 담배연기를 풀풀 날리며 이번에는 눈길로만 여자들을 훑고 있었다.

"너!"

마침내 도요토미 아라키도 한 아가씨를 손가락으로 겨냥했다.

"난 말야, 이런 데 오면 꼭 떠오르는 세 가지 궁금한 게 있어."

이토 히데오는 옆에 앉아 술을 따르기 시작하는 아가씨의 허벅지를 매만지며 말했다.

"뭐가 그리 많아? 화류계 첫발 디딘 애송이도 아니고."

도요토미 아라키가 픽 웃었다.

"그러니까 말이지. 첫 번째가 중국 천지에서 이런 데 나오는 여자들이 도대체 얼마일까 하는 거고……." 이토 히데오는 마치 논문 주제발표를 하는 교수님처럼 심각한 척 말했고, "싱겁긴. 그거 다 소문 나 있잖아. 8천에서 1억이라고." 도요토미 아라키가 말을 받았고, "아니야, 아니야. 거기에 딱 어울리는 중국식 정답이 있어. '그걸 누가 알겠습니까.' 어때?" 이시하라 시로가 말했다.

"맞았어, 그게 바로 정답이야. 무슨 말에든 갖다 붙이면 되는 정답이 바로 그거지. 중국에서 가장 잘 어울리는 답이야."

도요토미 아라키가 고개를 끄덕였다.

"1억 명, 말도 안돼. 이게 더 불어나려나 줄어들려나?"

이토 히데오가 고개를 저었다.

"그게 불어나지 줄어들 리가 있겠어. 날이면 날마다 농촌에서 도시로 밀려들고 있는 게 여자들인데. 1억 2천 될 날도 머잖았어."

도요토미 아라키가 자신 있게 말했다.

"1억 2천, 그거 우리나라 인구잖아. 중국, 정말 끔찍하고 무시무시한 나라야."

이시하라 시로가 새삼스럽게 혀를 내둘렀다.

"그리고 두 번째 궁금증이 뭐냐면 말야, 그 많은 여자들이 벌어들이는 돈이 상상도 못하게 어마어마할 텐데, 그게 도대체 얼마나 될까 하는 거야." 이토 히데오가 여전히 진지했고, "그걸 누가 알겠습니까." 이시하라 시로가 반주 넣듯 했다.

"그리고 세 번째는 그 수입이 GDP에 합산되고 있을까 하는 점이야." 이토 히데오 말에 이시하라 시로가 대꾸했다. "그걸 누가 알겠습니까."

"아니야, 그거 틀림없이 합산되고 있을 거야. 개똥 먹기도 합산되고 있는 판에!"

도요토미 아라키가 자신만만하게 말했다.

"개똥 먹기?" 이시하라 시로가 뭐지? 하는 표정을 지었고, "아, 그 웃기는 얘기 있잖아. 두 부자가 잇속 없이 개똥만 먹은 거." 이토 히데오가 말했다.

"맞아, 맞아! 그 1억 달러……."

이시하라 시로가 푸하하하 참기 어렵다는 듯 웃음을 터뜨렸고, 이토 히데오도 도요토미 아라키도 고개를 뒤로 젖히며 맘껏 웃어대기 시작했다.

니가 더 적으니 내가 더 많으니 밤낮없이 저울질하고 우김질하며 서로 재산을 다투는 억만장자 두 거부가 공원을 산책하고 있었다. 입에 침이 마르도록 새로 불어난 재산을 서로 자랑하며 시샘하며 걷노라니 금덩어리 흡사한 것이 나타났다. 자세히 보아하니 그건 금덩어리가 아니라 개똥이었다. 그런데 그 개똥이 세상 구경을 갓 한 놈이라 색깔이 곱고 말캉한 느낌마저 풍기고 있었다. 사르르 김이 나는 것 같기도 한 그 똥을 유심히 들여다보던 코큰부자에게 문득 한 가지 생각이 떠올랐다. 이 개똥을 저 얄미운 귀큰놈한테 처먹이면 딱 좋겠네! 그런데 어떻게 먹인다? 매냥 잘난 척 뻐기는 저 괘씸한 놈한테 이 개똥을 딱 먹이면 그동안 얹힌 체증이 확 뚫리고 속이 후련해질 것 같은데 무슨 좋은 방도가 없나? 없나? 머리를 짜는데 번뜩 기막힌 생각이 떠올랐다. 돈을 걸어라! 돈이야 하면 즈이 딸년도 팔아먹고, 즈이 마누라도 팔아먹을 놈이니 돈을 걸면 된다. 그럼 얼마를 걸지? 한입에 구미가 확 당기게 하려면 정신 확 돌 만큼 크게 걸어야 할 텐데. 그래 좋다, 1억 달러 걸었다! 아니야, 아니야, 이건 너무 엄청나지 않아? 아니지, 지놈이 지아무리 돈에 환장을 했다 해도 개똥을 먹을 리가 있나. 이건 순전히 놀리고 골탕 먹이자는 기싸움이니 배포 크게 나가야지. 아니 그래, 지놈이 정말 돈에 눈이 뒤집히고 환장을 해서 정말 개똥을 먹어치워도 좋아. 그럼 그 소문 동네방네 다 퍼뜨려 평생 개똥 먹은 부자놈으로 개망신 당하며 살게 하면 그건 1억 달러 값 톡톡히 하는 거지. 그래서 코큰부자는 마침내 입을 열었다. "자네 말이야, 저 개똥을 먹으면 내가 당장 1억 달러를 주겠어." 이 느닷없는 말에 귀큰부자가 잠시 어리둥절하더니 이내 정색을 했다. "방금 뭐랬어? 1억 달러를 준다고?" "아 그렇다니까, 1억 달러. 저것 먹을 수 있어?" "정말 1억 달러야?" "아 그래, 글쎄." "아니야, 자넬 어떻게 믿어." "흐흐, 못 먹겠지. 못 먹겠으면 그냥 못 먹겠다고 해." "아니라니까, 당장 1억 달러를 내놓기만 해. 깨끗하게 먹어치워 줄 테니까." "정말 개똥을 먹을 수 있다고?" "남아일언 중천금 몰라? 당장 1억 달러 내놓으라니까!" "좋아! 여기 있어, 여기." 코큰부자는 속주머니에서 백지수표를 꺼내 흔들었다. "좋아, 거기다가 당장 1억 달러를 써!" "좋아, 당장 쓰고말고." 코큰부자는 기세 좋게 백지수표에 1억 달러를 적어 넣었다. 지놈이 먹기는 뭘 먹어. 괜히 기 안 죽으려고 까부는 거지 생각하며. 그런데 이게 어찌 된 일인가. 귀큰부자는 잠시의 망설임도 없이 개똥을 집어 들더니 아귀작아귀작 먹어대기 시작했다. 어……! 어……! 코큰부자가 황당해하고 있는데 귀큰부자는 개똥을 다 먹어치우고 손을 내밀었다. 코큰부자는 1억 달러를 귀큰부자에게 고스란히 넘겨줄 수밖에 없었다. 그런데 귀큰부자가 걸으면서 곰곰이 생각해 보니 창피하기도 했고 분통이 터지기도 했다. 코큰놈한테 놀림을 당한 것 같기도 했고, 무시를 당한 것 같기도 했기 때문이다. 코큰부자는 코큰부자대로 속상하고 억울해 미칠 지경이었다. 저놈이 개똥을 맛있는 떡이나 빵을 먹듯 순식간에 먹어치울 줄 어찌 알았던가. 1억 달러, 그 어마어마한 돈을 순식간에 날리다니……, 코큰부자는 아깝고 원통해 심장이 벌끈벌끈 뛰고, 사지가 와들와들 떨리고 있었다. 그런데 얼마 걸어가지 않아 개똥이 또 나타났다. 옳거니! 너 잘 만났다. 당장 저놈한테 보복을 해야! 귀큰부자는 속으로 무릎을 쳤다. "여보게, 자네가 저 개똥을 먹으면 내가 당장 1억 달러를 주지." 코큰부자의 귀가 번쩍 뜨였다. "뭐라고, 그거 정말이야?" "속고만 살았어? 못 먹겠지!" "왜 못 먹어." "어디 먹어봐, 당장 먹어봐. 1억 달러 준대니까!" "쪼아, 먹는다!" 이 외침과 함께 코큰부자가 개똥을 냉큼 들어 올렸다. 그리고 거침없이 막힘없이 똥을 먹어대기 시작했다. 귀큰부자처럼 코큰부자도 개똥을 순식간에 먹어치우고 손을 내밀었다. 독한 놈……, 귀큰부자는 쩝쩝 입맛을 다시며 1억 달러짜리 수표를 토해낼 수밖에 없었다. 그런데 두 부자가 말없이 걸으며 골똘히 생각해 보니 이익이라고는 하나도 없이 그 쿠린 개똥만 한 덩어리씩 먹고 만 셈이었다. 아무리 되작되작 생각해 보아도 뭐가 잘못된 것인지 아리송하고 어질거려 알 수가 없는 채 분통만 꼬약꼬약 치밀어 오르고 있었다. 두 사람은 자기네 능력으로는 답을 찾을 수가 없어서 저명한 경제학 교수를 찾아가기로 했다. 두 사람의 얘기를 자세히 듣고 난 교수님이 점잖게 말했다. "두 분은 이득이 아무것도 없이 손해만 본 것이 아니라 국가에 큰 기여를 한 애국자이십니다. GDP가 2억 달러나 늘어났으니까요."

세 아가씨는 잽싼 손놀림으로 술을 따랐고, 세 남자는 목이라도 마른 듯 잔을 부딪쳤다.

"저쪽보다 큰 힘으로 조센진을 격파하긴 했지만, 찜찜하게 남아 있는 게 두 가지가 있어."

이토 히데오가 얼굴을 찌푸리며 혀를 찼다.

"찜찜한 것……?"

도요토미 아라키가 이토 히데오에게 눈길을 쏘며 민감하게 반응했다.

"응, 아직 저쪽의 꽌시가 누군지 알아내지 못했고, 골드 그룹 회장의 정체도 구름 속이야."

"그걸 꼭 알아야 하나?"

도요토미 아라키가 술잔을 들려다가 담뱃갑을 들었다.

"당연하지. 자네 같은 철강 회사야 좀 덜하겠지만 우리 같은 종합상사에서는 그런 정보 확보는 필수야. 이번 일도 그 파악이 안 돼서 일이 복잡해진 것이고, 더 중요한 것은 앞으로도 저쪽 꽌시가 계속 움직일 거거든."

"그렇긴 하지. 근데 골드 회장에 대해선 쉽잖아?"

"어떻게?"

"아 인터넷 한 방이면 끝나잖아."

"철강 회사 영업부장님은 저리도 속 편하고 단순하시다니까."

이토 히데오가 픽 웃으며 술잔을 들어 올렸다.

"왜, 그 노출 말고 더 파야 할 게 있어?"

"두말하면 잔소리지. 인터넷 정보야 헛껍데기고 쓰레기잖아. 그걸 보니까 의혹이 수십 배로 커져."

"의혹……?"

"1977년 생, 중국 이름 왕링링, 미국 이름 소피아. 버클리대학 MBA. 중국 진출 2004년. 부동산 회사, 건설 회사, 화학제품 회사, 증권 회사 등등……. 자네 추리력 좋잖아. 무슨 의혹이 들어?"

어서 맞춰보라는 듯 이토 히데오는 도요토미 아라키를 빤히 쳐다보았다.

"히야 이것 봐라." 구미 돈는다는 듯 도요토미 아라키는 입술을 훔치고는, "그거 1977년생이면 도대체 몇 살이라는 거야?" 어처구니없다는 표정이었다.

"서른넷이네, 뭘."

여지껏 말이 없던 이시하라 시로가 뚱하니 말했다.

"이거야말로 의혹투성이의 문제녀 아닌가. 동 하버드, 서 버클리라고 하는 미국 최고의 명문대를 나온 것은 뭐며, 중국 이름에 미국 이름까지 가진 것은 또 뭐고, 2004년에 중국 진출이면 10년도 못 되어 그 많은 기업들을 거느린 배경은 무엇이고, 돈 놓고 돈 먹기인 자본주의에서 맨주먹으로 그렇게 될 수가 없는 일이고, 그 집안은 도대체 누구네 집안인 거야?"

도요토미 아라키가 못내 기분 상한다는 투로 말했다.

"그래, 아주 제대로 조목조목 짚었어. 꼭 탐정소설 여주인공 같은 배경들인데, 밝혀내기가 영 막막한 게 더욱 탐정소설적이야."

이토 히데오가 골똘한 생각에 잠긴 사설탐정 같은 얼굴로 술잔을 기울였다.

"가만있어봐, 우선 왕링링이면 중국 화교 집안의 딸 아니겠어? 샌프란시스코와 LA에는 우리 일본 동포들이 많은 것처럼 돈 많은 화교들이 많잖아. 그 어느 돈 많은 화교가 거대 자본을 앞세워 큰돈 벌 기회가 열린 모국으로 똑똑한 자식을 진출시켰다……. 그리고……." "그리고는?" 이토 히데오가 말을 재촉했고, "그리고는……, 그게 글쎄……, 그리고는……." 도요토미 아라키는 제자리에서 헛도는 고장난 자동차 바퀴가 되었다.

"나도 그 정도까지였어. 그 다음부터는 뿌연 안개 속, 아니 캄캄한 먹구름 속이야. 아이구 답답해. 너 이리 와봐."

이토 히데오는 갑자기 한 팔로 아가씨의 목을 감아 끌어당기는가 싶더니 다른 손을 아가씨 옷 속으로 집어넣었다.

"어머……머……."

놀란 아가씨가 터져 나오려는 소리를 당황스럽게 억눌렀다. 그 앳된 아가씨는 여자의 방어 본능을 술집의 이성으로 통제하고 있었다. 만약 여자의 본성을 이성적으로 처리하지 못해 손님의 비위를 거스르게 되고, 그래서 퇴짜를 맞아 이 방에서 내쫓기게 되면……. 마담은 표범으로 변했고, 그 손에 머리끄덩이 휘어잡히고 끝나면 재수 좋은 것이고, 조금 더 재수 나빠지면 마담을 뒤받치고 있는 주먹들에게 넘겨져 한바탕 짓밟히고, 그보다 더 나빠 똥 밟은 재수 되는 날에는 주먹들에게 피 터지게 두들겨 맞고 이 업소에서 쫓겨나게 되었다. 그신세가 되면 다른 업소로 옮겨가기도 어려웠다. 술에 몸 섞어 파는 이 야시장이 손바닥 들여다보듯 빤해서 주먹들의 연줄을 타고 '업소 망쳐먹을 티꺼운 년'으로 빨간딱지가 붙어버리는 것이었다. 점쟁이가 그려주는 빨간딱지는 복을 불러다 주는 것이지만 주먹들이 붙힌 빨간딱지는 가난으로 가는 길이고, 구걸을 해야 하는 길이었다. 세상은 일찍부터 가르쳐오고 있었다. '구걸은 부끄러워도 몸 파는 것은 부끄럽지 않다[笑貧不笑娼]'고. 이 영업이야말로 여자로서, 밑천 안 들이고, 가장 쉽게, 가장 빨리, 큰돈을 벌 수 있는 방법이었다.

"아으……, 흐응……."

아가씨는 자신도 모르게 절반쯤 터져 나왔던 거부의 소리를 다급하게 지우듯 사내의 손이 젖가슴을 주물러대는 것에 맞추어 찐득한 콧소리를 내며 교태를 부리고 있었다. 그래야만 사내들은 자기 기술이 무척 좋은 줄 알고 기분이 달뜨는 좀 모자라는 것들이었다.

"왕링링……, 소피아……. 그것 참 연구 대상이네. 십 년도 다 못 되는 세월에 그 많은 기업을 거느릴 정도로 성공하다니. 우리보다 열 살이나 아래인 여자가 이렇게 날고 기는 판에 우린 불알 달고 뭐했지?"

도요토미 아라키가 양쪽 어깨가 푹 처져 내리도록 과장되게 한숨을 쉬었다.

"중국에서 단숨에 떼부자, 벼락부자가 된 젊은 여자들이 어디 한둘인가. 그것도 중국에서만 볼 수 있는 희한한 쑈지."

이시하라 시로가 입술을 비틀며 씁쓰레하게 웃었다.

"맞어! 얼마 전에 남편한테 위자료 161억 위안 뚝 떼주고 이혼하는 그 젊은 여회장님의 쑈가 정말 최고의 쑈였지. 161억 위안! 그게 얼마나 어마어마한 돈이야. 100위안짜리로 다 이어놓으면 그 길이가 도대체 얼마나 될까? 아아 부러워, 부러워. 그런 여자의 남편이 못 된 게 천추의 한이야." 술기운 돈 아 오르는 불콰해진 얼굴로 이토 히데오는 연극배우처럼 폼을 잡고 있었고, "그거 정말 얼마나 길까? 만리장성보다 길까? 언제 맘먹고 계산 한번 해봐야 되겠네." 이시하라 시로가 또 뚱하게 말하고 있었다.

"곰곰이 생각해 보니 그 두 가지가 다 놓쳐서는 안 될 중요 사안인데, 해결할 무슨 방책이 있는 거야?"

도요토미 아라키가 술기운 털어내듯이 정색을 하고 물었다.

"그야 시간이 문제일 뿐 안 풀릴 리 없는 일이지. 우리 종합상사들의 정보망 알잖아. 어지간한 나라의 정보기관보다 나은 거."

이토 히데오가 걱정 말라는 손짓을 하고는 술잔을 들어 두 사람에게 건배를 권했다. 그들은 잔을 부딪쳤다.

"난 말야, 열 번, 백 번 생각해도 우리 일본이 조센진들에게 철강 기술을 가르쳐준 것은 정말 잘못된 일이었어. 그때 딱 잘라 가르쳐주지 않았더라면 오늘날처럼 기어오르는 일도 없었을 것이고, 더구나 그것들이 좀 살 만하게 됐다고 눈 꼴시게 설쳐대는 꼴을 안 봐도 됐을 텐데 말야. 우리가 철강 기술을 안 가르쳐줬으면 오늘날 자동차산업, 조선산업, 가전 산업, 기계류산업 같은 중공업 강세가 어떻게 있을 수 있었겠 어. 우리 일본이 실수를 해도 너무나 치명적인 실수를 한 거 야. 그건 이제 와서 돌이킬 수도, 씻을 수도 없는 거잖아, 빌어 먹을."

도요토미 아라키가 철강 회사 직원답게 불만을 터뜨렸다. 그의 술기운 오르고 있는 얼굴은 심하게 일그러져 있었다.

"맞아, 나도 언제나 똑같은 생각이야. 그때 그 IMF 사태 때 조센진들은 틀림없이 쫄딱 망해 6·25 직후처럼 알거지 신세가 되게 돼 있었잖아. 왜냐하면 외환이 다 거덜난 데다, IMF에서 25퍼센트의 이자폭탄을 떨어뜨리지 않았느냔 말야. 그 지독 한 이자폭탄을 두들겨 맞고 되살아날 수 있는 나라는 이 지 구상에 없었지. 그 응급처방은 빈사상태의 환자 혈관에 대침 주사를 꽂아놓고 피를 뽑는 거나 마찬가지니까. 자네들 똑똑 히 기억하지? 우리 신입사원 시절에, 조센진들은 이제 영원히 우리의 경제식민지가 되었다고 모두 쾌재를 불렀던 거. 아 그 런데 이것들이 기적처럼 살아나지 않았느냔 말야. 그 이유가 뭐야. 우리와 품질이 맞먹는 철강 생산이 있었기 때문이 아닌 가. '금 모으기'라는 그 희한한 짓을 해가면서 국민들이 똑똑

뭉친 가운데 그 철강 생산을 계속해 대 아까 자네가 말한 그 산업들을 다시 일으켜 세계 시장을 공략해 댄 거야. 아아, 정말 안타까워. 철강 기술을 절대 가르쳐주지 않았더라면 조센진들은 영원히 거지꼴로 우리 발밑에서 꼼짝을 하지 못했을 텐데 말야. 암, 우리가 큰 실수 하고말고. 도대체 어떻게 된 거고, 누구 잘못인 게야?"

이토 히데오가 넥타이를 풀어젖히며 흥분기를 드러냈다.

"글쎄, 그게 꼭 그렇지만은 않을 텐데."

이시하라 시로가 느릿하게 말하며 술잔을 들었다.

"그게 무슨 소리야?"

도요토미 아라키가 술을 마시다 말고 잔을 떼며 물었다. 그 사이에 아가씨가 그의 입에다 사과쪽을 얼른 넣었다.

"바카야로!"

그가 욕과 함께 사과쪽을 내뱉었다. 그 바람에 아가씨는 질겁을 하며 굳어졌다. 딴 나라 말은 욕부터 배우더라고 그 아가씨도 '바카야로'라는 욕은 다 알고 있었던 것이다. 그 욕 다음에 튀어나올 수 있는 것이 '너 나가!' 하며 문 쪽을 가리키는 것이었다. 여자는 어깨를 잔뜩 움츠리고 죽은 듯이 앉아 있었다.

"철강 기술을 가진 게 우리만은 아니었다는 사실을 잊으면 안 된다 그거지."

이시하라 시로가 침착하게 말했다.

"그건 그런데……, 그 말뜻은 뭐지?"

도요토미 아라키의 그 말투에 못지않게 치뜬 눈에도 언짢은 기색이 역연했다.

"뭐긴 뭐야. 우리가 기술을 안 주었으면 한국은 딴 나라로 갔을 것이다 그거지."

이시하라 시로가 냉정한 표정으로 말했다.

"철강 기술을 가진 건 독일, 미국을 비롯해서 몇몇 선진국인데, 그들이 뭐가 아쉬워서 한국 같은 삼류국가를 상대해 줬겠어. 그건 자네가 잘못 생각하는 거야."

도요토미 아라키가, 내 앞에서 철강에 대해 아는 척하지 말라는 듯 말했다.

"감정 앞세우지 말고 제반 상황을 냉정하게 살펴봐야 정답이 나오는 것 아니겠어?" 이시하라 시로는 담배를 거꾸로 들어 필터 부분을 탁자에 톡톡 치면서, "중국의 행로를 살펴봐. 그게 정답이야" 하고는 담배에 불을 붙였다.

"중국……?" 도요토미 아라키가 상을 찌푸리며 눈을 가늘게 떴고, "그건 무슨 선문답이야? 우린 중국에 철강 기술을 안 줬는데, 한국과 중국이 무슨 상관이야." 이토 히데오가 헛소리 말라는 듯 고개를 저었다.

"그래, 그게 바로 키포인트야. 자아, 들어봐. 덩샤오핑이 중국의 개혁개방을 선언한 다음 미국에도 가고, 우리 일본에도 왔었지. 미국에 왜 갔는지 그건 우리가 알 바 아니고, 우리가 주목해야 할 것은 우리 일본에 온 거야. 그때 덩샤오핑은 중국의 개혁개방을 성공시키기 위해 일본한테 두 가지를 원했어. 첫째 한국과 같이 철강 공장을 지어달라고 했고, 둘째는 자동차 공장을 지어달라는 것이었다. 그런데 우리 일본은 두 가지 다 거절했어. 그 이유는 간단하고도 분명했어. 중국을 무시해 버렸던 거야. 인구만 박 터지게 많고, 지지리 가난한 나라, 그 나라에 철강 공장이든 자동차 공장이든 세워서 아무런 전망이 없었던 거야. 그건 밥상 차려놓듯 너무 분명한 사실이었어. 일본으로서는 재론의 여지가 없는 현명한 판단이었고, 확실한 결정이었어. 그런데 우리에게 거절을 당한 덩샤오핑은 어떻게 했을까. 오뚝이라는 별명처럼 그 땅딸보 영감은 거기서 단념하지 않았어. 철강 제일인 독일을 상대하고 나섰지. 그런데 독일은 우리 일본과는 반대의 선택을 했지. 독일 기술의 철강 공장에서 중국식 석탄 연기가 시커멓게 치솟기 시작했고, 올림픽 오륜기의 사촌처럼 생긴 동그라미 네 개의 아우디가 중국의 비포장 도로를 먼지 뿌옇게 일으키며 달리기 시작했어. 그리고 중국은 싼 인건비를 팔아먹는 그 한심스러운 짓으로부터 경제발전을 시작했어. 그런데 그 경제가 매해 10퍼센트 이상씩 성장하는 믿을 수 없는 결과를 나타내고 있었어. 그렇게 계속된 비약적인 경제발전 상황은 이미 우리가 다 아는 거고. 그 과정에서 중국과 독일의 유대는 더욱더 튼튼해졌고, 그 결과가 어마어마한 프로젝트인 고속철이 프랑스를 제치고 독일 차지가 된 거잖아. 세계가 놀라는 경제발전으로 중국은 우리를 밀어내고 G2가 되었고, 중국 덕을 톡톡히 본 독일은 그 힘으로 EU의 헤게모니를 장악하게 되지 않았어? 자아, 이 지점에서 살펴보자구. 우리가 중국에 거절했던 것처럼 한국에도 거절했다고 쳐. 그럼 한국은 단념하고 말았을까? 아니야, 한국도 중국처럼 독일을 찾아갔을 거야. 아니야, 아니야. '찾아갔을 거야'의 가정이 아니라 틀림없이 찾아갔어. 일본에게 거절당하면 그럴 계획이 서 있었다고 그 관계자가 분명히 말했어. 그랬으면 독일은 한국에 먼저 철강 공장을 지어주었을 거야. 그때 한국과 독일은 사이가 아주 돈독했거든. 한국의 광부와 간호사들이 독일에 파견되어 있었고, 그 인력을 담보로 독일은 세계 최초로 한국에 차관을 해준 나라였거든. 나는 우리 일본 자동차들이 이 광대한 중국시장을 선점하지 못하고 고전에 고전을 면치 못하고 있는 현장에 서서 그때 왜 덩샤오핑을 푸대접했는가를, 중국을 무시하고 얕잡아 본 것이 얼마나 큰 오판이고 국운을 망친 어리석은 짓이었는가를 수도 없이 생각해. 어때, 내 말이 틀려?"

이시하라 시로가 술잔을 들며 두 사람을 쳐다보았다.

"글쎄……, 그렇게 말하면 그렇지." 도요토미 아라키가 시무룩하게 담배를 뽑았고, "빌어먹을, G2 자리를 뺏기다니. 자아, 술이나 마셔!" 이토 히데오가 술을 벌컥벌컥 들이켰다.

"참으로 안타깝고 아쉬워. 우리가 자만하지 말고 독일식으로 했더라면 G2 자리는 앞으로 20~30년도 더 거뜬하게 지킬 수 있었을 텐데. 그동안 독일이 실속을 차린 게 얼마야. 손 안 대고 코 풀 수 있는 절호의 찬스였는데. 어쩌다 그런 어처구니없고 기막힌 실수를 하게 됐는지 백 번, 천 번 생각해도 이해가 안 가."

이시하라 시로가 잔뜩 찌푸려진 얼굴로 긴 한숨을 토해냈다.

"그건 약과야. 그보다 몇십 배 기막힌 사건이 터졌잖아."

이토 히데오가 벌컥 화를 냈다.

"몇십 배……?"

술기운에 젖은 눈으로 도요토미 아라키는 무슨 말인지 빨리 하라고 독촉하고 있었다.

"빌어먹을, 그런 자존심 상하고 속 터지는 일이 어딨어. 우리 소니가 한국 삼성한테 작년에 완전 백기를 들어버린 사태 말이야!"

"허, 그것 참 날벼락이었지." 도요토미 아라키가 천장을 향해 헛웃음을 토했고, "그거야말로 일본의 종말과 같은 참혹한 패배였지. 우리 일본사람들의 자존심이 갈가리 찢어져버린, 미국한테 항복을 한 다음에 닥친 두 번째 치욕이었어." 도요토미 아라키가 주먹을 쥐며 부르르 떨었다.

"그게 무슨 소리야? 미국이야 우리보다 땅이 30배 이상 넓고, 인구도 3배 이상 많으니까 우리가 져도 할 말은 있고 체면이 다 구겨지지는 않아. 그런데 한국은 뭐야. 우리보다 나라도 작고, 인구도 적고, 거기다가 우리의 식민지였잖아, 식민지. 그런 놈들을 향해 '경쟁을 포기한다'고 백기를 들어? 아이구 이런 병신 팔푼이 같은 새끼들! 할복자살하던 정신은 다 어디다 둔 거야."

이시하라 시로도 더는 못 참겠다는 듯 결기를 드러냈다.

"그래, 맞아. 미국한테 패한 것은 원자탄 때문이었다고 할 말이나 있지. 한국한테 백기를 든 건 입이 천만 개라도 할 말이 없는 거야. 소니가 전 세계를 석권하고 있었던 20여 년 전, 세계 각 나라에서 쓰는 그 수도 없이 많은 텔레비전 카메라는 전부가 소니 거였어. 그 시절에 소니는 한국을 향해 외쳤어. '한국이 우리 일본을 따라오려면 100년도 더 걸릴 것이다.' 그때 한국에선 LG가 선두주자였고, 삼성은 햇병아리였을 뿐이야. 그런데 100년이 아니라 겨우 20여 년 만에 참혹하게 패배하고 말았어. 어떻게 이런 황당한 일이 벌어질 수가 있지? 도대체 믿을 수가 없어. 소니는 단순히 일개 회사가 아니라 후지산과 같은 일본의 상징이고 자존심이었잖아."

도요토미 아라키가 또 깊은 한숨을 내쉬며 고개를 저었다.

"인정하고 싶지 않지만……, 그 잘못은 다 우리한테 있겠지. 그건 미국이 우리한테 당한 것과 똑같은 사태잖아. 자동차 문제 말야. 2차대전 이후에 평화의 시대를 맞이한 미국은 풍요로운 생활의 도구로 자동차를 선택했어. 광대한 땅에 사통팔달 고속도로는 잘 뚫리고, 그 길들을 질주하며 여행을 즐기는 데는 자동차가 필수품이었지. 그 폭발적 수요에 자동차산업은 날개를 달게 되었어. 온갖 종류의 차들이 쉴 새 없이 탄생하면서 자동차산업은 황금알 낳는 거위였고, 요술방망이였어. 미국은 세계를 석권하며 모든 나라들이 부러워하는 자동차 왕국이 되었어. 그런데 우리 일본도 보고만 있지 않고 자동차산업을 시작했잖아. 그걸 내수시장에 팔다가 거기에 만족하지 못하고 수출시장 개척에 나섰지. 그 해외시장이 다름 아닌 미국이었어. 자기네한테 차를 팔아먹겠다고 나선 우리를 바라보는 미국의 심정이 어땠겠어. 그렇게 10년, 20년 지나는 동안 미국 자동차 시장은 차츰차츰 일본 손으로 넘어오고 있었어. 그건 품질 우수성을 비교한 소비자들의 자발적 선택이었지. 그 우위가 계속되면서 마침내 우리 차들이 미국시장을 석권하는 사태가 터지고 만 거야. 미국 자동차 회사들이 사태의 심각성을 깨달았을 때는 국가의 구제금융을 받아야 할 정도로 재정이 파탄 상태에 빠진 다음이었어. 자네들도 기억하지? 구제금융을 받기 위해 의회 청문회에 나선 자동차 회사 회장들이 의원들에게 가차 없이 힐난을 당한 거. 구제금융을 받으러 오는 회장들이 자동차가 아니라 자가용 비행기를 타고 왔기 때문이 아니었어. 자만과 오만이 부른 방심과 나태에 빠져 자가용 비행기나 타고 다니는 방만한 경영을 했으니 구제금융 사태가 오는 건 필연적 결과가 아니냐는 게 의원들의 힐책이었어. 소니의 백기 항복이 미국 자동차회사들의 경우와 하나도 다를 것 없이 똑같아. 기술개발의 차이로 승리와 패배가 결정난 거야. 무한경쟁의 글로벌 시대란 그런 거라구. 이젠 국가간의 기술 격차가 거의 없어진 시대잖아."

긴 얘기에 목이 마른지 이시하라 시로가 술잔을 들었다.

"난 영업 일선에서만 살아와서 그런지 경영진들의 그런 무사안일을 도저히 이해할 수가 없어. 영업전선에선 하나라도 더 팔려고 아등바등 허겁지겁 발버둥을 치고 있는데 말야. 우리 상사의 영업현황을 지켜보면서 난 불안해서 견딜 수가 없어. 우리 일본이 계속 추락하는 건 아닐까, 우리 국운이 기울고 있는 건 아닐까 하는 불길한 생각 때문에."

이토 히데오가 아가씨의 손을 잡는가 싶더니 휙 뿌리쳤다. 아가씨는 그저 웃음을 지었다.

"그래 일본 산업의 중추였고, 세계시장에서 주역의 하나로 활약했던 우리 철강도 이제 전도가 편하지만은 않아. 중국이 세계 철강 생산 1위를 차지하면서 과잉생산이 되고 있는 데 다, 제3세계에 덤핑을 쳐대고 있으니 우리 갈 길은 이중삼중 으로 정글이야. 그러니 이번 일에도 반드시 이겨야 한다는 강 박감 같은 게 생기는 거고. 기분 좋게 술 마시려고 했는데 괜 히 우울한 얘기로 흘렀네."

도요토미 아라키가 분위기를 바꿔야 되겠다는 듯 말했다.

"피해 갈 수도 없고, 피해 가서도 안 되니까 이런 얘긴 우리 같은 사람들이 자꾸 해야 무슨 방안이라도 생기지. 우울해할 것 없어." 이시하라 시로가 말했고, "그래, 걱정은 하되 우울 할 건 없어. 우리 일본은 여전히 강대국이야. 위기를 다 알고 있으니까 슬기롭게 대처해 나갈 거구." 이토 히데오가 생기를 살려 말하며 잔을 들었다. 그들은 술잔을 부딪쳤다.

"자네 부인은 좀 어때. 여전히 의심 중?"

이시하라 시로가 이토 히데오를 보며 웃음 지었다.

"응, 너무 오래 떨어져 있어서 생기는 의심인 것 같애. 의사 말로는 외로움 때문에 생기는 일종의 노이로제 같은 거라는 데, 내가 중국여자와 자기를 바꿔치지 않을 거라는 건 믿으 니까 그나마 다행이지 뭐."

이토 히데오가 쓸쓸하게 웃었다.

"자네 현지처 있는 걸 눈치챈 게 아닐까?"

도요토미 아라키가 물었다.

"자네가 고자질하지 않았으면 알 리가 없지. 그거 똑 잡아떼는 데는 명수니까."

"한국 상사원들처럼 가족이 다 나와도 문제, 우리처럼 안 나와도 문제. 어쨌거나 인생은 이래저래 고달퍼. 야, 느네들도 이제부터 술 좀 마셔라."

이시하라 시로가 아가씨에게 불쑥 잔을 내밀었다. 아가씨는 잔을 기다리고 있었다는 듯 냉큼 받으며 야한 눈웃음을 지었다. 침대벌이로까지 이끌려는 유혹이었다.

"그래도 우리처럼 안 나오는 게 속 편하지. 여기서 맘대로 현지 조달하는 재미도 있고."

도요토미 아라키가 능글맞게 웃었다.

"그것도 그렇지만 애들 교육 때문에도 가족이 다 나오는 건 안 좋아. 애들 전학 다니는 건 치명적이니까."

이시하라 시로가 말했다.

"그럼. 우리 애들이 이런 중국에 나와서 배울 게 뭐가 있겠어. 전부가 엉망진창인걸. 미국과 유럽이 아닌 한 애들 함부로 데리고 나와선 안 돼."

도요토미 아라키가 단호하게 말했다.

"그럼, 그럼. 이놈에 중국. 공중도덕 빵점에, 공기 빵점, 식품 빵점, 모조리 빵점이니 이런 지옥에 어떻게 애들을 데려와. 자아, 너도 한 잔!"

이토 히데오가 아가씨에게 술잔을 건넸다.

"그래, 너도 마셔라."

도요토미 아라키가 아가씨의 잔에 술을 가득 따라주었다. 아가씨는 손님의 비위를 맞춰야 한다는 듯 잔을 단숨에 비웠다.

"자아, 노래를 틀어라."

도요토미 아라키가 벽의 텔레비전을 손가락질했다. 아가씨가 잽싸게 튕겨 일어났다.

"좋아, 오늘 내가 멋지게 한판 벌이지. 너희들 이리 와!"

도요토미 아라키가 벌떡 일어나며 아가씨들에게 가까이 오라고 손짓했다. 세 아가씨는 재빠르게 그의 앞에 모여 섰다. 그는 주머니에서 무언가를 꺼냈다. 손아귀에 가득 찬 것은 돈이었다. 그는 빠른 솜씨로 돈을 세어 넘겼다. 100위안짜리 열 장에서 그의 손가락이 멈추었다. 그는 돈을 뽑아 기세 좋게 한 아가씨에게 내밀었다. 아가씨의 얼굴에 활짝 꽃이 피어나며 두 손을 모아 돈을 받았다. 그리고 허리가 반으로 접히게 절을 했다. 나머지 두 여자도 더없이 공손하게 돈을 받았다. 천 위안씩의 돈은 일반 공원들의 반달 치 월급이었다.

"야, 이제 빨리 벗고 춤춰!"

도요토미 아라키가 옷 벗는 시늉과 춤추는 시늉을 하며 넓은 탁자를 손가락질했다. 세 아가씨는 재빨리 서로 눈짓하더니 돈을 저희들의 자리, 소파 틈에다 감추었다. 그리고 거리낌 없이 훌렁훌렁 옷을 벗기 시작했다.

어머니의 백기

송재형의 어머니 전유숙은 아래 속입술을 잘근잘근 씹고 있었다. 자신도 모르게 날마다 씹어대 상처와 부기가 심했다. 그 부기는 바깥까지 드러나 아랫입술 밑이 도도록하게 부어 있었다. 이놈아, 니놈이 이기나 내가 이기나 어디 한번 해보자. 니가 날 피해? 내가 여기 앉아 죽었으면 죽었지 그냥 돌아갈 것 같으냐! 뭐, 전공을 바꿔? 중국사를 해? 헹, 지랄하고 자빠졌네. 미국사로 바꿔도 될똥말똥인데 빌어먹다 뒈지게 중국사를 해! 요런 눈치코치도 없는 병신 멍텅구리 바보 천치 같은 놈. 이놈아, 니가 중국산지 청나라 명나라산지 그 케케묵은 것을 공부랍시고 해서 평생 가난에 찌들려 찌질찌질하게 살게 되는 그 뻔한 일을 왜 몰라. 니놈이 요런 병신짓 하고 요런 불효하라고 내가 입을 것 맘껏 못 입고, 기분 낼 것 참아가며 니놈 과외 시키고 학원 보내고 그런 줄 알어? 이놈 아, 이 속 없고 불효막심한 놈아, 니가 어찌 그럴 수가 있나. 어렸을 때 그리도 착하고 고분고분 말 잘 듣던 니가 어찌 이 다지도 야속하게 변했냐. 이 에미가 불쌍하지도 않니. 지금 어디 있는 거냐. 수천 리 길을 찾아온 에미를 피하다니, 나 서 운하고 서러워서 못 살겠다. 제발 맘 돌려먹고 이 에미 좀 살 려라. 이 에미 원통 절통해 당장 칵 죽고 싶다. 이 에미 죽기 전에 제발 좀 얼굴 내밀어. 이 야속한 놈아!

전유숙은 속입술을 잘근잘근 씹어대며 이런 넋두리인지 하소연인지 모를 말을 끝도 한도 없이 해가며 벌써 며칠째 같 은 자리를 지키고 앉아 있었다. 그러나 아들은 기숙사에 나 타나지 않았다. 중국사람처럼 중국말을 잘하는 동생이 나서 서 대학 여러 곳을 알아보았지만 역사탐방을 떠난 동아리를 찾아내지 못했다.

지친 전유숙의 얼굴은 까칠하다 못해 초라해 보였다. 속상 하고 애달아 화장도 안 하고 겨우 크림만 찍어 발랐고, 마지 못해 루주만 칠했던 것이다. 그런 얼굴로 며칠째 햇볕 속에 나앉아 있으니 얼굴 망치기로 작정한 것이나 마찬가지였다. 해가 기우는 시간에 산책을 하면서도 대형 차양의 자외선 차단 모자를 쓸 뿐만 아니라 온 얼굴 가리개 마스크까지 쓰는 완전무장으로 보호해 온 얼굴이었다. 그런데 아들 문제가 터지자 혼비백산, 얼굴 피부가 상하거나 말거나, 점들이 돋아 얼굴이 망가지거나 말거나, 그런 것은 전혀 문제가 아니었다. 아들의 느닷없는 변심, 그것은 한마디로 천국이 지옥으로 뒤집힌 대변란이었다. 어떤 일이 그런 충격과 절망을 불러올 수 있을 것인가. 그 어떤 변고도 그보다 더 큰일일 수 없었다. 하나밖에 없는 아들, 그건 자신의 오늘의 보람이었고 내일의 희망이었다.

"엄마, 왜 그렇게 난리야? 엄마는 이성이라고는 없고 감정뿐인 존재야? 아빠처럼 좀 냉정하고 의연해져 봐. 아빠가 바람피우는 것을 목격했거나, 바람피워 낳은 열 살짜리 자식 갑자기 데리고 들어온 사태보다는 낫잖아? 자기 갈 길 자기가 선택하겠다는 건데, 엄마 너무 오버하지 마. 감정뿐인 인간이 제일 경멸스러우니까."

딸이 비웃으며 얼음물을 뒤집어씌우듯 냉정하게 한 말이었다.

"뭐라구, 뭐라구! 니가 엄마 맘을 어떻게 알아. 시집도 안 간 게 엄마 맘을 뭘 안다고 시건방지게 입방정이야. 넌 하나뿐인 동생 일이 그렇게도 걱정이 안 돼! 요런 인정머리 없는 기집애야."

딸에게 경멸당하지 않으려고 이성을 찾고자 했다. 그러나 그건 마음뿐이었고, 입으로 터져나간 말은 그렇게 감정 덩어리의 포악이었다. 그 비이성적 감정이 어머니의 마음인지도 모른다.

"당신은 걱정도 안 돼요?"

그런 소식을 듣고도 남편은 말이 없었고, 얼굴도 무표정했다. 그러니 답답함과 안타까움이 더해 그렇게 물을 수밖에 없었다.

"당신도 차암……." 남편은 어이없는 얼굴로 한숨을 쉬고는, "많이 생각해 봤는데, 걱정이 되기도 하고……, 한편으로는 대견스럽기도 하고 그래." 언뜻 남편의 목이 메는 것 같은 느낌이었다.

"대견해요?" 자신은 소스라쳤고, "그게……, 내 품을 빠져나가는, 다 커서 내 품을 차고 나가는 남자를 느껴." 남편의 알쏭달쏭한 대꾸였다.

뒤집히는 감정 같아서는 남편의 그 무책임한 말을 짓밟아 버리고 싶었고, 그 태평스러움에 악다구니를 퍼붓고 싶었다. 그때 문득 떠오르는 텔레비전 화면이 있었다. 부성과 모성에 대한 연구 실험이었다. 침팬지 수컷과 자식을 함께 철판 위에 놓고 서서히 열을 가한다. 철판이 뜨거워지기 시작하자 아버지와 자식은 발을 이리저리 옮겨놓으며 분주해진다. 그러다가 더 뜨거워져 견딜 수 없게 되자 아버지는 얼른 자식을 올라탔다. 그 반대로 암컷과 자식이 철판 위에 올려졌다. 똑같은 상황이 되자 어머니는 자식을 얼른 들어 올려 품속에 안았다.

"됐어요. 나 중국에 갈 거예요."

남편은 자신을 물끄러미 바라보다가 고개만 끄덕였다. 그 침묵은 말하고 있었다. 가봐야 소용없어. 그래서 더 재촉한 발길이었다.

전유숙은 물병 뚜껑을 돌려 조금 남은 물을 다 마셨다. 아침을 먹는 둥 마는 둥 해서 허기가 심했다. 배가 고프면서도 밥은 먹고 싶은 생각이 없었다. 아들을 걱정하면서 중국에 와서 생긴 현상이었다. 당기는 것은 물밖에 없었다.

"물은 꼭 호텔 매점에서 사세요. 그것도 에비앙으로만. 딴 중국 건 믿을 수 없어요."

동생이 다짐한 말이었다.

달걀도 가짜를 만들어낸다더니 물까지 가짜가 있다니, 이런 해괴하고 괴상망측한 나라가 어디 또 있을 것인가. 그런데 아들놈은 이런 놈의 나라 역사를 연구하겠다니……, 하이고 이런 괴변을 어찌해야 좋단 말인가.

"그건 그렇지 않아요. 누나가 잘 몰라서 그렇지, 재형이 일만 떼어놓고 말하자면 중국 이거 연구할 가치도 의미도 충분한 나라예요. 흥미진진하고 기기묘묘한 일들이 겹겹이 첩첩이 어찌나 많은지 파고들수록 더 재미있고 더 끌리게 되고 그래요. 한 가지만 말하자면, 예수가 탄생한 이후, 그러니까 서기 2,000년 동안에 중국은 약 2세기 정도만 빼고는 1,800년 동안 GDP가 세계 1위였어요. 세계에서 1등 가는 부자나라였던 거지요. 그거 참 꼭 기적 같은……."

"이보게, 자네가 그렇게 말하면서 재형이 꼬드긴 거 아닌가!"

전유숙이 동생의 말을 자르며 외치듯 했다.

"아, 아니지요. 중국을 말하자면 그렇다 그거지요."

전대광은 질겁을 하며 손을 내저었다.

전유숙은 목줄기를 쭉 늘이며 입에 머금고 있던 물을 넘기고는 하늘을 멍하니 바라보았다. 그 눈에 눈물이 그렁그렁 어려 있었다.

품 안의 자식이 자식이지 품 벗어나면 남이나 마찬가지다. 어디선가 먼 메아리처럼 들려오는 소리였다. 그건 친정어머니가 혼잣말로 뇌곤 했던 말이었다. 어머니는 그 말을 곱씹어가며 떠나가는 자식들을 향해 무한정 뻗어가는 애달픈 모정을 달랬던 것일까. 그녀는 눈물이 담긴 슬픈 한숨을 길게 내쉬었다.

"누나, 이거 너무 늦어서 미안해요. 총괄사장 얘기가 길어져서. 배고프지요. 빨리 가요, 식사하시게."

숨을 몰아쉬며 전대광이 말했다.

"아니야, 배 안 고파. 밥 생각 없어."

전유숙은 기운 하나도 없이 고개를 저었다.

"이러다 병나요. 지금 누나 몰골이 어떤지 알아요? 완전 병자예요. 중국에서 병나면 어떻게 되는지 알지요? 약도 가짜가 수두룩하니까."

전대광이 완연한 협박조로 말했다.

"그래, 차라리 병이 났으면 좋겠어. 내 목숨보다 더 소중하게, 온갖 정성 다 바쳐 키운 자식한테 이렇게 무참하게 배신을 당했으니 차라리 죽는 게 낫지."

그녀의 초췌한 얼굴로 눈물 두 줄기가 주루룩 흘러내렸다.

"허 참, 별소리 다 듣겠네. 부모 자식 간에 배신, 안 배신이 어딨어요. 자아, 빨리 일어나요. 일단 먹어야 기운을 차리고, 기운을 차려야 그놈을 잡아 족쳐대든 죽이든 할 수 있으니까."

전대광이 누나의 팔을 잡아끌었고, 그녀는 그 기운을 못 이기고 몸을 일으켰다.

"딤섬 같은 것으로 간단히 해."

"그까짓 만두 먹고 어떻게 기운 차려요. 매형한테서 전화 왔었어요."

"왜? 무심한 인간."

"누나 잘 챙기라구요. 나한테 책임 묻겠다고."

"재형이에 대해선 아무 말 없고?"

"내가 말 안 꺼냈어요. 그 심정 괴로울 것 뻔한데."

"괴롭긴! 아무 관심도 없는 거지. 너도 무관심이긴 마찬가지고. 남자들이란 다 인간성이 틀려먹은 종자들이야. 인정도 없고, 즈덜밖에 모르고."

"무슨 소리를 그리 섭하게 해. 이성적으로 생각하려는 거지."

"시끄러, 그놈에 잘난 이성적!"

그녀는 부르르 떨듯 소리쳤다.

전대광은 한식당으로 가서 갈비정식을 시켰다.

"누나, 오늘이 열흘째야. 내가 생각하고 또 생각해 봤는데 말야……, 누나가 여길 지키고 있는 한 재형이는 안 나타나."

전대광은 무거운 목소리로 침착하게 말했다.

"무슨……, 그게 무슨 소리야……?"

당황한 전유숙이 말을 더듬었다.

"그러니까 말야, 역사탐방이란 보통 2박 3일, 길어야 4박 5일이라는 거야. 근데 이놈은 열흘째 안 나타나잖아. 이놈은 틀림없이 어디서 망을 보면서 엄마가 단념하고 돌아가기를 기다리고 있는 거라구."

"너 그게 무슨 정신 나간 소리야. 재형이가 그리 인정 없고 독한 애가 아니라구."

전유숙은 고개를 짤짤 흔들었다.

"누나, 내 말 똑똑히 들어. 누나가 여기 오래 있으면 있을수록 전공을 바꿔 공부하려는 재형이의 인생마저 망쳐지게 돼. 엄마를 피하느라고 재형이는 그 공부마저 못하게 되니까. 이젠 누나가 알아서 결정해."

전대광의 말은 타인에게 사무적으로 하는 것처럼 딱딱하고 메말라 있었다.

"그 무슨 무서운 소리야……."

눈물 가득 찬 그녀의 입술이 부들부들 떨리고 있었다.

"이 싸움은 이미 결정 났어. 재형이가 지난번에 말했었어. 자식 이기는 부모 봤느냐고. 걘 절대 양보하지 않기로 굳게 결심한 놈이야. 그리고 남자가 남자 맘 알아서 하는 말인데, 남자가 제 좋아 제 갈 길 정하면 그 누구 말도 안 들어. 그게 남자야. 그러니까 누나가 그만 맘 정리해. 그게 해결책이야."

"세상에, 세상에……. 길 잘못 들어 평생 고생고생하며 사는 꼴을 글쎄……."

말을 맺지 못하는 그녀의 눈에서 출렁 눈물이 넘쳐났다.

"왜 미리 걱정이야. 사람 사는 길은 천 갈래, 만 갈래 다 살게 돼 있어."

"아니야, 아니야. 나 여기 오기 전에 정신없이 다 알아봤어. 말이 쉬워 대학이지 그것처럼 어려운 게 없다는 거야. 다 박사 학위 따가지고도 10년, 15년씩 취직 못 해 신세 망친 사람들이 수도 없이 많다는 거야. 내가 괜히 이렇게 미치는 줄 알아?"

떨리고 있는 그녀의 말은 전부 눈물이었다.

"좋아요, 제 희망대로 대학에 안 된다면 그 다음엔 내가 책임질게요. 중국말만 능통하게 잘해도 먹고살 길은 얼마든지 있어요. 나한테 맡기고 누나는 그만 돌아가요. 아들 기다리면서 남편을 언제까지 혼자 떨어뜨려놓을 거야. 부부는 무촌으로 한 몸이고, 부모 자식 간은 1촌이라는 것 잊지 마시고. 성인으로 품 벗어나려는 자식 편히 떠나보내는 연습을 해요. 그게 자연의 섭리고 순리니까. 누나도 배울 것 다 배운 지식인이면서 그게 안 되면 곤란하잖아."

전대광의 목소리에서 따스한 온기가 번져나고 있었다.

"모르겠어, 마음 따로 생각 따로니 이 일을 어째야 하는 것인지. 나 이런 날이 올 줄은 몰랐는데……."

전유숙은 어깨가 떨리도록 눈물을 추슬렀다.

"내 특별출장도 내일로 끝이야."

전대광이 매듭짓듯 말했다.

"그래, 가야지. 괜히 나 때문에 고생이 너무 많았다."

전유숙은 동생을 바라보며 억지웃음을 지었다.

"재형이 소식은 바로 전할게요."

"재형 씨, 재형 씨, 드디어 해방됐어, 해방!"

현관으로 들어서며 리엔링이 기쁨에 넘쳐 소리쳤다.

"엉? 마침내 떠나신 거야?"

책을 읽고 있던 송재형이 똑같은 음색으로 외쳤다.

"응, 떠나신 게 틀림없어. 오늘 하루 종일 안 보이셨으니까."

리엔링이 고개를 빠르게 끄덕이며 짓궂게 웃었다.

"아유, 우리 엄마 지독해. 2~3일이면 포기할 줄 알았는데 열흘까지 버티다니." 송재형은 만세를 부르듯 두 팔을 번쩍 들고는, "딱딱한 바닥에서 자느라고 허리 아파 죽는 줄 알았네" 하며 허리를 쿵쿵 두들겼다.

"아니야, 열흘로 끝나서 다행이지. 딴 나라니까 그 정도로 끝났지 같은 중국이었어봐, 한 달이고 두 달이고 버티지. 어느 나라나 어머니들은 다 그래."

리엔링이 책가방을 내려놓으며 말했다.

"아이고, 어머니들 사랑이란 사랑이 아니라 구속이야. 자식들이 크는 건 전혀 안 생각하고 맨날 어린애 취급을 하는 거야. 너무 답답하고 귀찮고 피곤해."

"우리 중국엄마들은 한국엄마들보다 더 했으면 더 했지 덜하지 않을 거야. 모두 자식들이 하나씩밖에 없으니 내 자식은 잘되어야 한다 하는 생각으로 모두 눈에 불을 켜고 덤비는 거야."

"아이고, 한국엄마들 극성 떠는 건 아마 세계 1등일 거야.

자식들 의사는 싹 무시하고 자기들이 딱 목표를 정해놓고는 자식들을 몰아대는 거야. 자식들은 엄마들한테 떠밀려 학원에도 가야 하고, 매일 새벽 2시까지 잠 못 자고 책상에 앉아 있어야 해. 그리고 다음 날 학교에 가면 첫 시간부터 졸음이 쏟아지는 거야. 배고픈 것 참을 수 있는 사람이 없듯 쏟아지는 졸음 참아낼 수 있는 장사가 어딨어. 선생님 강의를 자장가 삼아 책상에 엎드려 자는 거지. 안 자는 애는 대여섯 명도 안 돼. 워낙 자는 애들이 많으니까 선생님도 깨우는 것을 포기해 버린 지 오래지. 선생님은, 그래 학원에 가서 배워라, 하는 생각이고, 애들도 어차피 학원에 갈 거니까 맘 놓고 푹 자는 거고. 이런 이상한 현상 때문에 '공교육 파괴'라는 사회문제가 대두되고, 사교육 시장 규제와 함께 나라가 그 문제를 해결해야 한다고 시끄러웠지. 하지만 나라는 아무 힘도 쓰지 못했어. 엄마들의 극성은 그런 말에 딱 귀 닫아버리고 자식들을 줄기차게 학원으로 내몰았으니까. 그래서 나라에서 한 일은 고작 이거야. '공교육에 종사하는 모든 교사들은 국가가 보증하는 자격증 소지자들이지만, 사설학원의 강사들은 그 자격을 검증하거나 보증할 방법이 없다.' 교육부 장관께서 하신 말씀이야. 이 얼마나 확실하고 무서운 말이야. '당신들은 당신들 자식을 무자격자들한테 맡기고 있는 것이다' 하는 뜻이니까. 그런데 어떻게 됐을까. 엄마들은 그 말에도 싹 귀 닫았어. 학원들은 날로 번창하고, 사교육비는 해마다 불어났지. 그러자 어느 텔레비전 방송에서 입시교육 특집을 꾸몄어. 소위 선진국이라는 대여섯 나라를 골라 하루에 한 나라씩 보여주는 대형특집이었지. 그 특집의 공통점은 하나였어. 그 나라들은 사교육이 없었고, 고3인데도 하루 평균 7~8시간씩 잔다는 사실이야. 그리고 또 한 가지는, 전문의사가 '인간의 몸은 하루 7~8시간을 자도록 되어 있다. 그 시간을 자지 못하면 다음 날 반드시 그 부족함을 보충하게 되어 있다'고 말했어. 그랬는데도 그 특집은 아무 효과도 없이 학원들은 계속 번창했어. 한국엄마들 그 극성이 무시무시하고 징글징글해. 방법은 딱 하나, 국가에서 강제로 사설학원들을 일시에 다 없애버리는 거야. 허나 그건 민주주의 국가에서는 할 수 없는 일이라니 어쩌겠어."

송재형이 푹 한숨을 쉬며 어깨를 늘어뜨렸다.

"재형 씨는 사교육에 아주 질렸는 모양이네." 리엔링은 딱하다는 표정을 짓고는, "우리 중국도 똑같애. 나도 학원이 질렸고." 그녀는 과장되게 어깨를 떨었다.

"그래, 내가 중국에 와서 놀란 건 학원들이 한국처럼 많은 거였어. 왜들 그러는지 모르겠어."

"그야 뻔하지. 엄마들의 극성이 무한경쟁을 일으키기 때문이야. '출발부터 내 자식이 뒤지게 할 수는 없다.' 이게 중국엄마들이 품고 있는 공통적인 생각이거든."

리옌링이 마땅찮다는 듯 입을 삐죽했다.

"어쨌든 엄마가 그냥 돌아가셨다고 생각하니 미안한 생각
도 들어." 송재형이 시무룩하게 말했고, "당연하지. 그 먼 길
오셨는데 다정하게 식사 한번 못 하고. 그런 맘 없으면 자식
도 아니지." 리옌링도 침울하게 말했다.

"그나저나 이제 여기 떠나게 돼서 시원섭섭하네."

송재형이 기지개를 켜며 말했다.

"어머나, 시원한 건 뭐고 섭섭한 건 뭐지?"

시원하다는 말을 찌르듯 리옌링이 곱게 눈을 흘겼다.

"침대가 좁아 바닥에서 자야 하는 손바닥만 한 방을 떠나
니 시원하고, 리옌링하고 함께 있을 수 없게 되었으니 섭섭하
고 그렇지."

송재형이 무언가 불만스럽다는 듯 콧잔등을 잔뜩 찌푸렸다.

"흐응, 방이 조금만 더 넓으면 얼마나 좋을까. 더블베드를
놓을 수 있도록." 리옌링이 콧소리보다 더 진한 눈길로 송재형
을 휘감았고, "그렇다면 얼마나 좋겠어. 여기가 우리 둘의 천
국이 되는 건데." 송재형이 그녀를 끌어당겼고, 그녀는 강한
자석에 붙는 쇠붙이처럼 그에게 찰싹 안겨왔다.

그녀의 체취가 진하게 쏘는 꽃향기로 폐부를 찔렀다. 정신
이 아득해지도록 황홀한 그 미묘한 향내가 전신을 관통하는

불길을 일으켰다. 그의 전신이 거센 물결이 치듯 파장을 일으켰다. 그 강한 몸짓 언어에 그녀의 몸도 파르르 반응하며 밀착되어 왔다.

서로의 입술이 자석이 되고 쇠붙이가 되었다. 보드라우면서도 졸깃졸깃한 것 같은 그녀의 입술에서는 또 다른 체취가 그를 혼곤하게 사로잡고 있었다. 그의 전신은 이제 활활 불붙고 있었다. 그는 그녀의 바지를 밀어 내리려고 했다.

"아니……, 이, 이따가……."

그녀의 뜨거운 목소리가 흔들리고 있었다.

"또 하고……, 또 하고……."

그의 뜨거운 손짓에 못 견디고 그녀의 꼭 낀 바지가 엉덩이의 굴곡 심한 곡선을 따라 밀려 내려가고 있었다.

"흐응……, 으응……."

진득하고 미끈거리는 콧소리를 내며 그녀도 그의 바지를 벗기고 있었다. 얽히고설키는 뜨거운 불길이 되어 그들은 서로의 옷을 순식간에 벗겨버렸다. 알몸인 그들은 서로를 감고 감기며 침대로 무너졌다. 젊음이 팽창하고 있는 두 알몸은 생고무의 탄력을 튕겨내고 있었다. 특히 여자는 얼굴만 섬세한 선과 깊은 눈으로 예쁜 것이 아니었다. 젖가슴은 뚜렷한 윤곽으로 솟아 곧 터질 듯한 탄력으로 젊음을 한껏 발산하고 있었다. 그리고 잘쏙한 허리는 엉덩이의 윤곽을 더욱 확대시키면서 남자의 성을 무한히 자극시키고 있었다. 그런 그녀의 몸에 그는 가볍게 실렸고, 그녀의 두 다리는 하늘문을 열 준비를 했다.

두 알몸은 두 마리 뱀이 서로를 친친 감고 혼신을 다해 교미를 하듯이 서로를 감고 감기고, 다시금 새로운 힘으로 감고 감기며 끝없이 아득한 우주를 한없는 황홀 속에서 유영하고 있었다. 하늘이 선물한 황홀의 배를 타고 그들의 육신도 영혼도 순백의 열도로 활활 타오르고 있었다.

서로를 맘껏 불지른 그들은 한 줌 재가 되어 깊은 침묵으로 잠겨들었다. 침대 옆의 조그만 책상 위의 사발시계가 미세한 소리로 침묵의 깊이를 나타내주고 있었다.

"힘들어, 바르게 누워."

리옌링이 잠긴 듯한 목소리로 말했다. 그녀의 몸짓을 따라 송재형의 몸이 허물어져 내렸다. 그의 몸도 그녀의 몸도 땀으로 번들번들했다.

"오우, 멋져."

리옌링이 송재형의 알몸을 쓰다듬듯 하더니 침대 시트를 끌어다 그와 자신의 알몸을 덮었다. 그리고 죽은 듯 조용한 송재형을 끌어안으며, "이대로 동거생활 시작하고 싶어. 기숙사로 돌아가는 거 싫어." 그녀는 새로운 관능미를 풍겨내고 있었다.

"나도 그랬으면 좋겠는데 이 침대는 너무나 좁아. 이럴 때는 충분한데, 함께 잘 수는 없잖아."

송재형이 눈을 감은 채 말했다.

"글쎄 말이야. 포개져 잘 수도 없는 일이고."

불쑥 말을 해놓고는 우스운지 그녀가 쿡쿡거렸다.

"그렇다고 하룻밤씩 교대로 바닥에 잘 수도 없는 일이고."

송재형이 리엔링의 젖가슴을 감싸 잡으며 중얼거렸다.

"더블베드가 들어앉으려면 이보다 절반은 더 커져야 할 텐데, 집값 비싼 이 베이징에서 돈이 얼마나 더 있어야 하겠어. 적은 돈이 아닌데 아빠더러 그걸 나 동거 시작할 테니 대달라 할 수도 없고. 어쩔 수 없지 뭐."

리엔링은 체념조로 말하며 송재형의 넓은 가슴팍에다 자꾸 하트 모양을 그리고 있었다.

"미안해. 내가 아무 도움도 못 돼서."

송재형이 리엔링을 끌어안으며 말했다.

"아니야. 재형 씨는 아무 부담 느끼지 말어. 날마다 24시간 같이 있고 싶은 내 욕심일 뿐이지. 이렇게 매일 만나면 되잖아. 학교가 가까우니까 아무 문제가 없어."

리엔링이 몸을 일으키며 그런 욕심 털어버렸다는 듯 생긋 웃었다.

송재형은 이 방에 들어선 그날부터 여기를 떠나고 싶지 않앉았다. 리옌링, 무어라고 말로 할 수 없는 마력으로 자신을 끌어당기고 사로잡는 여자, 퍼내어도 퍼내어도 끝없이 솟구쳐 오르는 욕정을 자극하는 여자, 그녀와 잠시도 떨어지지 않고 같이 있고 싶었다. 그런데 둘이 살기에는 방이 너무 좁았다. 땅값 비싼 베이징에 지어진 1인용 오피스텔은 꼭 한 명이 살 수 있도록 꾸며진 인색한 공간이었다. 싱글베드 하나가 방을 거의 다 차지하고 있었고, 책상도 큰 책 두 권을 펼쳐놓기가 어렵게 좁았다. 그런데도 그 작은 공간에는 일상생활에 필요한 모든 것들이 얄밉도록 오밀조밀하게 배치되고 갖추어져 있었다. 옷장, 싱크대, 냉장고, 화장실, 샤워실, 신발장까지 완벽했다. 그러니까 그 공간은 남의 주머니에서 돈을 꺼내기 위해서는 어떻게 해야 하는지 한눈에 보여주는 현대 상업주의의 총체적 센스 전시장이었다.

침대에 둘이 자다가는 반드시 하나는 굴러떨어져야 하고, 키가 크고 팔이 긴 사람이 샤워를 한번 하려면 팔꿈치를 유리벽에 열댓 번씩 부딪혀야 했다. 그러나 현대식 시설을 갖춘 이 오피스텔은 다른 곳이 아닌 중국의 정치수도 베이징에 있는 것이었다. 그 값이 얼마일까 물을 것이 없었다. 그런데 그 오피스텔을 글로벌 기업의 직원이 쓰는 것이 아니라 대학생이 쓰고 있었다. 그건 두 가지 사실을 동시에 느끼게 했다. 그녀의 아버지가 얼마나 부자일까……. 그리고 그 아버지가 딸을 엄청나게 사랑한다는 거였다.

리옌링이 긴 머리카락을 두 손으로 몇 번이고 빗질해서 뒤로 넘기고 넘기고 했다. 그 동작을 따라 젖꼭지 도드라진 유방은 더욱 탄력 좋게 흔들리고 있었다. 누워서 그런 유방을 올려다보니 한결 크고 육감적이었다. 송재형은 새로운 욕구를 느끼며, 저 여자가 남방 여자라 저렇게 매력적인 것인가, 생각하고 있었다. 중국은 한국과 반대로 남남북녀가 아니라 남녀북남이었다. 남자는 황하 이북 남자를 첫손에 꼽았고, 여자는 양자강 이남의 여자를 으뜸으로 친다고 했다. 북방 남자들은 골격이 크고 기운이 세며 기질이 억세다는 것이었다. 그리고 남방 여자들은 미모가 빼어나고 몸이 낭창거릴 만큼 날씬하면서 애교가 살살 녹는다고 했다.

송재형이 중국에 와서 놀란 일이 한두 가지가 아니지만 그중에서 가장 놀란 것이 남녀가 결혼 전에 벌이는 동거생활이었다. 그건 결혼 전에 당연히, 자연스럽게 하는 일이었다. 일단 동거생활을 해보고 서로 마음에 들면 결혼을 하고 그렇지 않으면 깨끗이 헤어지는 것이었다. 그러니까 그건 부도덕한 성 문란이 아니라 결혼 실패를 예방하기 위한 사전점검이었던 것이다. 그런데 그 동거생활이 한두 번은 예사고, 네다섯 번씩 하는 여자들도 적지 않다는 것이었다. 그거야말로 중국식 실용주의인 셈이었다. 그러니 '정조관념'이라는 것 자체가 존재할 리 없었다. 공자님의 나라가 이 어쩐 일인가 싶어 한동안 어리둥절했었다. 오히려 한국이 훨씬 더 점잖은 공자님의 나라였다. 한국도 그런 풍조가 몇 년 전부터 살살 생겨난다는 소문이 있기는 했지만 쉬쉬하며 하는 짓이지 중국처럼 그렇게 야하게 드러내지는 못했다. 또한 결혼했다가 다른 남자와 동거생활 한 과거가 탄로나게 되면 그건 여지없이 이혼 사유가 될 수 있었다.

그런데 성의 자유를 세계 최고로 누리고 산다는 프랑스를 찜 쪄 먹을 중국의 그런 자유는 언제부터 생겨난 것일까. 그건 마오쩌둥이 신중국을 세운 다음부터라고 했다. 공자를 죽인 건 마오쩌둥이었다. 사회주의 중국정신을 세우기 위해 봉건시대의 폐습으로 일소해야 할 첫 번째 표적으로 지목된 것이 공자였다. 공자의 비판과 동시에 마오쩌둥은 목소리 높여 외치기를 "하늘의 절반을 떠받치고 있는 건 여자다" 한 것이다. 이보다 완벽한 여성해방은 있을 수 없었다. 여성인민들의 열렬한 지지를 받으면서 그 말은 마오쩌둥의 3대 명언 중 두 번째 자리를 차지하게 되었다.

송재형은 아른아른 밀려오는 잠의 안개에 싸이며 그날의 리옌링을 보고 있었다. 교내 역사 유물 전시장이었다. 경영학 공부가 싫증 나 찾아간 곳이었다. 넓은 전시장 코너마다 안내원들이 서서 설명을 하고 있었다. 좀 무료한 듯한 느낌으로 느리게 걸어 중간쯤에 이른 송재형은 걸음을 우뚝 멈추었다. 설명을 하고 있는 저 여자, 눈길이 마주치는 순간 가슴이 꿈틀하며 무언가 뜨거운 것이 뭉클 솟았고, 머리에서는 핑그르 현기증이 일면서 팔다리가 저릿저릿하고 후들거리고 있었다. 온몸이 완전히 뒤집히는 충동이고 흔들림이었다. 최초로 닥쳐온 일이었다. 여자도 붉어지는 얼굴로 이쪽의 눈길을 피하려 하면서 설명을 더듬고 있었다.

첫눈에 반한다는 것이 무엇인지, 남녀가 서로 사로잡히는 데는 0.2초밖에 안 걸린다는 어느 학자의 말이 무슨 뜻인지 송재형은 나중에 실감하게 되었다.

"한숨 자."

시트를 여며주며 리옌링이 송재형의 이마에 뽀뽀했다.

상무는 말이 없었다. 커피를 마시는 게 아니라 핥듯이 하고 있었다. 그런데 그 커피가 반 잔으로 줄어들어 있었다. 그 빡빡하고 답답한 시간이 바로 고문이었다. 김현곤은 넥타이를 좀 느슨하게 풀고 싶은 충동을 몇 번씩 참아내고 있었다. 상무가 만들어내고 있는 침묵이 동아줄이 되어 목을 조여오고 있었던 것이다. 자꾸 길어지고 있는 침묵의 길이가 곧 징계의 무게를 의미하고 있었다. 너, 네가 저지른 잘못이 얼마나 큰 것인지 알지? 회사 피해가 얼마나 큰지 말야. 그러니 어째야 되겠어. 그 책임을 져야 되잖아. 넌 어떡하면 좋겠어? 무슨 뾰족한 수 없잖아? 그냥 깨끗하게 처리하는 게 서로에게 좋잖겠어? 내가 거기까지 말하기 곤란하니까 자네 입으로 말해. 다 눈치란 게 있는 것 아냐? 김현곤은 이런 침묵의 소리를 들으며 자꾸 넥타이를 좀 느슨하게 풀고 싶었다.

아아, 사표를 내게 되면 어떻게 되나……. 아내와 두 아이의 모습이 불쑥 밀려들었다. 아내가 애달아 숨 가쁘게 말하고 있었다. 여보, 안 돼요. 여보, 안 돼요. 먼저 사표 쓰겠다고 하면 절대 안 돼요. 무슨 처벌이든 달게 받겠다고 비세요. 당신이 그동안 세운 공이 얼마예요. 그걸 내세우며 한 번만 용서해 달라고 사정하세요. 자존심 상한다고 기분 내키는 대로 하면 절대 안 돼요. 애들을 생각하세요. 당신 나이를 생각하세요. 사표 쓰면 우리 끝장나요. 우리 인생 끝장난다구요. 김현곤은 소리 안 나는 신음을 어금니 사이에 넣고 씹으며 부들부들 내떨림에 시달리고 있었다.

눈물범벅인 아내의 애걸이 바로 자신이 씹고 있는 신음이었다. 애가 둘이었고 마흔다섯 넘은 나이였다. 사표를 내는 순간이 천 길 낭떠러지에 서는 것이었다. 밀어내고 몰아내려 해도 사표를 쓸 수는 없었다. 그 어떤 심한 징계를 당하던 견디고 또 견디며 사표만은 써서 안 되었다. 설마 사표까지 쓰라고 하랴……, 불가항력적 파워게임이었는데……, 한 가닥 희망을 잡고 있었지만 자꾸만 길어지고 있는 상무의 침묵이 그 희망을 한사코 가늘게 조여가고 있었다.

"김 부장."

마침내 상무가 침묵을 깼다.

"예, 상무님."

김현곤은 얼떨결에 엉덩이를 들었다가 놓았다. 그 순간 상무가 훈련병 때 연병장에서 바라보았던 투 스타 사단장처럼 높아 보였다.

"이게 말이오……."

상무는 또 커피잔을 들었다. 그리고 또 커피를 찔끔 핥았다.

"예, 상무님……."

김현곤은 자신도 모르게 또 상무님을 불렀다. 그러는 그의 손은 맞잡혀 있었다. 상무님, 제발 살려주십시오, 하는 듯.

"이놈에 일이 말이오……."

상무는 또 말을 멈추었다. 얼굴을 잔뜩 찌푸리며 천천히 입술을 훔쳤다. 너 사표 써야겠어, 하는 말을 하기가 너무 어렵다는 듯.

"예, 상무님……."

김현곤은 자신이 야속했다. 아니, 혀가 문제였다. 그 방정맞은 혀가 문제였다. 자신은 분명 상무님을 부르고 싶지 않았다. 그런데 이놈의 혀가 자신을 배신하고 있었다. 혀는 마치 아내의 조종을 받고 있는 것처럼.

"한 겹 더……."

상무는 끄응 힘을 쓰며 또 말을 끊었다.

"예, 상무님……."

김현곤은 그만 속이 펑 터질 것만 같았다. 제아무리 더듬고 훑고 재보고 저울질하고 하는 만만디의 고수들을 숱하게 상대해 왔지만 지금처럼 답답하고 갑갑하고 숨 막히고 소리치고 싶지는 않았었다. 그야 그때는, 너 만만디냐, 그래 좋아, 나는 만만만디다, 하고 버텨나가는 거래였다. 그러나 지금은 죽느냐 사느냐 하는 올가미를 저쪽에 잡히고 있는 입장이었다.

"고약하게 꼬였소."

상무는 또 말을 멈추며 커피잔을 들었다. 수십 가지 커피의 맛을 보고 원산지를 밝혀내는 커피감식가라도 되는 것처럼.

"예, 상무님……."

아니, 뭐라구요! 고약하게 꼬여요? 그게 무슨 말이지요? 사표 쓰라는 게 아니고 그보다 더 한……! 그럼 파면을 시키라는 결정이 났다 그겁니까? 아이고 상무님, 해도 해도 너무하십니다. 아무 말이라도 좋으니 끊지 말고 멈추지 말고 그냥 한꺼번에 주루룩 해버리세요. 어찌 사람 피를 이렇게 말릴 수가 있습니까. 김현곤은 손바닥을 맞비비며 속으로 울부짖고 있었다.

"그러니까 그게 뭐냐면……."

상무는 또다시 말을 멈추었다. 그는 똥이 잘 안 나오는 변비증이 아니라 말이 잘 안 나오는 언비증에 걸린 사람 같았다.

"예, 상무님……."

김현곤은, 예 사표를 쓰겠습니다, 하는 말을 확 그냥 토해버리고 싶었다. 여보, 여보, 안 돼요. 당신 미쳤어요. 정신 차리세요, 이럴 때일수록 정신 차리세요. 애들, 애들을 생각해서 정신 바짝 차리라구요. 아내가 애처롭게 울부짖고 있었다.

"감사, 감사팀이 뜨게 되었소."

상무의 목소리가 떨렸다. '감사, 감사팀'을 말할 때 상무의 목소리가 확실히 표나게 떨렸다.

"가……, 감사팀이……."

김현곤의 목소리는 상무보다 훨씬 더 떨렸다. 그건 너무 당연한 일이었다. 겁쟁이라서가 아니고, 상무보다 직급이 낮아서도 아니었다. 자신은 사고를 낸 당사자였기 때문이다. 감사팀……, 그걸 뭐라고 해야 하는가. 그들은 똑같은 사원이었다. 똑같은 회사에서, 똑같은 직급에 따라, 똑같은 월급을 받는, 똑같은 사원이었다. 그러나 그건 상관이 없을 때의 관계였다. 어떻게 상관이 있게 되면 그때는 그들과 똑같은 사원이 아니라 전혀 다른 차원의 인간으로 돌변했다. 그들은 산천초목이 다 흔들린다는 저 조선의 암행어사 같은 존재였다. 아니다, 아니다, 그 정도가 아니다. 저승사자, 검은 갓에 검은 도포를 입은, 얼굴은 푸르고 눈은 벌건 저승사자였다. 감사팀에 걸려서 무사히 생환하는 자가 없었다. 그 옛날 중정이나 보안사에 끌려가 몸 성히 나온 예가 없었던 것처럼.

상무가 왜 그렇게 뜸 들이기를 했는지, 아니 언비중에 걸렸던 것인지 김현곤은 비로소 이해했다. 감사팀이 현해탄을 건너서, 아니 황해 상공을 날아 베이징까지 온다는 것은 무엇인가. 상무는 말할 것도 없고, 중국 대륙에 퍼져 있는 수십 개의 지사들을 총괄하고 있는 '베이징 사장'까지 문책의 대상이 될 수 있다는 것이었다. 아아, 그 사고가 이렇게도 큰 것인가…… 김현곤은 고개를 떨구었다. 일이 고약하게 되려고 꼬인 데다 또 꼬이고 한 것이 문제였다.

"자본주의 시장경쟁을 거창하고 유식한 말로 하자면 끝도 한도 없는 일이고, 한마디로 딱 깨놓고 말하자면 돈 놓고 돈 먹기고, 센 놈이 약한 놈 덥치긴데…… 그래서 이번 건을 당한 건 능히 그럴 수 있는 일이다 그거요. 헌데 문제는 일이 자꾸자꾸 꼬이고 비틀어지고 해서 이렇게 커져버린 거요."

"예 상무님, 입이 열 개라도 드릴 말씀이 없습니다. 모든 게 제 불찰입니다. 용서해 주십시오."

김현곤은 머리를 거듭 조아렸다. 입에 발린 말이 아니었다. 진정으로 회사를 사랑했고, 그래서 열심히 일했고, 그러니까 자신이 무엇을 잘못했는지 너무나 잘 알고 있었다.

"내가 무슨 힘이 있어서 김 부장을 용서하고 말고 하겠소. 감사팀이 뜨는 판에."

"……."

김현곤은 할 말이 없어서 목이 아프도록 침만 삼켰다. 입 안은 바싹 말라 있었다.

"아아 이게 말이지, 안 됐을려면 며칠만 더 빨리……, 생산이 되기 전에 버그러졌어야 하는데……."

상무가 혼잣말처럼 하며 쯧쯧쯧쯧 혀를 찼다. 혀끝이 떨어져 나오는 것처럼 세찬 그 소리에서는 상무의 짜증과 울화가 터져 나오고 있었다.

"죄송합니다, 죄송합니다."

김현곤은 또 거듭 머리를 조아렸다. 정말 상무는 날벼락 맞은 것이나 똑같았다. 독립경영 체제에서 지사가 알아서 한 일이었다. 그런데 일이 잘못되면 연대책임을 묻는 것이 기업조직이었다. 상무가 한 말은 자신이 벌써 수백 번, 수천 번 씹고 씹어 가루가 된 말이었다. 그러나 그건 안타까움이고 야속함일 뿐 죽은 자식 불알 만지기고, 떠나버린 기차에 손 흔들기였다. 10만 톤의 쇠가 생산되기 전에 그 일이 그르쳐졌더라면 그보다 더 좋은 일은 없었을 것이다.

"그것도 아니라면 선적되기 전에, 그것도 아니라면 출항하기 전에 끝장난 걸 알았어야지. 헌데 이것도 저것도 다 아니고 10만 톤, 그 어마어마한 쇳덩어리를 싣고 출항한 다음에야 알게 되었으니, 요 빌어먹을 일이 무슨 귀신이 붙었길래 이렇게도 꼬이고 꼬이고 또 꼬이냔 말야. 지금 배가 상하이를 향해 서해를 가로지르고 있으니, 하역은 어찌할 것이며, 그 많은 양을 하역장에 언제까지 둘 것이며, 그 비용은 다 어찌할 것이며, 피해가 이중, 삼중, 사중으로 불어나게 되었으니 감사팀이 안 뜨게 생겼냐 그거요."

상무는 더 이상 못 참겠다는 듯 감정까지 드러내며 말을 마구 토해 내고 있었다.

"죄송합니다, 죄송합니다."

상무의 말은 보태고 뺀 것 없이 사실 그대로였다. 자신이 회사에 입히게 될 피해가 얼마일지 상상이 되지 않았다. 감사팀이 뜨는 것도 마땅한 일이었다. 이런 상황에서 살아날 수 있을까……, 김현곤은 가슴이 무너지도록 한숨을 토했다. 살아날 가망이 보이지 않았다. 저승사자들의 검은 손이 덥석 목을 틀어잡는 것 같았다. 살려주세요. 무슨 짓이든 하겠어요. 파면만……, 파면만……. 김현곤은 절박하게 빌었다.

"지금부터 확실하게 대답하시오. 지금 보이는 해결책은 단두 개. 그걸 한 달 내에 다 소모시킬 수 있겠소?"

김현곤은 고개를 저었다.

"그럼 그걸 비용 없이 한 달 동안 하치장에 둘 수 있겠소? 그 종합상사도 책임져야 할 문제니까."

"예에, 그건……." 김현곤의 머리에 떠오른 건 전대광보다는 그와 맺어진 꽌시였고, "최선을 다해보겠습니다. 가능할 수도 있습니다." 그는 마른 혀로 입술을 축이며 말했다.

"가능할 수 있는 게 아니라 틀림없어야 해요. 그것도 안 되면……."

"상무님, 무슨 징계든 이의 없이 받겠습니다. 제발 사표만은……."

김현곤은 말하면서 느끼고 있었다. 그 말은 자신이 하는 것이 아니라 아내가 하고 있었던 것이다.

"무슨 징계든 각오하고 있다는 거요?"

"예, 상무님. 제가 너무 잘못했으니까요."

"틀림없소?"

"예, 틀림없습니다."

"그럼 그런 심정까지 솔직하고 자세하게 써서 사건 전말에 대한 진술서를 작성하시오. 솔직하게, 알겠소?"

상무는 몸을 일으키며 다짐했다.

"예, 솔직하게. 알겠습니다."

김현곤은 자신도 모르게 복창했다.

김현곤은 세 시간에 걸쳐 빨래 쥐어짜듯 온몸의 힘을 다

짜내 진술서 작성에 몰두했다. 첫 문장을 쓰는 데 애꿎은 A4 용지만 열 장이 넘게 찢어야 했다. 진술서 작성이란 기안서 작성과는 또 달랐다. 기안서는 사무적 논리로 계획하는 작업의 타당성을 명료하게 제시하면 되었다. 그러나 진술서는 그 길이부터가 기안서는 감히 범접할 수 없도록 길고, 사건의 자초지종을 다 써나가되 심의자의 마음까지 사야 하니 그건 소설 쓰기 비슷한 것이었다. 종이를 찢고 또 찢으며 자신이 우리말 실력이 얼마나 부실한지를 새삼스럽게 확인했고, 평소에 책 읽기를 등한히 해온 것을 뒤늦게 후회해야 했다.

겨우겨우 문장을 이어가면서 신경 쓴 것이 두 가지였다. 변명으로 느껴지게 해서는 안 되었고, 회사에 피해를 끼친 잘못을 진정으로 잘 알고 있으니 그 잘못을 만회할 수 있는 기회를 베풀어달라는 대목을 쓸 때는 파지가 몇 배나 더 많이 나오고, 이마의 식은땀을 몇 번씩 훔쳐야 했다. 아내와 아이들의 모습이 어른거렸고, 머지않은 날 지사장을 꿈꾸고 있었던 자신의 모습도 겹쳐지고 있었다.

"너무 걱정하지 말고 돌아가서 근무 잘하고 있어요. 사장님께서도 이 사건의 진상을 이해하고 계시고, 특히 김 부장의 태도에 대해 내 보고를 받으시고 긍정적으로 생각하고 계시니까."

악수하는 손등을 두들기며 상무가 따스한 어조로 말했다.

"상무님, 고맙습니다, 고맙습니다."

김현곤은 목이 메며 거듭 머리를 조아렸다. 벼랑에 선 입장에서 상무의 그런 반응은 하늘에서 내려온 동아줄일 수 있었던 것이다.

밖으로 나선 김현곤에게 베이징의 하늘이 달리 보였다. 어제 도착했을 때나 오늘이나 짙은 매연으로 우중충하고 칙칙한 베이징의 하늘이 달라졌을 리 없었다. 그런데 김현곤의 눈에는 어제는 캄캄했었고, 오늘은 밝아 보였다. 어쨌거나 내쫓기는 것만은 모면한 것 같은 느낌이었기 때문이다.

'여보, 너무 걱정하지 마. 다 잘될 거야.'

김현곤은 아내한테 이 말을 할 정도로 여유를 찾고 있었다.

그는 걸음을 옮기며 사방을 둘러보았다. 하늘 높은 줄 모르고 치솟은 대형 빌딩들이 더욱 많아져 있었다. 1년 전에 본 베이징은 옛날이었다. 상하이가 그렇듯 베이징도 초고층 빌딩들 짓기에 열중하다 못해 혈안이 된 느낌이었다. 어쩌면 베이징이 더 심할 수도 있었다. 발전을 입증하는 빌딩들 세우기가 상하이보다 늦었고, 중국 최고의 도시 베이징, 중국 정치수도 베이징의 위상을 높이기 위해 채찍질을 가하지 않을 수 없는 입장이었다. 그 빌딩들의 난무에 대해서 서양의 어느 학자가 말했다.

"동북아시아 3국은 도무지 이해할 수가 없다. 그들은 왜 서양이 이미 오래전에 중단해 버린 고층 빌딩들을 짓는 데 열중하고 있는가. 도쿄, 서울, 베이징을 보라. 무슨 개성이나 특징이 있는가. 그건 발전도 성공도 아니다. 다만 콘크리트 덩어리들을 쌓아 올린 공해 유발이고 환경 파괴일 뿐이다."

그 수치스러운 힐난은 전혀 받아들여지지 않았다. 김현곤은 서울에 갈 때마다 새로 들어선 초고층 빌딩들이 낯설었고, 언젠가 그 빌딩들 사이에서 가야 할 방향을 잃어버리고 당황한 적도 있었다.

그런데 베이징에서 빼놓을 수 없는 또 하나의 변화가 있었다. 길거리에서 자전거의 물결이 완전히 사라져버린 것이었다. 김현곤은 광활한 벌판 같은 천안문 광장에서 그 유연하게 흐르던 자전거 물결을 보지 못하게 된 것이 못내 아쉬웠다. 비가 오나 눈이 오나 자전거 타기에 기를 써야 했던 중국인들은 그 말에 질색을 할지도 모른다. 자전거는 기억에서 어서 지우고 싶은 가난의 증표였고, 자동차는 자전거에 비해 얼마나 빠르고도 편안한가. 그러나 김현곤은 천안문 광장의 자전거 흐름을 베이징의 낭만으로 기억하고 있었다.

10여 년 전만 해도 중국의 도시에는 자전거들의 물결이 거리거리마다 아름답게 흐르고 있었다. 그중에서도 천안문 광장에 파장 짓던 그 큰 흐름이 가장 인상적이었다. 수천 대의 자전거들이 무리 지어 천안문 광장을 가로질러 가는 그 부드럽고도 자연스러운 흐름은 수십만 마리의 청둥오리 떼가 서편 하늘을 가득 채우며 휘돌고 감돌고 맴돌며 소용돌이치는 군무와 같았다. 마치 누가 지휘라도 하는 것처럼 점점으로 찍힌 그 많은 새 떼들이 전혀 부딪치거나 헝클어짐이 없이 뒤집히는 듯 휘돌아가고 맴돌아 솟구치고 하는 그 군무는 얼마나 신비스럽고 불가사의한 추상의 아름다움이었던가. 수많은 사람들이 자유롭지만 정연한 질서 속에 자전거를 타고 가는 모습도 그와 흡사하게 아름다웠다. 자전거 타기는 인간이 두 다리를 움직여 제 몸을 싣고 가는 가장 기본적이고 가장 건강한 동작이었다. 그 무공해의 기동수단은 간 곳이 없고 거리거리마다 매연가스를 뿜어대는 자동차들이 넘쳐나고 있었다. 지난 10여 년 동안 중국 경제는 급속도로 발전했고, 그 바람을 타고 급증한 자동차들이 자전거들을 몰아낸 것이었다. 이제 드문드문 보이는 자전거들은 인도 쪽으로 밀린 채, 아직도 가난해서 미안합니다, 하는 듯 잔뜩 주눅 든 것처럼 보였다.

한국이 싼 인건비를 팔아먹는 보세가공으로부터 시작해서 경제가 나아짐에 따라 선풍기, 텔레비전, 냉장고, 에어컨, 자동차로 단계를 밟아 올랐던 것처럼 중국도 정확하게 그 코스를 밟아 이제 마이카 붐이 일어나고 있었다. 베이징 하늘을 상시로 뒤덮고 있는 매연도 자전거 시대에는 없었던 것이다. 자동차 배기가스가 폐에 담배연기보다 10배 나쁘다는 연구

발표가 나오고 있는데도 베이징 시민들은 그런 소리는 아랑곳하지 않고 자동차 갖기를 제비뽑기로 다투고 있었다. 차량 폭증을 막기 위해 베이징시에서는 추첨제를 실시하고 있었던 것이다. 자동차는 체면 중시하는 그들에게 편리한 이동수단이기 이전에 과시욕을 충족시켜 주는 부의 상징이었던 것이다.

"런타이뭐!"

한 사내가 가래침과 함께 이 말을 내뱉으며 길을 건너가기 시작했다.

김현곤은 그 사내의 뒷모습을 지켜보며, 나 빼고 3억은 없어져야 해, 하는 말이 화답처럼 떠올라 피식 웃었다.

그는 시계를 보았다. 상하이로 돌아갈 시간이었다.

다음 날 아침 김현곤은 가까스로 눈을 떴다. 등에 쩍쩍 금이 가는 것처럼 몸살기가 심했다. 그러나 아내한테는 내색하지 않고 집을 나섰다. 전대광을 만나야 할 일이 급했다.

"예, 어떻게 됐어요?"

전화를 받은 전대광의 첫마디였다.

"급히 만나야 할 일이 있어요."

김현곤은 등을 두들기며 말했다.

"그러니까, 감사팀의 집중 추궁을 피해야 할 게 10만 톤을 하치장에 한 달 동안 둘 비용문제예요." 김현곤은 숨을 몰아쉬고는, "어떻게……, 전 부장님과 통하는 꽌시에게 부탁해 그 비용을 좀 해결할 수 없을까요? 전액이야 무리일 거고, 절반이라도. 서로 관계가 되었던 문제니까……." 그는 불안한 기색으로 전 부장의 눈치를 살폈다.

"한 달입니까?"

전대광이 검지손가락을 세웠다.

"예, 상무님이 한 달이라 했습니다."

"한 달이 넘으면 어쩌죠? 아니, 한 달이면 그 물량을 다 소화시킬 수 있다 그런 뜻인 겁니까?"

연달아 묻고 있는 전대광의 눈빛이 예리해져 있었다.

"글쎄요, 확실하진 않지만 그럴 수도 있어요. 베이징 총괄 사장님이 전국 지사에 발주를 집중시키라고 특별명령을 내리면 가능한 일이기도 하지요."

"그럴 수도 있겠지요. 10만 톤이라고 해봤자 50개 가까운 지사들이 덤벼들면 각기 2천 톤 조금 넘을 뿐이니까요. 근데 베이징 사장님이 그럴 의사가 분명한 겁니까?"

"예, 상무님 말로는 사장님께서도 이번 사건을 그다지 나쁘지 않게 이해하고 계시는 것 같았습니다. 사장님께서도 빨리 해결해 버려야 할 짐이고……."

"아, 그렇게 생각해 주시다니, 참 고마우신 분입니다. 중국에 20년을 계셨으니 그런 중국 사정은 충분히 이해하시겠지요. 사원의 무능으로 저질러진 일이 아니니까." 일단 한숨을 돌렸다는 듯 전대광은 담배에 불을 붙이고는, "그 문제만 해결되면 그럼 김 부장님은 무사하게 되는 겁니까?" 확답을 듣고 싶다는 듯 그는 김현곤을 똑바로 쳐다보았다.

"그럴 수도 있지요."

"아니, 그런 가정 말고, 그렇다, 아니다, 확실해야지요."

"예, 그렇게 믿고 있습니다."

김현곤은 전혀 자신 없으면서도 그렇게 대답했다. 그게 전대광에게 책임감을 느끼게 하는 방법이었기 때문이다.

"알겠어요. 상신원한테 단단히 말할게요. 그도 공동책임을 져야 하니까요. 그리고 자기 영역에 드는 일이니까 어렵지 않게 해결할 거예요."

전대광이 자신감 넘치게 말했다.

"고맙습니다, 전 부장님."

김현곤은 정말 고마움을 느끼고 있었다. 이런 일이 생기면 거의가 말을 뒤집거나, 발뺌을 하려 하거나, 몸을 사리기가 일쑤인데 전대광은 전혀 그렇지가 않았다.

"고맙긴요. 좀 유식한 말로 하자면, 우린 한 배를 탄 공동운명체 아닙니까."

전대광이 연극조로 말하고 쿡쿡 웃었다.

"제가 몸살기가 좀 있어서 오늘은 그만……." 김현곤이 어색스럽게 웃었고, "예, 좀 그런 눈치를 챘었어요. 왜 안 그렇겠어요. 그런 사고는 월급쟁이가 단두대에 올라가는 건데. 아, 증말 이놈에 월급쟁이 신세 언제나 면하게 되려나. 세계 공장에서 세계 시장으로 변한 이 광대한 중국 대륙에서 일확천금할 기회가 딱 왔는데, 내 사업 할 거 뭐 없나. 자본은 없고, 기회는 왔고, 사람 미치고 환장하겠어. 그렇지요?" 전대광이 월급쟁이 심정을 솔직하게 토로하고 있었다.

"다 그림에 떡 보고 침만 흘리고 있는 거지요."

김현곤이 무겁게 몸을 일으키며 씁쓰름하게 웃고 있었다.

전대광은 그날로 샹신원을 찾아갔다. 그의 반응이 영 뜨악했다. 돈이 연결된 문제이니 안 그럴 수도 없는 일이었다. 그는 몇 번 생각하다가 샹신원의 아내를 찾아가기로 작심했다. 이런 때 그녀를 동원하지 않으면 언제 동원할 것인가. 힘든 일 있으면 언제든 찾아와요. 그때 그 은혜 죽을 때까지 못 잊어요. 그녀가 한 말이었다.

샹신원이 30퍼센트까지 해결해 주기로 했다. 전대광은 지사장에게 매달려 자기네 회사에서 20퍼센트를 부담하기로 했다.

"이렇게까지 해주다니……, 고마워요, 정말 고마워요."

김현곤의 목소리는 떨리고 있었고, 눈은 벌겋게 물들고 있었다.

일주일이 지나 김현곤은 전대광을 찾아갔다.

"이별하려고 왔습니다." 김현곤이 불쑥 말했고, "이별?" 전대광이 피우고 있던 담배를 놓칠 만큼 소스라치게 놀랐다.

"예, 시안으로 발령이 났습니다."

"시안? 그 촌구석으로! 귀양 보내겠다 그거요?"

"아니요. 서부대개발에 따라 우리 회사도 개척에 나섰어요. 난 그 개척단이고."

"에이, 말이 좋아 개척단이지 이 최신식 도시 상하이에서 그 케케묵은 도시 시안으로, 이건 해도 너무한 좌천이오."

전대광이 참을 수 없다는 듯 언성을 높였다.

"꼭 그렇지는 않아요. 서부대개발이 동부대개발처럼 막대한 돈으로 추진되기 시작했으니까 한계에 닿은 여기보단 훨씬 더 기회가 많을 수 있어요. 회사의 기회는 곧 내 기회가 될 수도 있구요. 언제까지고 영업부장 자리에 말뚝 박고 있을 수는 없잖아요. 거 있잖아요, 전화위복!"

김현곤이 편안하게 웃었다.

"정말 그렇게 생각해요?" 전대광이 다그치듯 물었고, 김현곤이 여전히 웃으며 고개를 끄덕였다.

"그래요, 어차피 인생은 투기예요. 거기서 지사장 돼 만납시다!"

항복 없는 싸움

"이토 부장, 그 일 어떻게 됐소?"

지사장이 고개를 약간 숙인 채 눈을 치떴다. 그 눈초리에서 냉기가 뻗쳤다.

"예, 노력하고 있습니다."

이토 히데오는 허리를 꼿꼿하게 세웠다. 그렇게 눈을 치뜨는 것은 지사장의 화가 최고조에 이르렀다는 표시였다.

"노력……? 그 말이 며칠째인지 아시오?"

지사장의 짙은 눈썹이 꿈틀했다.

"죄송합니다. 최선을 다하고 있는데……."

이토 히데오는 기가 한풀 더 꺾이며 양쪽 무릎이 맞닿았다.

"죄송……, 최선……. 지금 말잔치 하고 있을 때요?"

"아닙니다, 그게 아니라……."

"이게 무능이오, 태만이오?"

지사장의 가운데 손가락이 책상을 쳤다. 그 순간 긴 칼이 가슴을 파고드는 아픔으로 이토 히데오는 컥 숨이 막혔다.

"아니, 그게 아니라……."

이토 히데오는 손을 맞비볐다. 월급쟁이가 상사로부터 '무능'이나 '태만'이라는 지적을 받으면…….

"업무에 싫증이 난 거요?"

지사장은 마구 칼을 휘두르며 벼랑 끝으로 몰고 있었다.

"아닙니다. 최선을 다하고 있습니다만……."

이토 히데오 목에서는 쓴물이 올라오고 있었다.

"최선……." 지사장은 쓴웃음을 입에 물더니, "최선을 다했는데도 효과가 없는 게 무능이라는 걸 알고 있소?" 그는 다시 상대방의 심장을 찌르고 있었다.

이토 히데오는 숨이 막히고 있었다. 그 다음에 나올 수 있는 말……, 벼랑에서 굴러떨어져야 하는 것이었다.

"며칠만……, 며칠만 더 시간을……."

"며칠 며칠이 도대체 몇 번이오?"

이런 때 차라리 소리를 지르는 게 더 낫다. 그러나 지사장은 일반적인 경우와 반대였다. 화가 날수록 목소리를 착 깔아서 말했다. 그래서 그 말들은 더 섬뜩하고 무서웠다.

"죄, 죄송합니다. 며칠만 더 여유를 주시면……."

이토 히데오는 심한 요의를 느끼며 두 다리를 꼬았다.

"며칠이 며칠이라는 거요?"

지사장 입가의 쓴웃음이 더 진해졌다.

"예에……, 이삼일만……."

"지금 하루에 입는 피해가 얼마인지 알고 있소? 위약금만이 아니라 고객에 대한 신용 실추가 더 문제요."

"예에, 죄송합니다."

"본사에서까지 추궁이 오고, 더는 여유가 없소. 상선 하선이 다 얽히고 막히고 말썽이니 이건 종합상사의 동맥이 막히고 숨통이 막힌 거나 뭐가 다르냔 말이오. 나나 이토 부장이나 목이 둘씩이 아니라는 사실을 똑똑히 기억하시오."

지사장은 끝의 세 손가락으로 책상을 세 번 두들겼다.

"명심하고 해결하겠습니다."

이토 히데오는 허리가 직각으로 꺾이는 일본식 절을 하고 지사장 앞에서 물러났다.

이토 히데오는 속이 부글부글 끓어오르고 있었다. 세관 업무까지가 자신의 소관이긴 하지만 이번 일은 전혀 자신의 잘못이 아니었다. 그동안의 입출항 업무는 별로 꼬이는 일 없이 순조롭게 풀려온 편이었다. 시장 개척, 물량 확보, 상품 운송,

그것이 종합상사의 3대 업무였다. 그런데 상품 운송의 시발이고 종착인 세관 업무가 갑자기 꼬이기 시작한 것이다. 알 수 없는 일이었다. 그동안 건건마다 요소요소의 담당자들에게 중국식으로 빈틈없이 기름칠을 해왔고, 명절 때는 또 명절 때대로 현금 인사를 깍듯하게 차려왔던 것이다. 그 힘으로 컨베이어 벨트는 아무 탈 없이 잘 돌았던 것이다.

그런데 얼마 전부터 세관 업무에 병통이 생기기 시작했다. 들어오는 것도 막히고, 나가는 것도 막혔다. 병을 치료하려면 원인을 알아야 한다. 일선 조직을 모두 동원했다. 그러나 일선에서 뛰고 있는 중국인 직원들은 그 원인을 알아오지 못했다.

"내 파트너도 모르겠다고 했어요."

"내 담당자도 이상하다고 했어요."

"상부에서 서류가 안 도는 것 같다고 했어요."

"윗선에서 움직여보라고 했어요."

"저 윗자리에 뭐 잘못 보인 게 있느냐고 했어요."

중국인 직원들의 보고였다.

"어찌 그리 막연하고 답답한 소리들만 해요. 더 확실한 걸 알아내요, 확실한 걸."

이토 히데오는 갈수록 몸이 달아 부하 직원들을 다그칠 수밖에 없었다.

그러나 중국인 직원들은 더 이상의 정보를 가져오지 못했다. 그도 그럴 것이 말단인 그들이 상대하는 것은 기껏 높아 봤자 계장에서 과장급이었다. 그들은 저 윗선에서 일어나고 있는 일에 대해서는 알 수 없는 게 당연했다. 그게 조직의 생리고, 생존 방법이었다. 더구나 중국은 공산당식 상명하복 체제였기 때문에 그 단절감은 훨씬 심했다.

그렇다고 중국인 직원들의 보고를 곧이곧대로 믿어줄 수도 없었다. 그들은 사회주의 사회의 습성에 길들여져 눈치껏 적당히 일하려 하고, 힘드는 일은 어쨌거나 피하려 하고, 일에 대한 책임의식이 거의 없었다. 그런 그들이 이번 일이라고 열성을 바쳐 적극적으로 나섰을 리 없었다. 그 시간 때우기 식무성의함 때문에 자신은 사장에게 막바지로 몰리게 된 것이었다. 부글부글 끓어오르는 성질대로 하자면 중국인 직원들을 닥치는 대로 갈겨버리고 싶었다. 그들은 일본말을 잘할 만큼 상당기간씩 일본에 유학을 했으면서도 일본인들의 좋은 점은 하나도 안 배우고 달갑잖은 중국인의 기질이며 버릇을 자랑처럼 지니고 있었다.

"이봐, 우치추 과장!"

사무실로 들어선 이토 히데오는 버럭 소리쳤다.

"예, 부장님."

우치추 과장은 앉은 채로 이토 부장에게로 고개를 돌렸다. 일본 직원 같았으면 화난 상사의 모습을 보고 자동적으로 벌떡 일어났을 것이다. 그러나 우치추 과장은 역시 중국인이었다. 중국인들은 그런 눈치 보기 행동을 거의 하지 않았다.

"당신 도대체 뭐하고 있는 거야!"

이토 부장은 어디든 곧 찌를 듯이 우치추 과장을 향해 팔을 쭉 뻗쳤다. 그의 눈은 독이 올라 있었고 얼굴에는 분노가 가득했다.

"아니, 왜 그러십니까."

상사의 시퍼런 서슬에도 우치추 과장은 그대로 앉은 채였다.

"그걸 말이라고 해. 여태 뭘 하고 앉았는 거야! 아무 성과도 없이."

"아니, 성과가 없다니요. 지금까지 보고한 게 다 성과가 아니고 뭡니까."

우치추 과장이 어이없다는 표정이었다.

"뭐라구? 누굴 지금 놀려? 원인은 하나도 못 찾아놓고 뭐 성과? 그것도 말이라고 해!"

이토 히데오의 성질이 폭발하고 말았다. 그는 소리만 질러댄 것이 아니라 우치추 과장의 책상 다리를 걷어찼다. 그 서슬에 과원 네 명이 벌떡 일어났다. 그런데 우치추 과장은 일어나지 않았다. 일어나지 않은 것만이 아니라 하얗게 굳어진 얼굴로 부장을 노려보고 있었다. 그 눈에서는 증오가 뻗치고 있었다.

"이 많은 사람들 앞에서 내 체면을 깎아요? 난 더 이상 이 회사에 안 다니겠소. 퇴직금 준비해 두시오."

우치추는 입술을 떨며 이 말을 하고는 자리를 박차고 일어났다. 그리고 곧장 걸어서 문밖으로 나가버렸다.

"아니……, 아니……."

이토 히데오는 당황해서 허둥지둥하고 있었다. 쫓아가서 붙들 수도 없고, 내버려둘 수도 없고, 난감했던 것이다. 그는 비로소 자신이 무엇을 잘못했는지 깨닫고 있었다. 중국인들이 돈 다음으로 중하게 여기는 것이 '멘쯔'라고 했다. 그런데 부하들 앞에서 그의 '멘쯔'를 손상시켰던 것이다. 체면·위신·체통, 이런 것은 유교의 덕목이었다. 공자는 죽었으되 다 죽은 것이 아니었다. 마오쩌둥은 문화대혁명 10년 동안에 걸쳐서 전인민적으로 공자 죽이기에 나섰지만 어느 부분에서 공자는 그렇게 끈질기게 살아남아 있었다.

이토 히데오는 감정을 억누르며 담배를 빼물었다. 담배연기를 깊이 빨아들였다. 담배를 끊으려고 했지만 이런 상황들 때문에 끊을 도리가 없었다. 이렇게 심한 스트레스를 받을 때 담배를 피우면 스트레스가 해소되는 것이 아니라 오히려 갑절 이상 피해가 커진다는 것이 고명한 의학박사님들의 말씀이었다. 그러나 그건 그분네들의 의학적 아둔일 뿐이고, 이런 때 담배를 피우면 기분이 확실하게 전환되는 것을 어찌할 것인가.

이토 히데오는 의사들에게 분풀이를 하듯이 담배를 빡빡 빨아대며 다시금 중국이라는 나라에 정나미가 떨어지고 있었다. 중국이 좋은 건 딱 하나, 여자가 흔하고 값이 싼 것이었다. 다른 것들은 전혀 마음에 들지 않았다. 그리고 또 한 가지 마음에 끌리는 것은 그지없이 다양한 생김의 찻잔들이었다. 그러나 그 가지가지 다채로운 모양들에 비해 품질을 믿을 수가 없었다. 찻잔에 가짜가 있기 때문이 아니었다. 찻잔에 바른 유약과 그림물감이 문제였다. 거기에 든 유독성 화학물질들이 뜨거운 찻물에 풀려나와 인체에 피해를 입히게 된다고 어느 외국 학자가 썼던 것이다. 그 사실을 알고 나서 찻잔마저 외면하게 되었다. 운치 있게 차 마시려다가 암에 걸릴 수는 없는 노릇이었다.

아무려나 '멘쯔'를 중히 여기는 건 그들의 마음이니까 시비할 게 없지만 그걸 직장생활에까지 연결시키는 건 도무지 이해할 수 없는 또 하나의 중국식이었다. 일본에서는 사무실 분위기를 다잡기 위해서, 업무 추진력을 강화시키기 위해서 일삼아 중간관리자를 그런 식으로 닦달하는 일이 흔했다. 그런데 정작 사람답게 살지도 못하는 주제꼴인 중국에서 이런 엉뚱한 사태가 벌어지고 말았다.

사실 그동안 중국인 직원들을 다루는 데는 적잖은 신경을 쓰고 조심해 왔던 것이다. 그들과 문화가 다르기 때문만이 아니었다. 자신들은 한국 상사원들과는 달리 중국말을 전혀 배우지 않았다. 한국 상사원들은 위아래 할 것 없이 모두 중국말을 배우느라고 전쟁에 나서는 군인들이 총 쏘기 훈련을 맹렬하게 하는 것처럼 사생결단으로 나서고 있었다. 회사가 학원비를 대주며 독려하는 데다 장본인들도 자동소총을 갖고싶어 하는 보병들처럼 중국말 잘하는 것을 큰 무기로 여기고 있었다. 한국인들의 그런 생각을 도무지 이해할 수가 없었다. 영어와 불어, 독어라면 당연히 해야 하지만 중국어를 해서 뭘 먹자는 것인가 말이다. 동남아시아, 그러니까 인도네시아 말레이시아 또는 베트남이나 캄보디아 같은 나라로 상권을 확대할 때 일일이 그 나라 말을 다 배우는가. 전혀 그럴 필요가 없지 않은가. 이쪽 물건들이 특출하고 월등하니까 저쪽에서 먼저 일본말을 하며 덤비지 않는가. 중국도 그런 상대일 뿐이었다. 그래서 회사에서도 중국말을 배우라고 권하지도 않았고, 중국을 하등국으로 여기는 사원들은 더구나 아무 신경도 쓰지 않았다. 통역 겸 사원으로 중국인 한두 명을 채용하면 거뜬히 해결될 문제였다. 그리고 일본말이 능통한 중국 젊은이들은 흔했다. 덩샤오핑은 개혁개방과 동시에 미국과 일본에 해마다 유학생들을 보냈던 것이다. 그들은 일본기업에 채용되는 것을 큰 생광으로 여겼다. 첫째 중국기업보다 보수가 많았고, 외국기업에 근무하면 세상에서 능력자로 보아주기 때문에 그들의 과시욕을 충분히 채워주는 그야말로 '멘쯔' 서는 일이었던 것이다.

이토 히데오는 연달아 담배에 불을 붙였다. 아무리 생각해도 우치추 과장 문제에 어떻게 대응해야 할지 묘안이 떠오르지 않았다. 그는 경력자인 데다가 그 나름의 꽌시도 형성하고 있었다. 당장 그가 없어져버리면 가장 난감해지는 건 자신이었다. 아까 지사장실을 나서며 했던 생각은 내일이라도 그를 앞세워 세관에 직접 가려 했던 것이다. 국장급을 만나려면 그가 통역으로 나서야 했다. 일반 사원일 뿐인 다른 중국인 직원들은 서열의식 강한 중국 관청에서 감히 국장급에 범접할 수가 없었다. 이런 다급한 상황에서 우치추 그 망할 자식이 깽판을 치고 만 것이다. 그렇다고 그놈을 찾아갈 수도 없는 노릇이었다. 그것이야말로 일본사람의 '멘쯔' 깎이는 일이었다. 지사장한테 당한 게 아무리 속이 상했더라도 참았어야 했다. 일본사람은 다 좋은데 성질 급한 게 한 가지 문제였다. 아니, 닛폰도를 뽑아 단칼에 내려치고, 충의를 지키기 위해 단칼에 할복을 하는 것은 얼마나 매력적인 남아의 모습인가. 그러나 그런 결연한 기질이 중국에서는 성질 급한 것으로 흠이 되었다.

'빌어먹을 놈에 나라, 원칙도 기준도 없고, 뒤죽박죽 얼렁뚱

땅, 이런 난장판에서 언제나 벗어날 수 있을까⋯⋯.'

이토 히데오는 미국과 유럽 시절을 그리워하며 깊은 탄식을 토해 냈다.

항명한 자는 두 번 쓰지 말라!

그는 이 말을 의식의 중앙에 똑바로 세웠다. 간부가 되면서 교육받은 일본식 용병술이었다.

한 번 배신한 자 두 번 배신한다.

잘못을 반성하는 자는 용서하되 거짓말을 하거나 속이는 자는 제거하라.

조직을 운영하는 데 이런 가르침은 언제나 변함없는 교훈이었다. 우치추 과장은 엄연히 항명한 자였다. '멘쯔' 좋아하는 건 제놈들 사정이고, 일본 기업에서 근무하면 당연히 일본식을 따라야지 일도 제대로 못하는 주제에 상사의 말을 뭘로 알고 사표를 내겠다고 저항을 해? 그놈 배짱이 아주 시커먼 놈이다. 제놈들한테 유리하게 날로 변해가고 있는 상황 속에서 취직자리는 얼마든지 쉽게 구할 수 있으니까 그따위로 버릇없이 나대는 것이다. 중국이 G2가 되면서 경제전문지 《포춘》이 꼽는 세계 500대 기업 중 95퍼센트가 중국시장을 먹이 삼아 진출해 있었다. 일본기업들도 국내의 장기불황 타계책의 하나로 중국 진출에 열을 올리기 시작했다. 대기업만이 아니라 중소기업들까지 그 물결에 편승하고 있었다. 그러다 보니 일본말을 할 수 있는 중국사람들의 희소가치가 커질 수밖에 없었다. 더구나 외국기업에 근무한 경력은 몸값을 더 높일 수 있었다. 우치추는 이런 상황을 빤히 보면서 그런 배짱을 부린 것이었다. G2 자리를 뺏긴 것도 분한데, 그 여파로 이런 일까지 당하다니⋯⋯. 이토 히데오는 분이 열 배로 증폭되는 것을 느끼고 있었다.

갈 테면 가라! 너의 배신을 결코 잊지 않을 것이니.

이토 히데오는 우치추 과장의 문제를 이렇게 정리했다. 그리고 도요토미 아라키에게 전화를 걸었다.

"화급한 일이라서 그런데, 나 지금 사무실로 가도 되겠어?"

이토 히데오는 지금 문을 나서고 있는 것처럼 다급하게 말했다.

"무슨 일인데 그렇게 숨이 넘어가? 우리한테 화급한 일이란 대개 안 좋은 일인데⋯⋯. 알았어, 빨리 와."

도요토미 아라키의 눈치 빠른 대응이었다.

"으음⋯⋯, 얘기 듣고 보니 그거 좀 심각한 사태일세." 도요토미 아라키는 눈초리가 매워지며 고개를 갸웃갸웃하더니, "내 짐작으로는 딱 잡히는 원인이 없는데⋯⋯" 하며 이토 히데오에게 눈길을 돌렸다.

"그야 당연하지. 당사자인 나도 눈뜬장님이니까. 그러니까 말야, 그 원인을 찾도록 자네가 나를 좀 도와줘야 해. 그 돼먹

지 못한 우치추 과장놈이 없어졌으니까 담당 국장급을 접촉
하려면 자네 회사 네트워크를 동원할 수밖에 없잖아."

이토 히데오는 얼마나 속이 상하는지 보이려는 듯 콧등을
잔뜩 찌푸렸다.

"응, 그야 어렵지 않지. 어떡하면 되나? 함께 사무실로 가?"

"사무실……? 아니야." 이토 히데오는 고개를 젓고는, "자네
알지, 우리 비즈니스 철칙. 거절당하려거든?" 도요토미 아라
키를 빤히 쳐다보았다.

"전화하라!"

도요토미 아라키가 자동응답기처럼 답했다.

"그러니까 따로 불러내야 해."

"흐음, 그거 현명한 판단. 내부 사정을 사무실에서 쉽게 털
어놓을 리가 없긴 하지." 도요토미 아라키는 고개를 끄덕이다
가, "근데 불러낸다고 일이 쉽게 풀릴까?" 의문스런 눈길로 이
토 히데오를 물끄러미 쳐다보았다.

"응, 한 방에 입을 열게 해야지."

"한 방?"

"묘수가 있어."

"묘수……?"

"만병통치 묘수."

"언제가 좋아?"

"이 사람, 한가하긴. 당장 오늘 밤!"

"허, 급하긴 어지간히 급하군. 8도 지진에 쓰나미까지 덮쳐 오는 것처럼."

"말 한번 기막히게 잘하네. 지금 내 처지가 꼭 그래. 잘못하 다간 자네하고 상하이에서 사는 게 끝장날 판이야."

"하긴 월급쟁이 목숨 하루살이 목숨이니까. 내가 바로 연 락하지."

"응, 나 또 사무실로 들어가야 하니까 빨리 연락 줘."

이토 히데오는 허둥거리듯 사무실을 나갔다.

중국에서 손님 접대를 최고로 하는 3대 조건이 있었다. 최 고급 식당에서, 최고급 음식을, 최고급 술로 조화를 이루는 것이었다. 그 어떤 나라든 공무원들이란 남의 것 공짜로 먹어 치우는 데는 성직자들이 못 당할 만큼 이골 난 부류들이었 다. 그런데 중국은 체면과 위신 따지기를 좋아하는 데다, 공 산당 1당독재의 권력을 행사하는 분네들이라 최고 최대의 예 우를 갖추지 않으면 접대의 효과를 거의 볼 수 없었다. 그런 켯속을 익히 잘 알고 있는 이토 히데오는 눈부시게 장식된 최 고급 식당에서, 상어 지느러미 요리로 시작되는 최고급 음식 을 준비했다.

"이 우량예는 확실분명하고 완전무결한 진짜입니다. 왜냐 하면 우리 회사 회장님께서 귀빈 접대용으로 우량예 회장님께 특별히 부탁해서 만들어진 것이기 때문입니다. 국장님께서는 안심하시고 많이 드시기 바랍니다."

도요토미 아라키는 술병을 국장 앞에 바쳐 올리듯 하며 세련된 상사원의 매너를 매끈하게 발휘하고 있었다. 그리고 중국인 영업과장이 그의 말을 재빨리 통역했다.

"그래요? 두 회장님이 그렇게 친하신가요?"

국장이 관리 특유의 거드름을 피우며 술병을 눈 아래로 깔아보았다.

"예에, 절친하시고말고요. 서로 초청해서 여행도 하시고, 골프 실력도 막상막하시고, 마치 형제간 같은 사이지요."

도요토미 아라키는 막힘없이 술술 풀어놓았다. 거짓말하는 데는 돈 안 든다, 는 중국 속담을 생각하며.

"아아, 골프를 함께 칠 정도로……."

그 우정의 깊이를 알겠다는 듯 국장은 술병을 받아 들며 흡족한 웃음을 머금었다. 우량예는 마오타이와 함께 쌍벽을 이루고 있는 중국의 명주로 명절 때마다 관리들에게 바치는 뇌물 1호이기도 했다. 그래서 가짜 또한 넘쳐났다.

"바쁘신데 시간 내주셔서 감사합니다. 자아, 모두 간베이 하시지요." 도요토미 아라키가 술잔을 들었고, "좋은 우량예를 준비해 줘서 고맙소." 국장이 화답하며 흔쾌하게 "간베이!"를 외쳤다.

도요토미 아라키와 이토 히데오도 첫 잔을 중국식으로 단숨에 비우며 서로 눈길을 교환했다. 국장의 기분을 일단 좋게 만들었으니 오늘 일은 절반을 성공시킨 셈이었다.

　"국장님은 골프를 잘 치십니까?"

　도요토미 아라키는 가장 무난한 화제를 끌어내고 있었다. 중국은 특이한 사회라 보통의 민주국가들과는 달리 조심하고 피해야 할 화제가 아주 많았다. 중국에서는 절대 입에 올려서는 안 되는 3대 금기가 있었다. 첫째 마오쩌둥에 대한 험담, 둘째 공산당에 대한 비판, 셋째 대만 독립에 대한 지지. 그리고 수많은 정치적 사회적 문젯거리들도 눈치껏 피해야 하는 지뢰였다.

　"아닙니다. 마음은 잘 치고 싶은데 뜻대로 되지가 않습니다."

　국장이 아쉽다는 표정으로 뒷머리를 긁었다. 어느새 공무원의 거드름이 사라지고 없었다. 골프에 홀리기 시작한 자의 순진무구함이었다.

　"예, 골프는 바둑과 똑같습니다. 바둑을 많이 두는 사람이 잘 두듯이 골프도 많이 치는 사람이 잘 치게 됩니다. 저어……, 우리 일본 골프채도 명품들이 꽤나 많다는 것 잘 아시죠?"

　도요토미 아라키는 자신의 화제 유도에 만족을 느끼며 국장에게 무언가 의미 담긴 눈길을 보냈다.

"그야 알지요. 소문은 많이 듣고 있지만 그게 워낙 비싸서 원……."

"아, 그렇습니까. 말 나온 김에 제가 한 세트 선물하도록 하겠습니다." 도요토미 아라키가 먹이를 낚아채는 독수리처럼 날쌔게 대응했고, "아닙니다, 아닙니다." 국장이 놀라는 척 과장되게 두 팔을 내저었고, "예에, 기회를 허락해 주셔서 감사합니다." 도요토미 아라키는 능란하게 마무리를 지으면서 두 번, 세 번 연달아 머리를 조아리는 일본식 절을 했다.

도요토미 아라키와 이토 히데오는 국장에게 연방 술을 권하면서 빠른 눈짓말을 나누고 있었다.

어떤가, 내 묘수가. 이토 히데오가 말했다. 응, 생각보다 쉽게 덥석 무는군. 도요토미 아라키가 대꾸했다. 그럼, 지가 안 물고 배겨? 골프채는 현찰이나 똑같고, 메이드 인 재팬 한 세트면 값이 얼만데. 그래, 그래. 골프에 미치기 시작한 자들한테 골프채란 마약 중독자들에게 모르핀이나 마리화나와 같은 거니까. 그나저나 자네 아이디어는 기막힌데, 골프채 한 세트는 너무 과용하는 것 아닌가? 아니야, 아니야. 한 방으로 끝내려면 그 정도는 써야 해. 뇌물 크게 써서 손해 보는 일 없다는 말 잊었어? 그야 그렇지. 그건 영원불변의 진리니까. 빨리빨리 술 권해. 어서 취하게 해야 용건을 꺼내지.

중국 명주들은 독했고, 독한 만큼 빨리 취했다. 두 사람의 공략을 받은 국장은 눈에 술기운이 흥건해지더니 이윽고 혀까지 꼬부라지기 시작했다.

"예에⋯⋯, 오늘 뵙고 싶어 한 건 별로 큰 용건이 아닙니다."

도요토미 아라키는 이렇게 운을 떼며 국장에게 담배를 권했다. 그런데 그의 손에 들린 담배는 평소의 마일드세븐이 아니라 중국 최고의 담배 위시다중화였다. 중국사람들은 약한 일본 담배 마일드세븐을 담배로 치지 않았다.

"무슨 일인지, 어서 말해 보시오."

국장은 문득 긴장하는 기색으로 그동안 헤풀어졌던 관리의 거드름을 되찾으려는 듯 앉음새를 고쳤다.

"예에, 그게 별게 아니라 저 이토상 회사의 물건들의 상하 선적이 전처럼 원활하지 않고 묶여 있는데, 그 원인이 무엇인지⋯⋯, 그걸 좀 알고 싶습니다."

도요토미 아라키가 머리를 조아리고 또 조아리며 일본인 특유의 겸손으로 공략하고 있었다.

"묶여요⋯⋯." 국장이 고개를 갸웃갸웃하더니, "언제부터요?" 말과 함께 담배연기가 씹혀 나왔다.

"한 달 가까이 되었습니다."

이토 히데오가 얼른 대답했다.

"무슨 잘못을 지적당한 것 없소?"

"예, 전혀 아무 지적이 없었습니다."

"아무 지적이 없었다아……." 국장은 다시 고개를 갸웃거리더니, "혹시 저기 감정 상하게 하거나 밉보일 짓 한 것 없소?" 국장은 엄지손가락을 세워 위를 가리키는 손짓을 했다.

"예, 그 점을 찬찬히 점검해 보았지만 그런 일이 전혀 없었습니다. 그래서 참 답답합니다."

이토 히데오는 일본식 예절을 깍듯이 갖추며 간곡한 어조로 말했다.

"북풍이 불어야 기러기가 오고, 돌을 던져야 파문이 인다는 중국 속담 알아요?"

국장은 이토 히데오를 빤히 쳐다보았다.

"예에, 알고 있습니다."

이토 히데오는 재빨리 아는 척했다. 일본에도 그 비슷한 속담이 있었던 것이다.

"그게 정답이오."

말 다 끝냈다는 듯 국장이 술잔을 들었다.

"예에……?" 이토 히데오는 어리둥절해졌고, "예, 국장님 말씀이 맞습니다. 그런데 우리가 아둔해서 그 답을 찾지 못하고 있는 겁니다. 그래서 국장님께서 좀……." 도요토미 아라키가 서둘러 말했다.

"내 말 똑똑히 들으시오. 다 알고 있겠지만 우리 항구는 언제나 붐비고 있소. 그러니까 우린 물량 회전이 최대한 빠를수록 좋소. 그런데 한 달 가까이나 물건들이 묶여 있다고? 이건 이만저만 잘못한 일이 아니고선 일어날 수 없는 사건이오. 그리고 내가 여태 모르고 있었다는 건 분명 내 위에서 내려진 조치요. 그러니 나한테 부탁하는 게 어디까지인지, 그 선을 확실하게 그으시오."

국장은 사무적인 냉정함으로 무장하고 있었다.

"예, 아까 말씀드린 그대로 왜 그런 일이 벌어졌는지 그 이유만 확실히 알고자 합니다. 그 다음 해결책은 저희가 다시 강구하겠습니다."

이토 히데오가 또렷한 목소리로 명확하게 구분 지어 말했다.

"알겠소. 그건 내가 이삼일 내로 알아보도록 하겠소."

"예, 감사합니다. 골프채 세트는 내일 오전 중으로 아파트로 보내도록 하겠습니다."

도요토미 아라키가 말했고, 국장은 아무런 내색 없이 술잔만 기울였다.

전대광은 샹신원과 함께 딤섬(만두)으로 점심 식사를 하고 있었다. 그건 중국사람들이 즐기는 점심이었다. 중국 음식은 종류가 많기로도 유명하지만 값이 천차만별인 것도 유명했다. 한 끼에 1위안짜리가 흔한가 하면 100위안, 200위안짜리도 수두룩했다. 딤섬도 그 종류가 많고 많았고, 가격도 식당에 따라 엄청나게 차이가 났다. 그러나 값비싼 식당에도 언제나 손님이 바글바글 끓었다. 꼭 인구가 많아서 그러는 것만이 아니었다. 식품 불신이 불러온 현상이었다. 가짜 식품이 너무 많다 보니 좀 잘사는 사람들은 무작정 비싼 식당으로 몰려들었다. 물건 고를 줄 모르면 무조건 비싼 것을 사랬다고 고급 음식점이니 가짜 재료는 쓰지 않을 거라는 믿음을 가지고 있었던 것이다.

"그 병원 곧 떼돈 벌게 생겼어요. 의사가 쓰러질 지경으로 환자들이 몰려들고 있으니."

전대광이 딤섬을 우물거리며 말했다.

"그게 다 전 부장 덕 아니오. 실력 있는 좋은 의사 구해다 줘서."

샹신원이 두툼한 얼굴에 웃음을 담으며 말을 받았다.

"거 병원 돈벌이 보고 있으면 우리 돈벌이는 한심해요. 병원은 가만히 앉아 있어도 환자들이 제 발로 몰려드는 데다, 이익은 또 얼마나 커요. 본전이라고 해봤자 수술비의 100분의 1도 안 될 텐데. 그에 비하면 우리 상사원들은 그저 배고픈 개새끼들처럼 물건 사줄 사람들 찾아서 발바닥에 불이 나도록 싸돌아다녀야 하고, 그러고도 마진은 10퍼센트가 못 되니 말이에요."

전대광이 한숨을 푹 쉬었다.

"이제 보니 전 부장 가짜 상사원인 모양이군."

샹신원이 딤섬을 입으로 밀어 넣으며 뚱하니 말했다.

"예?"

"원가 계산법이 그게 맞소? 병원 임대료, 간호사들 인건비 같은 건 안 따지나?"

"아하, 그렇군요." 전대광이 손바닥으로 자신의 이마를 툭 치고는, "남이 돈 잘 버는 걸 보니까 괜히 배가 아파서 그런 계산 다 빼먹었어요." 그는 고개를 까딱까딱하며 장난스럽게 웃었다.

"나도 전 부장처럼 배 아파. 근데 서 박사 말이오, 그냥 내 버려두지 말라구."

샹신원이 전대광을 나무라듯 미간을 찌푸렸다.

"무슨······?"

전대광이 딤섬을 입에 넣으려다 말고 샹신원에게 눈길을 보냈다.

"거 있잖소, 서 박사가 싫어하는 거요?"

샹신원이 새끼손가락을 세워 보였다. 어디서나 밀로 빵 만들고, 쌀로 밥 짓듯이 중국에서도 여자를 가리키는 손짓은 한국과 똑같았다.

"에이, 서 박사를 도덕군자로 보는 거예요, 아니면 고자로 보는 거예요? 서 박사는 그냥 건강한 남자예요. 꽃밭 싫어하는 벌도 있던가요?"

전대광이 짓궂게 웃었다.

"그러니까 일주일에 한 번 정도로 원앙새 목욕을 시켜주라구. 그래야 몸 푹 풀어 집생각도 안 하고 일 더 열심히 하지 않겠소."

"원앙새 목욕이요? 그거 비싼 거 잘 아시잖아요."

"알지. 서 박사는 그 정도는 즐길 자격이 있소."

"근데 그게 너무 야해서 어떻게 생각할지."

전대광이 중얼거리듯 말했다.

"야하니까 더 좋지. 그래야 중국에 더 빨리 정 붙이게 될 거 아니오. 남자라는 물건들은 야할수록 더 좋아하니까."

"그래도 정도 문제지요."

전대광이 여전히 망설이는 기색으로 고개를 갸우뚱했다.

"아니, 한국에는 그런 게 없소?"

"예, 그렇게 야한 건 없어요."

"아니 그럼 남자들이 무슨 재미로 외도를 하는 거요? 여자들은 무슨 자격으로 돈을 받고. 한국은 이해하기 어려운 게 많아요."

"성매매 자체를 불법으로 엄히 단속하고 있으니까 들키지 않게 쉬쉬하면서 음성적으로 하는 행위라 원앙새 목욕같이 야하고 멋진 것은 기대할 수가 없다구요."

"성매매를 불법으로 규정해서 엄히 단속한다는 것도 정말 이해가 안 돼요. 중국을 독재라고 흉보고 자기들은 민주주의라고 자랑해 대면서 성매매를 불법으로 단속해 대다니. 그게 무슨 민주주의요, 독재 중에서도 상독재지. 자기 몸 가지고 장사하고, 자기 돈 내고 마음에 드는 여자 사고. 그런 기본적인 자유도 보장이 안 된 사회가 무슨 민주주의요. 안 그렇소?"

샹신원은 젓가락까지 놓고 본격적인 토론을 하듯 말하고 있었다.

"옳습니다. 그래서 제가 중국을 사랑하고, 10년 넘게 살며 중국여성들에게 소득 재분배를 해오고 있는 것 아닙니까. 크크크크……."

전대광이 어깨까지 들썩이며 키득키득 웃고 있었다.

"좌우간 서 박사를 당장 책임지고 맡아주시오. 꼭 원앙새 목욕으로."

"예에, 명령대로 거행하겠나이다."

전대광이 옛날 임금 앞에서 하는 것처럼 어조를 꾸미며 머리를 조아렸다.

전대광은 굳이 '원앙새 목욕'을 지목하는 샹신원의 속내를 들여다보며 쓸쓰레하게 웃음 짓고 있었다. '원앙새 목욕'은 개혁개방과 함께 대만의 자본을 따라 대륙에 상륙한 매춘행위였다. 그런데 그 야하기가 세계 으뜸을 차지할 만했다. 명함 크기의 컬러 선전물을 도시 뒷길이며 샛길에 마구잡이로 뿌려댔다. 그 선전명함들은 하나같이 얼굴 화끈할 만큼 야하고 유혹적이었다. 한눈에 끌리는 미모의 아가씨들이 풍만한 나체로 기기묘묘한 포즈를 취하고 있는 것만이 아니었다. 아래 적힌 전화번호와 대칭을 이루고 있는 윗부분의 문구들. 짤막한 그 한마디씩은 누가 더 자극적이고, 누가 더 야하고, 누가 더 노골적인가를 경쟁이라도 하고 있는 듯해서 차마 입에 올릴 수조차 없었다. 그 아가씨들은 남자를 맞이해서 온갖 야한 짓들을 다해 남자들이 비싼 본전 생각을 하지 않게 한다고 소문나 있었다. 그 야한 서비스에 홀려 월급을 탕진하는 총각들이 있는가 하면, 어떤 사람은 마누라가 싱겁고 시시해져 이혼까지 했다는 소문이 퍼질 지경이었다. 중국에서 예쁘면서 몸매 좋은 여자들 절반은 관리들의 얼나이(첩)나 화류계로 빠졌다는 말도 괜히 떠도는 것이 아니었다. 비누칠한 풍만한 나체로 남자의 몸을 씻어주는 것부터 시작하기 때문에 '원앙새 목욕'이었다.

"그런데 말입니다, 주임님. 한 가지 의문이 있는데요."

새 판에 나온 김 나는 딤섬을 집으며 전대광이 은근한 말투로 새 화제를 꺼냈다.

샹신원은 딤섬을 맛있게 씹으며 뭐가 의문이냐고 눈으로

묻고 있었다.

"그 댜오위다오(일본명 센카쿠 열도) 있잖습니까, 그게 정말 중국 거 맞습니까?"

"아니, 지금 뭐라고 했소!"

전대광의 말이 끝나자마자 샹신원이 버럭 소리치며 식탁까지 내리쳤다. 주위 사람들은 전혀 개의치 않는 그 외침에 어울리도록 그의 얼굴까지 잔뜩 구겨져 있었다.

"아, 화내시는 것 충분히 이해합니다. 근데 일본놈들이 하도 저희들 거라고 주장해 대고, 최근에는 국유화한다 어쩐다 하며 갈수록 강하게 나오고 있으니까 은근히 걱정이 돼서 주임님께 확인해 보려는 거지요."

전대광은 정다움을 다해 정말 걱정하고 있다는 표정을 지으며 말했다. 그는 자신의 한마디로 샹신원을 그렇게 화나게 한 자신의 화술에 적이 만족감에 젖고 있었다. 샹신원의 그 즉각적인 반응은 고급 당원이며 고급 관리다운 모범적 반응이었다. 중국사람들이 런타이둬만큼 입에 달고 사는 말이 '땅이 너무 넓어서'였다. '인구 조사가 너무 부정확하다', '땅이 너무 넓어서.' '어떻게 가짜 파출소까지 생겨날 수 있느냐', '땅이 너무 넓어서.' '왜 불량식품 단속을 효과적으로 못하느냐', '땅이 너무 넓어서.' 무슨 일에 핑계를 대거나 변명이 필요할 때 동원되는 것이 그 말이었다. 그러나 전혀 상관없는 경우에도 그 말을 끌어다 붙이기도 하는데, 듣고 보면 우물쭈물 답이 되는 것 같기도 하고, 얼렁뚱땅 땜질이 되는 것 같기도 하고, 어쨌거나 두루뭉수리 넘어가는 또 하나의 중국식이었다.

그런데, 그렇게 땅이 너무 넓어서 문제인 그들이 돈만큼 눈에 불을 켜고 밝히는 것이 또 하나 있었다. 영토 탐욕이었다. 땅을 더 넓게 차지하고 싶어 하는 그 끝없는 욕심은 정부와 국민이 짝 소리 나게 손바닥 맞때리듯이 한마음 한뜻으로 뭉쳐져 있었다. 그 여실한 증거가 바로 샹신원의 감정 폭발이었다.

"나한테 확인하고 말고 할 게 없는 일이오. 그건 추호도 의심이 필요 없는, 명약관화 확고부동한 사실이고, 하늘이 우리 중국에 내리신 선물이오."

샹신원의 목소리는 웅변조로 변해 있었고 제스처도 영락없는 웅변사였다. 그건 자기 주장을 펼 때 터무니없이 진지해지고 촌스러울 만큼 치열해지는 전형적인 중국사람의 모습이었다. 그는 명약관화와 확고부동도 모자라 '하늘이 내리신……'까지 동원하고 있었다. 중국사람들에게 '하늘'은 '절대적인 그 모든 것'을 의미했다. 그래서 황제는 '하늘의 자식'인 천자였고, 중국 대륙은 '하늘 아래 전부'라 천하였다. 그들은 충성 맹세도 하늘에 했고, 원수 갚을 결의도 하늘에 했고, 사랑의 언약도 하늘에 했다.

"전 부장은 어떻게 생각하시오?"

마치 총을 겨누듯이 샹신원은 전대광을 향해 손가락 두 개를 죽 뻗쳤다. 사실 그의 두 손가락에서는 살기와 다를 것 없는 어떤 기가 뻗쳐 나오고 있었는데, 그 기는 전대광의 심장을 정통으로 겨누고 있었다. 이때 말 한마디 삐꺽 잘못했다가는 그 살기가 전대광의 심장을 꿰뚫고 말 것이다. 신의를 깬 자에 대해서는 그동안의 인간관계를 단칼로 잘라버리는 것이 중국사람들이었다.

"그거야 당연하고 확실 분명한 거지요. 독도가 하늘에서 내리신 우리 대한민국의 땅이듯이 댜오위다오도 하늘에서 내리신 중국의 땅이지요."

전대광은 샹신원의 눈을 똑바로 쳐다보며 진지하고도 엄숙하게 말했다.

"아! 말 한번 잘했소. 독도는 대한민국에 내려주신 하늘의 선물, 댜오위다오는 중국에 내려주신 하늘의 선물! 전 부장은 이렇게 말을 시원하게 잘해서 내가 더 좋아해요." 샹신원은 잔에 가득 담긴 차를 기분 좋게 들이켜고는, "말 나온 김에 확인할 게 있소. 대만은 어디 거요?" 불쑥 물었다.

당신 참 유치하군. 어린애 장난하는 것도 아니고 말야······. 전대광은 속으로 코웃음을 쳤다.

"그야 두말이 필요 없이 중국의 한 성(省)이지요. 독립이란 정치가들이 부리는 정치 쑈에 불과한 거지요."

"진정이오?"

"그럼요."

"그럼 티베트는?"

"티베트도 중국땅이지요. 티베트인들은 중국에 감사해야해요. 그동안 발전시켜 준 혜택이 얼마예요."

전대광은 막힘없이 답하고 있었다. 그러나 그건 그의 생각이 아니었다. 그동안 중국 정부가 선전해 온 내용 그대로였다.

"정말이오?"

"그럼요."

"그럼 신장위구르는?"

"예, 신장위구르도 중국땅이고말고요. 그곳 사람들도 곧 동화될 겁니다. 잘사는 맛을 갈수록 크게 보게 되니까요."

"됐소, 됐소. 전 부장은 생각이 반듯해서 좋아요."

샹신원은 흡족한 기색으로 반주잔을 들었다. 그 잔에 자신의 잔을 부딪치며 전대광은 생각하고 있었다. 사람의 마음을 믿는다는 것은 얼마나 위험한 일인가. 사람의 가장은 어디까지 통할 수 있는 것일까.

"얘기가 나왔으니 확실하게 매듭을 지어야 되겠소. 일본놈들이 과거사 문제로 중국이나 한국에 대해서 하는 행위를 어떻게 생각하오?"

샹신원이 중국인답게 질기게 나왔다.

"예, 일본놈들이 중국이나 한국에 대해서 하는 짓을 보면 당장 요절을 내도 부족하다는 생각이 듭니다. 중국인을 3,500여만, 한국인을 400여만이나 죽이고도 진심으로 사죄를 하기는커녕 그 잔악한 살육자들을 즈네들 애국자라고 신사에 모시고, 역대 총리라는 자들이 줄줄이 참배를 해대고, 그것으로도 모자라 강제로 끌려간 당사자들이 엄연히 살아서 증언하고 있는데도 한국 정신대를 강제로 끌어간 증거가 없다고 떠들어대고, 중국의 난징다투사(남경대학살)에 대한 그 많은 자료들이 대학살기념관에 전시되어 있는데도 일본놈들은 중국의 조작이니 허구니 하는 망언을 일삼아왔습니다. 그런데 그런 것도 모자라 근자에는 댜오위댜오의 분쟁을 계속 키워가고 있습니다. 이건 우리나라의 독도 문제와 직결되는 것으로, 일본놈들을 어떻게 해야 할지 분노만 끓어오르고, 속 시원한 해결책이 없어서 참 답답하고 안타깝습니다."

전대광은 답답하고 안타까운 것을 강조하듯이 입맛을 다시고 입술까지 훔쳤다.

"억지 쓰며 날뛰는 이 상황에서 그 고얀 놈들한테 치명적으로 한 방 먹일 결정타가 생각났소!"

샹신원이 엉덩이를 들썩 들었다 놓으며 불현듯 말했다.

"치명적인 한 방의 결정타? 그런 것도 있습니까?"

전대광이 의문 반 놀라움 반의 표정을 지었다.

"있소!"

"빨리 말씀 좀 해보세요. 무슨 뜻인지 저는 잡히는 게 전혀 없으니까요."

"좋소. 내 생각이 어떤지 들어보시오. 그게 뭐냐면 말이오, 전 부장도 알지만 난 공안 쪽에 통하는 사람들이 많잖소. 그 사람들을 이용해서 일본놈들한테 케이오펀치를 먹이고 싶소. 그건 다름이 아니라 일본놈들이 그룹 그룹 수백 명씩 단체관광을 와서 가라오케도 단체로 휩쓸며 난장판들을 벌이며 돈 자랑들을 하고 있잖소."

"예에, 그렇지요."

"매춘 단속으로 공안이 그 현장을 덮치게 하는 거요!"

"수백 명을 한꺼번에요?"

"물론 한꺼번에!"

"그럼 그거 사회적 충격이 엄청 크겠는데요."

"당연히 충격은 클수록 좋소."

"예, 그렇게 되면 현재 상황과 맞물려 그 효과가 아주 크겠는데요. 신문과 방송들이 보도할 것이고, 그러면 그 불길이 웨이보(중국판 트위터)로 옮겨 붙을 것이고……, 세상을 뒤흔드는 사건이 될 것 같은데요."

전대광은 그 상황 전개가 눈앞에 환히 펼쳐지는 것을 보고 있었다.

"역시 전 부장은 아는 것도 많고, 눈치도 빠르고, 판단력도 정확하고, 틀림없는 루상(선비 상인)이라니까." 그는 더없이 흡족한 얼굴로 엄지손가락을 세워 보이며 고개를 끄덕이고 있었다.

루상이란 중국사람들이 한국 상사원들에게 남다른 호감과 신뢰를 나타내는 별칭이었다. 한국 상사원들은 현지 밀착 영업을 위해 누구나 영어는 기본이었고 중국어까지 막힘없이 구사했다. 그뿐만 아니라 거의가 일류대학을 나온 학식에다가 중국 역사와 풍습 같은 것들까지 두루 공부해 알고 있었다. 그리고 대인관계를 위한 예의와 겸손까지 몸에 익히고 있었으니, 10년을 중국에 있어도 중국말을 한마디도 하지 못하는 다른 나라 상사원들과는 달리 보일 수밖에 없었다.

한국사람들의 그런 색다름을 일찍이 알아본 것은 루쉰과 함께 중국 현대문학의 쌍벽을 이루고 있는 작가 파진이었다.

'조선사람들은 중국사람들과 많이 다르다. 예사로 여러 나라 말을 구사하고, 잃은 나라를 되찾기 위하여 아무 거침이 없이 많은 나라를 오간다. 우리하고는 달리 출중하고 우월하다.'

그는 이런 내용의 글을 남겼다.

사나흘이 지나 신문을 펼쳐 든 전대광은 깜짝 놀랐다.

'일본인 300여 명 집단매춘 검거'

한눈에 들어온 기사 제목이었다.

"아하······!"

기사를 알아본 순간 전대광은 감탄인지 탄식인지 모를 소리를 토해 냈다. 그의 뇌리에는 번개치듯 서너 가지 생각이 스치고 지나갔다. 샹신원의 기민함이 놀라웠고, 300여 명이 떼거리로 몰려 여자들을 끼고 놀아났다는 것이 희한했고, 신문이 그렇게도 크게 대서특필했다는 것이 예상을 훨씬 뛰어넘고 있었고······, 이렇게 포성 요란하게 터진 사건이 어떤 파장을 일으키며 퍼져나갈지······, 전대광의 심장은, 한눈에 반할 만큼 예쁜 여자를 보았을 때처럼, 상대방에게 치명타를 입힐 수 있는 큰 거짓말을 했을 때처럼, 수천 억의 상담을 성공시켜 사인 끝난 계약서를 받아 쥐었을 때처럼 벌떡벌떡, 푸들푸들, 쿵쾅쿵쾅 뛰고 있었다.

1면 윗부분을 가득 채우고 있는 그 활자의 크기는 흔히 말하는 대로 '주먹만 한 것'이 아니라 '수박만 하게' 아니, 마땅하게 비교할 것이 없을 만큼 어마어마하게 커 보였다. 실로 손바닥보다 더 큰 사진과 함께 1면을 다 차지하고 있는 그 기사의 시각적 효과는 활자 크기를 수백 배로 확대시키고 있었다.

'1면을 이렇게 크게 장식한 사건이 전에도 있었지······. 그게 뭐였지? 마오쩌둥이 죽었을 땐가? 그건 아니지. 야 이 도둑놈아, 그때 넌 열 살이 되었을까 말까 그랬어. 옳아, 그때야 그때. 개혁개방의 아버지, 마오쩌둥의 정치혁명과 어깨를 나란히 할 수 있는 경제혁명을 일으킨 영웅 덩샤오핑이 세상을 떠났을 때 베이징의 《런민르바오(인민일보)》를 비롯해서 중국 천지에 퍼져 있는 2천여 개의 신문이란 신문들은 경쟁이 아닌 발악을 하듯이 활자들을 키우지 않았던가. 활자를 키울수록, 기사를 휘황찬란하고 길게 쓸수록 저 높고 높은 당 중앙으로부터 칭찬받고 이쁨받을 절호의 기회였으니 그 판이 어찌 되었을 것인가. 그런데 말이다……, 일본놈들 300여 명이 단체로 섹스관광인지 섹스파티인지를 했다는 것이 어찌 4억의 인민을 굶주림에서 구해낸 경제혁명의 위대한 영웅 덩샤오핑의 서거와 동급으로 취급될 수 있는가. 일본놈 300여 명이 중국여자들 300여 명을 데리고……, 그것들이 무슨 짓을 어떻게……, 흥미와 호기심으로는 덩샤오핑의 예고되었던 죽음을 단연 능가하는 것이지만……. 그 의문을 풀어주는 열쇠는 영토 분쟁 댜오위다오였다. 신문 기사가 당기고 있는 화살은 댜오위다오를 겨냥하고 있지 않은가. 옳지, 그렇지! 바로 그거야.'

전대광은 춤이라도 추고 싶은 심정으로 사무실 문을 밀었다.

"부장님, 어디 가세요? 곧 회의 시작인데요."

한 직원이 일깨웠다.

"응, 알고 있어. 금방 돌아와."

전대광은 허둥지둥 큰길로 나서서 가판대의 신문들을 모조리 샀다. 신문들은 약속이나 한 것처럼 그 집단매춘을 1면에 대서특필하고 있는 것을 한눈에 확인할 수가 있었다. 그 내용들이 어슷비슷할 것은 뻔한 일이었다. 그런데도 전대광은 돈 아까운 줄 모르고 신문들을 다 사들였다. 신문이 바뀔 때마다 자신의 소중한 업무를 낚아채간 그놈들에게 한 펀치씩 먹이는 쾌감을 만끽하고 싶었던 것이다. 한편으로는 상하 선적을 지연시키는 것으로 만족하지 못하고 이런 보복까지 가하는 상신원의 행위가 통쾌하면서도 무서웠다. 그것은 한 번 피해를 입으면 끝끝내 보복을 가하는 중국인의 끈질긴 기질이었던 것이다.

　"아, 오랜만에 신문 한번 시원하게 잘 팔린다."

　돈을 받은 가판대 주인이 그야말로 시원하게 두 팔을 휘둘렀다.

　"이거, 이거, 일본놈들 말이 돼!"

　"이놈들이 이거, 감히 중국땅에서!"

　"이놈의 새끼들을 어째야 하나?"

　"어쩌긴, 재판해서 감옥에 처넣어야지."

　"감옥? 왜 이런 못된 놈들한테 우리 인민들이 피땀 흘려 낸 세금으로 밥을 먹여?"

　"그럼 어떻게 하라고?"

"어떻게 하긴. 마약범들 처형하듯 다 사형을 시켜버려야지. 우리 중국사람을 멸시한 죄는 우리 중국을 멸시한 대죄니까. 대반역죄라구."

"우리 중국사람 300이면 별 문제 없지만 일본도 외국인데 외국사람 300을 죽이면 그거 시끌시끌해져서 곤란하지."

"한 가지 방법이 있어. 그놈들을 다 죽일 수는 없으니까 저 문혁(문화대혁명) 때 했던 것처럼 고깔을 씌워 중국 천지를 뺑뺑이 돌려 망신 망신 개망신을 시키는 거야. 우리 중국을 멸시한 이 호색한들을 보라, 하고 써 붙여서."

각기 신문을 든 서너 명이 중국사람들 특유의 즉석토론을 벌이고 있었다.

"그거 그냥 그렇게 망신만 시켜서는 너무 약하지요. 다시는 그런 짓을 못하게 불알을 까서 고자를 만들어야 해요. 그건 명나라를 세운 주위안장(주원장)이 실시했던 형벌이거든요."

전대광은 한마디 슬쩍 던지고는 돌아섰다.

"아하, 그런 묘안이 있었구면."

"그래, 그것 참 멋진 방법이구면. 다시는 그놈의 걸 쓰지 못하게 해버리는 거니까 그보다 더 좋은 처벌이 없잖아."

"이보쇼, 함께 얘기 좀 더 하지 왜 가버리는 거요?"

한 사람이 소리치며 전대광을 향해 손을 흔들고 있었다. 그들은 전대광의 능통한 중국말 때문에 그가 외국사람이라는 눈치를 전혀 못 채고 있었던 것이다.

전대광은 신문들을 읽어나가면서, '야 이 새끼들아, 느네들이 찌르면 이쪽도 찌르고, 느네들이 물어뜯으면 이쪽도 물어뜯고, 느네들이 하이에나 짓 하면 이쪽도 하이에나 된다 그거야.' 자신의 일을 망쳐놓은 그들을 마구 갈겨대는 쾌감을 질겅질겅 씹고 있었다.

신문의 기사들은 거의 엇비슷했지만 기자들의 기사 구성 요령과 문장의 쓰임에 따라 읽는 맛이 제각기 달랐다. 그런데 그가 신경 쓰고 있는 것은 기사들이 노리고 있는 방향이었다. 기사들은 어김없이 일본인들의 방자함과 안하무인으로 행동하는 무례를 비판하면서 그 연장선상에 댜오위댜오의 도발이 있다고 화살을 정확하게 겨누고 있었다. 그 사건이야 말로 울고 싶을 때 따귀 때려준 것이고, 걷기 싫을 때 넘어뜨려준 격이었다.

신문들을 다 읽은 전대광의 관심은 벌써 텔레비전으로 쏠리고 있었다. 중국도 베이징올림픽을 계기로 산간 구석구석까지 완전한 영상시대가 되어 신문에 비해 텔레비전의 영향력은 가히 절대적이었기 때문이다. 다른 도시의 신문들은 부랴부랴 상하이 신문들을 베끼느라 분주할 테니 더 이상 관심거리가 아니었다. 그런데 텔레비전에서는 신문이 보여주지 못한 여러 가지 영상까지 보여줄 것이니 얼마나 생생하고 재미있을 것인가. 300여 명이 이 유치장, 저 유치장에 개돼지처럼 빡빡하게 들어찬 모습이나, 완전히 풀 죽어 잔뜩 움츠린 채 조사를 받는 꼴 같은 것을 보는 것은 얼마나 고소한 구경거리인가. 그것들이 다름 아닌 바로 일본놈들 아닌가. 그들은 동남아시아에서 5천여만 명을 죽이고도 한 번도 진심의 사죄를 한 일이 없었다. 사죄하기는커녕 오히려 자기네가 인류 최초의 원자폭탄 피해국임을 무슨 장한 자랑처럼 강조해 대며 해마다 거창한 추모식인지 기념식인지도 벌이고 있었다. 그 의도는 자기들이 저지른 범죄행위를 희석시키려는 것이었다. 그러나 그들이 열 내서 강조하는 그 원폭피해의 사망자는 고작 17만여 명에 지나지 않았다.

그런 그들은 안면 몰수하고 동남아에서 자기네 물건만 팔아먹으려고 나섰다. 동남아 국가들의 발전이 늦어져 그들의 그 뻔뻔스러움은 한동안 통할 수 있었다. 그러나 첫 번째 도전자가 나타났다. 한국에 의해 그들의 경제아성에 균열이 생기기 시작했다. 그리고 두 번째 도전자가 또 나타났다. 개혁개방으로 해마다 중국 상품들의 질이 높아지자 일본의 시장은 급속도로 와해되기 시작했다. 또한 일본이 중국이라는 광대한 시장에서 다른 선진국들처럼 기세를 펴지 못하는 것은 바로 역사의 상처를 독일식으로 치유하지 못하고 그대로 남겨두었기 때문이다. 일본에 대한 중국인들의 민족 감정은 한국

사람들 못지않게 날카롭고 뜨거웠다.

텔레비전 뉴스들은 전대광을 아쉬움 없이 만족시켜 주었다. 영상들도 예상보다 한결 자극적이었고, 앵커들도 감정을 자제하는 기색이 역력한 냉엄한 얼굴로 비판 보도를 하고 있었다. 텔레비전에는 댜오위댜오의 여러 모습만 비쳐지고 있는 것이 아니었다. 난징의 대학살기념관도 비치고, 대학살의 끔찍스러운 장면들도 비쳐지고 있었다.

텔레비전 뉴스를 다 본 전대광은 그 다음 순서로 웨이보에 접속했다. 아아, 거기는 이미 훨훨 타오르는 불바다였다. 전국 2천여 개의 텔레비전과 라디오 방송들이 불붙은 건 아무 것도 아니었다. 날이면 날마다 불어나고 있는 중국의 네티즌들은 6억에 육박하며 세계 1위를 자랑하고 있었다. 그 거대한 바다는 이름이 감추어진 익명성의 바다였다. 그 바다에 하늘을 가릴 듯한 거대한 깃발 두 개가 펄럭이고 있었다. 천안문 광장에서 언제나 펄럭이고 있는 새빨간 오성홍기를 뒤받치는 그 두 개의 깃발은 '중화민족 부흥'과 '대국굴기(大國崛起: 대국으로 우뚝 서자)'였다.

그 어느 나라에서나 영토 문제는 민족주의와 국가주의를 가장 민감하게 자극하는 성감대였다. 그런데 중국 정부에서는 전 인민의 역량을 경제발전에 집중시키는 동시에 국가와 당에 대한 충성도를 강화시키기 위해서 그 두 개의 깃발을 내세웠던 것이다. 일본을 향해서 민족주의로 흥분하고, 국가주의로 달아오른 대중들은 익명성의 바다에서 맘껏 분노하고 욕심껏 증오를 토해 내고 있었다. 거칠 것 없는 분노와 증오로 불타고 있는 그 세상은 피냄새 진동하는 언어들이 난무하는 잔혹한 정글이었다.

전대광은 그 살벌하고 끔찍한 언어들에 숨을 몰아쉬면서 새삼스럽게 '문제 삼지 않으면 아무 문제가 없는데 문제 삼으니까 문제가 된다'는 말을 떠올리고 있었다.

불행한 옛 도시 시안

골드 그룹의 '골드 88빌딩' 기공식은 중국의 행사답게 요란스러울 만큼 호화롭게 꾸며져 있었다. 마치 음악 야외공연장처럼 만들어진 단상은 온통 새빨간색으로 치장되어 있었다. 단상 바닥에는 빨간 카펫이 깔려 있었고, 뒷배경으로 세워진 드높은 벽도 빨간색이었다. 그리고 그 양쪽으로 용 두 마리가 8자 형상을 그리며 꿈틀거리고 있었는데, 그 입에 물린 여의주는 빨간색이 아니었다. 온통 새빨간색 속에서 유난히 도드라져 보이는 여의주, 그것은 황금색이었다. 빨간색과 황금색은 서로를 돋보이게 하며 현란한 조화를 이루어내고 있었다. 두 마리 용이 생동하며 그려내는 88은 신축될 빌딩의 이름이었고, 그 입에 물린 황금빛 여의주는 골드 그룹을 상징하고 있다는 것을 누구나 한눈에 느낄 수 있는 조형이었다. 그리고 빨간색과 용에는 이 높은 빌딩을 지어 올리는 데 그 어떤 사고도 액운도 잡귀도 붙지 않고 안전하고 무사하게 공사를 마칠 수 있는 행운을 내려주십소사 하고 비는 중국 전통의 기원이 서려 있었다.

그 단상 아래 넓은 공터에는 새하얀 식탁보가 덮인 원탁들이 백여 개 놓여 있었다. 그리고 원탁 하나에 놓인 열 개의 의자를 따라 삼각형으로 접힌 이름표들이 놓여 있었다. 그 이름표들은 이 자리에는 초대받지 않은 사람은 올 수 없다는 것을 보여주고 있었다.

해가 뉘엿뉘엿 저물면서 사람들이 모여들기 시작했다. 기공식이 색다르게 화려한 저녁 파티로 꾸며진 터였다. 사람들은 도우미들의 민첩한 안내를 받으며 원탁에 자리 잡아가고 있었다.

도요토미 아라키와 이토 히데오도 다가온 도우미에게 초대장을 내밀고 자리 안내를 받았다.

"제기랄, 제일 끝자리로군."

이토 히데오가 귓속말로 투덜거렸다.

"부장급이 이런 자리에 낀 것만으로도 감지덕지하라고."

도요토미 아라키가 낮게 속삭이며 눈을 흘겼다.

"하긴 이 자리라도 얻어내느라고 애걸복걸, 애를 먹었으니까."

이토 히데오가 의자에 등을 바짝 붙이고 앉으며 고개를 끄덕였다.

"그나마 철강제 납품을 했으니까 협력업체로 턱걸이를 한 거지."

도요토미 아라키도 자리 잡고 앉으며 입술이 약간 비틀리게 쓴웃음을 지었다.

"단상도 엄청나게 호화롭게 꾸몄네. 저거 아주 100위안짜리로 도배를 한 셈이군." 속삭이듯 낮은 소리로 말하는 일본인 특유의 언어 습관으로 이토 히데오는 계속 말하며 콧방귀를 뀌었고, "당연하지, 상하이에 첫 신고를 하는 것이니까 멋떨어지게 폼 잡기로 작정을 한 거지. 여자 회장이 돈 쓸 줄 아는 여걸이시군." 도요토미 아라키의 입술이 더 비틀려 돌아가고 있었다.

"그나저나 우리 목적 달성이 어려운 거 아냐?"

도요토미 아라키가 무슨 소리냐는 눈길을 보냈다.

"봐, 거리가 너무 멀어서 여회장님 얼굴이 보이기나 하겠어?"

"걱정 마. 어두워지니까 조명을 얼마나 환하게 쏘겠어. 보일 것은 다 보여."

"근데 왜 시작이 8시야? 초대손님들 배고플까 생각도 안 하고."

"중국에 어제 왔어? 오늘이 18일이고, 밤 8시 시작이면 즉각 알아차리는 눈치가 있어야지."

"그걸 몰라서 하는 소리가 아니야. 그렇게 8자에 환장을 하려면 왜 9월 18일이야. 8월 18일로 해야지."

"이런, 아직 그 말 못 들었어? 그렇지 않아도 8월 달에 꼭 하려고 했었는데 업무처리 과정에서 뭐가 잘못 얽혀 어쩔 수 없이 9월로 옮긴 거라는 거야."

"어쩐지 이상하다 했더니. 좌우간 중국사람들은 공산주의 혁명 말짱 헛했어. 무슨 미신 지키는 게 그렇게도 많아."

"그렇지. 공산주의 혁명이라고 껍데기만 바뀐 거지 사람들의 속은 전혀 변하지 않고 옛날 그대로인 거야."

"그런데 미국 이름까지 가진 여기 여회장님은 또 뭐야."

"뭐가……?"

"저 단상인지 무대인지, 너무 유치찬란해서 못 봐주겠어."

"그게 중국사람들 기질 아냐? 외국에서 몇십 대를 살아도 끈적끈적하고 징글징글하도록 중국적 특색들을 변질시키지도 않고 잊어버리지도 않고 지켜나가는 것. 그건 참 대단하고 값진 의식이고 의지야. 그런 것이 어떻게 가능한지 이해할 수가 없어."

"그건 우리 일본사람들이 도저히 이겨낼 수 없는 점들이지."

그들이 얘기를 나누는 동안 날은 더 어두워져 있었고, 원탁의 자리들은 거의 채워져 있었다. 그런데 단상은 짙어져가는 어스름 속에서 아까의 호화로움을 잃고 있었다.

"귀빈 여러분, 안녕하십니까. 바쁘신 중에도 이렇게 많이 참석해 주셔서 감사의 인사를 드립니다. 바로 지금 골드 그룹 왕링링 회장님께서 도착하셨습니다. 지금부터 기공식을 거행하도록 하겠습니다."

사회자의 목소리도 카랑카랑 큰 데다가 마이크 성능도 좋아 안내 방송이 기공식장을 찌렁찌렁 울려댔다.

"시간 한번 잘 지키는군. 8시 5분 전이야."

이토 히데오가 시계를 들여다보았다.

그때 갑자기 빠바바빵! 음악 소리가 터져 오르며 강렬한 조명등이 여기저기서 단상을 비추었다. 그 불빛 속으로 차 한 대가 미끄러져 들어오고 있었다. 여러 개의 조명등이 그 차를 향해 집중되었다. 천천히 움직이는 그 차는 새하얗고 무척 길었다. 그 차는 단상 아래 가운데쯤에 멈추었다. 그때 까만 양복을 입은 두 사내가 기민한 동작으로 자동차 문을 열었다. 그 새하얀 캐딜락에서 내린 건 한 여자였다. 하얀 드레스를 입은 그 여자는 까만 양복을 입은 두 사내에게 안내인지 경호인지를 받으며 맨 앞의 헤드 테이블로 다가갔다. 여자는 세련된 몸짓으로 테이블의 남자들과 일일이 악수를 나누었다. 그러고는 우아한 듯 도도한 듯한 걸음걸이로 단상으로 올라

갔다. 그 여자에게 집중된 조명등은 그 걸음걸음을 따라 함께 이동하고 있었다.

여자는 단상의 중앙에 섰다. 곧 젖가슴이 드러날 것처럼 아슬아슬하게 파인 하얀 드레스는 큰 키를 따라 길게 드리워져 있었고, 그 드레스 왼쪽 가슴에는 실물 크기로 활짝 피어난 꽃 중의 꽃 모란 한 송이가 빨갛게 달려 있었다. 온통 새빨간 색깔의 단상 중앙에 하얀 드레스를 입고 서 있는 여자. 그건 새하얀 눈밭에 찍힌 핏자국처럼 선명하게 부각되고 있었다.

여자는 마이크 앞으로 사뿐 다가섰다.

"안녕하십니까, 여러분. 와주셔서 감사합니다. 저는 골드 그룹 회장 왕링링입니다."

그리고 다시 사뿐 뒤로 물러섰다.

"햐 저 여자, 완전히 여왕이시네." 이토 히데오가 아까보다 더 낮게 꿍얼거렸고, "저거 여간내기가 아닌데. 섹시하기까지 하잖아." 도요토미 아라키가 무슨 의미인지 모호한 입맛을 다셨다.

"잠시 후에 골드 88빌딩 신축 기공식 테이프 커팅을 거행하겠습니다. 지금부터 호명하는 귀빈들께서는 단상으로 올라와 주시기 바랍니다."

사회자가 호명하기 시작했다. 헤드 테이블에서 한 사람씩 일어났고, 그때마다 도우미들이 날렵하게 길 안내를 하고 나섰다. 단상에 오른 사람은 헤드 테이블을 채웠던 아홉이었다.

"어허, 정계 재계 거물들을 다 모은 것 아닌가!" 이토 히데오의 목소리가 아까보다 좀더 커졌고, 도요토미 아라키가 놀라는 표정으로 목소리를 낮추라는 손짓을 하고는, "저 여자 저거, 우리 예상보다 훨씬 더 막강 파워인데⋯⋯" 도요토미 아라키는 또 입맛을 다시며 고개를 갸웃갸웃했다.

"예, 그럼 잠시 후 9월 18일 오후 8시 8분 8초를 기하여 골드 88빌딩 신축 기공식 테이프 커팅을 거행하겠습니다. 테이프를 잡으신 귀빈 여러분께서는 제가 부르는 하나, 둘, 셋, 신호에 맞추어 커팅을 해주시기 바랍니다."

그 여자는 양쪽에 남자들을 거느리고 색색의 테이프를 잡고 서 있었다. 그 여자의 자태는 의연했고 당당했고 눈부셨다.

"자네 눈 좋지?"

도요토미 아라키가 물었다.

"나쁘지 않지."

이토 히데오가 답했다.

"저 여자 잘 보여?"

"응, 환히."

"어때?"

"미인이야. 누구 거든 발딱 서게."

"그런 음담패설하라는 뜻이 아니야. 인상을 유심히 보라구. 생김 말야."

"그래, 아까 자네 말대로 미인이고, 섹시하잖아. 그러니까 사업가로는 안 어울리는 인상이지."

"이 사람아 그게 아니구, 저 여자 중국여자 같지 않잖아?"

"글쎄에……, 그런 것 같기도 하고……, 그거 너무 잘생겨서 그리 보이는 거 아닌가?"

"인물 감상만 하지 말고 정신 차리고 똑똑히 좀 봐. 저거 서양 피가 섞인 것 같지 않아?"

"서양 피……? 그럼 튀기라는 건데……, 저 머리가 새까맣잖아."

"이런 무식하긴, 까만색은 무조건 우성이잖아."

"아 그렇지, 유전법칙상, 그러고 보니 좀 이상해 보이기도 하네. 눈도 크고, 코가 오똑하고, 키도 크고……."

"자아, 지금이 18일 오후 8시 8분 1초입니다. 지금부터 골드 88빌딩 신축 기공식 테이프 커팅을 거행하겠습니다. 하나아, 두우울, 세에엣!"

행사장에 박수갈채가 뜨거운 파도로 출렁거렸다. 그때 갑자기 폭음과 함께 불꽃들이 밤하늘을 수놓기 시작했다. 폭죽이 터지고 있었던 것이다. 그 폭죽들은 여기저기서 쉴 새 없이 터져 올랐고, 박수소리는 더욱 뜨겁게 출렁거리고 있었다.

"치이, 차릴 격식은 완벽하게 다 차리는군."

이토 히데오는 손으로는 열심히 박수를 치면서도 입으로 는 투덜거렸다.

"중국사람들 잔치나 행사에 폭죽놀이 빠지면 그게 오히려 이상하잖아. 우리 찐빵에 앙꼬(팥) 빠진 격이지."

단상에 눈길을 박은 채 도요토미 아라키가 대꾸했다.

"웃기지도 않아. 화약을 세계 최초로 발명해 놓고는 그걸 무기 개발로 확대시키지 못하고 고작 귀신 쫓는 데 써먹다가 서양이나 우리한테 그렇게 당하고서도 정신 못 차리고 지금 까지도 폭죽놀이라면 사족을 못 쓰니 원. 아이구 한심해."

박수소리를 방패 삼아 이토 히데오는 맘 놓고 떠들고 있었다.

"내버려둬. 악귀 쫓고 복 불러와 부자 되게 해준다고 철통 같이 믿고 있는데 그 짓을 어떤 장사가 막을 수 있겠어. 우리 도 그런 미신 많이 지키고 있잖아."

박수 소리가 잦아드는데도 폭죽놀이는 한동안 계속되었 다. 단상에 서 있던 거물들이 모두 제자리로 돌아갔다.

"그럼 이것으로 골드 88빌딩 신축 기공식을 모두 마치겠습 니다. 지금부터는 아름답고 감미로운 음악을 들으며 만찬을 즐겨주시기 바랍니다. 오늘의 기공식을 축하해 주고 빛내주신 여러분들께 다시 한 번 심심한 감사를 드립니다. 감사합니다."

사회자의 마감 인사가 끝나면서 그동안 발 빠르게 자리 잡은 오케스트라가 웅장한 선율을 폭발시키기 시작했다.

"이거 참, 이렇게 세련되기까지 하니 원. 아까 그 유명하신 분네들이 감투 크기 차례로 한 말씀씩 해대면 오늘 죽었구나 싶었는데 어찌 이렇게 군소리 한마디 없이 산뜻하게 끝내버리지? 이 여자 이거 갈수록 수수께끼네." 도요토미 아라키가 무언가를 깊이 생각하는 얼굴로 고개를 갸웃거렸고, "그래, 나도 똑같은 생각을 했었어. 중국사람들 마이크 한번 잡았다 하면 끝낼 줄을 모르고 떠들어대는 것 정말 지겹고 사람 질리게 하지. 저 여자 미국 교육을 받아서 이렇게 세련된 것 아닐까?" 이토 히데오가 물컵을 들었다.

"인터넷에서 사진을 보았을 때도 느낌이 이상했는데, 실물을 보니까 확실히 달라. 피가 섞인 거야." 도요토미 아라키가 중얼거렸고, "그야 그럴 수 있잖아. 우리 일본사람만큼 중국사람들도 미국에 오래 살았으니까 저 여자네 누군가가 서양사람과 결혼했을 수 있잖아." 이토 히데오가 별로 대수로운 일 아니라는 듯 말했다.

저녁은 양식이었다. 검은 제복을 입은 아가씨들이 재빠르게 도는 기계들처럼 착착 움직이며 음식을 날라왔다.

"빈틈이라곤 없는 것 같았던 저 여자도 실수를 하는 게 있군."

도요토미 아라키가 말했다.

"실수……?"

고기를 썰다 말고 이토 히데오가 도요토미 아라키를 쳐다 보았다.

"이 양식 말야. 중국사람들은 이따위 음식은 음식으로 취급도 하지 않잖아."

"글쎄, 그 여자가 그런 것쯤 몰랐을까? 이런 야외에서 중국식을 하자면 복잡하니까 접시 하나로 해결되는 양식으로 한 거겠지."

"그런가……? 음, 그럴 수도 있었겠군. 어쨌거나 저 여자, 오늘 실물을 보기를 잘했어."

"왜, 뭔가 풀리는 게 있는 것 같애?"

"뭐 꼭 그런 건 아닌데……, 단기간에 사업을 그렇게 초고속으로 크게 일으킬 수 있는 요건을 두루 갖춘 것 같애."

"크크크크……. 이제야 내가 한 말 시인하는 거지? 누구 맘이나 혹하게 생겼다는 거."

"그거 부인할 수 없군. 특히 많이 거느릴수록 능력이 인정되는 중국에서는."

"흥, 미국도 프랑스도 아프리카에서도 마찬가지야. 그것처럼 세계 공통인 게 어딨어."

"하긴 그렇지. 근데 말야, 재력에 미모까지 갖추다니……, 도대체 그 배경이 뭐야."

"이봐, 그 문제에 대해서 우리 그만 신경 끄는 게 어때? 오늘 보고 또다시 느낀 게 없어? 그 여잔 우리와는 너무나 머나먼 저 높은 곳에 있다구. 우린 그저 우리 급에 맞는 인간들 상대하며 부지런히 납품 따낼 구멍이나 찾는 게 상책 아니겠어?"

"허, 자네가 아주 정곡을 찌르는군. 그래, 일단 마음 접고 우리 일이나 열심히 하자구. 거래 계속하다 보면 차츰 흘러나오는 얘기가 있겠지. 인간사에 철통비밀은 없는 법이니까. 또, 그 여자 배경을 속 시원하게 안다고 해도 우리가 하는 일에 무슨 도움이 되는 것도 아니고."

"그래, 일단 신경 꺼. 그나저나 나도 한번 품어보고 싶도록 저 여자가 색정적이고 매혹적이라는 게 오늘 발견한 중대 사실이야."

이토 히데오가 또 키들키들 웃었다.

"누가 수컷 아니랄까 봐 큼큼 냄새 맡고 나서기는."

도요토미 아라키가 혀를 찼다.

"근데 말야. 언제나 생각해도 한 가지 이상한 게 있어. 예쁜 여자를 보면 예쁜 것만 딱 보이면서 마음이 동하지 딴생각은 전혀 안 난다니까."

"수컷들의 그 무지몽매함 때문에 화류계 여자들이 먹고사는 거잖아. 새삼스럽게 별소리 다 하고 앉았네."

"그래서 바람둥이의 기본조건이 청탁불구요 노소불구에 귀천불구라는 말이 나왔겠지?"

"자네 요새 며칠 근신하더니 또 근질근질해지기 시작한 모양이지?"

"샘물이 차오르면 퍼내야 하는 게 순리 아닌가. 어때, 이거 끝나면 술 한잔 하는 게." 이토 히데오가 술잔 꺾는 시늉을 했고, "아니야, 아직 위험해. 웨이보 들어가 봐. 아직도 살기가 번뜩번뜩해. 중국 알지, 50위안만 주면 주문하는 대로 두들겨 패주는 거. 지금 일본말 크게 하면서 밤거리 다니다간 무슨 일 당할지 몰라. 이런 땐 그저 몸 사리며 조심하는 게 상책이야." 도요토미 아라키가 낮으나 단호한 어조로 말하며 고개를 저었다.

"근데 이번에 하는 것 보니까 사람들이 점점 더 거칠어지고 사나워지고 있는데, 그거 문제잖아?"

이토 히데오가 입에 넣으려던 고기를 내리며 얼굴을 찌푸렸다.

"당연하지. 자신감이 점점 강해지고 있는 거야. G2가 되고 나서 이 사람들 태도가 훨씬 당당해졌잖아."

"빌어먹을, G2도 좋고 자신감도 좋은데, 이번 사건 일으킨 건 도대체 말이 안 되잖아. 그 많은 술집에, 그 많은 여자들 드글거리게 해놓은 게 누군데 새삼스럽게 단속이야, 단속이.

그것도 일본사람들만 쏙 골라서." 이토 히데오의 목소리가 약간 커졌고, 도요토미 아라키가 또 목소리 낮추라는 손짓을 하고는, "분해도 억울해도 어쩔 수 없는 일이야. 여긴 중국이잖아. 그리고 매춘은 엄연히 위법으로 규정돼 있어. 그런 말 여기서 그만해" 하며 냅킨으로 입을 닦았다.

헤드 테이블의 사람들이 하나씩 행사장을 떠나기 시작했다. 왕링링은 가벼운 춤을 추듯 나붓나붓한 몸짓을 지으며 그들을 배웅했다. 그녀는 남자들과 악수를 할 때마다 해득이 난해하면서도 상대방의 마음을 잡아끄는 것 같은 진한 눈인사를 일일이 보내고 있었다. 입으로는 "와주신 것 다시 감사드립니다. 곧 또 뵙겠습니다." 지극히 평범하게 말하고 있었지만 눈이 담고 있는 말은 전혀 그렇지가 않았다. 그런데 그녀의 의미 모호한 눈인사를 받으면서 남자들은 하나같이 군침이라도 지르르 흘리듯이 입이 헤벌어지는 웃음을 지어내고 있었다.

헤드 테이블의 인사들이 다 떠나자 그녀도 이내 그 하얀 캐딜락에 올랐다. 그 캐딜락 앞뒤로는 검은 세단이 함께 출발했다.

왕링링은 호텔 스카이라운지의 한 바로 들어섰다. 그녀가 나타나자 기다리고 있던 남자들이 가볍게 박수를 쳐 맞이했다.

"다들 앉으세요."

왕링링이 환하게 웃으며 손짓했다. 식장에서와는 달리 그녀는 영어를 썼다. 스무 명 가까운 남자들은 거의가 백인이었다. 남자들이 타원형으로 배치된 자리에 앉았다. 왕링링은 남자들의 중앙에 자리 잡았다. 여자는 그녀 하나뿐이었다. 그 자리의 남자들은 그녀가 거느리고 있는 골드 그룹의 사장들이었다. 그 자리는 그녀의 두 가지 취향을 드러내고 있었다. 흑인이 없었고, 여자가 없었다.

"어땠어요?"

왕링링이 그냥 던지듯이 말하며 좌중을 둘러보았다.

잠깐 침묵하는 것 같더니 한 사람이 답했다.

"중국사람들 반응이 좀 이상했어요. 왜 축사가 없느냐 하는 눈치를 보이기도 했고, 뭐가 이리 싱겁느냐 하는 눈치이기도 했고, 별 기공식도 다 본다 하는 눈치 같기도 했고, 다양했어요."

그 동양인의 영어는 백인과 구분이 안 될 정도로 유창했다.

"그랬겠지요. 우리가 다 예상했던 그대로군요. 어쨌거나 중국사람들 음식 많이 시켜서 남기는 버릇이나, 말 많이 하는 버릇은 꼭 고쳐야 하는데 그럴 자각도 의지도 없는 게 문제예요. 음식 많이 시켜서 버리는 건 자원 낭비에 환경오염이고, 촌스럽게 말 많이 하는 건 시간 낭비에 정력 낭비예요. 인터넷 규제는 재빠르게 잘하면서 왜 그런 것 고치는 데는 무감각인지 모르겠어요." 그녀는 빨간 루주 진한 입술에 살짝 쓴웃음을 짓고는, "어쨌든 말 한마디 안 하고 효과는 톡톡히 본 거겠죠?" 하며 좌중을 둘러보았다.

"예, 의문과 호기심을 최대한 자극했으니까 효과는 100퍼센트 거둔 거지요."

한 백인이 대답했다.

"그보다 더 호기심을 자극한 게 따로 있어요." 다른 백인이 말했고, "그게 뭐죠?" 왕링링이 이상하다는 듯 재빨리 반응했다.

"바로 당신!" 하며 그 백인이 왕링링을 검지손가락으로 가리켰다. 그 자유스러운 제스처는 완전 미국식이었다.

"아, 그래요? 예, 그런 아부는 할수록 좋아요."

왕링링이 입을 가리는 듯하며 호호거리고 웃었다.

"이런 아부할 기회를 놓쳤잖아." 한 백인이 화를 내는 척 말했고, "회장님, 아부하는 소리 듣기 좋아하다간 회사가 멍이 듭니다. 거대한 중국의 왕조들도 황제들이 아부에 귀가 어두워지기 시작하면서 몰락의 길로 들어섰으니까요." 한 동양인이 말을 받았다.

"아무 걱정할 것 없어요. 아부는 사장들 수명 연장과는 전혀 상관이 없으니까."

"역시 우리 회장님은 현명하십니다." 어느 백인이 말했고,

"아니, 그건 진짜 아부잖아?" 다른 백인이 꼬집었고, 그들은 와아 웃음을 터뜨렸다.

"자아, 아부 완성편입니다. 상하이 진출식을 완벽하게 성공시킨 백조의 여왕님께 축하의 박수를!"

동양인이 말하며 박수를 치기 시작했고, 다른 사람들이 와아 소리치며 박수소리를 합쳤다.

"여기 술! 꼬냑으로 빨리!"

그녀가 바텐더 쪽을 향해 손짓하며 탄력 좋은 소프라노 음색을 뽑았다.

프랑스제 꼬냑은 중국 상류층에서 가장 좋아하는 술이었다. 두 가지 이유 때문이었다. 중국 술들에 비해 가짜가 적고, 자신의 체면과 신분을 과시하기에 좋았던 것이다.

"내일부터 홍보 총 가동 차질 없지요?"

술을 한 모금씩 하자 왕링링이 분위기를 확 바꾸는 태도로 한 남자에게 눈길을 쏘았다.

"예, 오늘 저녁 텔레비전부터 뉴스 보도가 차질 없이 시작됩니다."

동양인이 대답했다. 중국이라는 말과 홍보 총책이라는 점에서 그가 중국인임을 짐작케 했다.

"신문 기사, 특히 주간지, 인터넷까지 철저히 점검하고, 내일 중으로 상하이 전역에 팸플릿 까는 것 차질 없도록 하세요."

말끝마다 검지손가락으로 지적하는 제스처를 쓰고 있는 그녀는 '백조의 여왕'이 아니라 '카리스마 여왕'이었다.

"예, 알겠습니다."

"그리고 웨이보 활용계획도 철저히 세우세요. 오늘 우리가 연출한 의문과 호기심을 웨이보에서 최대한 확대시키라 그거예요. 무슨 말인지 알겠어요?"

"예, 알겠습니다."

"어디, 한번 예를 들어보세요."

"예, 그러니까……." 그 동양인은 문득 당황하는 기색이더니 앉음새를 고치며 이내, "골드 88빌딩, 이름이 멋진데 도대체 용도가 어떤 건물이냐. 기공식이 베이징올림픽 개막식을 재현했는데 그 빌딩에 들어가면 정말 부자 되는 것 아닐까. 흰 드레스에 모란 한 송이를 단 여회장이 환상적으로 아름다웠는데, 도대체 누구일까? 이런 식으로 글을 올리는 거지요." 그는 조심조심 말하고는 주먹 쥔 손등으로 이마를 훔쳤다.

"아, 멋져요! 완옌춘 사장은 언제나 핵심을 꿰뚫어 볼 줄 알아서 좋아요. 웨이보의 위력이 신문을 능가하고 텔레비전에 맞먹는 시대예요. 그런 식으로 계속 관심을 유도하세요."

"예, 알겠습니다."

"그다음, 앤디 박, 지금부터 실내장식에 본격적으로 집중할 때예요."

"예, 일을 이미 시작했습니다."

그 남자도 동양인이었다.

"최종적으로 점검하는 뜻으로 다시 말하는 건데, 베이징과 톈진과 칭다오의 성공처럼 여기 상하이도 성공시켜야 해요."

"예, 명심하고 있습니다."

"사업가의 적은 성공이에요. 전의 성공이 다음의 실패의 원인이 될 수 있어요. 성공은 만족, 방심, 오만을 키우는 늪이라구요. 우리는 그동안 계속 성공을 해왔어요. 그게 너무 위험한 상황으로 우리 앞에 닥쳐와 있어요. 앤디 박은 그런 위기의식과 긴장에 요즘 괴로움을 느끼고 있어요?"

"예, 귀를 자른 반 고흐처럼."

"아 또 멋 부리며 대답하지 말아요. 여긴 우리가 버클리나 하버드에서 워크숍 하던 때가 아니라구요. 망하느냐 흥하느냐 하는 몇십억 달러가 걸려 있는 전쟁터예요."

"예, 반 고흐가 멋으로 귀를 자른 게 아니지요."

"그래요, 얼마나 치열한 예술정신의 표현이었는지 잘 알아요. 그럼 그런 괴로움의 답은 얻었어요?"

"지금까지 얻은 답은, 그전과 마찬가지로 지난날의 것을 다 잊고 완전히 새롭게 태어나야 한다는 사실입니다."

"네, 바로 그거예요. 비슷한 것 같으면서 완전히 다른 것. 세련된 미적 감각이 살아 있으면서 아무 불평이 없도록 실용성이 살아 있는 공간! 그렇게 할 자신이 있다 그거죠?"

"최선을 다하겠습니다."

"좋아요, 앤디 박을 믿어요. 이번에도 돈 아끼지 말고 최고 재료를 쓰세요. 프랑스제와 이탈리아제로만. 여긴 딴 도시들과는 완전히 다른 중국의 경제 수도예요. 상하이는 돈만 많은 게 아니라 세련된 서양 멋도 가장 잘 아는 도시예요. 내가 욕망과는 다르게 상하이에 이렇게 늦게 진입한 것은 상하이를 상대하고 소화할 자신이 없었고, 두려웠기 때문이에요. 그래서 세 도시에서 연습을 한 셈이에요. 세 도시에서의 성공을 경력으로 업고 상하이에 들어왔는데, 그 성공이 장애가 될까 봐 걱정인 거지요."

"예, 걱정 안 하셔도 됩니다. 제 마음속에서는 제 귀를 이미 둘 다 잘랐습니다."

"아 앤디 박, 당신은 건축가이면서 그렇게 멋지게 말할 줄 아는 게 큰 매력이에요. 하버드 워크숍 때, 남자 건축가도 건축물을 탄생시키는 그 영혼은 여자, 라고 말했을 때 난 당신한테 완전히 반해버렸어요. 그 후로 당신은 나를 한번도 실망시킨 적이 없었어요. 이번에도 당신을 믿어요. 최고의 명품 재료들을 써서, 최고의 상품을 만들어내고, 최고로 비싸게 팔면 돼요. 고급 상품일수록 비싸야 잘 팔리는 것 우리 다 알잖아요. 특히 상하이는 외국 대기업들이 넘쳐나고, 중국인들도 거부들이 수두룩해요. 그들이 수요의 반반을 차지할 텐데, 최고급으로 꾸며져야만 그들의 자존심에도 맞고, 과시욕에도 맞아요. 필요하면 바로 프랑스와 이탈리아를 헌팅하고 와요."

"예, 그렇지 않아도 준비하고 있습니다."

"좋아요, 서두르세요. 참, 얼마 전에 태어난 둘째 아이는 잘 커요?"

왕링링은 사무적인 표정을 풀며 물었다.

"예, 잘 큽니다."

"부인은 아직도 중국에 올 생각이 없대요?"

"예, 공기 좋아질 때를 기다린답니다."

"그렇겠네요. 어린애들한테 이런 공기 마시게 하고 싶지 않은 엄마 맘 충분히 이해가 돼요. 특히 한국 여성들은 모성애가 강하다면서요."

"그 모성애 때문에 골탕 먹는 건 남편이지요."

"골탕 먹긴요. 떨어져 살면서도 차릴 실속은 다 차리잖아요. 애만 척척 잘 낳으면서."

그녀의 농담에 모두 와아 웃음을 터뜨렸다.

"자아, 오늘 밤에 실컷들 즐기시고 내일은 각자 현지로 돌아가는 겁니다. 난 딴 약속이 있어서 이만 실례합니다."

왕링링은 좌중에 손을 저어 인사하고 일어섰다.

시안(西安)의 매연은 짙은 안개 수준이었다. 100미터 앞이 뿌옇고, 200미터 앞이 침침했고, 그 뒤로는 아무것도 보이지 않을 지경이었다. 그런 매연이 조금이나마 걷히거나 덜하는 기미 없이 날이면 날마다 온 도시를 뒤덮고 있었다. 김현곤은 숨을 쉬고 싶지 않은 기분으로 그 탁하고 칙칙한 매연을 망연히 바라보고 있었다. 매연 매연, 공해 공해 소리를 수없이 들으며 중국땅에서 살아왔지만 이다지도 극심한 공해는 첫 경험이었다. 처음 겪은 공해 도시가 베이징이었고, 두 번째가 상하이였다. 그 두 곳도 진저리 치며 넌덜머리 냈지만 시안에 비하면 그나마 천국이었다. 서울의 공해도 용서할 수준이 못 되지만 베이징이나 상하이에 비하면 천국이듯이. 2,500년의 역사가 현실인 것처럼 살아 있는 소중한 고도 시안이 그런 살인적인 공해에 밤낮없이 뒤덮여 있는 건 이제 막 개발이 본격화하고 있기 때문이었다. 중국의 중앙정부가 전국적인 균형발전을 위해서 세운 국책사업이 서부대개발이었다. 그 거센 바람을 타고 아름답고 진귀한 고도 시안에 공해가 몰아닥친 것이다.

그러나 그 가혹한 매연을 꼭 미워할 수만도 없었다. 이번에 매연 덕을 톡톡히 보았기 때문이다. 철강 가공공장을 세우기 위한 법인설립 겸 투자신청, 그리고 지방정부와의 합작 업무가 아무런 장애나 시비 없이 일사천리로 처리된 것도 지방정부가 개발에 미쳐 있었던 덕이었다. 지방정부는 개발제일주의에 사로잡혀서 투자라면 웰컴, 웰컴, 에브리싱 웰컴을 외쳐대고 있었다. 그도 그럴 것이 먼저 개발이 시작된 동부 지역은 자기네보다 서너 배나 배꼽 튀어나오게 잘 먹고 잘살고 있는데 자기네 서부 지역은 지지리 궁상을 못 면하고 있었다. 한쪽에서는 기름기 번들번들하게 먹고살면서 자전거 걷어차고 자동차 팍팍 몰고 다니는데 자기들은 잘살 가망 없이 풀 죽어 있어야 하는 것처럼 분한 일이 어디 있는가. 그런데 문제가 그것으로 끝나는 것이 아니었다. 꼭 부자와 거지 같은 그 빈부격차는 인민들의 심사를 몹시 꼬이게 해 불만이 꼬약꼬약 괴어오르게 만들고 있었다. 그 불만의 화살은 어디로 날아가려 하고 있는가. 그 과녁은 바로 지방정부였다. 그것처럼 무서운 것이 없었다. 중국의 현자인 순자는 이렇게 말했다. "물은 배를 떠우기도 하지만 배를 삼켜버리기도 한다." 중국 2천 년 역사 속에서 수많은 왕조는 바로 그 물이 일으킨 노도에 먹혀 영원히 바다 밑으로 가라앉고 말았던 것이다. 또 다른 현자인 맹자는 더욱 직설적으로 말했다. "국가가 자신에게 주어진 의무를 제대로 수행하지 못하게 되면 백성은 반란을 일으킬 권리가 있다." 그래서 중앙정부가 현명하게 내린 결정이 서부대개발이었다. 자신들에게 향하는 화살을 피할 기회가 왔으니 지방정부 관리들은 어떻게 하겠는가. 투자 웰컴 웰컴 쌍

나팔을 신바람 나게 불어대는 것이다. 2천 년이 넘는 역사를 생생한 유물과 유적 들로 보여주고 있는 그 귀중한 고도가 매연으로 뒤덮이고 공해로 찌들거나 말거나 돈 많이 생기는 투자 대환영인 것이다. 관리들뿐이 아니다. 인민들도 그 지독한 매연으로 목이 찢어지게 아프면서 가래가 거무튀튀하게 터져 나와도, 눈이 따끔따끔 가렵다 못해 쓰리고, 눈물이 찌적찌적 나와 눈꼬리가 짓무르는 괴로움을 당해도 편히 잘 먹고 잘살 수만 있게 된다면 그런 것쯤 얼마든지 참을 수 있다고 무언의 동의를 한 것이다. 그런데 사람의 몸이라는 것이 묘하고 희한해서 그런 괴로움이나 고통은 그다지 오래가지 않는다. 몸은 탁월한 적응력을 발휘해서 시나브로 둔감하게 그리고 무감각하게 만들어주는 것이다.

"조금만 참으세요. 한두 달 지나면 금방 괜찮아집니다."

미개발 지역인 내륙이라 양치질도 제대로 하지 않는 것인지 아니면 독하기로 유명한 중국 담배를 많이 피워서 그런지 유난히 누런 이를 다 드러내며 담당 과장이 헤벌쭉 웃었다.

"예에……, 좋아지겠지요."

김현곤은 손수건으로 눈자위를 자근자근 누르며 인상 좋게 보이는 영업적 웃음을 세련되게 피워냈다. 그러나 속으로는 전혀 딴말을 하고 있었다.

'요런 멍청한 친구들아, 투자 좋아하고 돈 좋아하지 말어.

이 아까운 도시를 어쩌자고 이렇게 망쳐대는 거야. 이런 도시는 돌 하나 손대지 말고 그대로 둬야 해. 당장 좀 가난하게 살면 어때. 이런 도시를 잘 보존해서 매연 없고 공해 없는 깨끗한 도시, 청정한 도시로 관광사업에 올인하는 거야. 그럼 이렇게 엉망진창으로 난개발을 하는 것보다 훨씬 더 잘살 수 있게 돼. 요런 바보 멍텅구리들아, 프랑스 파리를 봐. 그 도시의 옛것들을 마구 다 때려 부수고 느네들처럼 고층 빌딩들만 세웠으면 어떻게 됐겠어? 한 해 1억씩 관광객이 몰려들까? 이태리 로마도 마찬가지잖아. 세계적으로 관광인구는 갈수록 늘어나고 있고, 중국에도 해마다 많아지고 있잖아. 그 사람들이 북경 거쳐 이 시안으로 다 오게 되어 있는데 이게 무슨 짓이야. 지금이라도 안 늦어. 개발 당장 때려치워. 그게 느네들 살 길이라구.'

그러나 그런 말이 다 소용없다는 것을 김현곤은 잘 알고 있었다. 특히 공무원이라는 족속들에게는. 어느 나라나 그들은 철밥통 지키기에만 능란했고, 해마다 걷히고 또 걷히는 주인 없는 돈, 세금을 흠나지 않게 잡수시는 기술개발에 몰두하고, 그 방법의 하나로 즐겨 쓰는 것이 국가 발전과 국민생활 향상을 내세운 개발사업 아니던가. 사업비의 5퍼센트를 잡숫는 것은 지극히 양심적인 것이고, 10퍼센트를 잡숫는 것은 보통 양심이고, 15퍼센트 이상을 잡숫다가 말썽이 된다는 것은 널리 퍼져 있는 소문 아니던가.

김현곤이 상식의 수준을 넘어 시안에 대한 지식을 쌓은 것은 중국 통사를 읽고 나서였다. 중국말에 능통해야 하는 것은 어길 수 없는 회사의 방침이었다. 회사의 요구는 거기서 끝나지 않았다. 중국 통사를 읽어야 하는 것도 필수였다.

무조건 물건을 팔아먹으려고 해서는 안 된다. 일회성이 아니고 장기간에 걸쳐 세일즈를 하려면 상대방을 이해해야 하고, 그러려면 그들의 사회와 그들의 문화를 알지 않으면 안 된다. 그 숙제를 푸는 1차적 작업이 역사책을 읽는 것이다. 그들의 역사를 알게 되면 그들을 이해하는 길이 생기고, 그 길을 따라가다 보면 더 깊은 것을 알고 싶은 욕구가 생기고, 그 욕구를 해결하다 보면 그들을 사랑하게 된다. 그들을 사랑하는 사람과, 그냥 물건을 팔려고만 하는 자의 느낌은 완전히 다르다. 그 다름은 말로는 하기 어렵지만 상대방들은 본능적으로 다 알아차린다. 특히 중국사람들은 사람의 마음의 깊이를 재고 무게를 다는 사람들이다. 진심으로 그들의 문화를 이해하고 사랑하는 것, 그것은 자기 자신의 교양과 정서를 위해서도 좋지만, 그건 세일즈의 가장 강한 무기다. 특히 중국은 시간을 바쳐 이해해야 할 만한 가치가 있고 의미가 있는 문화와 역사를 가지고 있다. 그리고 13억이 넘고, 계속 14억, 15억이 될 세계 최대의 시장이 중국이다. 중국에서 세일즈를 성공시키지 못하면 세계시장에서 경쟁을 논할 수 없는 게 21세기다.

회사의 교육이었다.

역사책에서 알게 된 시안과 눈으로 직접 확인한 시안은 너무나 달랐다. 공무 처리가 아주 수월하게 마무리되어 며칠 전 시간 여유가 생겼었다. 김현곤은 마음먹고 시안 구경에 나섰던 것이다. 시안 전체가 2,000년 넘는 역사를 품고 있는 박물관이었고, 도처에서 그 긴 역사가 박제되어 있지 않고 오늘을 숨 쉬며 살아 있는 맥박을 느낄 수 있었다. 부처님 탄생이 2,500여 년 전, 예수 탄생이 2,000여 년 전, 공자 탄생이 2,500여 년 전, 그 세월들은 고작 60~70여 년을 살 뿐인 인간들에게 얼마나 까마득히 멀고 상상이 미치기 어려운 미지의 세계인가. 그런데 그 먼먼 세월에 실재했던 왕조와 일반인들의 생존 모습들이 생생한 색깔, 뚜렷한 형태로 생명력을 유지하며 오늘의 사람들을 맞이하고 있었다. 쑨원(손문)에 의해 건국된 '중화민국' 이후부터 비로소 '중국'이라고 통칭되고 있을 뿐인 이 거대한 땅에 장구한 세월 따라 생성되고 소멸해 간 역대 왕조는 기억하기 벅찰 만큼 많았다. 그 왕조들이 어떻게 바뀌든 간에 세월의 물결에 실려 무수한 사람들은 면면히 삶을 일구고 가꾸어왔다. 그들이 정성 다해 빚어내고 엮어낸 생활용품들이 얼마나 깊고 높은 예술성을 간직한 문화를 형성해 냈는지 다시금 관찰하게 하고 거듭거듭 생각하게 했다.

저 우주의 거리만큼 까마득한 세월의 단절을 훌쩍 뛰어넘어 오늘날의 감각 앞에서 오히려 더 현대성을 과시하고 있는 당삼채(唐三彩). 현란한 채색의 조화와 과감한 형상의 추상미를 이미 1,500여 년 전에 창조해 낸 도공들. 그들은 왕조 사회에서 가장 천대받은 계급이었다. 그들을 짐승과 별다를 것 없이 멸시하고 학대했던 권력 가진 자들은 그 시대의 문화 형성에 한 일이 무엇일까. 그 옛날이나 오늘날이나 권력 가진 자들이란 무엇을 하는 존재들일까⋯⋯. 이런 생각들까지 질정 없이 떠올라 김현곤은 시안 구경을 잠시 멈추기로 했다. 시안이란 보물창고는 하루이틀로 볼 수도 없고, 보아서도 안 된다는 생각이 들었던 것이다. 두고두고 조금씩조금씩, 쫀득쫀득 맛있는 것을 잘근잘근 씹으며 그 맛을 음미하듯이 아껴가며 보아나가기로 했다. 일에 지치고 짜증 날 때면 찾아갈 데가 수없이 많은 곳이 2,000년 고도 시안이었다. 그것은 시안에 정붙이며 일해 갈 수 있는 시안의 선물이었다.

대외경제투자유치국의 이가 누런 과장이 알려준 찻집은 뒷길인데도 찾기가 쉬웠다. 그건 시안의 현대적 도로망 때문이었다. 1,500여 년 전 당나라 시대에 완성된 도로망은 도시의 기능을 효율적으로 극대화한 과학적 설계로 이루어져 있었다. 도로망은 수많은 네모로 연결된 바둑판 모양 그대로였다. 그런데 그 네모들은 모두 정사각형이 아니라 지역적 특성과 기능에 따라 효율을 높이기 위해 정사각형과 직사각형의 배합으로 조화되어 있었다. 그 사각형을 따라 주소들이 질서 정연하게 배치되어 있어서 장님도 집 찾기가 어렵지 않을 정도였다. 서양이 근대적 도시로 자랑하는 그런 과학적 설계가 중국에서는 이미 1천 년이 넘게 앞서서 시안에 태어나 있었다. 그런 탁월한 안목을 가진 도시설계사들이 있었다니 실로 불가사의한 일이 아닐 수 없었다. 인류 역사 속의 모든 봉건주의가 그렇듯이 중국의 봉건주의도 철통같은 계급주의의 토대 위에서 존속해 왔다. 중국의 봉건주의가 규정한 네 가지 신분이 사농공상(士農工商)이었다. 그러나 거기에 들지 못하는 또 하나의 신분이 있었다. 천민, 노예, 백정으로 불리는 인간 군상이었다. 그 신분들 중에서 과학자인 도시설계사들은 세 번째 계급인 공에 속했다. 첫 번째 사에 비해 공은 어떠했을까. 사에는 문인과 무인이 포함되며, 그들은 국가의 지배계층으로 모든 벼슬을 나누어 갖는다. 그런데 중국에서는 이렇게 말했다. "좋은 쇠로는 못을 만들지 않고, 좋은 인재는 군인이 되지 않는다." 같은 귀족계급끼리도 이렇게 차별하고 멸시했다. 그러니 세 번째 계급은 어떤 취급을 당했으랴. 사람 취급 못 받는 푸대접 속에서 그런 시대를 초월하는 창조적 아이디어를 낸 도시설계사들……. 그들은 생각할수록 불가사의한 존재들이 아닐 수 없었다.

당나라 시절에는 '장안'으로 불렸던 이 도시가 세계의 중심 도시 역할을 했던 것은 결코 우연한 일이 아니었다. 그건 당나라를 떠받치고 있었던 무수한 하층민들이 생산해 낸 드높은 수준의 문화상품들이 이 도시로 집결되었기 때문이었다. 금값만큼 비싸고 귀하다고 해서 쇠 금(金) 자가 붙어 이루어진 비단 금(錦) 자의 비단을 위시해서 도자기, 차, 옥공예품이 대표적이었다. 그 값진 상품들을 구하려고 실크로드를 따라 서역 상인들이 이 도시로 줄지어 모여들었던 것이다. 어디 서역 상인만이랴. 한반도의 상인이며 학자며 승려들도 그 머나먼 수만 리 길을 걷고 걸어 오가기를 서슴지 않았다. 그곳에 가면 배울 것, 얻을 것, 사올 것들이 지천이었기 때문이다. 어디 한반도만 그랬으랴. 한반도를 통해서 문물을 받아들이던 일본은 그 목마름을 견디지 못해 뱃길까지 헤치며 이 도시를 찾았던 것이다. 이 도시는 중국의 36개 왕조들 중에서 당나라를 으뜸으로 꼽게 하는 원천이었다. 당나라는 마오쩌둥이 세운 중화인민공화국 이전까지 중국 역사에서 가장 넓은 영토를 확보하고, 가장 풍요로운 삶을 누렸고, 가장 찬란하고 수준 높은 문화를 창조해 냈다. 그래서 중국사람들은 당나라를 가장 자랑스러워했고, '중화문화(中華文化)'란 곧 '한당문화(漢唐文化)'를 의미하고 있었다. 그리고 세계 170여 개국에 퍼져 있는 화교들은 자기 자신들을 일컬어 '탕런(唐人)'이라고 했다. 그리고 타인들이 차이나타운이라 부르는 삶터도 그들 스스로는 '탕런지예(唐人街)'라고 했다.

김현곤은 찻집으로 들어서기 전에 습관적으로 시계를 보았다. 약속시간 20분 전이었다. 먼저 만나기를 원한 것은 투자유치국 친커 과장이었다. 그런데도 이렇게 일찍 나온 것이다. 그건 비즈니스맨의 삶을 시작하면서 완전히 몸에 밴 습관이었다. 거절을 두려워하지 말라. 절대 전화로 용건을 말하지 말고 만나야 한다. 반드시 약속시간 20~30분 전에 현장에 도착해야 한다. 한 번 거래를 튼 사람을 놓쳐서는 안 된다. 고객 명단은 24시간 속주머니 속에 있어야 한다. 고객의 생일은 물론이고 그의 부인의 생일과 결혼기념일도 기억해야 한다. 아무리 사소한 부탁이라도 들어주었으면 반드시 인사를 차려야 한다. 이런 불문율은 가슴벽에 깊이 아로새겨져 있었다.

약속시간에 1분이라도 늦으면 그 비즈니스가 성사될 리 없었다. 언제나 목마른 쪽, 배고픈 쪽은 이쪽이었다. 비즈니스 관계가 아닌 보통 인간관계에서도 약속시간을 지키지 않으면 신뢰에 금이 가기 마련이었다. 차가 너무 막혀서……, 이 흔한 이유는, '난 당신을 무시해' 하는 뜻일 수도 있고, '나오기 싫은 걸 억지로 나왔어' 하는 말일 수도 있었다.

친커 과장이 먼저 만나자고 한 용건이 무엇일까……. 김현곤의 머릿속은 어제부터 복잡했다. 공식 업무는 그들의 환대 속에 말끔히 끝났기 때문이었다. 한국에서도 그렇지만 특히 중국에서 업무에 관련된 관리가 만나자고 하면 시쳇말로 머리에 쥐가 났다. 그들은 크든 작든 칼자루를 쥔 권력자였던 것이다. 돈만큼 큰 권력이 없지만, 권력 앞에서 기업의 사원들만큼 나약한 것도 없었다. 그런데 한국의 관리와 중국의 관리는 그 개념으로부터 시작해서 권력의 무게와 존재감의 비중이 완전히 달랐다. 한국의 관리들은 국가권력을 행사하며 나라의 일을 보는 월급쟁이에 지나지 않았다. 그런데 중국의 관리들은 관리이기 이전에 중국공산당 당원이었다. 공산주의 체제에서 공산당이란 법 위에 군림하는 존재였다. 국법 위에 군림하는 존재……. 그 이해하기 쉽지 않은 공산당의 당원 수는 8,500만 명을 넘어서고 있었다. 중국이 세계 1위 하는 것이 수십 가지로 셀 수가 없을 지경이지만 그중에서 가장 특이한 것이 두 가지였다. 한 가지는 한 나라의 정당원 수가 1억에 육박하는 것이고, 다른 하나는 유흥업소에서 밥벌이를 하는 여자들도 1억에 이른다는 것이다.

공산당원들은 해마다 불어나고 있으니까 1억을 넘기는 것도 몇 년 남지 않은 일이다. 그런데 그들이 대한민국의 인구 두 배에 다다르고 있다고 해도 결코 오합지졸이 아니었다. 그들은 학교에서 공부 잘하고 똑똑한 축에 들었고, 몇 년에 걸친 엄격한 심사를 거쳐 당원이 되었다. 그런 다음에 그들은 월급을 받는가? 아니다. 오히려 다른 돈벌이를 해서 당비를 내야 한다. 그들은 당의 사명감으로 무장되어 있었고, 공산당 1당독재를 떠받치는 인간 피라미드였다. 관리는 바로 그들 중에서 선발된 존재였다. 그러니까 그들이 행사하는 권력과 영향력은 다른 나라 직업공무원들과는 생판 달랐다.

"아 김 부장님, 여깁니다. 어서 오세요."

무심코 찻집으로 들어서던 김현곤은 깜짝 놀랐다. 반가운 목소리와 함께 저쪽에서 다급하게 다가오고 있는 남자, 헤벌쭉 웃는 얼굴에 누런 이를 드러내고 있는 것은 친커 과장이었다.

"아니, 어떻게 이렇게 일찍⋯⋯."

김현곤은 그의 손을 맞잡으며, 무언가 몸이 단 부탁이 있다는 것을 직감했다. 그러지 않고서는 중국 관리가, 그것도 과장급이 20분보다 더 일찍 나와 기다릴 리가 없었다. 당원의 권위와 관리의 권력을 함께 가진 중국 관리들의 콧대는 가히 히말라야만큼 높았던 것이다.

"내가 만나자고 했으니 당연하지요. 자아, 앉으세요." 친커 과장은 관리의 거드름은 전혀 없이 친밀한 느낌으로 자리를 권했고, "예에⋯⋯, 앉으시지요." 김현곤은 상대방의 속내를 탐지하는 신경을 곤두세우면서도 정다운 웃음을 피워냈다.

"이 찻집이 어떨지······. 한국분들은 커피를 좋아하시던데······." 친커 과장은 조심스럽게 말했고, "아닙니다. 저는 커피보다는 차를 더 좋아합니다. 전에는 커피를 좋아했는데 중국 생활 10년이 넘으면서 이젠 중국차를 좋아하는 단계를 넘어 반해 있습니다." 김현곤은 찻집 안을 둘러보며 환하게 웃었다. 그건 입에 발린 사교적 발언이 아니었다. 그는 중국차의 다양한 향취도 좋아했지만 그 가지가지 효능에도 끌리고 있었다. 그런데 이 찻집에는 다른 손님은 아무도 없었다. 고풍스러운 분위기가 가득한 찻집에는 고요가 깊었다. 이 한적함이 우연이 아니라 친커 과장이 일부러 골라낸 것임을 그는 느끼고 있었다.

"아 예, 우리 중국말 유창하게 잘하시는 데다 차까지 좋아하신다니 꼭 라오펑유(오랜 친구)가 된 기분입니다."

친커 과장은 라오펑유라는 말로 자신의 속내를 살짝 드러내고 있었다. 비즈니스를 할 때 상대방이 '펑유(친구)'라고 하면 으레껏 하는 말일 뿐이고 '라오펑유'라고 해야만 '나는 너와 상담할 뜻이 있다'는 확실한 의사 표시가 되었다.

"아 예, 저도 과장님과 라오펑유가 되었으면 좋겠습니다."

김현곤은 더욱 정답게 웃으며 세련되게 상대방의 말을 받아 안았다.

그때 중국옷 치파오를 맵시 있게 입은 아가씨가 다기들을 챙긴 쟁반을 탁자 위에 놓았다.

"이건 내가 할 테니까……."

친커 과장이 아가씨에게 서비스할 필요 없다고 손짓했다. 그는 차를 우려내느라고 아가씨가 함께 앉아 있는 것을 꺼리고 있었다.

"과장님, 저는 여기에 아는 사람이 아무도 없습니다. 그런데 과장님께서 저와 라오펑유가 된 기분이라고 하셨습니다. 저도 똑같은 마음이니 정말 라오펑유라고 생각하시고, 하고 싶은 말씀 편안히 해주십시오."

김현곤은 다시 한 번 상대방이 마음을 편히 펼칠 자리를 마련했다.

"아 김 부장님, 그렇게 말씀하시니 제가 하기 어려운 말을 한꺼번에 해버리겠습니다." 친커 과장은 눈을 끔벅이며 입술을 훔치고는, "그건 다름이 아니라 김 부장님 회사에서 어차피 사원들을 뽑을 텐데, 그 영업부에 제 조카를 좀 써줬으면 하는 것입니다. 제 형의 아들인데, 대학을 나와서 국내 가전업체 영업부에서 3년차 일하고 있습니다. 그런데 이번에 김 부장님 회사가 시안에 진출했다는 말을 우연히 했더니 당장 그 회사로 옮기게 해달라고 안달이 났습니다. 제 형님도 몸이 달았구요. 김 부장님 회사가 한국 최고일 뿐 아니라 국제적으로 명성이 높은 것도 다 알고 있는 겁니다. 잘 알고 계시지요? 중국 젊은이들이 외국기업에 근무하는 것을 최고로 치는 거."

친커 과장은 숨이 가쁠 지경으로 말을 빨리 해치웠다. 김현곤은 속으로 혀를 내둘렀다. 만만디의 중국사람들은 자기 이익 앞에서 이다지도 속전속결로 콰이콰이였던 것이다.

"아 예, 잘 알겠습니다. 그렇잖아도 그런 경력자를 찾고 있었습니다. 마땅한 사람을 소개해 주셔서 감사합니다."

김현곤은 더없이 부드럽게 말하며 고개까지 약간 숙여 보였다.

"아니, 이게 무슨 말씀입니까? 채용하시겠다는 겁니까? 사람도 안 보고……."

친커 과장은 어리둥절해서 말도 약간 더듬거렸다.

"예, 채용 결정입니다. 과장님께서 모든 걸 보증하시는 건데 못 믿을 게 뭐가 있겠습니까."

더욱 정겨운 웃음을 활짝 피우며 김현곤은 흔쾌하게 말했다. 이건 경솔이 아니었다. 감동 만들기였다. 어차피 거절할 수 없고, 들어주어야 하는 부탁이었다. 그리고 대학을 나왔고, 영업경력 3년차면 기본은 갖춘 것이었다.

"아아 이렇게 믿어주시다니……, 한국에 이런 쾌남아가 있는 줄 몰랐습니다. 우린 정말 라오펑유가 되었습니다. 제가 꼭 보답하겠습니다." 친커 과장은 정말 감동 어린 표정으로 김현곤의 손을 덥석 잡았고, "예, 깊은 우정 나누는 라오평유가 되기를 바랍니다." 김현곤도 한밤중에 빛을 만난 것 같은 기분으로 그의 손을 힘껏 맞잡았다.

그에게 시안은 황무지였고, 사막이었고, 정글지대였다. 아는 사람이라고는 아무도 없는 땅에 철강 가공공장을 세우고, 연간 10만 톤에서 15만 톤의 매출을 올려야 할 짐을 지고 있었다. 공장을 짓고 기계를 사들이고 하는 건 지사장과 관리부장이 할 일이었지만, 매출은 전적으로 영업부장 자신의 몫이었다. 새로운 지역에 나서게 되는 영업담당자들의 암담함과 막막함과 쓸쓸함과 외로움을 그 누가 알까. 특히 중국처럼 회사와 상품의 객관적 신뢰도를 보기 이전에 사람의 됨됨이부터 관상 보기 하고, 꽌시가 절대적 힘을 발휘하는 사회에서는 그 두려움과 절박감이 더 커졌다. 그런데 친커 과장은 그 스스로가 꽌시로 나타난 게 아닌가. 그건 오히려 자신이 고마워해야 할 행운이었다. 말단 관리도 아니고 큰 도시의 관공서 과장이었다.

그러나 그 행운은 자신의 재수로 얻어진 것이 아니었다. 순전히 회사와 상품의 공신력으로 획득된 것이었다. 베이징에서도 상하이에서도 골머리를 앓았던 것이 잦은 이직률이었다. 포스코에 3~4년 근무한 경력은 로컬 기업으로 옮겨가 급료를 50퍼센트 이상 100퍼센트까지 올려 받을 수 있었던 것이다. 바로 그런 공신력의 덕을 시안이라는 정글지대에서 톡톡히 본 것이었다.

그러나 회사의 공신력이 처음부터 그렇게 높았던 것이 아니었다. 베이징이나 상하이를 벗어나 도시가 바뀔 때마다 포스코를 낯설어했다. 땅이 워낙 넓고 넓은 탓이었다. 그래서 영업사원들은 그 어려움을 '맨땅에 헤딩하기'라고 했다. 수많은 사람들이 맨땅에 헤딩하는 세월을 쌓다 보니 중국 대륙의 한가운데 시안이라는 촌 도시에서도 포스코를 알아준 것이었다. 시안에 발을 디디며 또 맨땅에 헤딩할 각오를 단단히 했었는데 뜻밖의 꽌시가 나타나 김현곤은 소리 나지 않는 안도의 한숨을 길게길게 내쉬었다.

"이 기쁜 소식을 어서 조카한테 전해줘야겠어요. 제가 곧 다시 연락드리겠습니다."

친커 과장은 다급한 마음을 꾸밈없이 드러내고 있었다.

"예, 그러시지요."

김현곤은 함께 몸을 일으켰다.

어느 기업의 지사에나 공통으로 통하는 말이 있었다. 관리가 직원 채용을 부탁하면 절대로 거절하지 말라. 마땅찮다고 거절하면……, 언제인가는 꼭 보복을 당하게 된다. 그러나 부탁을 들어주면 틀림없이 좋은 꽌시가 된다. 그게 중국사람들이었다. 그러니 요직에 있는 사람의 그 누군가를 먼저 채용해

주는 테크닉도 뛰어난 비즈니스의 한 방법일 수 있었다.

이런 일이 있었다. 한국의 어떤 은행이 진출했는데 인사 청탁이 들어왔다. 경력이 없는 여자였지만 얽힌 관계 때문에 어쩔 수 없이 채용을 했다. 그런데 어떤 남자가 나타나 500만 위안을 저금했다. 10억 원에 이르는 거액이었다. 그뿐이 아니었다. 200개의 통장을 개설했다. 직원들의 월급을 자동이체 시키기 위해서였다. 그 여직원의 아버지는 돈 잘 버는 사업가였던 것이다. 그런데 굳이 딸을 취직시킨 것은 외국기업에 근무하는 것이 시집갈 때 최고의 스펙이 되기 때문이었다. 그리고 부자도 자기 아내가 직장생활을 하면 자랑거리로 삼았고, 좋은 직장일수록 능력과 신분 과시용이 되는 것이 중국이었다.

"오늘 밤에 술 한잔 합시다."

사흘째에 친커 과장이 전화를 걸어왔다.

"내 라오펑유 최상호 검찰과장을 소개합니다. 김 부장과는 같은 조선족인 데다, 앞으로 김 부장한테 꼭 필요한 분이라 소개하기로 했어요."

친커 과장이 말했고, 김현곤은 목이 굵고 기운 세게 생긴 앞의 남자를 보며 정신이 하나도 없었다. 검찰과장을 소개하다니……, 이건 참 보답치고는 너무 큰 보답이었다.

"처음 뵙겠습니다. 김현곤입니다." 김현곤은 몸을 일으켜 정중히 인사했고, "아 반갑습니다. 최상호입니다." 그 남자도 몸을 일으키며 손을 내밀었다.

"자아, 우리 라오펑유의 우정을 위해서!"

친커 과장이 기분 좋게 외치며 술을 따르고 있었다. 그런데 그 잔은 보통의 작은 맥주잔이 아니라 커다란 맥주잔이 아닌가! 중국의 독한 술 백주는 퀄퀄 소리를 내며 맥주잔을 채워 나가고 있었다.

좋아, 마시자. 술이라면 자신 있다. 김현곤은 아랫배에 힘을 넣었다. 전에도 이런 식으로 가끔 술을 마신 적이 있었다. 그렇게 다섯 잔 마시면 철을 사주겠다는데 기 죽을 리 없었다. 주량도 능력이 되는 것이 영업세계였다.

"간베이!" 친커 과장의 외침에 김현곤과 최상호도 합창하며, 세 사람은 잔을 부딪쳤다.

대학생들의 배짱

"오늘 오후에 재미있는 구경거리 있는 것 알아?"

리옌링이 강의실을 나오면서 물었다.

"무슨……?"

송재형은 고개를 저었다.

"응, 미국의 유명한 시사주간지에서 우리 베이징대 학생들을 상대로 공개 인터뷰를 한대."

"공개 인터뷰……?"

그게 무슨 뜻이냐는 표정을 지었다.

"음, 말 그대로 공개 인터뷰. 우리 대학생들이면 누구나 자유롭게 참석할 수 있는 거야."

"뭐에 대해서?"

"아무 제한이 없대. 중국 현실 전반에 대해서 대학생들의 얘기를 듣고 싶다는 거래."

"흥, 땅덩어리 큰 G1, G2 나라들이라 스케일 자랑하는 건가? 뭐가 그리 막연해?"

송재형은 투덜거리듯 말했다.

"재형 씨, 또 땅덩어리 큰 것 시비야? 땅 작은 열등감 그만 버리라니까." 리옌링은 눈을 곱게 흘기고는, "얘기하다 보면 범위가 좁혀지고 구체적으로 되고 그러지 않겠어?" 그녀는 함께 가보자는 듯 송재형의 팔짱을 끼었다.

"결론은 구미가 당기신다 그거지?"

송재형이 팔짱 낀 리옌링의 손을 감싸 잡으며 미소를 지었다.

"그건 역사학도로서 당연히 가져야 하는 관심이잖아. 오늘의 삶 전체가 멈추지 않고 진행되고 있는 역사인 건 말할 것도 없고, 더구나 외국 신문과 중국 제일의 대학생들과의 인터뷰는 중요한 역사적 장면이 될 수 있잖아."

"리옌링은 예쁠 뿐만 아니라 똑똑하기까지 해서 큰일이라니까. 요런 깍쟁이!" 송재형은 리옌링의 코를 꼬집는 시늉을 했고, "몰라잉, 몰라." 리옌링은 콧소리를 내며 상체를 빠르게 내둘렀다. 상체의 흔들림에 따라 풍만한 리옌링의 젖가슴의 탄력이 왼팔에 뭉클뭉클 느껴져 송재형은 전신에 찌르르르 전기가 오르고 있었다. 송재형은 이런 때마다 대책 없고 주책없이 솟구치는 수컷의 본능에 '나는 짐승인가' 하는 생각을 또 하고 있었다. 시도 때도 없이, 때와 장소를 가리지 않고 리엔링의 눈웃음 하나, 콧소리 하나, 동작 하나에 수컷은 요동치고는 했다. 그런 자신이 꼭 짐승 같기만 해서 성 상담 책까지 들춰봤다. 거기에는 친절하게도 20대 초반 남성의 그런 증상은 지극히 정상이니 전혀 고민하거나 자신을 이상하게 생각할 필요가 없다고 적고 있었다. 그리고 해결책까지 안내하고 있었다. 가장 좋은 방법은 애인이 있어서 함께 사랑을 나누는 거라고 했다. 그러나 하루에 한 번 이상은 체력을 지나치게 소모시켜 나이 들어가면서 악영향을 끼치게 되니 이틀에 한 번 정도로 조절하라고 안내하고 있었다. 그러나 지극히 정상이라는 것에 위안받았을 뿐 횟수 조절은 번번이 실패였다. 그 실패는 자신만의 책임이 아니었다. 리엔링에게도 절반의 책임이 있었다. 그녀도 삼가는 기색이라고는 없이 언제나 함께 불타올랐던 것이다.

"오후 몇 신데?"

송재형은 내심을 싹 감추고 점잖은 척 물었다.

"2시."

"2시? 수업 있잖아."

"아까 말했잖아. 죽은 역사 얘기 따분하게 들을 게 아니라 생동하는 역사의 현장으로 가야지."

"정말 옌링은 말 잘해."

"아니지. 말 잘하는 게 아니라 현명하고 똑똑한 거지."

"아이고 잘나셨어요. 똑똑하고 잘난 여자 남자들이 싫어하는 것 몰라?"

"흥, 난 이 세상 남자들이 다 싫어해도 상관없어. 한 사람이 좋아하면 되니까."

리옌링은 팔짱 낀 팔을 더 꼭 조이며 바르르 떨었다.

"아이고 나 죽이네. 지금 당장 오피스텔로 가야 되겠어." 송재형은 무의식중에 사타구니를 훔쳤고, "어머머머 미쳤어. 누가 봐!" 리옌링이 그의 팔을 꼬집었다.

인터뷰장은 소강당이었다. 500여 좌석이 꽉 차고, 계단에까지 학생들이 자리 잡고 있었다. 그런 학생들을 둘러보며 송재형은 기분이 영 씁쓰름했다. 그건 순전히 미국의 인기였기 때문이다. 미국이 아닌 다른 나라 신문이 이런 행사를 해도 그럴 것인가. 어림없는 일이다. 프랑스라면 좀 낫겠지만 영국도 독일도 이 절반 모으기가 어려울 것이고, 한국은 그 절반의 절반, 일본은 나머지 절반의 절반이 될까 말까 그럴 것이다. 중국사람들의 미국에 대한 열광은 돈을 좋아하는 것만큼이나 무조건적이었다. 젊은이들이야 철없고, 미국물 먹고 오면 무작정 우대해 주는 사회풍조 때문에 그럴 수 있다고 하더라도 나이 든 세대들까지 왜 그러는지 선뜻 이해하기가 어려웠다.

"곰 쓸개즙 먹었어?"

리옌링이 속삭였다.

"무슨 소리야?"

"왜 그리 얼굴이 잔뜩 찌푸려져 있느냐구."

"학생들이 너무 많이 몰려들어서."

"그게 왜?"

이해할 수 없다는 듯 리옌링이 눈을 똥그랗게 떴다.

"미국이라면 왜 이렇게들 사족을 못 쓰느냐구."

송재형이 세차게 혀를 찼다.

"어머 참, 자기 흉은 모르는 거라니까."

송재형의 혀 차기에 맞서기라도 하듯 리옌링이 콧방귀를 뀌었다.

"자기 흉?"

"한국사람도 우리보다 더 했으면 더 했지 덜 하지 않잖아."

"한국사람……?"

송재형은 그만 할 말이 없어졌다.

"한국은 국가의 방위까지 미국에 전적으로 의존하고 있잖아. 우리 중국은 독자적인데 말야."

리옌링이 똑똑한 느낌이 확 풍기는 가다듬어진 표정으로

말했다.

"그야 북한과 대치하고 있으니까 어쩔 수 없는 일이지."

송재형도 정색을 하고 분명한 어조로 말했다.

"우리 중국사람들이 한국사람들을 좀 석연찮게, 좀 뜨악하게 생각하고 있는 게 그 점 때문이야. 돈은 중국에서 다 벌어가면서, 방위는 중국을 견제해 대는 미국 편에 서 있는 것 말야. 그래서 어느 지식인이 이렇게 비판했잖아. 한국은 도자기점에서 쿵후를 하고 있다. 그거 얼마나 표현을 잘했어. 도자기점에서 쿵후를 하면 어떻게 되겠어? 도자기들 다 박살 내는 거지. 한국이 계속 그런 식으로 했다간 중국과의 관계는 도자기점이 될 수밖에 없잖아."

어떻게 생각하느냐는 듯 리옌링은 총기 서린 눈으로 송재형을 빤히 쳐다보았다.

"나도 그 비판 읽고 마음이 복잡했어. 한국의 최대 교역국은 중국으로 25퍼센트, 그다음으로 미국이 17퍼센트일 뿐이야. 몇 년 사이에 한국의 수출시장이 완전히 뒤바뀐 거야. 그런 현실 잘 알아. 그렇지만 북한과 대치하고 있는 것이 한국의 또 하나의 현실이야. 이것처럼 풀기 어려운 고난도의 문제가 어디 있겠어."

심각한 송재형의 얼굴 배면에는 슬픔 같은 것이 서려 있었다.

"방법이 없는 게 아니야." 리옌링이 머리칼을 뒤로 넘기며 말했고, "방법……?" 송재형이 그녀를 똑바로 쳐다보았고, "응, 중립을 선언하면 돼. 영세중립국!" 그녀는 무슨 보석을 찾기라도 한 듯 눈을 빛냈고, "쳇……, 난 또 무슨 소리라고. 그거야 역사학도의 순진하고 단순한 생각이시고, 그게 그렇게 쉬운 일이 아니야. 그런 얘기 다음에 더 하자." 그는 착잡한 표정으로 리옌링의 손을 잡았다.

"여러분, 이렇게 많이 참석해 주셔서 대단히 감사합니다. 지금부터 중국을 세계에 소개할 수 있는 인터뷰를 시작하겠습니다. 이 인터뷰는 세 가지 특징을 가지고 있습니다. 첫째 중국 제일의 베이징대 학생들의 인터뷰라는 점이고, 둘째 특정인으로 제한하지 않은 집단적 인터뷰이고, 셋째 원하는 사람들이 모두 들을 수 있는 공개적 인터뷰라는 사실입니다. 보통 인터뷰와는 달리 이런 방법을 선택한 것은 첫째 중국에 대한 다양한 의견들을 모으기 위해서고, 둘째 언론의 자유가 최대한 보장되게 하기 위해서고, 셋째 우리 신문이 얼마나 공정하게 보도하는가에 대한 증인들을 세우고자 함입니다. 여러분들께서는 이 점 유의해 주시고, 세계인들이 중국에 대해 가지고 있는 많은 궁금증이 풀릴 수 있도록 여러분들이 자유롭게, 적극적으로 인터뷰에 참여해 주시기 바랍니다."

사회자는 동양사람이었다. 아니 그가 출세한 중국사람이라는 것을 아무 설명이 없이도 누구나 다 알고 있었다. 그것이 미국에 대해 호감을 갖게 하는 전략이라는 것도 알고 있었다. 능력만 있으면 누구든지 아무 차별 당하지 않고 출세할 수 있다는. 이미 주중 미대사가 시범적으로 그 사실을 잘 보여주었던 것이다. 그리고 인터뷰 진행에는 통역이 없었다. 그건 두 가지 의미를 함께 담고 있었다. 베이징대 학생들은 다 영어를 할 줄 안다는 실력의 인정이기도 했고, 영어 할 줄 모르는 자들은 아예 올 필요가 없다는 거부이기도 했다.

"예, 그럼 지금부터 인터뷰를 시작하겠습니다. 진행을 교대해서 하기로 하겠습니다."

마이크를 넘겨받은 사람은 붉은색 머리의 백인이었다. 백인들의 눈동자가 푸른 것도 이상한 일이지만, 머리카락이 붉은색인 것은 더욱 이상해 보였다. 온통 새까만 머리카락뿐이라서 붉은색이 더 유난하게 눈에 띌 수도 있었다.

"첫 번째 질문을 하겠습니다. 지금은 글로벌 시대고, 지적재산권 보호의 시대입니다. 그리고 중국은 지난해로 G2의 자리를 차지함으로서 경제강국으로 세계를 놀라게 했습니다. 그건 아낌없이 축하해야 할 경사입니다. 그런데 중국은 그런 위상과는 어울리지 않게 유명 상품들을 가짜로 만들어내거나, 고유한 디자인을 카피하거나 하고 있습니다. 국제적인 규정에 따라 정당하게 로열티를 내지 않는 이런 비문화적이고 비도덕적인 행위에 대해서 중국의 지식인을 대표하는 여러분들은 어떻게 생각하시는지요?"

붉은 머리는 첫 방부터 스트레이트 펀치를 날리고 나왔다.

사람들이 빈틈없이 들어찬 실내에 갑자기 싸늘한 침묵이 끼쳤다. 너무 갑작스러운 강타에 머리가 띵해진 것인지, 정통으로 급소를 찔려 대답할 말이 없는 것인지 분간이 어려운 침묵이었다. 움직이는 것은 딱 하나, 진행자가 도르르 만 종이로 왼손 바닥을 톡톡 치고 있는 것이었다. 학생들의 얼어붙은 침묵에 비해서 그 단순동작은 무척 여유로워 보였고, 승리를 예감하는 공격자의 자만으로 보이기도 했다. 인터뷰가 여기서 끝나버리는 것이 아닐까 싶게 침묵은 길어지고 있었다.

그런데 중간보다 조금 앞쪽에서 한 남학생이 천천히 몸을 일으켰다. 그는 전혀 아무 소리도 내지 않았는데 수백 명의 시선이 일시에 그에게로 집중되었다. 긴장된 감각이 보여주는 믿기 어려운 예리함이었다.

"먼저 진행자에게 묻겠습니다." 그는 잔기침 두어 번으로 목소리를 다듬고는, "세계적인 3대 발명품으로 꼽히는 화약, 나침반, 종이가 최초로 우리 중국에서 발명되었다는 사실을 알고 있습니까?" 영어 발음은 그다지 좋지 않았지만 그는 차분하게 말하고 있었다.

"예, 당연하지요. 그 정도는 알고 있습니다."

진행자는 나도 중국사는 대충 알아 하는 태도로 대답했다.

"예, 화약과 나침반은 대략 1,000년, 종이는 1,900년 전에 발명되어 서양과 세계로 퍼져나갔습니다. 그런데 서양 여러 나라에서는 그동안 로열티를 한 번이라도 낸 적이 있습니까?"

"예에……?"

진행자는 어리벙벙해져서 대꾸할 말을 잃고 두리번거렸다.

그때 어디선가 박수소리가 울렸다. 그게 신호이기라도 한 듯이 학생들이 일제히 박수를 치기 시작했다. 그리고 또 누군가가 와아 소리치자 모두가 그 소리에 맞추어 소리를 질러댔다. 소강당은 박수소리와 함성으로 곧 떠나갈 것만 같았다.

"예, 여러분 진정하십시오. 장내 질서를 좀 잡아주시기 바랍니다."

마이크는 다시 중국인 기자에게로 넘어가 있었다.

학생들의 웅성거림이 빠르게 가라앉았다.

"예, 여러분들이 박수를 치고 환호할 만큼 기발하고 통쾌한 응답을 해주셨습니다. 과연 베이징대 학생답습니다. 우리는 그런 창조적 인터뷰를 기대하고 있습니다." 중국인 진행자는 서양사람과 전혀 다를 것 없는 능란한 발음에 어울리는 서양 제스처를 써가며 서양식 어법으로 매끈하게 말하고는, "그런데……, 한 가지 허점이 있습니다. 그때는 국제적인 지적재산권 보호법이 없었다는 사실입니다." 그는 내 펀치 맛이 어떠냐는 듯 씨익 웃었다.

장내에 다시 침묵이 끼얹어졌다. 그러나 그 침묵은 오래가지 않았다. 아까 그 학생이 굼뜰 만큼 느리게 몸을 일으키고 있었다. 답답하도록 느린 그의 동작은 밥 뜸 들이듯 대응할 말을 생각하느라고 그러는 것인지, 아까처럼 일격을 가할 자신감의 표현인지 짐작하기가 어려웠다.

"예, 말씀 잘하셨습니다. 현재 시행되고 있는 지적재산권 보호란 지적재산권을 가지고 있는 소위 선진국들이 자기네 이익을 도모하기 위해서 일방적으로 만들어 개발도상국들이나 후진국들에게 실행을 강요하고 있는 법입니다. 그렇다면 중국도 그 3대 발명품에 대한 지적재산권 보호법을 만들도록 전 인민적 차원에서 정부에 건의하겠습니다. 어마어마한 국익을 위한 전 인민적 건의를 정부가 안 받아들일 리가 없습니다. 우리 중국이 그런 법을 만들면 세계 각국에서는 그동안 밀린 로열티를 다 낼 수 있는지를 이 기회에 물어봐주시기 바랍니다."

그 학생의 말이 끝나자마자 다시 박수와 함성이 터져 나왔다.

"예, 학생은 아주 재치 있고 기발합니다만, 소급법은 악법이고, 일반적으로 통용되지도 않습니다."

진행자의 반격도 재빠르고 날카로웠다.

"선진국들의 일방법도 소급법과 별로 다를 것 없습니다. 우리는 G2의 힘으로 그 법을 만들어 세계에 시행을 요구할 수 있습니다. 그럼 소급법이라고 거부당하겠지요. 그렇지만 한 가지 효과는 분명히 있을 것입니다. 우리 중국이 지난 1천 년이 넘는 세월 동안 인류의 문화와 문명 발달에 얼마나 큰 기여를 했는지 전 세계인들이 깨닫게 되는 확실한 계기가 된다는 사실입니다."

학생들이 다시 박수를 치고 함성을 질렀다.

진행자는 더 할 말이 없는지 고개를 갸우뚱하며 마이크를 붉은 머리에게 넘겼다.

"예, 활기차게 인터뷰를 이끌어주시는 여러분께 감사드립니다. 다음 질문입니다. 여러분들이 다 알고 있는 문제는 아닙니다만 국가 차원의 문제이고, 세계적인 문제이기도 해서 여러분의 견해와 의견이 필요합니다. 그건 다름이 아니라 애플이 2008년부터 중국에서 짝퉁 소탕전에 나선 것입니다. 그런데 유감스럽게도 중국 정부의 비협조 때문에 최근에 그 일을 포기해야 했습니다. 이것이 과연 G2의 위상에 어울리는 일인지, 중국 지식인 여러분의 의견을 듣고자 합니다."

이번에는 침묵이 길지 않았다. 한 학생이 일어섰다.

"먼저 G2와 중국의 GDP를 전혀 구분하지 않고 혼동하고 있는 것이 문제입니다. 중국의 외환보유고에 따른 경제력이 G2인 것이지, 인민 전체의 평균 소득인 GDP가 세계 2위인 것이 아닙니다. 현재 중국의 GDP는 세계 공인 4,500달러 정도인 개발도상국에 불과합니다. 애플은 다른 개발도상국들에 대해서도 중국처럼 그렇게 노골적으로 짝퉁 소탕전을 합니까? 예, 하지 않습니다. 그러므로 중국에서 하는 행위는 형평의 원칙에 어긋나는 것이므로 중국 정부가 협조하지 않는 것은 당연한 일입니다."

"아, 그렇게도 볼 수 있겠군요. 그러나 그 말에는 논리 모순이 있습니다. 다른 개발도상국들은 대개 짝퉁을 만들어내지 않으며, 만들어도 중국처럼 그렇게 막대한 양이 아닙니다."

다른 학생이 손을 번쩍 들며 일어섰다.

"다른 개발도상국들은 양심이 있어서 짝퉁을 만들어내지 않는 것이 아니라, 기술이 없어 만들어내지 못하는 것입니다. 그리고 양이 적다고 해서 소탕전을 안 하는 것이야말로 논리 모순입니다. 민주주의 나라라고 하면서 그런 공평성을 무시하는 것을 이해할 수가 없습니다."

"예, 아주 묘한 논리로군요. 그렇다고 해서 불법에 대한 중국 정부의 비협조가 합리화될 수는 없는 일 아닙니까?"

또 다른 학생이 일어섰다.

"세계 모든 나라의 정부가 그렇듯 우리 중국 정부도 자국민의 생명과 재산을 지켜야 할 의무와 책임이 있습니다. 중국에서의 짝퉁 제조는 엄연한 산업입니다. 다시 말해서 많은 인민들이 그 일로 일자리를 갖고 있다는 사실입니다. 애플의 요구에 따라 그 공장들을 다 폐쇄시켜 버리면 수많은 인민들이 일자리를 잃게 되는데 애플의 요구에 순순히 응할 리가 있습니까. 중국 정부의 비협조는 당연하고도 정당한 것입니다. 그뿐만 아니라 애플의 정품에 비해 짝퉁은 4배가 쌉니다. 그런데 기능은 별 차이가 없습니다. 그러니 아직 가난한 인민들이 싼값에 문화생활을 누리게 하는 것도 정부가 반드시 해야 할 자국민 보호의 일환입니다. 또한 짝퉁 제조는 기술 습득의 가장 좋은 실습입니다. 정부 예산 전혀 들이지 않고 짝퉁 회사들이 첨단기술을 습득하고 있으니 그보다 더 좋은 국익신장이 어디 있습니까. 그러니 애플에 협조할 리가 있겠습니까. 애플이 이런 사실들을 미리 파악했더라면 괜히 헛수고를 하지 않았을 겁니다. 그리고 애플이 한 가지 더 알아야 할 사실이 있습니다. 정확한 통계가 없어서 잘 모르겠습니다만, 중국에서 애플 정품이 팔리는 것은 다른 개발도상국 여러 나라를 합한 양과 맞먹을 것입니다. 또한 중국 인민들은 갈수록 잘살게 될 것이고, 누구나 짝퉁이 아닌 진짜를 갖고 싶어 하니 애플의 매상은 나날이 불어나고 있습니다. 애플은 너무 억울해할 것 없습니다."

그 학생은 영어를 제일 유창하게 잘했다.

"옳소!"

어느 학생이 외쳤다.

"최고다!"

어느 여학생이 카랑하게 화답했다.

"말 정말 잘한다!"

또 다른 학생이 호응했다.

"예, 아주 능숙한 영어로 명쾌하게 말 잘해주었습니다. 그런데 어떻게 학생 입장이 아니라 마치 정부 대변인 같은 말이었습니다."

진행자가 어색스럽게 웃었다.

"예, 저는 베이징대 학생이기 이전에 중국 인민의 한 사람이고, 머잖아 당원 신분을 갖게 될 것이고, 마지막으로 베이징대 박사과정 학생입니다."

그 학생의 말은 엄숙함마저 풍기고 있었다.

"아 참, 많이 배우고 있습니다. 긴 답 하느라 수고하셨습니다."

붉은 머리는 마이크를 중국인에게 넘기며 고개를 내두르고 있었다.

"예, 인터뷰가 예상보다 훨씬 진지해서 아주 좋습니다. 다음 질문은 애플의 아이패드 상표권 등록 소송에 관한 것입니다. 관심 있는 분들은 더러 알고 계시겠지만, 중국의 어떤 사람이 애플의 아이패드가 중국에 들어올 것을 예상하고 'iPAD'라는 상표권을 미리 등록해 버렸습니다. 그 사실을 모르고 애플이 아이패드를 중국 시장에 내놓자 그 중국인은 상표권 침해로 애플을 고발했고, 그에 따라 아이패드 판매가 중단되었습니다. 그렇게 시작된 소송전에서 중국 법원은 애플에게 6천만 달러를 배상하라고 판결했습니다. 아직 재판이 완결되지는 않았습니다만, 지식인 여러분들은 이 판결을 어떻게 생각합니까?"

"뭐, 6천만 달러? 그럼 그게 몇 위안인 거야?" "크크, 그게 암산으로 돼? 계산기 동원해야지." "히야, 그 인간 그거 자손 만대에 떼부자로 살게 된 거잖아." "그러게 말야. 그거 아주 비상한 천재잖아." "그렇게 말하면 어떡해. 나라 개망신시킨 사기꾼인걸." "넌 언제나 너무 진지한 것, 그게 문제야. 멋대가리 하나도 없이." "미국 것들 저작권 타령 좋아하더니 아주 속이 다 시원하다." "거럼, 거럼. 당해도 싸지." "그렇지, 못 해먹는 게 병신이지." "맞어, 나한테 그런 아이디어가 떠올랐더라면 나도 한탕 깨끗이 해먹었겠다." "그럼, 부자 상대로 그런 사기야 못 처먹는 놈들이 병신이지." "그 친구 그거 제갈공명도 뺨치는 재사라니까."

학생들의 이런 잡담이 빠르게 퍼지면서 인터뷰장은 소란스러워지고 있었다. "예에 여러분, 여러분들의 놀람은 충분히 이해합니다. 이제 사담은 그만 중지해 주시고, 그 문제를 어떻게 생각하시는지 정식으로 발언해 주시기 바랍니다."

진행자가 목소리 톤을 한결 높여서 말했다.

"구체적으로 뭘 물으시는 것인지……."

한 학생이 물었다.

"예, 먼저 중국 법원의 판결을 어떻게 생각하는지 듣고 싶습니다."

"예, 그건 앞서 나온 문제와 같이 중국 정부는 인민에 대한 의무와 책임을 다하기 위해 자국민 보호 원칙을 충실히 잘 지킨 것입니다."

"그게 사기 행위인데도 말입니까?"

진행자의 질문에 학생이 무르춤해졌다. 그러자 다른 학생이 나섰다.

"사기는 당한 사람에게도 절반의 책임이 있다는 걸 모르시지 않겠지요?"

당신 내 말 알아들어? 하는 식으로 학생은 목을 늘여 진행자를 빤히 쳐다보고 있었다.

"글쎄요……, 애플의 절반 책임이 뭐죠?"

진행자의 뜨악한 반응이었다.

"자기 저작권을 보호하고 싶었으면 애플은 상품을 중국 시장에 풀기 오래전에 상표 등록 의무를 수행했어야 합니다. 그런데 그 일을 소홀히 한 이유가 뭐죠? 중국사람들을 착하게 보아서입니까, 무시해서입니까? 자기방어에 무책임한 애플의 그런 행위까지 중국 법원이 편들어줄 하등의 이유가 없습니다. 또한 로마에 가면 로마의 법을 따르라고 했습니다. 중국법은 자국민 보호를 최우선으로 하고 있고, 법원은 그 법에 따라 정당한 심판을 한 것입니다."

중국인 진행자는 말문이 막히는 듯 고개를 떨구면서 웃었다. 그리고 붉은 머리에게 마이크를 내밀었다.

"이 생생한 인터뷰로 세계인들이 중국과 중국인들을 이해하는 데 큰 도움을 받을 것이 분명합니다. 얼마 남지 않았으니까 더욱 진지하고 활기차게 응답해 주시기 바랍니다. 다음 질문입니다. 중국에는 2대 신(神)이 있다는 말을 여러 번 들었습니다. 마오쩌둥 주석과 돈입니다. 경제가 자본주의화된 중국에서 돈이 신처럼 떠받들려지는 것은 충분히 이해합니다. 모든 자본주의 국가에서 황금만능주의, 배금주의가 극에 달한 것은 모두 똑같습니다. 문제는 마오쩌둥 주석입니다. 그는 분명 인간인데 어떻게 신이 될 수 있습니까."

진행자의 말이 끝나기 무섭게 외침이 터져 올랐다.

"마오 주석은 우리의 신이다!"

그 외침은, 감히 불경스럽게 굴지 말라는 경고임을 직감하게 했다.

"예. 그 이유를, 납득될 수 있는 이유를, 구체적으로 나도 세계인들도 알고 싶어 합니다."

진행자는 한 마디, 한 마디를 신경 써서 하고 있었다.

장내에는 다시 침묵이 드리워졌다. 그러나 한 학생이 곧 몸을 일으켰다.

"진행자께서는 신의 존재 유무를 어떻게 규정하십니까?"

뜻밖의 질문에 진행자가 문득 당황하는 기색을 보였다. 그러나 그는 곧 마이크를 고쳐 잡더니 입을 열었다.

"그러니까 그건……, 무슨 특별하거나 분명한 규정이 있는 것이 아니라……, 각자 개개인의 자유로운 믿음과 선택에 따라 결정되는 문제가 아닌가 합니다."

진행자의 어조는 얇은 유리판 위를 걷는 듯했다.

"예, 바로 그것입니다. 신은 있다면 있고, 없다면 없는 것입니다."

내 대답이 어떠냐는 듯 학생은 오만스러운 웃음을 입꼬리에 물며 천천히 자리에 앉았다.

"예, 명답이십니다. 중국사람들이 마오 주석을 신으로 받들면 마오 주석은 신이 되는 것입니다. 그러나 신에는 절대 불변의 조건이 하나 있습니다. 전지전능해야 하며 오류가 없어야 합니다. 그런데 유감스럽게도 마오 주석은 이 조건을 충족시키지 못하고 있다고 여겨지는데, 어떻게 생각하시는지요?"

"예, 무슨 말인지 잘 알겠습니다. 그런데 진행자께서는 신에 대한 규정을 너무 일방적이고 편협하게 내리고 있습니다. 기자님이시니까 서양문화의 뿌리라고 하는 그리스 신화를 잘 아시겠군요. 거기에 수많은 신들이 등장하는데, 신들의 왕인 제우스부터 시작해서 모든 신들이 다 완벽하고 아무 결함도 없던가요? 그들은 장단점이 다 있고, 유능 무능을 함께 가지고 있어서 더 매력적이고 친근감이 생기게 합니다. 우리 마오 주석께서도 그와 마찬가지고, 우리 중국사람들은 그분의 작은 과오를 다 소화하고, 잊었습니다."

우와……, 감탄의 소리가 터져 나왔다.

"아니 지금 작은 과오라고 했습니까? 최근 어느 대학 교수가 마오 주석의 신격화 바람을 비판하며, 그가 5천만 명의 인민을 죽게 했다고 그 숫자까지 분명히 밝히고 있었습니다. 그런데 그게 작은 과오입니까?"

진행자의 목소리에 날이 섰다.

"혹시 런타이뒈라는 중국말을 아십니까?"

"아니, 모릅니다."

"여기서 그 말 속에 담긴 뜻을 설명하기는 곤란합니다. 중국사람들은 다 알고 있으니 이따가 조용히 그 의미를 알아보시기 바랍니다. 그게 정답이니까요."

학생이 힘들다는 듯 숨을 길게 내쉬며 앉았다. 학생들이 끼리끼리 수군거리고, 고개를 끄덕이기도 하고, 웃음을 나누기도 했다.

"예, 시간도 많이 지나갔습니다. 그럼 마지막 질문을 하겠습니다. 중국은 미국을 어떻게 생각합니까?"

이 또한 갑작스러운 질문이었다. 장내에 다시 침묵이 서렸다. 그런데 한 학생이 불쑥 일어났다.

"친구로 대하면 친구고, 적으로 대하면 적입니다."

주어가 없는 그 응답이야말로 전형적인 중국식 어법이었다. 학생들이 와아 함성을 지르며 박수를 치기 시작했다.

"왜 그렇게 얼굴이 침울해?"

인터뷰장을 나서며 리옌링이 물었다.

"으응……, 머리가 좀 복잡해서……."

송재형이 머리를 손가락으로 빗질하며 얼버무렸다.

"무슨 생각이 많은 모양이지?"

"글쎄……, 이런저런 생각들이 뒤죽박죽이야."

"뭐 별것도 아닌 얘기들이었는데 왜 그러지? 한국사람이라서 느낌이 다른 건가?" 리옌링이 옆눈길로 송재형을 올려다보며 말했고, "아이구, 눈치 한번 빠르기는." 송재형이 눈을 흘겼다.

"가자, 커피 마시면서 그 얘기 듣게."

리옌링이 송재형의 팔짱을 끼었고, 송재형은 고개를 끄덕였다.

"옌링도 마오 주석이 신이라고 생각해?"

한참을 걷다가 송재형이 뚱하니 물었다.

"그 문제가 우울하게 한 거야?"

"아니. 다른 문제들도 많아."

"나도 재형 씨가 그 문제 이상하게 생각하리라 짐작했어. 으음……, 그러니까 뭐랄까, 세월이 흘러갈수록 그분이 신처럼 느껴져……. 아니야, 그건 정확한 말이 아니고 그분을 신으로 받들어도 좋지 않을까……, 뭐 그런 생각이 자꾸 깊어져. 우리가 살면서 이런저런 일이 닥칠 때마다 불현듯 누구에겐가 빌고 싶을 때가 있잖아. 그런 때 떠오르는 대상이 마오주석이거든."

리옌링은 진지한 얼굴로 마음 저 깊이 있는 생각을 간추려 내는 것처럼 찬찬히 말해 나갔다.

"왜 마오 주석이지? 예수는 중국과는 좀 거리가 멀지만, 부처님도 있고, 공자님도 있고, 달마, 관운장……, 중국사람들이 신으로 섬기는 대상들이 많고 많잖아."

"많지. 많지만 그 대상들은 너무 머나먼 세월 저쪽에 있어서 효과……, 아니 효험이 잘 날 것 같지가 않은 거야. 그 대신 마오 주석은 우리 가까이에 계시면서 큰 효험을 발휘하실 것 같고."

"그분이 인간인 것을 뻔히 알면서도?"

송재형이 안타까운 표정을 지었다.

"그 점이 우리 중국사람들과 외국사람들과의 느낌의 차이일 거야. 마오 주석은 분명 인간이었어. 그런데 그분이 이룩한 일은 인간의 능력으로서는 거의 불가능하게 느껴질 정도로 거대하고 어마어마한 것이었어. 우리가 날이 갈수록 잘살게 되면서 그게 다 마오 주석으로부터 비롯되었다는 것을 중국사람들은 느끼고 또 느끼거든. 그러면서 그분의 정책적 과오는 점점 작아지고, 업적들은 점점 더 커지고 있는 거지. 이해가 가?"

잘 모를걸, 하는 표정으로 리옌링은 송재형의 얼굴을 빤히 쳐다보며 걸음을 옮겨놓고 있었다.

"덩샤오핑의 공이 아니고?"

"으레 그렇게들 말하지, 외국인들은. 그치만 마오 주석의 초인적 업적이 없었다면 덩샤오핑의 공도 있을 수 없지."

"초인적 업적?"

"재형 씨도 마오 주석에 대한 책 거의 다 읽어서 잘 알고 있잖아."

무슨 딴소리 하고 있느냐는 듯 리옌링이 입을 삐쭉했다.

"잘 알지, 3대 업적. 첫째 중국 5천 년 역사상 가장 넓은 영토로 통일을 이룩했다. 둘째 5천 년 역사상 최초로 토지개혁을 실시해 농민의 85퍼센트를 차지하는 소작인들에게 토지를 무상으로 분배해 줘 생존문제를 해결했다. 셋째 5천 년 동안 뿌리박혀온 신분제도를 혁파하여 평등사회를 이룩했다."

초등학생이 암기 시험이라도 보듯이 송재형은 막힘없이 열거했다.

"그렇게 줄줄 잘 알면서도 그게 얼마나 초인적 업적인지 실감이 안 돼?"

"음, 신으로까지 떠받드는 것은 좀……."

송재형이 어색스레 웃었다.

"재형 씨, 왜 중국 공산주의 혁명을 프랑스 대혁명, 러시아 볼셰비키 혁명과 함께 세계 3대 혁명에 넣었을까? 그럼 이해가 돼?"

"글쎄, 내가 중국사람이 아니라서 실감이 잘 안 되나 봐. 이걸 어쩌지?"

"아니야, 충분히 그럴 수 있어. 차츰 중국에 대한 이해가 깊어져 가면 따라서 실감도도 커질 거야. 한 가지 분명한 것은 중국 현대사를 제대로 알려면 마오는 반드시 통과해야 하는 관문이라는 사실이야."

"응, 그건 알고 있어."

"어머나, 저 사람 좀 봐." 리엔링이 짜증스럽게 말하며 걸음을 멈추었고, "흥, 스타벅스도 머잖아 코카콜라 맥도날드 뺨치게 중국돈 몰아가게 생겼군. 왜들 저렇게 커피에 미치지?"

송재형이 혀를 찼고, "당연하지. 중국차가 은은한 국화 향기 같다면 커피는 진하고 야한 재스민 향기 같잖아. 안 끌릴 수가 없어. 어쩌지?" 리옌링이 송재형을 쳐다보았고, "그냥 줄 서야지 뭐. 다른 데 갈 데도 마땅찮고." 송재형이 걸음을 떼어놓았다.

"다른 문제는 또 뭐야?"

리옌링은 애인의 마음을 우울하게 한 문제를 그냥 보아 넘길 수 없다는 듯 캐묻고 들었다.

"중국 학생들에 대한 거야."

송재형이 언짢은 기색으로 쩝쩝 입맛을 다셨다.

"무슨……?"

리옌링의 매운 눈길이 대답을 독촉하고 있었다.

"오늘 거기 잘 갔었어. 많이 충격받고, 많이 느끼고 그랬어." 송재형이 시무룩하게 말했고, "충격받아……? 글쎄 그럴 만한 게 뭐였었지? 별거 없었던 거 같은데……." 리옌링이 기억의 페이지를 빨리빨리 넘기는 것처럼 고개를 갸웃갸웃했다.

"옌링은 같은 중국사람이니까 별 느낌이 없었겠지만 난 많이 놀라고 충격받고 그랬어."

"아이 참, 그게 뭔지 빨리빨리 말해 봐. 답답해 죽겠네."

"나보고 만만디 익히라고 한 사람이 누구지? 나 지금 그 훈련하고 있는 중이잖아."

"어머, 싱거운 농담은. 중국사람은 자기 이익 앞에서는 급속도의 콰이콰이가 된다고 했잖아."

"아이고 고마우셔라. 내가 우울한 게 리옌링 여사의 이익에 직결된다고? 이렇게 영광스러울 수가 있나. 결혼하자는 말보다 더 감동적이네."

"농담 그만 하고 어서 말해 봐. 그 문제들이 뭔지."

"응, 그러니까 말야 첫 번째 놀라움은 중국 학생들의 거칠 것 없는 발언이었어. 그 영어 실력은 대부분 그저 그런 보통 수준이었는데, 그런 영어 실력을 가지고 미국사람을 상대로 자기주장을 그렇게 당당하게 펼치다니. 그런 배짱이 어디서 나오는 것인지 그저 놀랍고 감탄스러울 뿐이야."

"그게 뭐가?" 이해할 수 없다는 듯 리옌링은 미간을 찌푸리더니, "그럼 한국사람은 어쩌는데?" 하며 불안스러운 눈길을 보내고 있었다.

"한국사람들은 그런 정도 실력으로는 아예 나설 생각을 안 해. 자기 실력이 최상급이라고 확인되어야만 비로소 행동을 해."

"왜 그럴까? 신중한 건 좋은데 그건 너무 소심한 것 아닌가? 자기 능력의 범위 안에서 하고 싶은 말을 하면 되는 거지. 좀 서툴고 틀리면 어떻고, 그렇게 자꾸 시도해야 실력도 느는 것 아냐?"

"응, 옌링 말이 백 번 옳아. 한국사람들도 그래야 한다는 걸

다 알아. 그러면서도 그렇게 하지 못하는 게 한국사람이고, 그렇게 하는 게 중국사람이야. 그런 차이가 왜 생기는지 모르겠어."

"으음……, 그런 걸 기질이라고 해야 하는 건가? 혹시 그런 소심함은 땅이 작다는 열등감 같은 것과 통하는 건 아닐까?"

리옌링은 조심스럽게 말하며 송재형의 눈치를 보는 기색이었다.

"그래, 어쩌면 그럴지도 몰라. 그런데 더 놀라운 건, 오늘 질문 내용들이 전부 중국의 치부를 드러내는 거였잖아. 그런데 어쩌면 그렇게들 뻔뻔할 정도로 당당하게 대응하느냐 그거야. 우리 한국사람들은 그런 건 꿈도 못 꿔. 정부에서도 수사 협조를 거부하지도 못하고. 그 정부에 그 대학생들로, 아주 박자가 짝짝 잘 맞는데, 그런 배짱이 땅덩어리가 커서 생기는지도 모른다 하는 생각이 들어. 옌링 말 듣고 보니 말야."

"아, 우리 순서 됐어. 뭐, 아메리카노?"

"응."

그들은 겨우 빈자리를 찾아 앉았다.

"그 다음에 또 무슨 문제가 있어?"

리옌링은 애인의 마음을 괴롭히는 문제를 다 알아야 되겠다는 듯 말했다.

"응, 학생들이 다방면에 걸쳐 아는 것도 많고, 특히 그 지식들을 활용해 제때제때 자기 논리를 구성해 내는 말재주에 아주 놀랐어."

"쿠쿠쿠……." 리엔링은 커피를 마시다 말고 입을 가리고 웃더니, "그거 별로 놀랄 것 없어. 중국사람들, 사회주의 사회의 습관 때문에 서비스 업종에는 전혀 안 어울린다는 말 있잖아. 서로가 서비스라곤 할 줄도 모르고, 받을 줄도 모르고. 그것처럼 그들의 말재주도 사회주의 사회에서 익힌 습관의 하나야. 무슨 말이냐 하면 오늘 거기 모인 학생들은 베이징대에서도 영어를 좀 할 줄 아는 축들이고, 거의가 당원 희망자들일 거야. 당원의 기본 자격이 뭔지 알아? 인물, 실력, 언변이 3대 요건이야. 그러니 그들의 말재주가 그 정도 되는 거지. 그 다음 문제는?"

"앞으로 내가 더 열심히 공부하지 않으면 안 되겠다는 생각을 절실히 했어. 매년 대학 졸업자가 650만 명 이상 나와 세계 1위인 데다가, 그렇게 똑똑한 사람들이 수두룩하게 끼어 있을 테니 정신 안 차리면 어떻게 되겠어. 오늘 또 한번 중국이 무섭다는 것을 실감했어."

"아이구 장하셔라. 우리 애인께서 존경받을 말씀만 골라서 하셔요."

리엔링이 장난스러운 눈웃음을 쳤다.

"아니야, 농담으로 듣지 말어. 나 오늘부터 당장 영어 학원에 등록할 거야. 그동안 중국말 하느라고 영어를 좀 등한히 했는데, 안 되겠어, 똑같은 비중으로 열심히 해야지. 오늘 같은 상황에서 영어를 자유자재로 구사할 수 있도록 해야겠어. 계속 놀라고 충격만 받고 있어서는 안 되잖아."

"잘됐네. 그럼 나도 함께할 거야. 실력 없어서 무시당하는 거 싫으니까."

"그래, 잘됐어. 함께하면 더 효과가 나겠지. 그만 나가자. 돈더 보내라고 집에 전화하고, 상하이 외삼촌한테도 연락할 일이 있어."

"집에서는 돈 금방 보내줄까?"

"공부한다는데. 그것도 영어 공부를. 우리나라 엄마들, 영어 공부한다면 자기네 피를 팔아서라도 돈 대."

"그건 우리 중국엄마들도 똑같아. 다들 미국 귀신이 들린 모양이야. 엄마가 되면 다들 그렇게 바보가 되나 몰라. 할 일 있으면 빨리 가."

리옌링이 두 손으로 긴 머리카락을 뒤로 넘기며 일어섰다.

송재형은 가장 충격을 받았던 것은 입에 올리지 않고 리옌링과 헤어졌다.

'친구로 대하면 친구고, 적으로 대하면 적이다.'

미국 기자를 상대로 그런 말을 해버릴 수 있다니. 미국 기자면 곧 미국이나 마찬가지였다. 한국 대학생들이라면 상상도 못 할 말이었다. 그것이 한국과 중국의 차이인가⋯⋯. 그 초라한 꼴을 리옌링에게 보이고 싶지 않았던 것이다.

송재형은 외삼촌의 일과시간이 끝나기를 기다려 전화를 걸었다.

"일과시간 끝나기 기다리느라 지루해 혼났어요."

"하이고, 우리 조카님이 철드셨네. 어쩐 일이냐?"

"외삼촌, 한 가지 부탁이 있어서 전화드렸어요."

"부탁? 지난번 같은 부탁이면 아예 말 꺼내지도 말아라."

"외삼촌, 지금 소리만 지르는 게 아니라 팔까지 내젓고 있지요?"

"그걸 어떻게 알아?"

"천 리 밖에 있어도 환히 다 보여요."

"얌마, 실없는 소리 말고 용건이나 말해."

"바쁘세요?"

"일과 끝나기를 기다렸다면서?"

"예, 말 독촉해서 바쁘신가 해서요. 종합상사원들은 실속 없이 바쁘잖아요."

"얌마, 말 조심해. 종합상사원들이 뭐가 실속이 없어. 종합상사원들이 없었다면 오늘날과 같은 조국의 경제발전이 있었을 것 같으냐?"

"아이쿠, 위대하고 거룩하십니다. 외삼촌이 바로 조국의 경제발전을 이룩한 역군이시지요."

"그래, 알았으면 됐고. 또 골치 아픈 부탁이냐?"

"아니요, 그 반대예요."

"그래? 그럼 빨리 말해라."

"있잖아요, 제가 영어 공부를 더 하게 학원엘 다녀야 되겠어요. 그러니까 엄마한테 학원비를 더 보내달라고 말해 주세요."

"영어 공부? 너 영어 곧잘 하잖아."

"아니, 그것 갖고는 안 돼요. 오늘 쇼크 먹고 그걸 절실히 깨달았어요."

"쇼크 먹어? 무슨 일인데?"

"말 다하면 길어요."

"길면 한 시간 걸리겠냐? 어디 해봐."

"그게 뭐냐면 말이지요……."

송재형은 말을 하고 싶던 참이었다. 하소연하고 싶은 게 사람의 본능 중의 하나이듯이 그는 오늘 일을 누구에겐가 얘기하고 싶었다. 외삼촌은 그런 최적임자였다. 외삼촌은 하소연만 들어주는 것이 아니라 훌륭한 상담역이고 해결사일 수도 있었다.

송재형은 인터뷰장의 얘기를 차근차근 해나갔다.

"흐음……, 우리 조카님이 놀라고 충격받을 만한 사건을 겪으셨군. 그래서 영어 공부를 더 하기로 작심하셨다? 그것 참

열렬히 박수갈채를 보낼 일이로구나. 그런 부탁이라면 열 번, 백 번도 들어주지. 오랜만에 그대의 모친 전유숙 여사께서도 기분 풀리실 일이고. 그러니까 이 기회에 니가 직접 전화하는 게 어떠냐? 모자 화해가 자연스럽게 될 판인데."

"아니에요. 엄마하고 직접 통화하면 또 일이 복잡해져요. 부모의 관심이 자식한테는 간섭이라는 것 모르세요? 다 지난 일 가지고 새로 스트레스 받고 싶지 않아요."

"얌마, 도둑놈이 따로 없구나. 돈은 더 보내달라면서."

"예, 그건 됐고요. 근데 외삼촌, 그게 말이지요, 중국사람들이 그렇게 뻔뻔하고 당당한 게 순 똥배짱인데, 어떻게 그럴 수 있는지 통 이해가 안 돼요."

"그렇지? 그거 다 중국밥 덜 먹어서 그런다. 나만큼은 먹어야지."

"그럼 외삼촌은 이해가 된다는 거네요?"

"되지. 그 답이 만리장성 뻗어가는 것처럼, 장강(양쯔 강)이 흘러가는 것처럼 환히 보이지."

"아이고 외삼촌, 중국식 멋 부리지 마세요. 그게 중국 정치인들이 옛 시인들의 시를 인용해 가며 폼 잡는 거나 비슷한 거라구요."

"흠, 그래도 중국물 좀 먹었다고 아는 티 내는구나. 그래, 너도 좋은 건 빨리빨리 배워라. 그게 유식한 말로 다양한 문화

수용이라는 거니까."

"아이고 외삼촌, 샛길로 빠지지 말고 할 얘기나 빨리 하세요."

"녀석, 급하긴. 만만디 익히라고 그렇게 말했는데 아무 효과도 없는 모양이네."

"외삼촌 식으로 말해 봐요? 첫술에 배부르고, 단걸음에 천리 가랴."

"얼씨구, 돈 없앤 값 제대로 하네. 그래, 그 정도로 은유할수 있으면 중국 생활 모범적으로 잘하고 있다는 증거니 됐고. 너 혹시 중국의 문화 전반을 말할 때 가장 많이 쓰는 단어, 그러니까 뭐랄까……, 응 형용사 세 가지가 있는데 그게 뭔지 아니?"

"그게……, 그러니까……, 예, 알아요. 크다, 넓다, 많다."

"옳지! 아주 잘 맞혔다."

"근데 외삼촌, 말씀 중에 죄송한데요, 하실 말씀 그냥 하시지 그렇게 묻지 말아주세요."

"왜에?"

"왜라니요. 당하는 사람 심정도 좀 생각해 주셔야죠. 그렇게 물으면 가슴이 철렁해진다구요. 틀리면 안 되니까. 그리고 안 틀리려고 순간적으로 얼마나 긴장하는지 아세요? 머리에 쥐나요. 그게 얼마나 큰 스트레슨지 모르시지 않잖아요."

"그게 무슨 스트레스냐. 그냥 말하는 것보다 말하는 재미

느끼자는 거지."

"아이구, 외삼촌은 재민지 몰라도 저는 미친다니까요. 이번에도 먼저 머리에 떠오른 것은 '음식, 건축, 예의'였어요. 그런데 형용사라는 것에서 아차, 힌트를 얻었어요. 이게 만약 틀렸더라면 외삼촌이 속으로 뭐라고 했겠어요. 병신, 이런 것도 모르는 게 중국 유학은 무슨……, 뭐 이랬을 것 아니에요. 그럼 제가 얼마나 쪽팔려요. 거룩하신 예수께서 뭐랬어요. 시험에 들게 하지 말라, 하셨잖아요. 외삼촌도 복 받으려면 절 자꾸 시험에 들게 하지 마시라구요."

"허 그놈, 정말 말 잘하네. 너 다 큰 척하더니만 여전히 시험 공포를 못 벗어난 애송이구나?"

"외삼촌, 제가……."

송재형은 화들짝 놀라 혀끝까지 밀려 나온 말을 뜨거운 감자 삼키듯 꿀떡 삼켰다. 곧 쏟아지려 했던 말은, '제가 이래 봬도 동거하고 싶은 애인이 있는 몸입니다'였다.

"제가……, 그래 무슨 말이냐?"

"아니에요, 별 필요 없는 말이구요. 외삼촌 말씀하세요. 예, 크다, 넓다, 많다, 세 가지예요."

"녀석, 싱겁긴. 그래, 그 세 가지에 정답이 있지 않을까 싶다. '중국'이라는 말뜻부터 그 세 가지에 뿌리를 두고 있지 않니. 우리는 세상의 중심이다. 그러니까 뭐든지 크고, 뭐든지 넓고, 뭐든지 많다는 자부심과 긍지감 말이다. 중국사람들은 그런 의식을 저 먼 옛날부터 지녀왔고, 그건 요즘 유행하는 말로 하면 그들의 의식의 DNA가 된 거야. 그래서 그들은 뻔뻔하게 배짱 좋고, 당당하게 배짱 좋고, 말도 안 되게 배짱 좋고 그런 거야. 너 이런 얘기 좀 들어봐. 그들이 얼마나 어이없고, 말도 안 되게 배짱이 좋은지. 중국이 개혁개방을 하고 외국인들을 본격적으로 받아들이기 시작한 것이 80년대 후반이었어. 그전 10여 년은 내부 이론투쟁과 기반구축 과정이었지. '철의 장막'이라 불린 소련과 함께 '죽의 장막'으로 불렸던 중국이 세계를 향해 문을 열었으니 어떻게 됐겠니. 전 세계 사람들이 그야말로 물밀듯이 중국으로 밀려들었지. 관광대국 프랑스 파리와 이태리 로마가 텅텅 비었다고 소문날 정도였으니까. 그런데 그 관광 호기를 만나 중국이 한 일이 뭔지 아니? 자금성을 비롯한 모든 관광지의 입장료를 외국인한테 3배 비싸게 받는 거였어. 그게 뭐지? 그게 바로 중국식 배짱인 거야. 보고 싶으면 3배 내. 아니면 보지 마. 느네들이 안 보고 배겨? 이런 배짱인 거지. 흔히 말하는 왕 서방 상술 말이야. 그러니 비싼 비행기 타고 온 사람들이 자금성을 안 볼 수 있겠어? 5배 아닌 것만 다행으로 생각해야지. 그때 중국을 방문했던 어떤 교수가 이렇게 말했어. 우리라면 외국인들에게 어찌했을 것인가. 오히려 친절을 베푼다고 더 싸게 해주려 했을 것이다. 우리와 중국의 차이가 바로 그것이다. 그건 정곡을 찌른 말이었지. 그런데 이런 웃기는 일도 있었다. 우리 나라 문화재 관계자들이 자금성을 들어가는데 한 사람한테만 3배 내는 걸 면제해 준 거야. 그런데 그 여성은 그 특혜에 고마워한 것이 아니라 중국을 떠날 때까지 내내 골이 나 있었다는 거야. 중국인 취급당해서."

송재형이 우하하하 웃음을 터뜨리는 바람에 전대광도 함께 웃었다.

"근데 말이야, 세계 관광역사에 유례가 없는 중국의 그 배짱에 결국 백기를 든 것은 세계의 관광객들이었어. 해마다 그 수가 엄청나게 불어났으니까. 그 입장료가 언제부터 중국 사람들과 똑같아졌는지 확실하지 않은데, 어쨌거나 3배씩 더 받은 그 돈이 개혁개방 초기의 GDP 성장에 엄청난 기여를 했을 거야. 근데 그런 중국의 어이없는 배짱은 시작일 뿐이야. 애플 짝퉁보다 훨씬 먼저 짝퉁 수사 요구를 한 것은 프랑스와 이태리 명품 회사들이었어. 그런데 중국 공안은 어땠을까? 그때부터 '난 귀머거리다' 하는 배짱이었지. 그리고 기껏 한다는 소리가 "그게 결국 당신네 상품 선전이 될 것이다." 이 약 올리는 소리가 20년쯤 지나 적중한 거야. 몇 년 전부터 명품 싹쓸이 바람이 불기 시작했고, 2~3년 지나면 미국을 제치고 명품 구매 세계 1위가 될 기세잖아. 이러니 배짱 안 부리게 됐어. 그리고 너 기억하는지 몰라. 아니야, 기억 못 하겠구나. 몇 년 전에 프랑스 대형 마트 까르푸 불매운동 사건이 있었지. 그건 까르푸한텐 그야말로 치명적인 날벼락이었는데, 프랑스가 눈치 없이 대만에다 무기를 팔아먹은 거야. 그랬더니 중국에서는 즉각 원투 스트레이트 펀치를 먹여댄 거지. 정부에서는 프랑스를 내치고 고속철을 독일로 결정해 버렸고, 전 인민들은 까르푸 불매운동에 돌입한 것이었어. 프랑스가 질겁을 하다 못해 기절할 판이었지. 그런데 그 여파가 희한한 일로 나타났지. 그 얘기를 풀어가자면 우리나라 88올림픽 때로 거슬러 올라가야 해. 우리가 올림픽 준비를 하고 있는데 한 외국 여자가 시비를 붙고 나섰어. 개고기 시비였지. 개고기를 먹는 야만인의 나라에서는 절대로 올림픽을 개최하게 해서는 안 된다는 거야. 그런데 그 여자는 그냥 보통 여자가 아니라 육체파 배우로 한때 얼띤 남성 동포들 침깨나 흘리게 만든 여배우였거든. 그 퇴물 여배우가 시위도 하고, 기자회견도 하니 별로 쓸거리가 없는 매스컴한테는 얼마나 좋은 기삿거리고, 심심해 죽겠는 사람들한테는 얼마나 좋은 구경거리냐. 세상이 시끌시끌 야단법석이었지. 그런데 그 여배우는 거기서 그치지 않고 대한민국 노태우 대통령 각하께 항의서한까지 보내지 않았겠니. 사람과 감정과 말이 통하는 짐승인 개를 잡아먹는 게 얼마나 미개하고 야만적인 행위냐. 당장 일소

시켜라. 이런 내용이었다는 거야. 근데 말이다, 그 늙은 여배우께서 야성미 넘치는 몸뚱이만 있었지 머리에 든 것은 별로 없었나 봐. 사람과 감정과 말이 통하는 짐승은 개만이 아니라 소, 말, 돼지, 양, 닭, 오리 등 많고 많거든. 근데 우리 정부는 어떻게 했을까? 마치 여왕님의 지엄하신 하명이라도 받들 듯이 보신탕집들을 뒷골목으로 몰아쳐 숨기느라고 부랴부랴 야단법석을 떨었지. 그 서슬에 보신탕이 사철탕으로 개명까지 당하고. 헌데 말씀이야 그 퇴물 여배우께서는 2008년 베이징올림픽 때는 어찌하셨을까? 찍소리 한마디 없이 잠잠하셨지. 괜히 떠들어댔다가 프랑스에 또 무슨 날벼락이 떨어질지 모를 일이잖아. 그 여배우가 못 봐주게 팍싹 늙긴 했어도 치매는 안 걸렸었던가 봐. 뭐라고? 프랑스 정부가? 응, 그랬을 수도 있고. 그리고 말이다, 일본이 섬 분쟁으로 중국 선장 잡아간 사건은 너도 알지? 그때 봐라. 중국이 어찌했었니. 니가 좋아하는 말로 한 방에 날려버리잖아. 일본 상품 불매, 일본 관광 중단, 희토류 일본 수출 금지. 이 다연발 포를 맞고 일본은 며칠 만에 백기를 들고 말았잖아. 그게 중국의 힘이야. 그런데 더 큰 중국의 힘은 따로 있어. 지난 20년간 중국의 싼 인건비로 만들어진 싼 생활용품들이 전 세계로 수출됐잖아. 그래서 그 덕을 가장 많이 본 게 선진국 소비자들이고, 중국은 그동안 세계경제를 안정시키는 데 큰 기여를 했다는 게 경제

학자들의 공통된 견해 아니냐. 그게 바로 중국의 진짜 힘이고, 베이징대 학생들은 그 힘을 믿고 미국 기자들 앞에서 그렇게 당당하게 배짱을 부릴 수 있는 거야. 일찍이 나폴레옹이 말했지. 중국이 각성하면 세계가 흔들릴 것이다."

"크아, 적중률 100퍼센트네요."

"그렇지. 200여 년 만에 적중시켰지. 나 약속시간 다 돼간다."

"알았어요. 근데 아까 그 여배우 이름이 뭐예요?"

"브리짓 바르도."

농민공, 물거품 하나

"아니 아줌마, 울어요 지금?"

전대광의 아내 이지선은 파출부 옆으로 다가섰다.

"아, 아니에요……."

설거지를 하고 있던 파출부가 당황하며 말을 더듬었다.

"맞네. 눈이 새빨갛잖아요." 이지선은 파출부를 돌려세우며 주춤 놀라고는, "무슨 일 있어요? 셋방끼리 또 싸웠어요?" 그녀는 연달아 물었다. 파출부는 가난한 사람끼리 방 한 칸씩을 세내어 사는 공동셋집에서 자주 다투고는 혼자 울 때가 있었던 것이다.

"아니에요. 다른 일이 좀……."

파출부는 고개를 저었지만 울컥 솟는 울음으로 입을 막았다.

"다른 일? 무슨 일인데요?"

이지선은 다그쳐 물었다. 그녀가 가장 무서워하는 게 파출
부에게 변고가 생기는 것이었다. 그건 그녀만 그러는 게 아니
었다. 중국땅에서 파출부 부리며 편케 살아온 주재원 부인들
은 다 그랬다. 파출부가 무슨 일로 하루만 안 와도 그녀들은
오만상을 찌푸리기 일쑤였다. 손 놓고 살아온 잡다한 일거리
를 하루라도 만지기 싫은 얍삽한 마음이었다. 그녀처럼 중국
생활이 오래될수록 그 정도는 더 심했다.

"그게 저어……."

파출부의 눈에서 눈물이 주루룩 흘러내렸다.

"아니, 무슨 큰일이 난 모양이죠?"

이지선은 느낌이 안 좋아 목소리가 한 톤 높아졌다.

"……."

고개만 끄덕이는 파출부의 입에서는 울음소리까지 비어져
나왔다.

"갑갑해라. 무슨 일인지 어서 말해 봐요."

이지선의 목소리가 더 높아졌다.

"남편이, 남편이……, 떨어졌어요."

파출부가 울음에 섞어 토해 낸 말이었다.

"남편이……? 공사장에서요?"

이지선의 목소리는 마침내 외침이 되고 말았다.

"......."

파출부는 솟는 울음을 아랫입술로 깨물며 고개만 끄덕였다.

"그래서 어떻게 됐어요. 심해요?"

"너무 많이 다쳐서 아직 정신을 못 차려요."

파출부의 눈에서는 눈물이 넘치고 넘쳐 뚝뚝뚝 떨어져 내리고 있었다.

"저걸 어째! 고층 아파트 공사장에서 떨어졌으니......" 곧 울 것 같은 얼굴로 이지선이 혀를 차고는, "병원에선 뭐래요? 생명에는 지장이 없는 거지요?" 하며 손등으로 눈을 훔쳤다.

"아직 모른대요, 정신을 차리기 전에는."

파출부는 어깨가 떨리도록 눈물을 추슬렀다.

"그거 큰일이네. 근데 치료비는 회사에서 다 대는 거지요?"

이지선은 중국 병원들의 유난스런 행태가 걱정스러워 물었다. 중국사람들은 체면 세우기를 끔찍이 좋아하면서도 돈 앞에서는 체면 몰수하는 것처럼 병원에서도 돈을 먼저 내야만 치료를 시작했다. 아무리 위급한 환자라도 돈을 내지 않으면 그대로 방치되었다. 그래서 죽으면......, 죽은 자의 책임이었다. 이런 현실 때문에 '돈을 너무 좋아한다', '돈밖에 모른다'고 외부인들은 부정적인 인상을 갖게 되었고, 외국 신문들은 '자본주의보다 더 자본주의적'이라고 쓰는지도 모른다. 그뿐만 아니라 수술 종류에 따라 의사들에게 적잖은 돈을 반드시 사례해야 하는 게 당연한 일이 되어 있었다. 심지어는 사례비를 못 받은 어떤 간호사가 앙갚음을 하느라고 제왕절개 수술을 한 산모의 배에 가위를 넣고 꿰매버려 세상을 떠들썩하게 했다. 그런 황당하기 그지없는 일까지 벌어지기 때문에 '13억에 13억 가지의 일이 일어나는 나라'라는 말이 생겨났는지도 모를 일이었다.

"그거 잘 모르겠어요. 입원비는 회사에서 냈는데……, 회사 사람 말이 순전히 우리 애아빠 잘못으로 사고가 났다는 거예요."

"그게 무슨 소리야. 벌써부터 발뺌하자는 수작 아냐?"

이지선의 목소리가 떨리고 있었다.

"남편이 아픈 것도 무섭고, 그런 말도 무섭고, 어제 밤새도록 남편 옆에서 떨었어요."

"무서워하지 말고 정신 바짝 차려요. 아줌마가 똑똑하게 굴어야 회사에서도 딴소리 못해요. 회사한테 억울하게 당하는 사람들이 너무 많잖아요."

"네에, 회사 일 하다 사고 당하고 병 얻고 해도 회사가 몰라라 해버려 신세 망친 사람들이 우리 농민공들 사이에 수도 없이 많아요. 우리도 어찌 될지 몰라 너무 걱정돼요."

파출부가 눈물을 훔치며 또 울음을 추슬렀다.

농민공이란 개혁개방 이후 가난한 농촌에서 벗어나 돈벌이를 하려고 도시로 몰려든 부랑 노동자들이었다. 그들은 전 세계가 놀라는 중국의 비약적이고 눈부신 경제발전의 맨 밑바닥에서 온갖 궂은일들을 다 해낸 계층이었고, 그러면서도 도시 빈민층을 형성하고 있었다. 그들의 수는 어림잡아 2억 5천만으로 셈해졌다. 부랑 노동자 많기로도 단연 세계 1위였다.

"그 숫자가 맞긴 맞아요?" 사람들은 문득문득 물었고, "그걸 누가 알겠습니까." 누군가가 대꾸했고, "그보다 많았으면 많았지 적지는 않겠지요." 누군가는 장담하듯이 이렇게 말하기도 했다. 그 자신만만함은 괜한 허풍이 아니었다. 중국의 조사나 통계 발표는 정부에 유리한 것은 10배로 뻥튀기 되고, 불리한 것은 10분의 1로 줄여버린다는 소문에 근거하고 있었다.

"어쨌거나 회사 쪽에 기죽게 보이면 절대 안 돼요. 똑똑하고 그리고 또 독기 있게 보여야 해요. 아줌마, 돈 빨리빨리 벌어서 고향에 가 잡화상 차리고, 하나뿐인 아들 대학까지 보내는 게 꿈이었죠? 잘못하면 그 꿈이 다 깨질 판이라구요. 그러니까 이번에 이 악물고 덤벼야 해요."

이지선은 자신이 독기의 시범이라도 보이는 듯 주먹까지 부르쥐며 거세게 말했다.

"네, 알겠습니다. 고맙습니다."

파출부는 그만한 관심도 진정 고마워 허리를 깊이 굽혔다.

'만약 형편이 나빠지면 우리 애아빠도 좀 도울 수 있을 거예요. 우리 애아빠가 높은 자리에 있는 중국사람들 꽤나 많이 알고 있어요.'

이지선은 이 말이 곧 나오려고 했지만 꾹 눌렀다. 남편은 외국인에 지나지 않았고, 중국의 지체 높은 분네들이 비천한 농민공의 일에 눈길 줄 리 없었던 것이다. 그녀는 중국에 와서 놀란 것이 한두 가지가 아니었지만 특히 놀란 것이 두 가지였다. 하나는 여자들이 정조 관념이라고는 전혀 없이 마음 껏 몸을 내두르며 사는 것이었고, 다른 하나는 당원이나 관리들과 일반인들 사이에서 일어나는 극심한 인간 차별이었다. 한마디로 말하자면 당원이나 관리들은 천상의 인간들이었고, 일반인들은 지하의 인간들이었다. 특히 고급 당원이나 고급 관리들은 으레껏 동그라미 4개가 연결된 마크를 단 새까만 아우디를 몰고 다녔는데, 그 안하무인과 무법행위는 참으로 또 하나의 세계 1위 감이었다. 온갖 불법주행은 말거리도 안 되는 것이고, 고급 음식점 앞에서 그들의 차 대여섯 대를 출발시키기 위해서 수많은 통행인의 앞길을 차단하는 횡포를 예사로 저질렀다. 그런 일을 당할 때마다 두 가지가 이상하곤 했다. 인간 평등을 위해 공산주의 혁명을 했다는 사람들이 어찌 저리도 앞뒤 안 맞는 행동을 할 수 있을까 싶었고, 인민은 나라의 주인이라고 하는데 그런 역겨운 꼴을 수도 없이 당하면서도 왜 사람들은 한마디 불평도 없이 무표정하게 묵묵히 서 있기만 하는 것일까. 그녀는 그런 일을 당할 때마다 부글부글 끓어오르는 분을 삭이지 못한 채 똑같은 생각을 하고는 했다. 만약 한국에서 이런 일이 벌어졌다면 어떻게 되었을까. 그들이 장관이든 차관이든, 검찰총장이든 대법관이든, 당 대표든 국회의장이든, 계급이 높으면 높을수록 욕바가지를 뒤집어쓰고 사회문제가 되었을 것은 너무 자명한 일이었다. 그나마 한국이 얼마나 민주화된 인간다운 사회인지를 중국에 와서 비로소 깊이 느꼈던 것이다.

파출부가 딱하고, 도와주고 싶은 건 자신의 마음일 뿐이었다. 사고를 당해 정신까지 잃은 남편을 병원에 두고도 파출부 노릇을 나와야 하는 쑹칭의 심정은 어떨까. 쑹칭은 분명 나오고 싶지 않았을 것이다. 그런데 안 나와서 주인의 심사를 거스르면 당장 밥줄이 끊길 수 있었다. 하루 4시간 일하고 한 달 1,500위안(30만 원 정도)이면 농민공으로서 좋은 일자리였다. 하루에 두 집을 오가며 한 달에 3,000위안을 받으면 남자 농민공들보다 많이 버는 돈이었다. 그런 일자리를 탐하는 여자 농민공들은 넘쳐났다. 파출부 자리는 도로 공사장이나 아파트 공사장 같은 데에 비해 일만 깨끗하고 편한 게 아니었다. 점심을 돈 안 들이고 배불리 먹을 수 있었고, 가끔 주인의 옷가지를 얻어 입거나, 식품을 나눠 받는 쏠쏠한 실속도 있었던 것이다.

이지선은 파출부가 시간을 다 채울 때까지 붙들어두기가 영 마음이 불편했다. 그 마음은 온통 병원에 가 있을 것이기 때문이었다.

"아줌마, 후딱후딱 두 시간만 하고 어서 병원에 가봐요."

"아니에요, 아니에요. 괜찮아요."

쑹칭은 당황한 기색으로 다급하게 말했다.

"너무 걱정 되잖아요. 무슨 일이 있을지도 모르고. 빨리 가봐요."

"아니, 괜찮아요, 괜찮아요."

쑹칭은 더 강하게 말하며 고개까지 저었다. 그런 그녀의 태도에서는 고마워함이 없이 무언가 걱정하는 기색이 드러나고 있었다. 이지선은 퍼뜩 떠오르는 것이 있었다.

"아줌마, 두 시간 일 안 하면 돈을 깎을까 봐 그래요?" 이지선은 이 말을 하면서도 설마 했고, "예, 제가 돈이 더 필요한 형편이 돼서……." 쑹칭이 고개를 떨구며 중얼거렸다.

"아줌마, 그게 아니에요. 돈 깎지 않아요. 아줌마 위로해 주려고 그러는 거지. 내 맘 모르겠어요?"

이지선은 돈계산 빠른 중국인의 모습을 다시 확인하며 자신의 가슴을 손바닥으로 두들겼다.

"예, 말뜻 잘못 알아들어 죄송합니다. 감사합니다, 감사합니다."

쑹칭은 눈물이 곧 쏟아질 것 같은 눈으로 고개를 숙이고 또 숙였다.

쑹칭이 병원에 도착했을 때 남편은 정신이 깨어나 있었다.

"여보, 여보, 여보……."

그녀는 남편을 끌어안고 더는 말을 못했다.

"여보, 미안해……."

그녀의 남편 장완싱은 고통이 진하게 밴 찌푸린 얼굴로 힘겹게 말했다.

"작업모 덕에 머리에 별 이상이 없어서 빨리 깨어난 겁니다. 그러나 왼쪽 갈비뼈가 세 대, 그리고 다리뼈까지 부러졌으니 장기간 치료를 요합니다."

의사의 말이었다.

"장기간이면 얼마나……."

쑹칭은 마음이 조마조마해서 물었다. 병원에 오래 있으면 알거지 되기 십상이기에 그녀는 겁부터 났다.

"아마 한두 달 정도는 걸리겠지요."

"두 달……."

그녀는 그만 눈을 질끈 감았다. 두 달이면 그 병원비가 얼마일 것인가. 회사에서 대줄 것인가……, 회사가 나 몰라라

해버리면 어쩔 것인가……. 그녀의 불안은 점점 더 커져가고 있었다.

"왜 회사 사람은 아무도 안 보이지?"

장완싱은 불안한 기색으로 사방을 두리번거렸다.

회사 사람은 장완싱이 깨어난 것을 확인하고는 자취를 감추었다.

"곧 또 오겠지요. 당신은 아무 걱정 말고 어서 몸 나을 생각만 해요. 의사 선생님이 그러셨잖아요. 좋은 생각을 많이 해야만 몸이 빨리 낫는다고요."

쑹칭은 남편의 팔다리를 주무르며 말했다. 말은 그렇게 하고 있었지만 그녀의 마음속에는 좋지 않은 생각들이 가득 차고 있었다.

회사에서 이대로 발을 끊어버리는 게 아닐까……. 아니야. 설마 그렇게까지 몰인정하지는 않겠지. 자기네 회사일을 하다 다친 것인데 그렇게 야박하지는 않겠지. 회사가 돈 많은 큰 회사라는데. 하지만 그동안 당한 농민공들을 보면 다 큰 회사에 당하지 않았던가…….

그런 사람들은 아끼고 아껴 모아두었던 돈을 치료비로 다까먹고 빈털털이가 되었다. 그러나 그것으로 끝이 아니었다. 몸이 불구가 되거나 부실해져 더는 중노동을 할 수 없는 게 더 큰 문제였다. 농사만 지어온 농민공들은 누구나 배운 것도 없고, 특별한 기술도 없었다. 그들이 믿을 건 몸뚱이 하나뿐이었고, 몸뚱이는 그들의 전 재산이었다. 그런데 몸뚱이가 쓸모없게 되었으니…….

생각이 깊어질수록 불안은 점점 더 커져가는 고무풍선이었다. 아니야, 아닐 거야. 우리는 아니야……. 그녀는 남편의 팔다리를 주무르다 깜빡 졸다, 또 주무르다 졸다 하며 밤을 지새웠다. 몸은 가눌 수 없도록 찌뿌드드하고 무거웠고, 불안감은 밤새 더 커져 마음 가득 팽팽하게 차 있었다.

'아니야, 내가 너무 급하게 생각하는 거야. 자기네도 양심이 있지. 사람이 그리 심하게 다쳤는데……, 자기네도 어떻게 해줄 준비를 하고 있겠지……. 그래 기다려, 좀 더 기다려.'

쑹칭은 이렇게 자신의 마음을 다독이며 병실을 나서려다가 되돌아섰다.

"여보, 오늘 회사에서 사람이 오면 야무지게, 다부지게, 똑똑하게, 독하게……, 으음……, 무섭게, 지독하게……, 그리고 저어…….." 그녀는 머리를 짜내다가 더는 생각이 안 나, "그러니까 그 사람들이 당신을 무시하지 못하게……, 당신을 무서워하게 단단히 말하라구요, 단단히! 알겠지요? 무르게 보이면 절대로 안 되니까 정신 바짝 차리라구요. 알았죠!"

말끝마다 힘을 꽁꽁 쓰다 못해 남편 앞에 주먹을 불끈 쥐어 보였다. 농사일에서부터 파출부 일까지, 온갖 험한 일들에

시달리고 괴롭힘 당한 그녀의 손은 여자 손 같지 않게 거칠고 투박했다.

쑹칭은 일손을 놀리고 있었지만 하루 종일 제대로 일을 못하고 허둥거렸다. 청소기는 돌아가는데 방구석에 멍하니 서 있는가 하면, 세탁기가 멈추었는데도 빨래 꺼내는 것을 까맣게 잊어버리고 있었고, 설거지를 하면서 그릇을 몇 번씩이고 부딪쳤다. 두 집에서 8시간 일하는 것이 그렇게 지루한 것은 처음 있는 일이었다.

"여보, 사람 왔었어요?"

쑹칭은 병실로 들어서며 물었다.

"……"

그녀의 남편은 아랫입술이 접혀들도록 입술을 꾹 다문 채 맞은쪽 벽만 응시하고 있었다.

"내 짐작대로 발 끊은 모양이지요?"

"……"

남편은 숨도 쉬는 것 같지 않았다.

"말 좀 해봐요, 어째야 좋은지."

"……"

그녀는 분과 함께 솟구치는 울음을 가까스로 씹어 삼키며 말했다.

"내가 낼 회사로 찾아가겠어요. 난 이대로 안 당해요, 차라리 죽지."

"쓸데없는 소리 말고 퇴원 준비나 해."

남편이 비로소 한 말이었다.

"당신 미쳤어요! 두 달은 치료해야 된다고 했잖아요."

쑹칭은 이렇게 말하면서도, 왜 남편이 갑자기 그런 소리를 했는지 어리둥절해하고 있었다.

"오늘 병원에서 말했어. 회사에서는 5일 치 치료비만 냈다고." 남편이 한숨을 쉬며 말했고, "그래서 그 날짜에 맞춰 나가라는 거예요?" 그녀가 이를 앙다물며 부르르 떨었고, "그야 당연한 거지. 돈 더 안 내려면 나가고, 더 있고 싶으면 돈 내라 그런 얘기지." 남편은 더 짙은 한숨을 토해 냈다.

"요런 죽일 놈들이 어딨어. 사람은 골병이 들어 꼼짝을 못하고 있는데 치료도 다 안 해주고……."

그녀의 이 말은 솟구치는 울음에 뒤범벅이 되었다.

"부자들 눈에 우리 같은 농민공들이 어디 사람으로 보이나. 런타이뎌지, 런타이뎌야."

장완싱은 멍하니 허공을 바라본 채 중얼거리고 있었다.

쑹칭은 울음을 수습하고 의사부터 만나려고 나섰다. 그러나 간호사가 앞을 막아섰다.

"의사 선생님은 이제 진료 다 끝내셨어요. 할 말 있으면 다 나한테 하면 돼요."

친절미라고는 없던 간호사는 더 싸늘하게 변해 있었다.

"처음엔 두 달 정도 치료해야 된다고 했는데 5일 만에 퇴원하라는 게 말이나 돼요? 한 발짝도 못 걷는 중환자를."

그녀의 말은 떨려 나오고 있었다.

"글쎄 그 말이면 다 끝났다니까요. 두 달 치료받고 싶으면 돈부터 미리 내요. 그리고 못 걷는 것 걱정하지 말아요. 집에 도착할 때까지 휠체어를 빌려줄 수 있어요. 돈만 내면."

쑹칭은 말이 막혀버렸다. 간호사는 그런 모진 일을 하려고 세상에 태어난 것처럼 독기를 내쏘고 있었던 것이다.

"내가 내일 당장 회사로 찾아가야겠어요."

쑹칭은 다시 분이 솟아 숨을 씩씩거렸다.

"소용없어. 내가 가도 될뚱말뚱인데. 수위들이 막아서 회사 안으로 한 발짝도 못 들어가게 할 거야."

장완싱이 고개를 저었다.

"그럼 어떡해요. 이 몸을 해가지고 그냥 당하란 말이에요?"

울음 가득한 그녀의 얼굴이 일그러졌다.

"분하고 원통해도 차분하게 생각해야 해. 일단 퇴원해서 몸이 빨리 낫게 하고, 그런 다음에 내가 나서야 해."

"퇴원해서 무슨 수로 몸이 빨리 나아요."

"의사 선생님이 그랬어. 위험한 고비는 다 넘겼으니까 퇴원해서 치료받으러 다니면 된다고."

"회사도 너무하고, 병원도 너무해요. 다들 떼부자들이면서 돈이라면 사족을 못 쓰고 야단들이에요. 우리 같은 농민공들은 사람 취급도 안 하면서."

"더 말하면 뭘 해. 돈을 그리 밝히니까 떼부자가 된 건데. 그리고 세상에 차이고 밟히는 게 농민공들이잖아. 예나 지금이나 벼슬하지 못하고 땅이나 파는 천한 백성은 언제나 짐승 취급이었어. 어쨌거나 다 내가 알아서 할 테니까 당신 너무 속상해하지 말어."

장완싱은 통증을 참아내며 일그러진 얼굴로 왼쪽 옆구리를 감싸 잡았다.

"어머, 말 많이 해서 그래요. 말 그만 해요." 쑹칭은 남편을 붙들까 어쩔까 허둥거리며, "안 돼요. 퇴원은 안 돼요. 우선 그동안 모아둔 돈으로 치료를 해야 해요." 그녀의 목소리에 울음이 묻어났다.

"안 돼, 그 돈은 아무도 손대면 안 돼. 우리 소황제 대학까지 가르칠 밑천이야."

장완싱은 완강하게 고개를 저었다. 가난하고 하잘것없는 농민공에게도 하나뿐인 자식은 '소황제'였다.

"당신, 쓸데없는 소리 말아요. 부모 있고 소황제지, 소황제가 부모 먼저일 수는 없어요."

쑹칭의 목소리도 완강했다.

"안 돼, 그 돈은 절대 안 돼." 장완싱은 또 얼굴을 잔뜩 찌푸리며 고개를 저었고, "당신, 정신 차려요. 돈 아까워해서 치료 제대로 안 받으면 어떻게 되는지 알아요? 평생 병신으로 살 수도 있어요. 그럼 우리 신세 어찌 되는지 알아요? 당신은 돈벌이 못하고 나 혼자 벌어봐요. 평생 거지꼴에, 우리 소황제 대학까지 가르칠 꿈도 다 깨져버려요. 알아요, 당신 맘 다 알아요. 하지만 급한 불부터 꺼야 되잖아요. 그리고 그 돈이 그냥 없어지는 게 아니에요. 담에 회사에서 받아내면 되니까요. 우선 급하니까 끌어다 쓰는 것뿐이라구요." 쑹칭은 남편을 똑바로 쳐다보며 억센 기세로 말했다.

"그 돈이 어떤 돈인데……."

장완싱은 아내의 눈길을 피하며 중얼거렸다.

"글쎄 그 돈이 그냥 없어지는 게 아니라니까요. 회사에서 받아내면 된다구요."

그녀는 더 완강한 기세로 남편을 몰아붙였다.

"그렇긴 한데……, 그게 글쎄……."

장완싱은 미심쩍은 얼굴로 말끝을 흐렸다.

"됐어요. 치료비는 틀림없이 받아낼 수 있어요. 우리가 거짓말하는 것도 아니고, 병원 영수증을 내밀면 되니까요." 그녀는 자신감 넘치는 말로 남편을 위로했고, "여보, 미안해. 내가 다치지 않았어야 하는데." 수척한 얼굴의 장완싱은 측은한 눈길로 아내를 바라보았다.

남편의 마음을 그렇게 붙들긴 했지만 쑹칭은 다음 날부터 더욱 불안해지기 시작했다. 병원비는 어디나 비쌌고, 전혀 깎을 수도 없었다. 세상의 거래치고 깎지 못할 게 아무것도 없었다. 그래서 물건은 흥정하는 재미에 산다는 말도 있는 게 아닌가. 그런데 병원비는 단 한 푼도 깎아지지 않았다. 돈을 주고받는 거니까 분명 '치료 거래'인데 왜 흥정이 안 되는지 모를 일이었다.

앞으로 두 달 가까이 치료받으면 그 치료비가 얼마일지, 생각만으로도 가위눌렸다. 병원 마음대로 정할 그 치료비를 그동안 모아둔 돈으로 감당할 수 있을지 겁나고 마음을 놓을 수가 없었다. 고향 떠나 농민공으로 떠돌며 3년간 둘이 기를 쓰고 모은 돈은 얼마 되지 않았다.

자신이 두 집에서 일해 버는 것이 한 달 3,000위안(60만 원 정도)이었고, 남편이 버는 것이 2,000위안 정도였다. 그 돈에서 단칸 셋방의 월세로 1,000위안, 아무리 아끼고 아껴도 식비로 1,500여 위안이 나갔다. 그럼 나머지 돈 2,500위안을 전부 고향으로 보냈다. 시골에서는 시아버지 시어머니가 손자를 돌보고 있었다. 세 입이 먹고, 아들 학교를 보내는 데 1,200위안 정도가 쓰였다. 소(초등)학교지만 그 뒷바라지가 쉬운 게 아니었다. 크고 작은 돈이 끊임없이 들어갔다. 세상이 달라져 옛날처럼 교과서만으로 되지 않았다. 여러 가지 동화책, 위인전, 역사 만화책, 과학 시리즈 등 사주어야 할 책들이 끝없이 이어졌다.

돈이 아깝지만 제 놈이 읽고 싶어 하고, 그런 책들을 많이 읽어야 훌륭한 사람이 된다고 하니 어찌할 수가 없구나. 또 그런 책들을 읽고 나서 이 할아버지 할머니를 가르치려 들고, 우리가 모르는 것을 척척 알기도 하니 책이 좋기는 좋고, 돈이 쑥쑥 축나도 아깝다고 틀어쥐고 있을 수가 없구나.

누군가가 대필해 준 시부모의 이런 편지가 오고는 했다.

"아아 우리 소황제가 대황제가 되고 있구만! 암, 그래야지, 그래야지. 이 애비 한 풀리게 열심히 공부해서 꼭 대황제가 돼야지."

남편은 덩실덩실 춤이라도 출 듯이 기뻐하며 답장을 썼다.

돈 아까워하지 말고 책을 얼마든지, 읽고 싶어 하는 책들은 뭐든지 다 사주세요. 이 세상에서 훌륭하게 된 사람들은 하나도 빼지 않고 전부가 책을 많이 읽은 사람들이라 합니다. 특히 위대하신 마오쩌둥 주석께서는 평생 침대 한쪽에까지 책을 가득 쌓아놓고 읽으셨다고 합니다. 책을 사줘도 안 읽는 애들이 수두룩한데 그렇게 책을 좋아하니 얼마나 기특하고 착한 일입니까. 만약 돈이 없다면 제 팔 하나를 잘라서라도 책을 사줄 판인데 어찌 돈을 아끼겠습니까. 돈 아까워하시지 말고 책을 사주세요. 그게 제가 타향에서 고생하는 보람입니다.

남편은 눈물을 글썽이며 이런 답장을 썼다.

"여보, 우리도 도시로 돈벌이 나가요. 남들도 다 떠나지 않아요. 우리도 나가서 둘이 함께 벌면 금세 부자 될 수 있어요. 우리 소황제도 대학까지 가르칠 수 있구요."

자신이 먼저 남편을 충동질했었다. 도시에서 불어오는 돈바람을 타고 젊은이란 젊은이들은 모두 고향을 떠나가고 있었다. 도시에 가면 바로 그날부터 돈벌이가 된다는 거였다. 시골 농촌에서는 아무리 애써도 돈벌이할 것이 없었다. 뼛골 휘도록 땅을 파봤자 지지리 궁상 가난을 면할 길이 없었다. 그런데 도시에 나가면 아무 공장에나 들어갈 수 있고, 별난 기술이 없이도 한 달에 1천 위안 넘게 벌고, 차츰 기술을 익히게 되면 월급이 점점 올라간다는 것이었다. 가슴 설레는 그런 소문은 거짓말이 아니었다. 먼저 떠난 젊은이들이 정말 고향으로 돈을 보내왔다. 그리고 춘절(설)이면 멋진 옷들을 뽑아입고 선물 보따리들을 들고 의기양양하게 고향을 찾아왔다. 분명 새 세상이 온 것이었다. 모두모두 부자로 살 수 있는 세상을 키 작은 지도자 덩샤오핑 동지가 만든 것이었다. 덩샤오핑 동지는 의심할 바 없는 태양이었다. 모두가 바라는 새 세상을 열어준, 마오쩌둥 주석에 이은 두 번째 태양이었다.

"글쎄……, 이러고 있을 때가 아니긴 한데……."

남편은 쉽사리 결정을 내리지 못하고 뭉그적거리기만 했다.

"아휴 답답해라. 남자답게 못하게 멀 그리 끙끙거리기만 해요. 남들은 잘만 떠나는데 뭐가 무서워서."

"참 속도 어지간히 없군. 식구가 우리 단둘인 거야?"

그녀는 그제서야 생각 많은 남편의 속을 알아차렸던 것이다. 그러나 그런 남편의 걱정은 단숨에 해결하고야 말았다. 며느리 사랑 시아버지더라고 시아버지가 허락해 주셨다.

"아무 걱정 말고 떠나거라. 한 살이라도 더 젊었을 때 어서어서 벌어야지. 애야 뭐가 걱정이냐. 할머니 할아버지 품에서 좀 잘 크겠니. 효도가 뭐 따로 있냐. 너희들이 잘 사는 게 제일 큰 효도지. 가, 어여 떠나."

시아버지의 이 말로 남편은 집 떠나 농민공의 길로 들어섰던 것이다.

쑹칭은 다음 날부터 아침을 굶었다. 아침은 으레껏 사 먹는 것이 중국식이었다. 흔한 대중식당에서 파는 아침 한 끼는 보통 1위안, 비싸야 2위안이었다. 고깃국물에 끓인 쌀국수, 흑계란 넣은 죽, 빵과 함께 먹는 콩국, 이런 음식들은 싸면서 감칠맛 있었고 오래 든든했다. 그래서 기운 써서 일해야 하는 농민공들이 특히 즐겨 먹었다. 그러나 이제 그녀는 1위안이라도 아껴야 했다. 빈속으로 오전 4시간 동안 일을 하자면 기운이

파하겠지만 참아야 했다. 빨래를 쥐어짜듯 모든 돈을 아끼고 아껴 남편을 하루라도 더 치료받게 하는 게 자신이 할 일이었다.

쑹칭은 또 파출부 일을 끝내고 밤에 돈벌이할 수 있는 일이 뭐 없을까 골똘히 생각했다. 돈이 벌리기만 한다면 무슨 일이고 하고 싶었다. 낮에 두 집에서 잠시도 쉴 짬이 없이 일해서 못내 피곤했지만 남편이 치료받을 수 있게 일자리가 생기기만 하면 힘드는 건 얼마든지 참아낼 수 있었다. 그러나 아무리 생각해도 돈벌이할 일자리는 떠오르지 않았다. 아니, 떠오르는 게 한 가지 있긴 했다. 가라오케인지 룸살롱인지, 술 파는 집이었다. 그러나 그녀는 쓰디쓰게 웃었다. 자신은 두 가지로 자격이 없었다. 스물다섯 살만 돼도 퇴물이 된다는데 자신은 이미 늙은이인 셈이었고, 한눈에 남자들의 마음을 동하게 할 만큼 예뻐야 한다는데 자신은 그저 평범한 얼굴일 뿐이었다.

농민공들은 두 가지 공통점을 가지고 있었다. 농민 출신이었고, 나이가 많았다. 농촌 출신이라도 나이가 스무 살 안팎이면 거의가 제조업 공장으로 들어갔다. 공장들은 술집도 아니면서 젊은 남녀만을 좋아했고, 나이가 스물다섯이 넘으면 마치 기운 못 쓰는 늙은이라도 되는 것처럼 손사래를 쳐버렸다.

그러니 나이가 좀 들어 공장에서 퇴짜당한 축들은 더운밥

찬밥 가릴 겨를 없이 무슨 일이든지 닥치는 대로 덤벼들 수밖에 없었다. 겉모습은 한없이 멋들어지고 으리으리하게 번쩍거렸지만 그 어디에도 몸 기댈 곳 없는 도시에서 세끼 밥 찾아 먹고, 돈까지 벌려면 다른 방법이 없었던 것이다.

농민공들은 일거리를 찾아 철새 떼처럼 몰려다녔다. 큰 도시마다 고층 빌딩들이 몇 년 사이에 수없이 치솟아 오른 것도 다 그들 농민공들의 힘이었다. 무기가 아무리 발달해도 보병이 총 들고 쳐들어가지 않으면 항복을 받아낼 수 없듯이 건축기계들이 제아무리 좋다 해도 사람의 힘에 이끌리지 않고는 빌딩들이 그렇게 우람하게 설 수 없는 일이었다. 개혁개방과 함께 중국 천지를 최단 시일 내에 사통팔달로 잇고 뚫고 해서 경제 유통의 대동맥인 고속도로를 탄생시킨 것도 그들 농민공들이었다. 그리고 싼 인건비만 팔아먹는 삼류 국가가 아니라 유인 인공위성과 함께 과학 일류 국가 중국의 자존심을 세워준 고속철 건설 현장마다 그들은 피땀을 뿌렸던 것이다. 고산지대를 돌파하며 티베트 지역을 향해 뻗어간 그 기나긴 철길이 그렇게 빨리 놓인 것도 다 농민공들이 이룩해낸 공이었다.

쑹칭은 고약하게 꼬여 있는 자신의 처지를 집주인에게 전혀 내색하지 않았다. 그저 회사에서 치료비를 다 대주기로 했다고 해두었다. 마음에 그런 근심 품고 있는 걸 알게 되면 괜히 일 소홀히 하지 않나 하고 의심만 사기 쉬웠던 것이다.

그러나 셋방 사람들에게는 사실대로 다 털어놓았다.

"뭐라고? 그런 죽일 놈들이 있나. 그게 말이나 돼!" "베락 맞아 뒈질 놈들, 지놈들이 안전시설을 제대로 안 해놓고선 떨어진 사람 잘못이라니. 베락을 맞아도 자자손손, 몇만 대에 걸쳐서 수천만 번 맞아라." "누가 아니래. 있는 놈들이 더 지독하게 군다니까. 그 회장 놈이 가진 재산에 비해 치료비가 몇 푼 된다고." "글쎄 말이야, 까짓것 조족지혈이지 조족지혈." "그나저나 이거 억울해서 어쩌지? 공안에 신고할 수도 없고." "하이고, 헛김 빠지는 소리 허덜 말어. 우리 농민공 편들어주는 공안이 이 하늘 아래 단 한 놈이라도 있어?" "맞어, 공안이고 관리고 다 돈 있는 놈들과 짝짜꿍 한통속으로 돌아가잖아. 우린 그저 불쌍한 외톨이야." "그래, 우리 같은 것들이 무슨 사람인가. 짐승만도 못한 쓰레기지." "빌어먹을, 어떻게 된 놈의 세상이 살아갈수록 더 팍팍해지고 이 꼴이야?" "그러게 말야. 있는 놈들은 점점 더 떼부자가 되고, 없는 놈들은 점점 더 거지꼴이 되고. 이게 도대체 뭐가 잘못된 거야? 누구 잘못이냐구." "옘병헐, 아무 가망도 없는 세상, 하늘과 땅이 딱 맞붙어 다글다글 맷돌질이나 해버렸으면 좋겠다."

같은 농민공 처지인 그들은 이렇게 함께 분노했다. 쑹칭은 그것에나마 위안을 느끼며 한없이 외로웠다. 기댈 데도 없고 하소연할 데도 없는 이 허허벌판 세상에서 그렇게라도 편을 들어주는 것은 그들뿐이었다. 그들의 말은 아무것도 해결해 주지 못했다. 그리고 아무도 들어주지 않았다. 그냥 허공에 흩어지고 사라졌다. 그러나 그들이 뜨겁게 토해 내는 말들은 바로 자신이 세상을 향해 목이 터지도록 외쳐대고 싶은 말이었다. 그런 말을 대신 해주니 그들이 고맙지 않을 수 없었다.

그들은 아파트 한 집에 세 들어 살 뿐 서로서로 모르는 사이였다. 넓고 넓은 중국 천지 사방에서 돈을 벌려고 도시로 왔고, 집값 비싼 도시에서 싸구려 셋방을 구하다 보니 만나게 된 거였다. 그들은 고향만 다른 게 아니고 서로 사투리가 심해 알아듣기 어려운 경우도 있었다. 서쪽의 쓰촨성 사람과 동북쪽의 헤이룽장성 사람이 마주 앉으면 전혀 말이 통하지 않았다. 그들이 한 나라 사람이라는 것이 이상할 지경이었다. 그들은 말만 틀린 것이 아니었다. 말에 따라 풍습이나 습관도 달랐고, 생각하는 것도 차이가 있었다. 그런 데다 20평 남짓한 공간에 열댓 명이 방을 가르고, 거실을 네 칸으로 막고 해서 살다 보니 걸핏하면 싸움이었다. 사람은 우글우글 많은데 부엌도 공동 부엌이었고, 세탁기도 공동 세탁기였고, 화장실도 공동 화장실이었고……. 그러다 보니 빨리빨리 쓰라고 소리치다가 싸움이 되었고, 전기료 수도료 가스비 같은 것을 분배하면서 또 싸움이 되었고, 어쨌거나 하루가 빤하게 지나가는 날이 거의 없을 지경이었다.

그런 셋방 아파트는 사람 사는 집이라고 할 수가 없었다. 중국의 아파트들은 실내장식을 전혀 하지 않은 상태로 분양을 했다. 실내장식은 입주자의 안목과 취향에 따라 하는 것이었다. 그 방법은 일괄적으로 실내장식을 했다가 입주자가 뜯어내고 고치고 하는 낭비에 비하면 훨씬 합리적인 개성 존중의 방법이었다. 그런데 셋방 아파트는 실내장식이 전혀 안 된 골조 상태 그대로 사람들이 살고 있었다. 애초에 아파트 주인이 실내장식을 하지 않고 세를 놓았다. 세를 놓으면서 돈 들일 필요 없다는, 계산 빠른 중국사람들 방식이었다. 그러니 가난뱅이 세입자들이 실내장식을 할 리가 없었다. 사실 실내장식을 안 해서 보기가 좀 흉할 뿐이지 생활하는 데는 아무 불편이 없었다. 실내장식은 전기나 수도나 가스가 아니었기 때문이다.

그런 월세 전문 아파트는 으레 땅값 헐한 도시 변두리에 몰려 있었다. 그런 아파트를 몇 동씩 가지고 있는 주인들은 모두 부동산 거부들이었다. 그 부자들은 월세가 하루만 밀려도 인정사정없이 세입자들을 몰아냈다. 방법은 간단명료했다. 황소 같은 사내들이 몰려와 살림살이를 다 들어내버렸다. 중국에 흔한 조폭 무리의 동원이었다.

좁은 공간을 쪼개고 또 쪼개고, 그것도 모자라 이층침대까지 포개는 그런 싸구려 월세 아파트는 큰 도시마다 다 있었다. 그리고 지역에 따라 농민공만이 아니라 가난한 월급쟁이들이 몰리기도 했다. 그런 도시 빈민들에게 언제부터인지 모르게 '개미족'이라는 이름이 붙어 있었다.

쑹칭이 아침은 굶고, 버스비를 아끼며 먼 길을 걸었어도 남편의 치료비는 한 달을 가까스로 견디었을 뿐이다. 미리 치료비를 내지 못하자 병원에서는 그날로 내몰았다.

"통원치료 하면 되지만, 만약 잘못되더라도 우린 책임 못져요."

의사가 던진 마지막 말이었다.

쑹칭은 통원치료라도 받게 하려고 여기저기 밤일 자리를 알아보았다. 식당의 설거지며, 발마사지 업소의 세탁 일이며 빈자리라고는 없었다. 농민공들이 수도 없이 넘쳐나고 있으니 일자리가 있을 리 없었다. 두 집 파출부 일만으로는 통원치료는커녕 고향의 아들이 배를 곯을 판이었다. 그녀는 밤에는 울고 낮에는 웃었다. 남편이 일했던 회사에 찾아가보고 싶었지만 전혀 시간이 없었다. 파출부 일이 끝나면 회사는 문을 닫는 시간이었다. 그렇다고 하루를 쉬거나 몇 시간 짬을 내게 해달라고 할 수도 없었다. 편케 사는 여자들은 자기네 손으로 잠시라도 집안일 하는 것을 뱀이라도 만지는 것처럼 질색을 했다. 편할수록 편하고 싶은 것이 사람의 마음이었다. 그런 사람들에게 어려운 형편을 얘기하는 것은 흠 잡힐 틈이나 보이는 미련한 짓이었다.

통원치료도 못 받는 안타깝고 두려운 마음을 없애려고 자신도 모르게 하늘을 향해 합장을 하는 자신을 발견하고는 했다. 그리고 왜 사람들이 도교 사원이나 절에 찾아가 돈을 태우는 것이나 마찬가지인 향을 지피며 기도를 올리는 것인지 비로소 알 것 같았다. 자신도 돈에 조금만 여유가 있다면 가까운 절을 찾아가 향을 피우며 간절하게 기도하고 싶었다. 그러면 통원치료를 못 받아도 아무 탈 없이 남편이 완쾌될 것만 같았던 것이다.

그러나 그녀의 간절한 기도는 아무런 효력이 없었다. 두 달이 가까워지면서 남편은 벽을 짚고 한 발짝씩 떼기 시작했다. 그러나 그건 몸이 뒤뚱거리는 절름발이 걸음이었다.

"어, 어, 이게 왜 이래!" 장완싱이 당황해서 더듬거렸고, 거의 동시에, "여보, 똑바로 서요, 똑바로!" 쑹칭이 다급하게 소리쳤다.

"내가 뭐랬어요. 치료 제대로 받아야 된다고 했잖아요. 뼈가 잘못 붙어 굳어져버렸으니 이젠 다른 방법이 없어요."

의사가 나가라고 팔을 내저었다.

"그럼 평생⋯⋯." 쑹칭은 더 말을 못한 채 비틀거렸고, "가자, 여보⋯⋯." 깊이 가라앉는 소리를 내며 장완싱이 아내를 붙들었다.

장완싱은 막대기를 지팡이 삼아 날마다 기를 쓰며 걷기 연습을 했다. 걸음을 옮길 때마다 왼쪽 다리의 통증이 머리끝까지 뻗쳐 그는 진땀을 흘렸다.

"천천히 하세요. 너무 힘들잖아요." 보다 못한 쑹칭이 말했고, "아니야, 하루라도 빨리 회사를 찾아가야 해. 늦을수록 손해니까." 장완싱은 이마의 땀을 훔치며 이를 앙다물었다.

'찾아가면 뭐가 될까요? 몸 불편한데 괜히 고생만 하는 게 아닐까요?'

쑹칭은 이 말을 하고 싶었지만 가까스로 참아내고는 했다. 그렇잖아도 마음이 캄캄하고 암담해져 있을 남편에게 자신마저 절망을 보낼 수는 없었던 것이다.

쑹칭은 회사에는 아무런 기대도 걸지 않았다. 그동안 농민공들이 사고를 당하는 것을 수없이 보아왔었다. 그런데 속 시원하게 보상받는 것을 한번도 보지 못했던 것이다. 그 대신 남편이 저런 몸으로나마 할 수 있는 일이 뭐가 있는지 찾아내려고 정신을 모아 생각나는 직업들을 찬찬히 꼽아나갔다. 그러나 마땅히 손에 잡히는 것은 아무것도 없었다. 성한 몸으로도 새벽 인력시장에서 일거리를 서로 다투다가 빈손으로 돌아서기도 하는 세상이었다.

남편은 아직 마흔도 안 된 나이였다. 그 시퍼런 나이에 병신이 되어 평생을 하는 일 없이 살아야 하다니……. 앉아서도 할 수 있는 일……, 앉아서도 할 수 있는 일……. 그녀는 무엇인지 모를 그 일을 찾아 다급하게 허둥거리고 있었다. 온몸을 써야 하는 노동이 아니고 무슨 기술이라면 앉아서도 충분히 할 수 있을 것 같았다. 그러나 새로운 기술을 배우기에는 너무 늦은 나이였고, 또 돈도 없었다. 이럴 수도 저럴 수도 없는 난감함이고 절망이었다.

막대기를 짚고 걷기 연습을 시작해 열흘쯤 되었을 때 장완성은 집을 나섰다. 먼저 공사 현장으로 찾아가기로 했다. 현장에서 일어난 사건이었고, 현장의 총책임자는 현장 소장이었다.

장완성은 한창 공사 중인 빌딩을 망연히 올려다보았다. 그동안 빌딩은 많이 높아져 있었다. 그날 4층에서 떨어졌기에 이 정도지 10층 이상에서 떨어졌더라면……. 판자가 부러지며 떨어지는 순간 덮쳐왔던 죽음의 공포. 그건 새까만 것 같기도 했고, 새빨간 것 같기도 했고, 혼란스러웠다. '아, 죽는구나!' 하는 생각이 한순간 명료했고, 그다음은 아무 기억이 없었다. 그리고 다리병신인 절름발이가 되어 다시 섰다. 이렇게 목숨을 부지하게 된 것이 잘된 일인지, 잘못된 것인지 종잡을 수가 없었다.

'내 인생 물어내!'

장완싱은 거대하게 솟아오르고 있는 빌딩을 응시한 채 이 말을 또 어금니로 꾹꾹 눌러 씹었다. 그것이 자신이 이루어낼 목표였다. 사생결단, 남은 목숨을 걸고 자신의 망가진 인생을 반드시 보상받을 작정이었다.

장완싱은 숨을 깊이 들이켰다가 천천히 내쉬었다. 그리고 현장의 크고 높은 출입문을 향해 걸음을 떼어놓았다. 한 발짝을 옮길 때마다 왼쪽 다리가 불안스럽게 절룩거렸다.

"어딜 가려고?"

안전모에 제복을 입은 경비가 앞을 막아섰다.

"나 알잖소, 장완싱!"

그는 경비를 쏘아보며 어기찬 소리로 말했다.

"일 그만둔 지 오래됐는데 왜 왔느냐 그거지."

경비가 장완싱의 기세에 눌린 듯 무르춤해졌다.

"내 꼴 똑똑히 보시오. 당신도 여기 서 있다가 쉴 새 없이 드나드는 차에 언제 치여 이런 꼴이 될지 모를 일이오. 근데 회사에서는 치료비도 다 대주지 않고 나 몰라라 해버렸소. 그래서 겨우 걸을 수 있게 돼 소장을 만나러 왔소."

"소장님이……, 저어……."

경비가 난처한 얼굴로 우물쭈물했다.

"걱정하지 마시오. 내가 억지로 떠밀고 들어왔다고 할 테니까."

장완싱은 경비의 어깨를 툭 치고는 사람만 출입하는 옆문
으로 들어섰다.

"차암……. 멀쩡하던 사람이 저 꼴이 됐으니 원……."

경비가 절룩거리며 멀어지고 있는 장완싱을 바라보며 끌끌
끌 혀를 차고 있었다.

"아니, 왜 찾아왔어!"

소장이 당황하며 내쏜 첫마디였다.

"내 꼴 보고도 모르겠소!"

소장의 기세를 내치며 장완싱이 한 발짝 앞으로 다가섰다.
그의 발이 절룩절룩하며 몸이 왼쪽으로 쏠렸다가 바로 섰다.

"회사가 할 일 다 했잖아."

소장이 눈을 부릅뜨며 더 거센 기세로 소리쳤다.

"너 입조심해. 계속 그따위 개소리 씹어뱉어 나 분통 터지
게 만들면 당장 널 죽여버릴 수 있어. 내 다리 이 꼴 됐지만
네깟 놈 하나 죽여버릴 완력은 충분하니까."

막대기를 번쩍 치켜든 장완싱은 이를 뿌드득 갈며 소장 앞
으로 또 한 발짝 다가섰다. 그의 눈에서는 살기가 뻗치고 있
었고, 치켜든 막대기는 소장의 눈이라도 찔러버릴 것 같았다.

"왜, 왜 이래……. 고, 공안 부를 거야."

소장은 완전히 겁에 질려 뒷걸음질을 했다. 그러나 책상에
막혀 더 물러날 수가 없었다.

"불러, 어서 불러. 공안 오기 전에 너 죽고 나 죽을 테니까."

장완싱은 더 세게 이를 갈아붙이며 정말 막대기로 눈을 찔러버릴 것처럼 소장 앞으로 또 한 발짝 다가섰다.

"왜 이래……, 원하는 게, 원하는 게 뭐야?"

소장은 표나게 떨고 있었다.

"이 꼴 만든 내 인생 물어내. 어차피 끝장난 인생, 난 사생결단이야!"

"알아, 억울한 것 알겠는데, 그런 건 회사를 찾아가서 말하라구. 나도 월급쟁이일 뿐이라구."

"이 새끼, 너 약아빠지게 그따위 개소리 칠 줄 알았다. 내가 어디서 다쳤냐. 네 놈이 총괄하고 있는 여기잖아, 여기! 그러니 네 놈이 나서서 해결할 책임이 있잖아!"

장완싱은 곧 후려칠 것처럼 막대기를 높이 치켜들며 외쳐댔다.

"알았어, 잘 알았어. 내가 위에 보고할 테니 며칠 있다 다시 와."

소장이 부들부들 떨며 말했다.

"오래 못 기다려. 이틀 있다가 올 거야."

장완싱은 현장을 찾아갔던 일을 아내에게 말하지 않았다. 일이 잘못되어 실망시키고 싶지 않았다. 그리고 만약 일이 잘 풀리면 깜짝 놀라게 해주고 싶었던 것이다.

이틀 동안 그의 마음은 조마조마했다. 어찌 생각하면 잘 풀릴 것도 같았고, 어찌 생각하면 잘 풀릴 것 같지 않기도 했다. 크게 바라는 것이 아니었다. 애초에 꿈꾸었던 것처럼 고향에 잡화상 하나 차릴 수 있으면 족했다. 어렸을 때부터 부러워했던 잡화상 하나만 차리면 땅 파는 고생 면하고 평생 편히 살 수 있었다.

장완싱은 두근거리는 마음으로 현장에 도착했다. 출입문을 향해 서둘러 걷고 있는데 서너 남자가 앞을 막아섰다. 그는 섬뜩한 생각이 들어 고개를 치켜들었다.

"뭐야!"

"새끼, 잔소리 말어!"

세 사내가 와락 달겨들어 그를 붙들었다.

"놔! 여기 놔!"

그는 발악적으로 소리치며 몸부림쳤다. 그러나 곧 입이 틀어막혔고, 더 몸부림을 칠 수도 없었다.

세 사내의 완력에 꼼짝을 하지 못하고 그는 차에 실렸다. 그리고 곧 눈이 가려져 그는 캄캄한 어둠 속에 갇히고 말았다. 전혀 예기치 못한 일이었다.

한동안 달리다 멈춘 차에서 그는 끌려 내렸다. 그리고 그들이 끄는 대로 계단을 밟아 내려갔다. 그는 걸음을 옮기며 계단 수를 세고 있었다. 계단은 서른넷에서 끝났다. 지하 2층이었다. 쇳소리와 함께 문이 열렸다. 그의 등을 떠밀며 그들은 눈가리개를 풀었다. 다시 쇳소리와 함께 문이 닫혔다. 그는 눈을 비볐다. 캄캄한 어둠뿐이었다. 눈을 껌벅였다. 아무것도 보이는 것이 없었다.

사옥(私獄)!

그의 머리를 번뜩 스친 생각이었다.

조폭들이 못된 짓을 하느라고 저희들의 감옥을 가지고 있다는 소문을 들은 적이 있었다. 그런데 그 큰 회사도 자기네 이익을 위해 사옥을 가지고 있단 말인가. 설마 회사가……. 그렇지만 이 캄캄한 지하는 뭔가. 혹시 조폭들에게 시킨 것은 아닐까. 그건 얼마든지 그럴 수 있는 일이었다. 조폭들은 돈만 주면 무슨 일이든지 한다는 얘기가 파다하게 퍼져 있었다.

장완싱은 그만 덜컥 겁이 났다. 자신이 여기 잡혀 온 것을 아는 사람은 이 세상에 아무도 없었다. 아내마저 모르고 있었다. 이자들의 손에 죽어도 흔적 하나 남지 않을 판이었다. 세상이 이렇게 무섭다는 것을 새삼스럽게 깨달으며 그는 심한 공포감에 휩싸였다. 아내한테 말하지 않은 것을 후회했고……., 한참을 부들부들 떨다가는 말하지 않은 것을 다행으로 여기기도 했다. 아내가 알았다면 아내도 똑같은 위험에 처할 수 있기 때문이었다.

지루하고 지루하게, 기나긴 시간이 흘러갔다. 오줌을 참다 못해 그대로 옷에 쌌다. 물을 한 모금도 먹지 않았는데, 두 번이나.

덜커덩, 철문이 열렸다.

다시 눈이 가려져 차에 실렸고, 한참을 가다가 끌려 내렸다. 비릿한 냄새가 풍겨왔고, 무언가 흔들리는 것에 태워졌다. '아, 바다에!' 그의 뇌리를 친 생각이었다. 조폭들이 그런다고 했다. 돌덩이나 쇳덩이를 매달아.

모터 소리 요란하게 배가 출발했다. 그는 배 바닥에 엎어져 팔을 뒤로 묶였다. 두 발목도 묶였다.

거센 바람을 일으키며 달리던 배가 멈추었다. 눈가리개가 벗겨졌다. 갑자기 강렬한 빛이 쏟아져 들어왔다. 그는 눈을 질끈 감았다. 도저히 눈을 뜰 수가 없었다.

"이 새끼야, 눈 떠!"

이 소리와 함께 주먹이 그의 턱을 갈겼다. 그는 머리가 핑 돌면서 눈을 부릅떴다. 그놈들이 누군지 보아야 했다. 그러나 눈으로 쏟아져 들어오는 것은 눈부신 불빛뿐, 아무것도 보이지 않았다. 그들은 그의 눈앞에 전지를 들이대고 있었다.

"이 새끼야, 지금부터 하는 말 똑똑히 들어. 이 칼로 네 놈목에 칼집 내어 바다에 던져버리면 피냄새 맡고 몰려든 상어 떼에게 뜯겨 넌 하룻밤 새에 흔적도 없이 사라져버려. 그치만 네 놈 처자식이 불쌍해서 딱 한 번만 기회를 주려는 거야. 어떡할래? 깨끗이 발 끊을래, 또 겁 없이 나대고 덤빌래?"

"아니요, 다시는 안 그럴게요."

"이게 마지막이야!"

"예, 다시는 안 그래요."

"새끼, 너 재수 좋은 회사 만난 줄 알아. 이 정도로 끝나는 건."

그는 다시 배에서 내려졌고, 차를 탔고, 한참을 달리다 차에서 끌려 내렸다. 차가 떠난 다음 그는 자신의 손으로 눈가리개를 벗었다. 밤이었다. 어디가 어딘지 알 수가 없었다. 한참을 서 있다가 그는 방향을 알아차렸다. 집이 멀지 않았다.

차근차근 생각해 보니 아침부터 밤까지, 꼬박 하루가 흘러간 것이었다. 그런데 그 시간이 몇 날 며칠이 흘러간 것처럼 길게 느껴졌다.

"취직을 해보려고 여기저기 다녔어."

그가 자리에 쓰러지며 아내에게 한 말이었다.

그는 이틀을 꼬박 앓았다.

"여보, 당신한텐 너무 미안한 얘기지만 말야, 나 고향에 좀 다녀왔으면 좋겠어. 우리 소황제를 보면 새 힘이 날 것 같으니까." 그가 못내 어려워하는 기색으로 말했고, "네에, 잘 생각했어요. 그렇게 해요. 내가 내일 당장 돈을 구해올 테니까요."

그의 아내가 반색을 했다.

어느 고층 빌딩 앞에서 한 남자가 종이를 뿌려대며 외쳤다.

"내 인생을 물어내라!"

종이 수십 장이 사방으로 흩어져 날렸다.

"내 인생을 물어내라!"

그 남자는 또 부르짖었다. 그리고 옆에 있던 커다란 플라스틱 통을 집어 들어 무엇인가를 머리에 쏟아부었다. 불그스름한 액체로 그의 전신이 금세 젖었다.

"내 인생을 물어내라!"

그 남자는 세 번째 울부짖으며 라이터를 켰다. 그 순간 라이터의 작은 불꽃이 수백 배의 큰 불길로 확 폭발했다.

행인들이 질겁을 해 뒷걸음질을 쳤고, 빌딩 안에서 검은 양복 입은 경비들이 달려 나오고 있었다.

남자를 완전히 집어삼킨 불길은 더욱 맹렬한 기세로 타오르고 있었고, 그 불길 속에서 남자의 몸부림은 차츰 약해져 가고 있었다.

"저거 신문기자들 몰려들기 전에 지금 당장 치워! 흔적도 없이 깨끗이. 그리고 공안에 빨리 연락해서 경비 서게 해, 빨리!" 한 남자가 아래를 내려다보며 소리치고 있었고, "예, 알겠습니다, 회장님." 네댓 명의 남자가 허둥지둥 밖으로 나갔다.

다음 날 신문에도 방송에도 그 분신자살 소식은 전혀 보도되지 않았다. 호화롭고 번잡한 도시는 아무 일도 없었던 것처럼 평온할 뿐이었다. 한 농민공의 죽음은 망망대해에서 일었다가 사그라진 하나의 물거품이었는지도 모른다.

용서는 반성의 선물

"여보, 이 돈 좀 봐요."

이지선은 돈을 불빛에 비춰 보며 고개를 갸웃갸웃 하고 있었다.

그런데 그녀의 부름에도 남편은 아무 대꾸가 없었다.

"여보, 이 돈 좀 보라니까요. 가짜 같다구요."

그녀는 돈을 손가락으로 튕겨보면서 빠락 소리쳤다. 돈이 가짜일지도 몰라 성질이 돋고 있었다.

"거 왜 그래. 나 지금 면도하고 있잖아."

전대광의 목소리가 멀찍하게 들렸다.

"아이고 저 태평. 중국 오래 살더니만 만만디 넘어 이젠 아주 스폰지라니까." 그녀는 짜증을 부리며 화장실로 쪼로록 내달아, "이거 어제 당신이 준 돈에 섞여 있던 거예요. 어디서 받았어요?" 남편을 향해 돈을 흔들었다.

"도대체 얼마짜린데 그 야단이야?"

전대광은 면도기로 얼굴을 밀어 내리며 거울 속으로 뒤쪽의 아내를 쳐다보았다.

"50위안이오."

"까짓 100위안도 아닌 걸 가지고……."

전대광이 거울 속의 눈길을 돌려버렸다.

"어머, 무슨 배짱이래? 벼락부자 된 중국에 살다 보니까 당신도 허풍이 늘어요? 이것 좀 빨랑 봐요."

이지선은 화장실 안으로 들어서서 돈을 남편 눈앞으로 디밀었다.

"으음……, 가짜네 뭐. 그거 딱 보면 몰라?"

돈에 잠깐 시선을 멈춘 전대광이 심드렁하게 말했다.

"어머 기막혀. 그렇게 딱 보면 아는 사람이 왜 가짜 돈은 받아가지고 다녀요? 어디서 받았어요?"

그녀가 눈을 희게 흘기며 혀를 찼다.

"어디서 받았는지 알면 뭐하게?"

"아, 당장 바꾸러 가야지요."

"차암, 당신 중국에 헛살았다니까."

"왜요오?"

그녀의 목소리에도 눈길에도 성질이 돋고 있었다.

"그런 돈 준 일 없다고 딱 잡아떼면 어쩔 건데? CCTV 찍어 놨어?"

"……아이, 신경질 나. 50위안이면 얼마나 큰돈인데 이러고 다녀요. 빌빌하는 월급쟁이 주제에!"

그녀는 왈칵 신경질을 부렸다.

"괜히 신경질 부리지 마. 신경질과 스트레스는 모든 암의 주범이니라, 몰라?" 전대광은 느릿하게 성직자 투로 말하고는, "그거 그저께 밤에 술 취해서 택시에서 받은 걸 거야. 그놈들 취객들 상대로 곧잘 그 짓 하잖아" 하며 태평스럽게 면도질을 하고 있었다.

"아무리 술에 취했어도 돈 받을 땐 똑똑히 살펴봤어야지요. 짝퉁 천국에 살면서."

그녀는 더 거세게 짜증을 부리며 한 발을 굴렀다.

"어허, 뭘 그리 빡빡하게 그래?"

"아니, 한두 번이라야 참고 어쩌고 하지요. 벌써 몇 번째예요. 대여섯 번이나 이 짓이니."

"그래도 열 번보다는 적잖아."

"아니, 누구 분통 질러 새장가 가고 싶어 그래요?"

이지선이 또 빠락 소리쳤다.

"히야, 우리 이 여사님 전매특허가 또 등장했다. 그래, 새장가 가고 싶어 그런다."

"아휴 신경질 나! 이것도 가짜, 저것도 가짜, 온통 다 가짜 투성이니 사람이 어떻게 살아 그래."

그녀는 두 팔을 번쩍 들더니 돈을 찢으려고 했다.

"아니, 아니, 아니…… 그거 찢지 마, 찢지 마!" 전대광이 숨 넘어가는 듯 다급했고, "왜……, 그 운전수 알아요?" 그녀가 알 수 없다는 얼굴로 남편을 쳐다보았다.

"그게 다 중국 사는 추억이라구." 전대광은 아내의 손에서 돈을 뽑았고, "추어억이요오?" 그녀는 그야말로 어처구니없다는 얼굴이 되었다.

"응, 작년에 본사 간부가 출장왔을 때 마침 가지고 있었던 50위안짜리 위폐를 보여줬더니 자기한테 줄 수 없느냐는 거야. 중국 여행 기념으로 하겠다구. 그래서 줬더니 얼마나 좋아하던지. 이것도 막상 구하려고 해봐. 쉬운 일인지."

전대광은 눈앞에다 돈을 흔들어 보이며 더없이 기분 좋게 웃고 있었다.

"흥, 별 기념도 다 있다. 하여튼 중국은 지겨워. 짝퉁 식용유, 짝퉁 만두, 짝퉁 생강, 짝퉁 콩나물, 짝퉁 돼지고기, 짝퉁 오이, 짝퉁 분유, 짝퉁 아이스크림, 짝퉁 땅콩, 짝퉁 계란까지 가짜 아닌 것이 없으니 사람이 노이로제 걸려 살 수가 없잖아, 다른 건 몰라도 식료품은 그러지 말아얄 것 아냐. 인간들 참, 구제의 여지가 없어."

그녀는 올림픽 100미터 달리기 선수들을 능가할 정도로 빠르게 마구 혀를 차대며 화장실을 나갔다.

"하이고 이 여사, 그대의 조국 대한민국은 아주 뭐 짝퉁 식품이라고는 하나도 없는 세계 으뜸의 청정 국가, 증류수 국가처럼 말씀하시네. 해방 이후 지금까지 짝퉁 원조의 자리를 줄기차게 지키고 있는 고춧가루, 참기름, 꿀은 뭐며, 중국 것을 뒤섞어 파는 쌀, 후춧가루, 소금은 뭐며, 국적 속이고 유통기한 속이는 소고기, 돼지고기, 닭고기는 무엇인가요? 어디 말씀 좀 해보시지요."

전대광은 빠른 말에 가락까지 넣고 있었다.

"아유, 듣기 싫어요. 우리나라는 그래도 양반이라구요. 근데 왜 당신은 중국 이야기만 하면 그렇게 쌍지팡이를 짚고 나서는 거예요? 신경질 나게."

그녀는 멀리서 목청 높게 신경질을 뿌리고 있었다.

"어허, 그 말씀 좀 삼가시지. 내가 쌍지팡이를 짚고 나서는 게 아니라 우리가 어차피 시장으로 삼고 있는 땅에 살면서 그곳을 좀더 애정을 갖고 긍정적으로 바라보자 그거지. 보자구, 지금의 중국은 여러 가지로 문제가 많아. 허나 중국만 문제가 있느냐! 그렇지 않다 그거지. 지금 당신을 열 받치게 하고 있는 위조지폐 문제를 보라구. 그게 중국만의 문제야? 절대 아니야. 미국을 비롯한 소위 유럽 선진국들을 여행할 때 현찰, 여행자수표, 카드 중에서 어떤 게 제일 대접받지? 말할 것도 없이 카드잖아. 물건을 살 때 카드를 내면 10퍼센트 할인까지 해주면서 환하게 웃는데, 100불짜리 현찰을 내면 어쩌지? 얼굴이 사르르 굳어지며 돈을 이리 뒤집어보고, 저리 뒤집어보고 하면서 영 기분 나쁘게 하잖아. 할인은 물론 안 해주고, 너 혹시 위조범 아냐? 이 미개인아, 골치 아프게 현찰은 왜 가지고 다녀, 하는 표정으로 말야. 그게 왜 그러겠어? 그 거하신 선진국들에도 위조지폐가 그만큼 많다는 뜻이잖아. 우리 한국도 마찬가지로 위조지폐에 위조수표까지 끊임없이 나돌고 있고."

"아유, 저 유식한 강연 또 시작하신다. 그래도 우리나란 중국보다는 훨씬 적다구요."

이지선은 잽싸게 끼어들며 남편의 말을 끊었다.

"그거 누가 그래. 14억 대 5천만, 인구 비례로 딱 따져본 사람 있어? 괜히 짐작으로, 일방적으로 남의 나라 말 함부로 하는 것 아니라구. 흔히들 오늘의 중국을 우리나라의 30~40년 전, 즉 1970~80년대에 비교하는데, 그럼 우리나라는 그때 어땠지? 지금의 중국만 했나? 아니야, 훨씬 못했어. 몇 가지만 비교하면 그 답이 금방 나와. 가전제품이나 텔레비전 보급

률, 자동차 보유 대수, 도로 교통망, 대학교 수, 각종 도서 발행 수, 어느 것 하나 중국보다 나은 게 없어. 그런데도 서양이든 우리나라 사람들이든 중국을 얕잡아 보고 깔보면서 비웃거든. 한심하고 아직 멀었다고."

"아이구 듣기 싫어요. 난 중국 연구하는 학생이 아니라구요."

"어허, 당신도 기본적으로 알고 있어야 해. 물론 도시 공해부터 시작해서 공중도덕, 부정부패, 언론통제 등 문제가 한두가지가 아냐. 그렇지만 그 비교 기준도 정확해야 해. 흔히 우리나라가, 서양이 200년 걸려 이룩한 것을 30~40년 만에 해치웠다고 하잖아. 그러면 중국은 어떻지? 우리보다 더 빨리 20~30년 만에 해치운 거야. 냄새 지독한 재래식 변소에서 바로 수세식 변소로 바뀌었고, 주판알 튕기다가 바로 컴퓨터를 조작하게 된 거라구. 그런 고속 성장, 압축 성장을 해댔으니 사회가 얼마나 어지럽고 문제가 많겠어. 대로상에 웃통 벗고 가면서 핸드폰 거느라고 고래고래 소리 지르는 것, 그게 바로 고속 성장한 중국의 대표적인 모습이야. 그런 과도기는 어느 나라에나 있고, 거기서 파생된 문제점들은 빠르게 고쳐져 나가게 돼 있어. 서양사람들은 그 점을 무시하고 중국을 비판해 대는데, 그러니까 경제신장 속도며, G2 되는 거며, 모든 예측이 번번이 빗나가는 거라구. 다 자만 때문인데, 당신도 어차피 중국에 사는 건데 그 생각 좀 고치고 중국을 바로 보려고 노력하라니까. 그러면 그까짓 50위안짜리 가짜 돈 하나 가지고 그렇게 분하고 원통하지 않게 될 테니까."

"하이고 아까워라. 중국 정부는 뭐하고 있는 거야 그래. 최고의 대변인감인 저 인재를 안 모셔가고. 어쩌지, 내가 꽌시가 없으니 소개할 수도 없고."

이지선은 검은자위가 안 보이도록 눈을 흘겨댔다.

"저, 저 비아냥거리는 것 하고는. 알아서 해, 다 당신 문제니까."

전대광이 씁쓰레하게 웃으며 스킨로션 병을 집어 들었다.

"맞아요, 지금 내 문제는 그런 거창하고 거룩한 게 아니고 마음에 안 드는 파출부가 문제고, 50위안이면 며칠 치 반찬 값인데 그냥 날아가버려 속 쓰린 게 더 문제고 그래요."

"참, 새로 온 파출부는 어때?"

전대광이 몸을 돌리다 말고 물었다.

"길이 잘 든 사람만 하겠어요. 길 잡을 때까지 계속 잔소리 해야 하고 짜증 나고 그렇지요."

"쑹칭, 그 여자한테서는 아무 연락도 없었어?"

"산전수전 다 겪은 것처럼 하면서 당신 참 순진해. 회사에서도 월급 한 푼이라도 더 주는 데로 떠나버린 사람이 다시 연락하는 것 봤어요? 쑹칭도 뭐가 다르겠어요. 어디서 몇 푼 더 준다니까 의리라곤 눈곱만큼도 없이 인상 싹 바꿔버린 거지요. 중국사람들 돈이야 하면 물불 안 가리고, 안면 몰수하는 거 정 떨어져요."

이지선이 표독스럽게 느껴질 정도로 화가 돋아 있었다.

"여보, 너무 속상해하지 말고 잊어버려. 간 사람은 간 사람이야. 그리고 돈 앞에서는 부자지간도 없다는 말이 있잖아. 그러니 형제간이나 남남은 어떻겠어. 돈 앞에서 단 한 사람도 안 빼고 다 똑같애."

전대광은 다정하게 말하며 아내의 어깨를 두들겼다.

"그런 줄 알지만 그게 어디 뜻대로 돼요?" 그녀는 뾰로통하게 대꾸하고는, "오늘 결혼하는 직원은 왜 하필 일요일에 하고 그래요?" 마땅찮은 기색을 드러냈다.

"당연하잖아. 그래야 사람이 많이 오지."

"그래야 돈을 많이 걷구요?"

"두말하면 잔소리."

"거 봐요. 남들 휴일이야 망치든 말든 그저 자기네 돈만 많이 걷으려고 눈에 불 켜는 거. 중국사람들 하여튼 못 말려요."

"그래도 그 사람이 회사에는 충신이야."

"충신……?"

"그렇잖아. 평일에 했더라면 하루 회사 일 깨끗이 망치는 건데."

"하이고 됐네요. 당신은 딱 사장감인데 회장님이 왜 몰라보는지 몰라."

"진흙 속의 보석은 썩지 않고 빛을 발할 날을 묵묵히 기다린다."

"예, 잘 알았구요. 근데 우리 부인회에서 단체로 정했어요." 그녀가 몸을 일으키며 불쑥 말했고, "뭘……?" 그는 부인회라는 말에 아내를 멀뚱하게 쳐다보았다.

"뭐긴 뭐예요. 그 문제지."

그녀는 검지손가락으로 윗눈꺼풀을 긋는 시늉을 했다.

"아니, 쌍꺼풀 수술?"

전대광이 질겁을 했다.

"뭘 그리 놀라고 그래요? 남편들이 반대하니까 우리가 단체로 대응하는 건데. 뭐가 잘못됐어요?" 그녀가 팽 콧방귀를 뀌었고, "뭐 단체에……?" 그가 버럭 소리를 질렀다.

"그래요, 단체. 열여섯 명이 단체로 해서 10퍼센트 할인까지 받았어요. 그걸 하면 이혼하겠다고 공갈치는 남편들도 있다는데, 좋아요, 단체로 이혼소송 하기로 했어요. 여자들 마음을 그렇게 이해 못 해주는 게 남편은 무슨 놈의 남편이에요. 코수술까지 안 하는 걸 큰 다행으로 알라구요."

그녀가 휭 돌아섰다.

"아이고 아이고 맙소사."

전대광은 두 손으로 머리를 감싸 잡으며 곡소리를 냈다.

주재원 부인들이 같은 아파트 단지에 모여 살아서 생기는 병폐였다. 열여섯 명이 줄줄이 서하원을 찾아간다…… 생각만 해도 기가 막혔다. 그렇다고 서하원에게 압력을 가할 수도 없는 노릇이었다. 서하원이 꼬드긴 일이 아닌 것이고, 거기에 개입하는 것은 엄연히 영업 방해였다. 서하원을 데려올 때 이런 사단이 벌어지리라고는 상상도 못 했던 것이다.

'에라, 눈을 찢든지 까뒤집든지 니 맘대로 해라.'

전대광은 포기인지 항복인지 모를 찝찝한 마음으로 그 일을 정리해 버렸다. 그러면서 성형외과 의사가, 의사가 맞기는 맞아……? 하는 엉뚱한 생각을 하고 있었다.

결혼식장은 호텔의 그랜드볼룸이었다. 식장 앞에는 대형 화환들이 수십 개 서 있었고, 축의금 접수대에는 사람들이 두 겹으로 줄을 서 있었다. 신부 아버지의 재력과 사회적 영향력을 유감없이 보여주고 있었다.

전대광은 줄을 따라 느릿느릿 걸음을 옮겨놓으며 그런 광경을 무료하게 바라보고 있었다. 결혼식이란 당사자들에게는 더없이 가슴 설레고 의미 큰 일이겠으나 구경하는 사람에게는 그보다 따분하고 지루한 연극이 없었다. 그 연극은 빤한 줄거리에 그 어떤 반전도 상징도 기대할 수 없기 때문이었다.

전대광은 무료함을 달래기 위해 오늘의 신랑 리창춘을 생각할 수밖에 없었다. 그는 동료 직원들 모두에게 부러움을 사는 존재였다. 그는 선양(심양)의 당 간부 아들이었고, 여자 명품인 상하이 여자한테 장가를 가는 것이었고, 신부 아버지가 돈 많은 사업가였기 때문이다. 부자가 그를 사윗감으로 받아들인 것도 그가 갖춘 조건들이 흡족했던 탓이었다. 바깥사돈이 당의 고급 간부였고, 사윗감은 남자 명품인 북방 출신이었고, 상하이 명문대를 나온 데다가 외국의 일류 종합상사에 다니고 있었던 것이다. 그 정도 사윗감이면 멘쯔 세우기에 부족함이 없었고, 언제 누구 앞에서나 과시하기에 자동차로 치면 캐딜락이고, 시계로 치면 롤렉스 금딱지 다이아박이였다.

북방 남자를 남자 중의 명품으로 치는 것은 그저 미신적인 것이 아니었다. 거기에는 엄연한 역사성과 확실한 과학성이 내포되어 있었다. 황하 이북의 북방 남자들은 양쯔 강(장강) 이남의 남방 남자들에 비해서 뼈대가 굵고, 그에 따라 완력이 강하고, 기가 드세고, 근성이 질겼다. 그야말로 남자다운 체력 조건을 완벽하게 겸비한 거였다. 그런 체력 조건은 기나긴 중국 대륙의 세월 속에서 웅대하고 화려한 역사를 이룩해냈다. 중국의 많은 왕조들이 북방세력에 의해 멸망의 운명에 처하거나, 무릎 꿇고 조공을 바치는 굴욕을 겪어야 했던 것이다. 1천여 년 전 북송과 남송은 북방족의 나라 요와 금에 차례로 조공을 바쳤다. 그리고 남송은 끝내 몽골의 영웅 칭기즈칸에게 멸망하여 중국 대륙에는 몽골족의 나라 원이 세워졌다. 그러다가 주원장이 가까스로 힘을 길러 한족의 나라 명을 세웠지만 또다시 북쪽에서 치고 내려온 만주족 앞에 패망해 중국 천지는 다시 만주족이 지배하는 청나라 깃발이 펄럭이게 된 것이다.

이런 중국의 역사는 북방 사나이들이 남방 사나이들에 비해 얼마나 억세고 드세고 강한지를 여실히 보여준다. 그래서 '죽이고, 불 지르게 할 일이 있으면 동북(만주) 주먹을 찾아라' 하는 말이 있는지도 모른다. 그리고 남자의 그게 세기로는 매운 고추를 많이 먹은 쓰촨(사천) 남자들을 당할 수가 없는데, 그게 크면서도 세기로 한 수 위인 데가 딱 한 군데 있는데 그게 바로 동북 남자들이라 했다. 오늘의 신랑 고향 선양은 지린, 하얼빈과 함께 동북 지역의 핵심 거점이었다.

그런데 뼈대가 굵고 투박한 생김의 북방 여자에 비해 남방 여자들은 가늘가늘할 정도로 몸매가 날씬하고 얼굴이 작고 곱상했다. 그래서 예로부터 그 날씬한 몸매의 유연성과 야들야들한 피부의 탄력을 일컬어 바람둥이들이 '뼈가 부드러운 강남 여자들'이라고 했다.

오늘의 결혼식은 바로 그 '북남남여'의 결합이었다. 이런저런 조건들이 고루 다 갖추어져 있으니 동료들의 부러움을 안 살 수가 없는 일이었다.

축의금 접수대가 가까워져 있었다. 전대광은 양복 속주머니에서 봉투를 꺼냈다. 새빨간색이었다. 설날 세뱃돈도, 생일날 축하금도, 개업식날 격려금도 다 새빨간 봉투에 넣는 것이 중국 격식이었다.

전대광은 정중하게 인사하며 봉투를 내밀었다. 그리고 방명록에 이름을 적으려고 사인펜을 들었다. 그런데 접수대에 앉은 세 남자 중에 오른쪽 남자가 거침없이 봉투에서 돈을 꺼냈다. 그 돈을 척척척 세어 넘겼다.

"888위안!"

그 남자는 주위의 눈치를 전혀 보지 않는 목소리로 말하며 돈을 가운데 남자에게 넘겼다. 가운데 남자는 그 돈을 앞에 놓은 위폐감별기에 넣었다.

이 대목에서 전대광은 또 눈을 질끈 감으며 속으로 혀를 찼다. 이런 모습은 10년이 넘는 지난 세월 동안 숱하게 보아 왔지만 전혀 익숙해지지도 친밀해지지도 않았다. 괜히 자신이 계면쩍고 민망하다 못해 창피스러웠다. 그건 위조지폐를 식별해 내는 게 아니라 마치 돈 내는 사람을 의심하는 것 같았다. 아무리 위조지폐가 많다 해도 그렇게 노골적인 행위를 서슴지 않기 때문에 '중국사람들은 돈밖에 모른다'는 부정적 인상을 심을 수밖에 없기도 했다.

위폐감별기는 돈이 홍수를 이루는 은행에는 필수품이었고, 손님 많은 대형 식당들도 거의 다 갖추고 있는 건 당연한 일이었다. 중국사람들이 유난히 현찰을 선호하기 때문이었다. 모두가 현찰을 너무나 좋아하는 탓에 해가 지나도 신용카드 신장세는 영 시원찮아 물 부족으로 시들시들하는 나무 꼴이었다. 그리고 휴대용 위폐감별기를 가지고 다니는 개인들도 있었다. 날마다 많은 현찰을 취급하는 유통회사 수금사원들이었다.

그러나 위폐감별기만 돈 검사를 하는 것이 아니었다. 부처님의 은은하고 잔잔한 미소를 닮게 그린 마오쩌둥의 얼굴이 담긴 100위안짜리를 쓸 때면 그곳이 어디든 틀림없이 검사를 받아야 했다. 책방 주인도 100위안짜리를 빛에 비춰 보았고, 골동품 행상도 100위안짜리를 손가락으로 튕겨보았고, 과일가게 아주머니도 위대하신 마오 주석의 얼굴이 상하거나 말거나 100위안짜리를 마구 구겨보았다. 액면가 가장 큰 100위안짜리는 그만큼 거액인 동시에 경계의 대상이었다.

위폐감별기가 모두 진짜라는 것을 확인하자 가운데 남자는 돈을 왼쪽 남자에게 넘겼다. 그 남자는 돈을 받아 큼직한 가방에 넣으며 말했다.

"888위안 부조해 주셔서 감사합니다."

그 말은 영수증 발급인 셈이었다.

전대광이 꼭 888위안을 부조한 것은 돈을 상징하는 8을 세 번 겹치게 함으로써 최고로 돈 많이 벌어, 최고로 부자가 되어, 최고로 행복하게 살라는 의미로 부조금 액수로 최고로 치는 풍습을 지키려는 것만이 아니었다. 부장으로서 부하직원에게 관심의 정도를 나타내는 표시이기도 했다.

중국의 결혼식은 아주 유별난 데가 있었다. 평소에도 어디에서나 왁자지껄 시끄러운 사람들이 잔칫날을 맞아 맘껏 웃어대고 떠들어대니 그 판이 어찌 될 것인가. 거기다가 밴드가 뿜빠라 뿜빠라 쿵짝쿵짝 신명나게 불어대고 두들겨대고 있으니 그 소란이 가히 하늘을 흔들만 했다.

전대광은 귀가 먹먹하다 못해 머리까지 떵한 기분을 느끼며 자꾸 시계를 보았다. 벌써 예정 시간보다 20분이나 지났는데도 식을 시작하지 않고 있었다.

"이거 무슨 사고가 난 건가?"

전대광은 겨우 짜증을 누르며 옆에 앉은 중국인 부하직원에게 물었다. 이런 상황에서 그는 자신이 어쩔 수 없는 한국인이라는 것을 다시금 확인하고는 했다. 그렇게 만만디를 체질화해야 한다고 주문 외우듯 했지만 이런 상황에서는 꼭 짜증이 일고는 했다. 그런데 중국인들은 그저 바위덩어리였다. 왜 그러는지 알아보려 하지도 않고, 아무런 불평도 하지 않고 그저 묵묵히 기다릴 뿐이었다. 그런 그들을 닮기란 거의 불가능했다.

"내가 알아보고 올게요."

중국인 직원이 일어났다.

전대광은 그 직원의 뒷모습을 보면서 빙긋이 웃고 있었다. 그는 한국 회사에 근무하기 때문에 한국식 예의를 익혀 그 정도 변한 것이었다. 중국인끼리라면 그런 예의 자체가 없었다. 출근해서 상사에게 인사하는 기본예의가 없고, 지하철 같은 데서 노약자에게 자리 양보하는 일이 없는 게 중국이었다. 치마 입은 여자들이 다리를 벌리고 앉아 속이 다 들여다보이는 데도 전혀 성적 수치심을 느끼지 않는 것을 이해할 수 없는 것처럼 그런 기본예의가 없는 것도 이해하기 어려웠다.

"그거 말이죠, 축의금 많이 낼 사람이 아직 안 와서 그런대요."

중국인 직원이 와서 말했다.

"허!"

전대광은 자신도 모르게 헛웃음을 흘리고 말았다. 아무리 13억 가지의 일이 벌어지는 나라라고는 하지만 이건 또 처음 당하는 일이었다. 그 사람이 얼마나 대단한 돈을 부조하기에 한 사람 때문에 수백 명을 어떻게 기다리게 할 수 있는 것인가. 그것도 가난한 사람도 아니고 한다하는 부자가. 그러나 하객들은 끼리끼리 웃고 떠들고 술잔을 나누면서 잔치의 즐거움에 흠뻑 취해 있을 뿐 결혼식이 늦어지는 걸 누구 하나 신경 쓰는 것 같지 않았다. 전대광은 중국이란 정말 이해하기 어려운 정글 사회라는 걸 새삼스럽게 느끼고 있었다.

"부장님, 이 사람 결혼식 두 번 하는 것 알고 계세요?"

부장이 심심해할까 봐 그런다는 듯 그 직원이 말을 꺼냈다.

"아아니⋯⋯."

전대광은 고개를 저으며 무슨 소리냐고 눈으로 묻고 있었다.

"선양에서 또 한 번 합니다."

"선양에서⋯⋯?"

"예에, 선양에서 여기까지는 너무나 멀어 신랑 쪽 하객들이 거의 올 수가 없거든요. 그러니까 상하이에는 신부 쪽 하객들을 상대로 하고, 선양에서는 신랑 쪽 하객들을 상대로 해야지요."

그 직원은 당연하다는 듯 말했다.

"왜 그러지?"

전대광은 '설마 부조금 때문에?'라고 생각하면서 물었다.

"그야 부조금 걷어야 하니까요. 그동안 신랑 아버지가 뿌린 게 엄청날 텐데요."

직원은 더욱 당연하다는 듯 말했다.

전대광은 한층 어이가 없으면서도, 땅 넓은 중국에서 있을 법도 한 일이라고 생각했다. 더구나 신랑 아버지는 당의 고급 간부가 아닌가. 한국에서도 고급 공무원들이나 국회의원 나리들께서 결혼식을 이용해 수억씩을 거둬들인다는 건 다 알려진 일이었다. 그런데 돈을 신으로 받드는 중국에서 당의 고급 간부가 합법적으로 엄청나게 큰돈을 모을 수 있는 기회를 놓칠 리가 없었다.

중국에서는 국민건강을 위한 생활정보를 거의 접할 수가 없었다. 코카콜라가 이를 상하게 할 뿐만 아니라 직접 닿지 않는 살 속의 뼈까지 삭게 한다는 상식적 정보가 알려져 있지 않았다. 그러니 전 인민들이 30년이 넘도록 그걸 깡통째 마셔대는 착하기 그지없고 한없이 충성스러운 소비자들이 되어 있었다. 그러기는 맥도날드 햄버거도 마찬가지였다. 그게 기름 덩어리 뒤섞인 하급 잡고기로 만들어져 얼마나 심한 비만의 주범인지를 알려주지 않았다. 그리고 비만은 각종 암을 비롯한 고혈압, 당뇨, 심혈관 질환을 일으키는 얼마나 무서운 원흉인가를 일깨워주지 않았다. 생활수준이 향상될수록 어느 나라 사람들이나 옛날의 가난에 원수 갚듯이 고기를 먹어대기 마련이었다. 중국사람들도 예외 없이 입술 번들번들하도록 육식을 즐기면서 자신들이 이룩해낸 부의 황홀경을 만끽하고 있었다. 그 무한 욕구에 코카콜라와 궁합을 맞춰 식욕을 돋워주는 것이 그 기름 지글거리는 햄버거가 아니었던가. 그래서 10여 년 전만 해도 별로 볼 수 없었던 뚱보들이 중국의 거리마다 꾸역꾸역 늘어나고 있었다. 그리고 또 하나가 담배였다. 담배의 피해에 대한 사회적 캠페인은 전 세계에서 일어나고 있는 건강보호 바람이었다. 비만과 쌍두마차로 사람의 건강을 심하게 망친다는 담배의 피해에 대해서도 중국 사회는 영 둔감했다. 중국 담배는 세계에서 가장 독하기로 이미 그 악명을 떨치고 있었다. 그런데 중국 현대사의 두 영웅 마오쩌둥과 덩샤오핑이 잠을 잘 때를 빼놓고는 손에서 담배를 놓지 않을 정도로 체인 스모커였는데도 마오는 80을 넘기고, 덩은 90을 넘기도록 장수했기에 그 피해에 대해 그리 둔감한 것일까. 어쨌거나 그런 사회적 무관심처럼 관혼상제의 허례허식에 대해서도 그 어떤 사회적 캠페인은 일어나지 않았다. 날로 살쪄가는 경제력은 그들 특유의 체면 문화와 짝짜꿍을 이루며 과시를 위한 허례허식은 날이 갈수록 심해져 가고 있었다.

"나 잠깐 화장실 좀 다녀올게."

전대광은 몸을 일으키며 말했다.

"예, 얼른 다녀오세요."

중국인 직원은 반쯤 일어났다 앉는 한국식 예의를 깍듯이 갖추었다.

'아서라, 얼른 다녀올 길이 아니다. 니네들이 환장하게 좋아하는 돈 8자를 트리플로 맞춰 냈으니 내 소임은 다한 것 아니냐. 나 없다고 서운할 것 아니고, 내가 안 먹어 한 사람 식비 굳으니 더더욱 좋고 잘들 즐기시라구.'

전대광은 옆걸음질로 식장을 벗어났다.

호텔 현관문을 나선 그는 멈칫 멈춰 섰다. 호텔 앞 차도에는 새빨간 차들이 줄줄이 서 있었다. 그 줄은 어찌나 긴지 한눈에 다 들어오지 않았다. 차가 많기도 해서지만, 차 한 대의 길이도 보통 차의 2배가 넘도록 길었다. 그건 차의 귀족 캐딜락이었다.

'저게 도대체 몇 대인 거야…….'

전대광은 자신의 속에서 발동하고 있는 속물근성을 느끼고 있었다. 그게 유치하지만, 굳이 피하고 싶지도 않았다. 그는 걸음을 천천히 옮겨놓으며 눈길로 그 차들을 세어나가고 있었다. ……열, 열하나, 열둘. 아아, 그 차들은……, 모두 새빨간 제복을 입은 그 차들은 자그마치 열두 대나 도열해 있었다. 그건 신부 아버지의 재력을 유감없이 과시하는 눈부시고 찬란한 쇼였다. 그 새빨간 캐딜락을 한두 대 본 적은 있지만 열두 대가 도열한 광경은 처음이었다. 저 차들로 상하이 시내를 돌며 카퍼레이드를 할 참이었다. 신부 아버지는 얼마나 배가 부를 것이며, 사람들은 또 얼마나 부러워할 것인가. 그동안 벤츠, BMW, 아우디 등 외제 명품차 10여 대씩을 동원해 결혼식 카퍼레이드를 벌이는 것은 많이 보아온 광경이었다. 그런데 그 과시욕의 행렬이 마침내 새빨간 캐딜락 12대로 진화해 있었다.

'아하, 저거다!'

전대광은 번쩍 떠오른 생각에 자신도 모르게 두 손가락으로 딱 소리를 냈다.

그의 생각은 엉뚱한 방향으로 튀고 있었다. 저건 사업이 된다! 중국인의 과시욕에 불을 붙이는 건데, 저건 틀림없이 된다. 어떤 놈이 저런 기막힌 생각을 해냈지? 아아, 중국 왕 서방의 상술……, 그 DNA는 무시 못 해. 근데 저 새빨간색은 그렇게 주문한 건가……? 아니, 아니지. 가짜 달걀도 만들어내는 솜씨인데 저까짓 도색쯤이야 손바닥 뒤집기지. 저게 자본이 얼마나 들었을까……? 엄청났겠지? 아니, 가만 있어봐, 최첨단 의료기도 몇십 개월씩 월부로 사는 판에 저까짓 잘 팔리지 않는 고급차야 얼마든지 월부로 살 수 있는 것 아닌가. 월부는 벌어가면서 갚아나가면 되고……. 아아, 저건 사업이 된다. 상하이처럼 인구 많은 부자 도시에 딱 어울리는 기발한 사업이다!

그는 가슴까지 두근거리고 있었다. 중국 정부는 이미 경제발전 방향을 수출 중심에서 내수 중심으로 틀었다. 그때부터 그는 중국 내수시장에 눈길을 집중시켜 오고 있었던 것이다. 중국은 벌써 1인당 GDP 1만 달러의 인구가 1억 2천만을 넘었고, 2만 달러 인구는 6천만을 넘어서고 있었다. 내수 중심의 방향전환은 헛구호가 아니었다. 그 황금시장을 향하여 발사할 한

방! 대박을 터뜨릴 그것은 무엇일까. 그는 줄곧 노려오고 있었던 것이다. 그런데……, 저 새빨간 캐딜락 12대는 잡히지 않았었다. 저런 기발한 것은 얼마든지 또 있을 수 있다. 이 망망대해에 낚싯대를 담그기만 하면 고기는 언제든지 물게 되어 있다.

'눈을 떠라! 눈을 부릅떠라!'

그는 자신에게 채찍질을 가하고 있었다.

"일을 신속하게 처리하지 않은 자기 잘못은 생각하지 않고 내가 자기 체면 깎았다고 일방적으로 회사를 그만둬버렸습니다. 그러나 우리 회사에서는 퇴직금까지 깨끗이 계산해 줬어요. 아무 잘못이 없었다구요."

얼굴 여기저기에 상처가 나고 멍이 든 이토 히데오가 분이 나서 말했다.

"타이쿼펀!"

공안이 마땅찮은 기색으로 한마디 툭 내쏘았다.

"뭐라는 거요?"

느낌이 안 좋아 그는 통역에게 얼른 물었다.

"예, 그러니까 뭐랄까……, 공안들이 여기 오는 사람들한테 입버릇처럼 늘 하는 말인데……, 그게 그러니까 '건방진 짓을 했다' 그런 정도의 뜻이에요."

통역이 통역답지 않게 힘들어했다.

"건방진 짓? 허 참……, 어이없어서."

이토 히데오가 헛웃음을 치며 혀를 찼다.

"이 사람이 방금 뭐랬어? 날 욕하는 거야? 똑바로, 사실대로 통역해."

공안이 눈을 고약하게 뜨며 통역을 노려보았다.

"아닙니다. 욕한 게 아니구요, 타이꿰편이라는 말에 자기는 억울하다고 한 겁니다."

통역이 이번에는 통역답게 얼렁뚱땅 넘어갔다.

"근데……, 여기 찾아온 이유가 뭐요?"

공안이 귀찮은 내색을 감추지 않았다.

"글쎄, 두 놈이 나를 구타할 때 우치추 과장이 저 뒤쪽에서 웃고 있었다니까요. 그러니까 폭행을 사주한 그놈을 체포해 수사해 달라구요."

이토 히데오는 분함이 넘치는 어조로 힘주어 말하고 있었다.

"그러니까 일방적인 주장만 하지 말고 확실한 증거를 대란 말이오. 제3자 증인이든, 사진이든."

공안의 말이 얼음처럼 차가웠다.

"밤에 혼자 가다가 당한 일인데 어떻게 제3자 증인이 있을 수 있고, 사진을 찍을 수 있어요. 이 두 눈으로 똑똑히 봤다니까요, 똑똑히!"

그는 똑똑히, 라고 할 때마다 손가락으로 자기 눈을 가리켰는데, 손가락 끝이 곧 눈을 찌를 것만 같았다.

"당신처럼 아무 증거도 없이 일방적 주장만 하는 사건들을 다 수사하려고 했다간 우리 공안원들이 14억이라도 모자랄 거요."

공안이 고개를 외로 틀어버렸다.

"아니, 이렇게 심하게 구타당한 게 안 보입니까. 그리고 당사자의 목격만큼 확실한 객관적 근거가 어디 있습니까."

이토 히데오의 목소리는 더 강해졌다.

"그 구타로 불구가 되게 생겼습니까?"

"아아니요……."

이토 히데오가 어리둥절해졌다.

"생명에 지장이라도 있습니까?"

"아아니요……."

"그럼 운이 아주 좋은 것 아닌가요? 다시는 그런 짓 하지 마시오."

공안은 벌떡 몸을 일으켰다. 그리고 통역을 향해 그만 돌아가라고 손짓했다.

"아니, 아니……." 이토 히데오는 말이 막혀 더듬거렸고, "그만 가시지요. 글쎄 이렇다니까요." 통역은 엉거주춤 몸을 일으키며 뜻 모를 소리를 하고 있었다.

"오히려 나보고 그런 짓 하지 말라고?"

이토 히데오는 이를 뿌드드득 갈며 일어섰다.

"이런 빌어먹을, 괜히 공안 찾아갔다가 몸의 상처보다 마음의 상처가 더 커져버렸군. 이거 참……."

이토 히데오의 말을 다 듣고 난 도요토미 아라키가 마구 혀를 찼다.

"복수할까?"

이토 히데오가 불쑥 말했다.

"복수?"

도요토미 아라키가 당황했다.

"즈이놈들만 끝내 보복하는 근성 있어? 우리 일본에도 사무라이 근성이 있잖아. 단칼에 쳐 없애버리는."

그의 눈에 살기가 어리고 있었다.

"글쎄, 감정상으로는 그렇긴 한데……."

도요토미 아라키는 이토 히데오의 눈치를 살피기에 바빴다.

"자네도 그런 소문 들었지? 이쪽 조폭한테 돈만 주면 베트남이나 미얀마 조폭들 불러들여 해치우게 하고 배나 밀림으로 탈출시켜 버리면 쥐도 새도 모르게 깨끗하다는 거."

"아니, 자네……." 도요토미 아라키는 눈이 휘둥그레지더니, "이봐, 정신 차려. 쥐도 새도 모르는 게 어딨어. 자네가 직접 해도 꼬리가 잡힐 수 있는데, 그건 남을 시키는 거잖아. 그럼 그 사람이 자넬 알고 있잖아. 그걸 자네 약점으로 걸고 들 수

가 있어. 또, 두 다리, 세 다리 건너게 한다고 해도 결국은 자
넬 완벽하게 감출 도리는 없어. 이봐, 아무리 분하고 증오가
끓어올라도 참아야 해. 흔히 말하잖아. 이 세상에 비밀은 없
는 법이라고." 그는 간곡하게 말하고 있었다.

"일 시키고 이 빌어먹을 땅을 떠나버리면 되지."

"뭐, 회사를 그만두고? 그럼 자네 처자식은 어떻게 되고?
10년 넘게 불황의 늪에 빠져 있는 우리 경제난 속에서 일류
회사 그만두고 어디서 뭘 하려고? 자네 인생이 그렇게 헐값
인가?"

도요토미 아라키의 목소리에는 간곡함만이 아닌 힐난도
담겨 있었다.

"이거 봐, 자네 일이라도 그렇게 말할 수 있겠어!"

이토 히데오가 도요토미 아라키를 노려보듯 하고 있었다.

"당연하지. 나는 이를 갈고 참으면서 중국을 제대로 상대하
고 요리할 수 있는 경험으로 삼겠어."

도요토미 아라키는 중요한 서류에 도장을 찍는 것처럼 명
료한 어조로 말했다.

"자넨 나보다 인품이 고결하니까."

"이봐 히데오, 비꼬지 말고 내 말 좀 잘 들어. 내가 만약 자
네와 똑같은 일을 당해 자네와 똑같은 생각을 하고 있다면
자넨 내가 하고 싶은 대로 하라고 부채질할 작정인가?

"……"

이토 히데오는 침묵 속에서 눈길을 서서히 떨구었다.

"어서 말해 봐."

"……"

"히데오, 중국 속담에 이런 게 있잖아. 참을 인(忍) 자 셋이면 살인도 면한다. 자네도 다 알고 있겠지만, 참을 인 자가 무슨 글자, 무슨 글자가 합해진 것인가. 칼날 인(刃) 자와 마음 심(心) 자 아닌가. 칼이 심장에 닿을 때까지 그 고통을 견디는 게 참을 인이라는 거지. 참어, 그것도 한 번이 아니라 세 번을. 그래야 자네의 감정이 다스려지고, 자네 처자와 자네를 구원하게 돼. 히데오, 내가 오늘 술 살게."

도요토미 아라키가 이토 히데오의 손등에 손을 올려놓았다.

"……"

"자네가 특히 다시는 그런 짓 하지 말라는 공안의 말에 분노하는데, 나는 벌써 몇 년 전에 똑같은 꼴 겪었어."

"……?"

이토 히데오가 도요토미 아라키에게 눈길을 돌렸다.

"한 5~6년 전 일이었지. 우리 회사 주재원들이 관광버스를 대절해서 어느 시골로 여행을 떠났어. 그냥 여행이 아니라 저 당나라 때 우리나라 유명한 승려가 수도해서 득도한 절을 찾아 나선 의미 있는 여행이었어. 그런데 어느 시골 마을에 이르렀는데 갑자기 동네 청년 20여 명이 도끼며 몽둥이를 휘두르며 차를 두들기고 유리창을 깨고 난리가 난 거야. 그때 운전수가 소리쳤어. 다들 꼼짝 말고 엎드려요. 잘못하면 맞아 죽어요. 그러고는 전속력으로 달리기 시작한 거야. 한참을 달린 다음 차를 세운 운전수가 말했어. 그런 때 우물쭈물하다가는 돈 다 털리고 두들겨 맞기까지 한다는 거야. 그럴 경우 최상책은 36계 줄행랑이고, 그건 제갈량도 최상수로 꼽은, 황제 꽌시보다 나은 수라더군. 그런데 그들이 왜 그런 거냐고 모두 이해를 못 하니까, 운전수가 우리보고 『수호지』 안 읽어봤냐고 하는 거야. 우리 거의가 다 읽었다고 하니까, 바로 그 산적 떼가 그놈들이라는 거야. 사회주의 혁명을 했는데도 시골 구석에는 『수호지』의 산채(山寨) 전통이 면면히 흘러내리고 있다 그거지. 아아, 이게 중국이구나 싶더군. 요새도 그런 말이 통하잖아. 중앙의 정책이 시골 구석구석까지 실시되려면 5년이 걸리고, 중앙에서 공문 100장을 보내면 시골 향(鄕: 면 단위)에 도착하면 1장밖에 안 남는다고. 중국, 참 어이없는 나라지. 그런데 진짜 어이없는 일은 그다음에 벌어졌어. 우리는 당연하게 공안을 찾아가 신고를 했지. 그런데 공안원이 하는 말이 아주 멋떨어졌지. 다시는 여기 오지 마라!"

"허!"

"그렇게 기막혀 할 것 없어. 그런 게 다 중국이 발휘하는 불가항력이야. 우리는 따를 수밖에 없고." 도요토미 아라키는 체념적인 쓴웃음을 짓고는, "마침 생각나는 말이 있어 한마디 더 할게. 우리나라의 가토 요시카즈라는 지식인이 이런 말을 했어. '일본인은 중국인의 체면을 존중할 줄 알아야 한다. 왜냐하면 중국인에게 '체면'은 가끔은 돈보다 더 중요하기 때문이다. 체면은 중국에서는 화폐처럼 유통된다.' 어때?"

"어지간히 유식한 척했군."

이토 히데오가 떨떠름한 웃음을 피워냈다.

"가자구, 술 한잔 하게."

도요토미 아라키가 이토 히데오의 팔을 잡아끌며 일어났다.

그들은 단골인 일식당의 독방에 자리 잡았다. 300명 단체 매춘 검거사건 이후 가라오케는 발을 끊다시피 하고 있었다. 그 공포가 7도가 넘는 강진의 여진처럼 남아 있었다. 그리고 그런 곳에 갔다가는 자신들도 또 당할 것만 같은 두려움이 앞을 막고 있었다. 술집 마담한테서는 자기가 틀림없이 책임진다고, 공안은 위아래로 안 통하는 데가 없으니 걱정 꽉 붙들어 매라고, 자기 굶어 죽게 생겼는데 오빠들이 어찌 그리 매정할 수 있느냐고 온갖 소리를 다 했지만 전혀 마음이 동하지 않았다. 300명이 잡혀간 그 가라오케 마담도 위로는 공안과, 아래로는 조폭들과 안 친할 리가 없었다. 어느 사회에서나 그들은 한 벨트로 돌아가는 톱니바퀴들이었다. 그 공생

관계 없이 유흥업소가 생존할 수 없다는 것은 영화나 드라마 같은 데서 숱하게 보여주고 있었다. 그들은 늘 손님을 위하는 척 달콤하고 간지러운 말로 살랑살랑 발라맞추고 있었지만 공안이나 경찰의 손아귀 안에 틀어잡힌 꼭두각시에 지나지 않았다. 그런데 마담의 유혹과 교태에 홀려 언제 터질지 모를 지뢰밭 속으로 무턱대고 들어갈 만큼 그들은 순진하지도, 단순하지도 않았다.

"자아, 한 잔!"

도요토미 아라키가 어린애 장난감처럼 작은 정종잔을 들었다. 거기에는 매화꽃 한 송이가 외줄기 끝에 피어나 있었다. 전형적인 일본 냄새가 확 풍겼다. 이토 히데오는 묵묵히 잔을 부딪쳤다. 그 얼굴의 상처와 멍이 꽤나 심하게 두들겨 맞은 표를 내고 있었다.

"자네가 추진하고 있는 그 프로젝트는 어떻게 됐어?"

잔을 비운 도요토미 아라키가 해삼 안주를 집으며 물었다.

"병원 건?"

"응."

"지금 한창 진행 중이지."

"전망은?"

"괜찮아. 안심해도 될 만큼."

"그거 잘됐네. 근데 그거 아주 큰 건이잖아?"

"음, 1억 7천만 달러(2천억 원) 정도."

"호! 그 정도면 입질하는 데가 꽤나 많을 텐데?"

"많지. 강적만 해도 독일, 미국에, 네덜란드까지 입맛을 다시고 있지."

"근데 독일, 미국이 있는데도 안심해도 돼?"

"음, 우선 우리가 가격 경쟁력에서 월등하거든. 그리고 꽌시 작동력이 어떻게 차이 나는지는 자네가 잘 아는 거고."

"그래, 서양 쪽의 꽌시 작동력이 허약한 것은 상대적으로 우리한테는 천연 요새와 같은 점이지. 역시 동양인과 서양인의 문화 차이는 그렇게도 적응하고 동화되기가 어려운 모양이지?"

"당연하지. 수천 년 동안 체질화된 DNA니까."

"그래 DNA, 그건 문신처럼 제거할 수도, 현미경으로 볼 수도 없는 아주 기묘한 거니까. 근데 말야, 그 정도 건을 성사시키면 승진 기회로 작동될 수도 있는 것 아닌가?"

"그럴 수도 있지."

"잘됐어. 그 분한 일 싹 잊어버리고 이 건에 최선을 다해 승진 기회로 잡으라고. 자아, 다시 한 잔!"

"고마워."

둘은 또 잔을 부딪쳤다.

"근데 그 의료기 사업이 중국에서 새로 어필하는 사업 아냐? 정부에서 내세운 3대 민생현안 정책인 교육, 의료, 주택 문제 해결과 맞걸려서 말야."

"잘 봤어. 14억의 건강을 위한 대형 종합병원들 짓기가 이제부터 시작이거든."

"자네 회사한테는 봄철이 왔군. 근데 또 한 가지 이해할 수 없는 건 말야, 중국의 서양의학 수준이 형편없다는 점이야."

"그야 러시아도 마찬가지잖아. 땅덩어리는 끔찍하게 큰 나라들이."

"혹시 그게 사회주의 국가들의 공통점인가?"

"글쎄, 그건 잘 모르겠고. 헌데 내가 이해할 수 없는 건 한국이 왜 그렇게 서양의학 수준이 높냐는 거야. 그들이 러시아와 중국 등을 상대로 의료관광이란 걸 새로 만들어내고 있잖아. 참 희한해."

"한국이라는 나라에 이해하지 못할 게 어디 한두 가지야. 세계적으로 한류를 일으키는 것 하며, 철강 기술 우리한테 배워 파이넥스란 신기술을 개발해 우리를 앞질러버리지를 않나, 삼성이 소니를 잡아먹지를 않나, IMF 사태를 거뜬히 이겨되살아나지를 않나, 붉은 악마라는 응원단의 응원법을 전 세계가 따라하게 만들지를 않나, 아주 골 때리는 나라라구. 내가 한국을 이해할 수 있는 건 딱 하나, 축구를 우리한테 계속 이기는 거야."

"뭐라구? 축구는 왜?"

"왜긴. 시합할 때 한국 선수들의 얼굴을 봐. 그건 사람의 얼굴이 아니야. 분노에 찬 저승사자들의 얼굴이지. 그리고 태클할 때 봐. 그건 태클이 아니라 그들 고유 스포츠인 태권도를 하는 폼이야. 그 발길에 차이면 어떻게 되겠어. 헉 다 날아가고, 잘못하면 저승객이 될 수도 있지. 그러니 우리 일본 선수들이 기가 꺾여서 제대로 뛸 수가 있겠어. 일본 선수들이 한국 선수들에 비해서 기량이 아니라 기백이 모자란다고 한 우리 관중들의 관전평은 정확한 거야."

"응, 나도 그렇게 느끼는데, 근데 한국 선수들은 왜 그렇게 극성을 부리는 거야."

"그야 당연하지. 지배당한 자들의 분노와 적개심의 폭발이지. 그리고 민족적 책무감의 발동이고."

"민족적 책무감?"

"아, 일본에 지고 자기네 나라로 돌아가면 어떻게 되겠어? 사람 대접을 받겠어? 전 민족의 죄인이 되는 거지. 그러니 일본에 이기려고 사생결단, 죽을 각오를 하고 덤비는 거야."

"그런 게 언제까지 갈까?"

"오래가겠지. 36년 동안 지배를 당했으니 적어도 360년은 갈 거야."

"뭐, 360년? 그렇게도 오래?"

"응. 왜냐하면 식민 통치를 당한 굴욕이 한국 민족의 정체

성이 되어 있거든. 그 굴욕을 극복하고 갚자 하는 게 일치단
결된 민족적 동의란 말야."

"중국의 민족주의와 마찬가지군."

"글쎄, 그게 비슷하면서도 많이 달라. 중국은 땅이 넓고 인
구가 많은 데 비해 한국은 그 반대로 땅도 좁고 인구도 적잖
아. 거기다가 남북이 분단까지 돼 있어. 그 막다른 골목에 처
한 불리한 조건을 돌파하기 위해서 그들은 무서운 단결력과
응집력을 발휘하는 거야."

"맞아. 오죽하면 이스라엘, 베트남과 함께 세계 3대 독종 민
족으로 꼽히겠어."

"그래서 으스스한 건 말야. 5천만 가지고도 이 극성인데 남
북이 통일돼서 8천만이 되면 어찌 될까 하는 거야."

"아, 그러니까 통일시키지 말아야지. 한반도를 둘러싼 4대
강국이 해야 할 일이 바로 그거 아냐?"

"내놓고 할 얘기는 아니지만, 바로 그거지. 아유, 골 때려. 중
국에서도 한국 주재원들이 제일 극성맞고 물불 안 가리잖아."

"말해 뭘 해, 그 독종들. 자아, 마셔."

열흘쯤 지나 출근해서 신문을 뒤적이던 도요토미 아라키
는 소스라치게 놀랐다. 새로 생기는 종합병원의 의료장비 납
품업체가 이토 히데오의 회사가 아니라 엉뚱하게도 독일 회
사였던 것이다. 그는 머리를 어디에 쾅 부딪힌 것 같은 충격

을 받았다.

'이게 도대체 어떻게 된 거야. 다 된 밥이라더니…….'

그는 허둥지둥 전화를 걸었다.

"막판에 독일 지멘스한테 당했어."

이토 히데오는 그야말로 땅이 꺼져 내리는 듯한 한숨을 토해 냈다.

"뭐가 어떻게 된 건데?"

"복잡해……. 나 그만 죽고 싶어."

한숨으로 꺼져 내린 땅에 파묻히는 것처럼 이토 히데오의 목소리는 죽음의 색깔이었다.

"만나, 이따 오후에. 아냐, 아냐. 점심때 만나."

도요토미 아라키는 전화를 끊고도 일이 손에 잡히지를 않았다. 1억 7천만 달러……, 1억 7천만 달러……, 그게 어디 쉬운 돈인가. 다 잡은 것 같은 그 큰 프로젝트를 날려버리다니……. 이토 히데오는 정말 죽고 싶을 것이다. 승진이 아니라 파면에 직면해 있는 위기상황이었다. 원인이 뭔가? 독일에 대한 방심이었나? 아니면, 독일도 그 정도 프로젝트에도 눈독을 들이고 나서기 시작했다는 건가?

"여러 가지가 복잡하게 얽혀 있는데, 요약해서 말하자면 세 가지가 복합적 효과를 일으킨 거야. 첫째 최첨단 의료기 부분에서 우리 히타치 제품이 독일 지멘스 제품에 비해 성능이

한 수 아래였던 거야. 독일에서는 그 제품들의 객관적 성능 비교표를 제시했는데, 그 차이 앞에서 우리가 자신했던 가격 경쟁력은 무참히 패배하고 말았어. 외환보유고 세계 1위인 중국은 싼 물건이 아니라 비싸더라도 성능 좋은 것을 선택한 거야. 그건 다름 아닌 우리 일본의 새 고질병이 된 최첨단 기술의 무능이 야기시킨 또 하나의 패배인 셈이지. 그리고 두 번째는 독일 상사에 숨겨진 꽌시가 있었던 거야. 독일 유학을 한 고급 당원의 아들이 그 회사 직원이었어. 그리고 세 번째 결정타는 그 병원의 총책인 당 서기의 할아버지가 남경대학살의 피해자였어."

"남경대학살!"

도요토미 아라키가 벌떡 몸을 일으켰다가 주저앉을 정도로 놀랐다.

난징이 바로 옆인 상하이에서는 '남경대학살'은 아주 민감한 감정자극제였다.

"엎친 데 덮친 격이었지." 이토 히데오가 먹빛 한숨을 길게 토해 냈고, "어차피 안 될 일이었어. 어쩔 수 없는 일인 거야." 도요토미 아라키도 쓰디쓴 얼굴로 한숨을 쉬었다.

"난 말야 중국에서 일해야 하는 상사원으로서 너무 절망을 느껴. 우리나라 정치인들은 도대체 뭘 하는 존재들이야. 중국이나 한국 그리고 인도네시아 등 지난날 피해를 입은 아시아권 국가들은 모두 독일 수준의 사죄를 하라고 요구하고 있는데 정치인들은 줄줄이 그 나라들 감정이나 질러대는 막말을 해대고 있잖아. 남경대학살 기념관에 가면 그 많은 자료들이 있는데 왜 중국인들이 조작하는 거라고 말도 안 되는 억지소리를 지껄여대는 거냐고. 그런 말로 중국에 새 원수를 자꾸 만들어내니 우리 같은 상사원들이 무슨 재주로 일을 해먹겠어. 아, 정말 난 미치겠어."

이토 히데오가 고개를 마구 내둘렀다.

"그래 맞는 얘기야. 정치인들은 당장 눈앞의 국내 인기만 생각하지 국제적 입지 같은 건 안중에 없지. 독일이 국제적 인정을 받으면서 오늘의 헤게모니를 장악한 게 빌리 브란트 수상이 무릎 꿇고 사죄한 것에서 비롯되었다는 사실을 우리나라 정치인들은 왜 모르는지 모르겠어. 아시아 국가들은 점점 더 힘을 갖게 되는데, 앞으로가 더 큰 문제야."

"이러다가 우리나라 고립되는 거 아냐? 찰떡같이 믿고 있는 미국의 힘은 점점 기울고 있는데 말야."

"글쎄 말야……, 뭔가 위기는 위기 같은데……."

둘의 한숨이 겹쳐졌다.

〈2권에 계속〉

조정래 장편소설

정글만리 ❶

제1판 1쇄 / 2013년 7월 15일
제1판 20쇄 / 2013년 7월 25일

저자 / 조정래
발행인 / 송영석
발행처 / (株)해냄출판사

등록번호 / 제10-229호
등록일자 / 1988년 5월 11일(설립연도 | 1983년 6월 24일)

121-893 서울시 마포구 서교동 368-4 해냄빌딩 5·6층
대표전화 / 326-1600 팩스 / 326-1624
홈페이지 / www.hainaim.com

ⓒ 조정래, 2013

ISBN 978-89-6574-402-3
ISBN 978-89-6574-401-6(세트)

ПАУЛО КОЭЛЬО

Мактуб

ПАУЛО КОЭЛЬО

Мактуб

Москва
АСТ · Астрель

УДК 821.134.3
ББК 84(70Бра)
К76

Обложка оформлена дизайн-студией *«Графит»*

Перевод с португальского А. *Богдановского*

Коэльо, П.

К76 Мактуб / Пауло Коэльо; пер. с португ. А. Богдановского. — М.: АСТ: Астрель, 2008. — 284, [2] с.

ISBN 978-5-17-054328-1 (АСТ)
ISBN 978-5-271-21232-1 (Астрель)

«Мактуб» — книга, вобравшая в себя бесценные фрагменты из сокровищницы мировой мудрости. Короткие истории, заимствованные автором из различных источников и культур, рождались в сотрудничестве с газетой «Фолья де Сан-Пауло». Коэльо отобрал истории, написанные с июня 1993-го по июнь 1994-го, и представил вниманию читателей всего мира книгу «Мактуб» — красочную иллюстрацию мозаичного полотна мировых устных традиций. По словам самого автора, «„Мактуб" — это не сборник поучений, но попытка поделиться опытом», а его чтение — прекрасный повод поразмышлять.

УДК 821.134.3
ББК 84(70Бра)

Книга издана с разрешения Sant Jordi Asociados, Barcelona, SPAIN
Originally published as *Maktub* by Paulo Coelho

www.paulocoelho.com

ISBN 978-5-17-054328-1 (АСТ)
ISBN 978-5-271-21232-1 (Астрель)

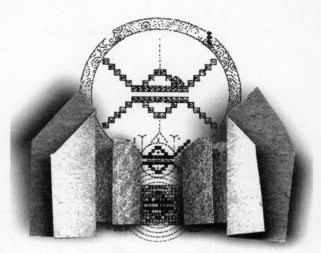

От автора

«Мактуб» — это не сборник поучений, но попытка поделиться опытом.

Значительную часть книги составляют высказывания моего наставника, слышанные мною за те одиннадцать лет, что я постигал его науку. Прочее — рассказы друзей или тех, с кем меня хотя бы однажды сводила судьба, но кто, тем не менее, произвел на меня впечатление неизгладимое. И наконец, «Мактуб» — это отзвук прочитанных мною книг, которые, как говорил иезуит Антонио Мело, образуют духовное наследие всего рода человеческого.

Своим появлением на свет Мактуб обязан телефонному звонку Алсино Лейте Нето, в ту пору — главному редактору иллюстрированного приложения к «Фолья де Сан-Пауло». Я, находясь тогда в Соединенных Штатах, получил и, сам толком еще не зная, что́ буду писать, принял его предложение. Оно само показалось мне столь дерзким и окрыляющим вызовом, что я решил шагнуть вперед, ибо жить — значит рисковать. Дело это поначалу показалось мне до то-

го трудным, что я едва ли не сразу захотел отказаться: помимо всего прочего, мне нужно было много ездить по свету, представляя свои книги, а потому писание еженедельной колонки представлялось просто пыткой. Тем не менее *знаки* внушили мне, что необходимо продолжать — пришло письмо от читателя, друг сделал дельное замечание-комментарий, а кто-то показал мне аккуратно подшитые вырезки из газеты.

Не сразу научился я быть объективным и прямым. Мне пришлось перечитывать тексты, всегда вызывавшие мое восхищение, и эти новые встречи дарили мне необыкновенную радость. Я принялся с большим тщанием записывать слова моего наставника. И постепенно стал смотреть на все, что происходило вокруг меня,

9

как на материал для еще не написанного «Мактуба». И это обогатило меня до такой степени, что сегодня я с благодарностью вспоминаю свои ежедневные труды. В этой книге собраны тексты, опубликованные в «Фолья де Сан-Пауло» в период с 10 июня 1993-го по 11 июня 1994-го года. Колонки о Воине Света сюда не входят — они составили отдельную книгу, которая так и называется.

Предваряя один из своих сборников, уже упоминавшийся Антонио Мелло заметил: «Я исполнял всего лишь задачу ткача — достоинств полотна и нити у меня нет».

Нет их и у меня.

ПАУЛО КОЭЛЬО

Славлю Тебя, Отче, Господи неба и земли, что Ты утаил это от мудрых и разумных и открыл младенцам.

Евангелие от Луки, 10:21

Странник сидит посреди леса и глядит на скромный дом.

Он уже бывал здесь прежде вместе с компанией друзей, но в ту пору заметил только сходство между этим домиком и зданиями, построенными неким испанским архитектором, жившим много-много лет назад и никогда не бывавшим здесь. Дом этот расположен неподалеку от Кабо-Фрио, в Рио-де-Жанейро, и целиком сделан из осколков стекла. Его хозяин — по имени Габриэл — в 1899 году увидел во сне ангела, который сказал ему: «Построй дом из стекла». И Габриэл принялся собирать разбитые тарелки, кувшины, безделушки, изразцы, приговаривая: «Всякий осколочек будет наделен красотой». Первые лет сорок местные жители считали его сумасшедшим, а потом заезжие путешественники увидели этот дом, стали привозить сюда друзей — и Габриэл прославился и прослыл гением. Однако исчезла прелесть новизны — и он вновь погрузился в безвестность. Но строить не перестал и в 93 года приладил на подобающее ему место последний кусочек стекла. И умер.

Странник закуривает. Сегодня он не думает о том, как похож дом Габриэла на творения Гауди. Он глядит на стекла, размышляет о собственной жизни. Она — как и бытие всякого человека — сотворена из кусочков всего, что было и миновало. Но приходит минута, когда эти разрозненные кусочки, внезапно начиная обретать форму, укладываются в нечто цельное и единое.

И странник, поглядывая в разложенные на коленях листки бумаги, вспоминает эпизоды из своего прошлого. И это — кусочки его бытия: ситуации, в которых он оказывался, отрывки из книг, которые некогда читал, наставления учителя, истории, рассказанные друзьями или где-то услышанные. И раздумья о времени, в которое выпало жить, и о мечтах, воодушевлявших его поколение. И точно так же, как этот Габриэл по велению привидевшегося ему во сне ангела строил дом, странник пытается сейчас привести свои записи в некое соответствие — для того чтобы осознать собственное душевное устройство. Он вспоминает, что в детстве прочел книгу Мальба Тахана под названием «Мактуб» и думает: «Может быть, я должен сделать что-то подобное?»

15

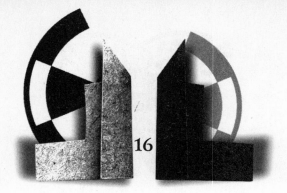

16

Говорит наставник:
— Предчувствуя приближение часа перемен, мы в безотчетном побуждении принимаемся прокручивать пленку, где запечатлены все наши житейские неудачи и промахи. И разумеется, чем старше мы становимся, тем длиннее делается их перечень. Но вместе с тем обретенный опыт позволяет нам справляться с этими промахами, одолевать последствия и вновь выходить на дорогу, которая позволит двигаться дальше. В наш воображаемый видеомагнитофон следует ставить и эту кассету. Если будем смотреть только ленту со своими провалами и неудачами, то застынем в душевном столбняке. Если будем смотреть только ленту, где отражен наш многогранный опыт, — покажемся себе в конце концов мудрее, чем мы есть на самом деле. Обязательно надо смотреть обе.

Представим себе гусеницу. Представим, как, проводя бо́льшую часть своей жизни на земле, она смотрит на птиц, негодует на свою судьбу и возмущается тем, какою уродилась на свет. «Я — самое презренное существо, — думает она. — Я уродлива, я вызываю омерзение и обречена всю жизнь ползать по земле».

Но вот приходит день, когда Природа требует, чтобы гусеница смастерила себе кокон. Ей страшно — ибо никогда прежде не приходилось делать такого. Ей кажется — она ложится в могильный склеп и заранее прощается с жизнью. И гусеница, хоть и возмущалась той жизнью, что вела прежде, снова сетует на несправедливость Творца: «Едва лишь я успела в конце концов привыкнуть, как Ты забираешь и ту малую малость, что у меня есть!» И в отчаянии затворяется в своем коконе, ожидая гибели. Но через несколько дней превращается в прелестную бабочку. Теперь, вызывая всеобщее восхищение, она порхает в воздухе. И только дивится тому, как мудро все устроил Создатель и как глубок сокровенный смысл жизни.

Некий чужеземец пришел к настоятелю монастыря в Сцете и сказал ему так:

— Хочу, чтобы жизнь моя была чище, лучше и нравственней. Но не могу отделаться от грешных и низких мыслей.

Настоятель заметил, какой сильный ветер дует за стенами обители, и спросил посетителя:

— Здесь очень жарко. Можешь ли ты собрать немного ветра там, снаружи, и впустить его сюда, чтобы стало попрохладней?

— Нет, конечно, это невозможно!

— Точно так же невозможно и отрешиться от помыслов, оскорбляющих Бога, — ответил настоятель. — Однако если научишься говорить своим искушениям «нет», они не смогут причинить тебе никакого вреда.

Говорит наставник:

— Если необходимо принять какое-нибудь решение и существует выбор, лучше всего идти вперед, заранее смиряясь с последствиями. Ибо не дано наперед узнать, каковы будут они. И искусство ясновидения и предсказания заключается не в том, чтобы предвидеть будущее, но в том, чтобы дать человеку нужный ему совет. Все мастера этих искусств — превосходные советники и никуда не годные пророки. В молитве, которой научил нас Иисус, говорится: «Да будет воля Твоя». И когда эта воля ставит перед нами проблему, то кладет рядом и ключ к ее решению.

А если бы предсказатели и гадалки в самом деле могли провидеть грядущее, все они были бы богаты, удачливы и счастливы в браке.

Ученик пришел к учителю и сказал ему так:

— Много лет кряду я отыскиваю просветление. Сейчас чувствую, что почти вплотную приблизился к нему. Хочу знать, каков должен быть мой следующий шаг?

— А чем ты зарабатываешь себе на жизнь? — спросил наставник.

— Пока еще не научился зарабатывать. Меня содержат отец и мать. Ну да, впрочем, это совсем не важно.

— Ты спрашиваешь, каков должен быть твой следующий шаг? Полминуты неотрывно смотри на солнце, — сказал наставник, и ученик так и сделал.

Потом, когда истекли эти полминуты, наставник попросил его описать все, что тот видел вокруг себя.

— Да ничего я не видел! Солнце слепило меня!

— Человек, который ищет только света, а обязанности свои перекладывает на других, никогда не обретет просветления.

Человек,
постоянно
созерцающий
солнце,
в конце концов
лишится зрения.

Некий странник шел долиной в Пиренеях и повстречал старого пастуха. Поделился с ним своими припасами, и потом они завели долгую беседу о жизни. Странник сказал, что, если бы веровал в Бога, пришлось бы поверить и в то, что он — несвободен, ибо Бог определял бы каждый его шаг.

Тогда пастух подвел его к ущелью, где каждый звук отдавался необыкновенно отчетливым и громким эхом.

— Жизнь наша подобна стенам этого ущелья, — сказал пастух. — А судьба — крик, который издает каждый из нас. И крик этот будет донесен до самого сердца Его, а потом возвращен нам точно в том же самом виде.

Бог, подобно эху, отзывается на каждый наш поступок.

М актуб — по-арабски значит «нечто написанное».

Но это не самый удачный перевод, уже потому, что хотя все в самом деле давно написано, Бог исполнен милосердия — и тратит свои чернила лишь на то, чтобы помогать нам.

Некий приезжий, оказавшись в Нью-Йорке, проснулся довольно поздно и, когда вышел из гостиницы, обнаружил, что его автомобиль эвакуирован полицией.

В результате он опоздал на встречу, на которую направлялся, а деловой обед продлился дольше, чем он предполагал. И штраф, должно быть, составит колоссальную сумму. Внезапно он вспомнил, что накануне подобрал с земли купюру достоинством в один доллар, и осознал какую-то странную связь между нею и утренним происшествием. «А вдруг я, взяв этот доллар, отнял его тем самым у того, кто по-настоящему нуждался в нем? А вдруг я вмешался в некие предначертания?»

И он, решив избавиться от купюры, вдруг заметил сидящего на земле нищего. И поспешно сунул доллар ему.

— Минутку, — отозвался нищий. — Я поэт и отплачу вам за вашу доброту стихами.

— Только покороче, пожалуйста, — сказал приезжий. — Я очень спешу.

— Да вы и живы-то еще лишь потому, — ответил нищий, — что не поспели вовремя туда, куда так спешили утром.

Ученик сказал учителю:

— Почти весь сегодняшний день думал я о том, о чем не должен был бы думать, желал того, чего не должен был желать, строил планы, от которых лучше было бы заранее отказаться.

Тогда наставник предложил ему прогуляться в соседнем лесу. По дороге, указав на какое-то растение, он спросил, знает ли ученик, что это такое.

— Белладонна, — отвечал тот. — Его листья нельзя употреблять в пищу, можно отравиться и умереть.

— Но для того, кто просто смотрит на его ядовитые листья, оно совершенно безвредно, — сказал учитель. — Вот так и дурные, низкие помыслы не способны причинить тебе вред, если ты не позволишь себе прельститься ими.

Между Францией и Испанией тянется горная гряда. И на одном из отрогов стоит деревушка под названием Аржелес. И там горный склон ведет вниз, в долину. Каждый день пастух спускается и поднимается по склону. И странник, впервые оказавшийся в Аржелесе, не замечает ничего.

А во второй раз замечает, что пастуха всегда сопровождает какой-то человек. И с каждым новым своим приездом в Аржелес бросаются ему в глаза новые и новые подробности его облика — одежда, шапка, трость, очки. И сегодня, когда он вспоминает эту деревню, неизменно думает про того старичка, который об этом и не подозревает. Лишь однажды довелось путешественнику поговорить с ним, — он тогда спросил его в шутку:

— Быть может, сам Господь обитает в этих дивных горных местах?

— Бог живет в тех местах, — отвечал старичок, — которые допускают Его присутствие.

Наставник, встретившись как-то под вечер со своими учениками, попросил их разложить костер, чтобы присесть у огня и поговорить.

— Духовный путь подобен этому пламени, — сказал он. — Тот, кто желает развести огонь, должен стерпеть едкий и неприятный дым, от которого першит в горле и слезятся глаза. Так же в точности происходит и обретение веры. Но когда огонь разгорается сильно и ярко, дым исчезает и языки пламени озаряют все вокруг.

— Ну а если кто-то заранее разложит для нас костер? — спросил один из учеников. — И тем самым избавит нас от неприятного дыма?

— Тот, кто сделает это, будет лжеучителем. Он сможет развести огонь там, где пожелает, руководствуясь лишь собственной волей и вкусом. Он, если захочет, сможет и погасить его в любой момент. А поскольку он никого не научил тому, как разложить костер, то весь мир будет погружен во тьму.

О дна моя приятельница взяла троих
своих детей и решила перебраться на
маленькую ферму в канадском захолустье, чтобы
без помехи предаваться там только и исключи-
тельно духовному созерцанию.

Но не прошло и года, как она влюбилась,
снова вышла замуж, овладела техникой медита-
ции, добилась, одолев немалые трудности, от-
крытия школы, обзавелась друзьями и недруга-
ми, перестала неукоснительно следить за тем, в
каком состоянии у нее зубы, получила абсцесс, в
метель ловила попутную машину, научилась са-
ма чинить свой автомобиль, отогревать замерз-
шие канализационные трубы, жить на пособие
по безработице, спать в комнате без централь-
ного отопления, смеяться без причины, плакать
от отчаянья. Она выстроила церковь, отремонти-
ровала дом, оклеила новыми обоями стены, про-
водила занятия по духовному созерцанию.

— И поняла в конце концов, что жизнь в мо-
литве вовсе не означает отъединенности и за-
творничества, — призналась она. — Господня
любовь так неимоверно велика, что ею непре-
менно надо поделиться с другими.

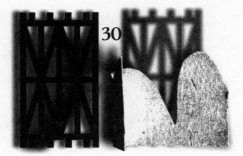

— П ри начале своего пути, — сказал
учитель, — увидишь ты дверь, а на
ней будут написаны некие слова. Вернись тогда и
скажи мне, что это за слова.

И ученик устремил все силы тела и души на
поиски заветной двери. И вот однажды нашел ее
и вернулся к своему наставнику.

— При начале пути я увидел слова: «Это не-
возможно».

— Это было написано на стене или на две-
ри? — спросил наставник.

— На двери.

— Тогда возьмись за ручку, поверни ее и
войди.

Ученик так и сделал. Надпись была на филен-
ке двери и, стало быть, сдвинулась вместе с нею.
А когда дверь открылась полностью, ее стало не
видно и ученик смело шагнул вперед.

31

Говорит наставник:
— Закрой глаза. А впрочем, это даже и необязательно. Достаточно всего лишь представить себе стаю летящих птиц. Представил? Теперь скажи мне, скольких ты заметил — пять? Одиннадцать? Семнадцать?

Каков бы ни был твой ответ — а точное число птиц определить трудно — одно в этом маленьком эксперименте будет совершенно ясно. Ты смог вообразить себе стаю птиц, но определить их количество тебе оказалось не под силу. А между тем эта картина была точной, ясной, определенной. И где-то существует ответ на этот вопрос. Кто же определил, сколько птиц должно будет появиться перед твоим мысленным взором? Уж во всяком случае, не ты.

Некто захотел посетить отшельника, жившего в скиту неподалеку от монастыря Сцета. Он долго брел наугад по пустыне, пока наконец не нашел его.

— Я хочу знать, каков должен быть мой первый шаг на пути духовного постижения.

Отшельник привел его на берег маленького пруда и попросил взглянуть на свое отражение в воде. Тот послушался, но отшельник тотчас принялся швырять в воду камешки, и по воде пошла рябь.

— Пока ты не перестанешь швырять камни, я не смогу увидеть свое отражение!

— Как невозможно увидеть свое лицо в бурных водах, так невозможно и отыскать Бога, если душа омрачена необходимостью поиска и страхом неудачи, — ответил отшельник. — Это и есть самый первый шаг.

В ту пору, когда странник практиковал
дзен-буддизм, его наставник как-то раз
ушел в угол *додзо* (место, где собираются учени-
ки) и вернулся с бамбуковой палкой. Кое-кто из
тех учеников, которые не сумели сосредоточить-
ся, подняли руку, и наставник, приблизившись,
трижды ударил каждого из них по плечу.

В первый день страннику это показалось не-
лепым пережитком средневековья. Но вслед за
тем он понял, что необходимо перевести духов-
ную боль в физическую, чтобы въяве ощутить ее
неприятные последствия. Следуя Путем Сантья-
го, он научился такому упражнению — всякий
раз, как мысли его принимали предосудитель-
ный оборот, в мякоть ладони у основания боль-
шого пальца он с силой вонзал ноготь указатель-
ного. Ужасающие последствия недостойных по-
мыслов обнаруживаются значительно позже, од-
нако, делая так, чтобы они, переведенные в фи-
зический план, причиняли боль, мы сознаем весь
тот вред, которые они нам причиняют. И посте-
пенно научаемся избегать их.

35

32-летний пациент обратился к доктору Ричарду Кроули:

— Не могу отделаться от дурной привычки — сосу палец.

— Пусть вас это не тревожит, — сказал Кроули. — Но попробуйте сделать так, чтобы каждому дню недели соответствовал свой палец.

И с этой минуты пациент, поднося палец ко рту, вынужден был инстинктивно вспоминать, какому из десяти пальцев надлежит быть объектом его внимания в этот день. Не прошло и недели, как он излечился от своего пагубного пристрастия.

— Когда зло входит в привычку, с ним очень трудно справляться, — рассказывает Ричард Кроули. — Но когда оно начинает требовать от нас нового к себе отношения, принятия решений, выбора, то мы понимаем, что в сущности оно не заслуживает подобных усилий с нашей стороны.

В Древнем Риме колдуньи-прорицательницы, которых называли Сивиллами, написали девять книг, где предрекли будущность страны.

Книги принесли императору Тиберию.

— Сколько они стоят? — осведомился тот.

— Сто золотых, — отвечали Сивиллы.

Император в гневе прогнал их прочь. Сивиллы сожгли три книги и вернулись, запросив прежнюю цену.

Тиберий расхохотался и отказался: зачем платить за шесть книг столько же, сколько стоили девять?

Тогда Сивиллы предали огню еще три книги, а с тремя оставшимися вновь пришли во дворец:

— Эти три книги стоят сто золотых.

И Тиберий, подстрекаемый любопытством, в конце концов уступил — однако о том, какая судьба ожидает Рим, узнал далеко не все.

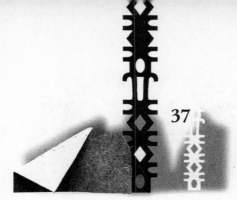

Слова Руфуса Джонса:

— Я не собираюсь строить новые Вавилонские башни, обосновывая это желанием непременно добраться до Бога.

Это — отвратительные сооружения: одни возведены из бетона и кирпича, другие — из священных скрижалей. Иные — из древних обрядов, а многие — из новейших научных доказательств бытия Божьего.

И все эти башни, заставляющие нас подниматься по ним от темного и одинокого подножья, могут, пожалуй, дать нам представление о Земле, но не помогают достичь Неба.

И мы не достигнем ничего, кроме все того же древнего смешения языков и эмоций.

Ибо к Богу ведут — вера, любовь, радость и молитва.

В нацистской Германии двое раввинов пытались по мере сил даровать духовное успокоение своим единоверцам.

На протяжении двух лет, умирая со страху, они все же умудрялись обманывать своих гонителей — и отправляли религиозные таинства в нескольких общинах.

Но пришел день, когда обоих все же арестовали. Один в ужасе от того, что грозило ему, молился не переставая. Другой же, напротив, целыми днями спал.

— Почему ты спишь все время? — спросил его первый.

— Силы берегу. Знаю, они мне скоро понадобятся, — отвечал второй.

— Разве тебе не страшно? Или ты не знаешь, что нас ждет?

— Было страшно, пока не схватили. А что толку бояться теперь, когда мы сидим за решеткой и все уже случилось?!

Время страха миновало; пришло время надежды. Ибо к Богу ведут — вера, любовь, радость и молитва.

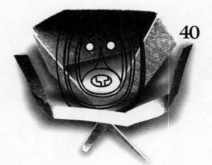

Говорит наставник:

— Желание. Вот слово, которое мы должны на какое-то время взять под подозрение.

Чего мы не делаем оттого, что не хотим, а чего — потому, что просто опасаемся и не желаем рисковать?

Так, например, мы путаем наши опасения с нежеланием вступать в разговор с незнакомыми. Будь то простая беседа, душевное излияние или обмен несколькими ничего не значащими словами, мы редко разговариваем с незнакомыми.

И неизменно считаем, что «так оно лучше будет».

И в конце концов получается, что мы не приходим на помощь Жизни, а она не помогает нам.

Наша отчужденность позволяет нам чувствовать себя *более важными, более значительными, более уверенными в себе*. Но на самом деле мы просто не позволяем себе услышать, как устами незнакомца говорит с нами наш ангел-хранитель.

О дного престарелого отшельника пригласили как-то раз ко двору самого могущественного в ту пору короля.

— Завидую человеку святой жизни, умеющему довольствоваться столь малым, — сказал ему властелин.

— А я завидую вашему величеству, ибо вы довольствуетесь еще меньшим, — отвечал на это пустынник.

— Как понимать твои слова? — удивился и обиделся король. — Ведь вся эта страна принадлежит мне.

— Чистая правда. А мне принадлежат музыка небесных сфер, все, сколько ни есть их на свете, реки и горы, лунный свет и сияние солнца. Ибо у меня в душе — Бог. А у вашего величества нет ничего, кроме этого королевства.

— Поедем-ка на ту гору, где живет Бог, — сказал один всадник своему другу. — Хочу доказать, что Он только и умеет, что требовать от нас молитв, и ничем не желает облегчить нам наше бремя.

— Поедем, — согласился другой. — Покажу тебе, сколь крепка моя вера.

И когда к вечеру они достигли вершины, прозвучал из темноты голос:

— Наберите камней с земли, нагрузите ими своих коней.

— Нет, ты слышал?! — воскликнул в негодовании первый всадник. — Мы и так-то еле добрались сюда, а он хочет навязать нам еще большее бремя! Ни за что не стану взваливать на спину моему коню какие-то булыжники! Нет и нет!

А второй повиновался и сделал то, что повелел Бог. Они завершили спуск уже на рассвете, и когда в первых лучах солнца засверкали камни, которые взял с собой благочестивый всадник, ибо то были бриллианты чистейшей воды.

Говорит наставник:
— Решения, которые принимает Бог, исполнены тайны, но всегда и неизменно оказываются в нашу пользу.

Говорит наставник:

— Мой дорогой, я должен поведать тебе такое, чего ты, скорей всего, еще не знаешь. Я хотел смягчить это известие, хотел раскрасить его в яркие цвета, хотел наполнить его обещаниями райского блаженства, видениями Абсолюта, эзотерическими толкованиями, но, хоть все это имеется, в данном случае не годится. Итак, вздохни поглубже и приготовься. Буду предельно откровенен и прям и еще хочу добавить, что совершенно уверен в достоверности того, что собираюсь сообщить тебе. Истина, открывшаяся мне, не оставляет места сомнениям.

А заключается она вот в чем: ты умрешь.

Может быть, это случится завтра, может быть — через пятьдесят лет, но случится всенепременно. Вне зависимости от твоего согласия. Вне зависимости от того, что у тебя могут быть другие планы. Так что подумай хорошенько над тем, что будешь делать сегодня. И завтра. И весь отпущенный тебе срок.

45

*Б*елый путешественник, стремясь поскорее добраться до цели в дебрях Африки, заплатил своим носильщикам и проводникам больше, чем обещал, с тем условием, что они поторопятся.

И в течение нескольких дней туземцы шли скорым шагом. Но однажды вечером вдруг скинули кладь, уселись наземь и заявили, что дальше не пойдут. Сколько бы денег им ни предлагали, они отказывались продолжать путь. И когда путешественник стал допытываться до причин такого поведения, то получил следующий ответ:

— Мы шли так быстро, что теперь даже сами не понимаем, что делаем. Надо подождать, когда наши души нас нагонят.

Однажды Пречистая Дева, держа на руках младенца Христа, решила спуститься на землю и посетить некую монашескую обитель.

Исполненные гордости монахи выстроились в ряд: каждый по очереди выходил к Богоматери и показывал в ее честь свое искусство: один читал стихи собственного сочинения, другой демонстрировал глубокие познания Библии, третий перечислил имена всех святых. И так братия в меру сил своих и дарований чествовала Деву и младенца Иисуса.

Последним оказался убогий монашек, который не мог даже затвердить наизусть текстов Священного Писания. Родители его были люди необразованные, выступали в цирке, и сына научили только жонглировать шариками и прочим фокусам. Когда дошел черед до него, монахи хотели прекратить церемонию, ибо бедный жонглер ничего не мог сказать Пречистой Деве, а вот опозорить обитель — вполне. Но он всей душой чувствовал настоятельную необходимость передать Деве и Младенцу частицу себя.

И вот, смущаясь под укоризненными взглядами братии, он достал из кармана несколько апельсинов и принялся подбрасывать их и ловить.

И тогда на устах младенца появилась улыбка. Пречистая Дева доверила жонглеру подержать Его на руках.

48

Не старайся всегда поступать разумно. Ибо разве не сказал Святой Павел, что «мирская мудрость есть безумие перед Господом»?

Быть разумным — значит всегда носить галстук, да притом — подходящий по тону к носкам. Это значит — завтра иметь те же воззрения, что и сегодня. А как тогда быть с извечной переменчивостью мира?

И если ты никого не осуждаешь, меняй время от времени свои взгляды, вступай в противоречие с самим собой и не стыдись этого.

У тебя есть это право. Не заботься о том, что подумают окружающие. Пусть думают, что хотят.

И потому успокойся. Пусть Вселенная движется вокруг тебя, открой для себя радость поступков, неожиданных для тебя самого. «Бог избрал немудрое мира, чтобы посрамить мудрых», — сказал апостол Павел.

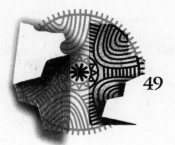

Говорит наставник:

— В такой день, как сегодня, хорошо сделать что-нибудь из ряда вон выходящее.

Например, возвращаясь домой с работы, пуститься в пляс на улице. Взглянуть в глаза незнакомому человеку и объясниться ему в любви. Подать начальнику идею, которая может показаться смехотворно-нелепой, но в которую мы верим. Купить музыкальный инструмент, на котором тебе всегда хотелось играть, да ты все никак не отваживался. Воины Света позволяют устраивать себе иногда такие дни.

И сегодня можем выплакать кое-какие давние горести, которые комком застряли в горле. Можем позвонить тому, с кем торжественно поклялись никогда больше не знаться. Сегодняшний день пойдет наперекор расписанию, составленному утром.

Сегодня допустима и простительна любая выходка. Сегодня — день веселья и радости жизни.

Однажды ученый Роджер Пенроуз шел в компании друзей, ведя оживленную беседу.

Замолчали они лишь на минутку, пока переходили улицу.

— И в этот миг, — вспоминает Пенроуз, — меня осенила необыкновенная мысль. А когда оказались на противоположном тротуаре и возобновили разговор, я уже не смог вспомнить, о чем думал всего секунду назад.

А в конце дня Пенроуз стал испытывать странное, беспричинное и безотчетное ликование.

— У меня возникло ощущение, будто открылось нечто необычайно важное.

Он по минутам принялся перебирать в памяти весь минувший день и когда дошел до перехода улицы — идея вернулась. На этот раз он сумел записать ее.

Это была гипотеза происхождения «черных пятен», теория, совершившая подлинный переворот в современной физике. И появилась она потому лишь, что ученый сумел вспомнить тишину, наступившую, когда ученый с друзьями переходили дорогу.

К Святому Антонию, жившему в пусты-
не, пришел некий юноша и сказал так:
— Отче, я распродал все имение свое и роз-
дал деньги бедным. Оставил при себе лишь то
немногое, чтобы выжить здесь. Мне хотелось бы,
чтобы ты указал мне путь к спасению.

Святой отшельник сказал юноше продать и
оставшееся имущество, а на вырученные деньги
купить в городе мяса. И чтобы тот, возвращаясь
в скит, привязал мясо к своему телу.

Юноша так и сделал, но на обратном пути
набросились на него бродячие собаки и хищные
птицы, пытавшиеся добыть себе хоть кусочек.

— Я вернулся, — сказал он, указывая на свою
в клочья разодранную одежду и израненное тело.

— Знай: тот, кто совершает новый шаг, не из-
бавившись полностью от прежней жизни, не-
пременно будет истерзан своим же собственным
прошлым, — таков был ответ святого.

Говорит наставник:

— Пользуйся всем, что послал тебе сегодня Господь. Благодать его щедрот не надо экономить. Нет на свете такого банка, куда можно положить на счет полученные от Него дары, чтобы потом воспользоваться ими в свое время и по своему усмотрению. Не применишь к делу — потеряешь их навсегда.

Господь знает, что все мы — художники, созидающие собственную жизнь: сегодня — резцом высекая ее из камня, завтра — красками запечатлевая на полотне, послезавтра — чернилами по бумаге описывая ее. Но никому еще не удавалось использовать резец для холстов, перо — для скульптуры.

У каждого дня — свое чудо. Прими дарованную тебе благодать, трудись и создавай ежедневное произведение искусства. Завтра получишь новый дар.

53

Монастырь на берегу Рио-Пьедра окружен пышной и свежей зеленью — настоящий оазис посреди бесплодных полей этой части Испании. Там маленькая речушка превращается в бурный и полноводный поток, образующий десятки водопадов.

Странник проходит по этим местам, слушая музыку вод. И вот внезапно внимание его привлекает пещера под одним из водопадов. И он внимательно оглядывает отшлифованный временем камень — прекрасные скульптуры, терпеливо созидаемые природой. И замечает выбитые на плите слова Рабиндраната Тагора:

«Не молоток и резец придали совершенную форму этим камням, но вода — ее мягкость, ее танец, ее напев. Там, где сила может лишь разрушать, мягкость способна ваять».

Говорит наставник:

— Многие из нас боятся быть счастливыми. Для многих понятие «счастье» означает отказ от установившихся привычек и влечет за собой потерю того, что можно назвать «самостью».

Очень часто мы считаем себя недостойными того прекрасного, что происходит с нами. И отвергаем его — ибо если бы приняли, почувствовали бы себя в долгу перед Господом.

Мы думаем: «Лучше даже не пригубливать чашу блаженства, потому что когда она будет опустошена, мы будем страдать — и сильно».

И вот из опасений того, что убудет, мы перестаем прибывать. И, боясь грядущих слез, стараемся не смеяться сейчас.

Как-то раз в монастыре Сцета один монах прилюдно, на глазах у всей братии, обидел другого.

Настоятель обители, аббат Сисоис, попросил пострадавшего простить своего обидчика.

— Да ни за что на свете! — отвечал тот. — Он сделал это и он за это заплатит!

И в ту же минуту настоятель воздел руки к небу и принялся молиться:

— Иисусе, мы больше не нуждаемся в Тебе. Отныне нам по силам сполна взыскивать с обидчиков наших. Мы способны взять отмщение в собственные руки и сами теперь отличаем, где Добро, а где Зло. Так что ты, Господи, можешь удалиться от нас подобру-поздорову.

И пристыженный монах тотчас простил оскорбившего его собрата.

— Все наставники внушают нам, что духовное сокровище возможно обрести только в одиночку. Отчего же мы, ученики, всегда держимся вместе?

— Оттого, что лес заведомо сильней одного дерева, — сказал на это учитель. — В лесу можно спасись от изнурительного зноя, лес лучше противостоит урагану, лес помогает почве сохранить плодородие. Дерево сильно корнем, а он у каждого — свой. И корень одного дерева не в силах помочь другому расти.

Вы держитесь вместе, но каждый из вас растет и развивается по-своему. Именно таков путь тех, кто хочет приобщиться к Богу.

58

Когда страннику было десять лет от роду, мать заставляла его усиленно заниматься физическими упражнениями.

И одно из них заключалось в том, чтобы спрыгнуть с моста в реку. Мальчик умирал от страха. Он стоял в шеренге последним и каждый раз, как кто-нибудь выходил вперед, несказанно мучился, предвидя, что скоро настанет и его черед совершить прыжок. И однажды тренер, заметив его страх, вызвал его первым. Страх был прежним, но зато он кончился так скоро, что превратился в отвагу.

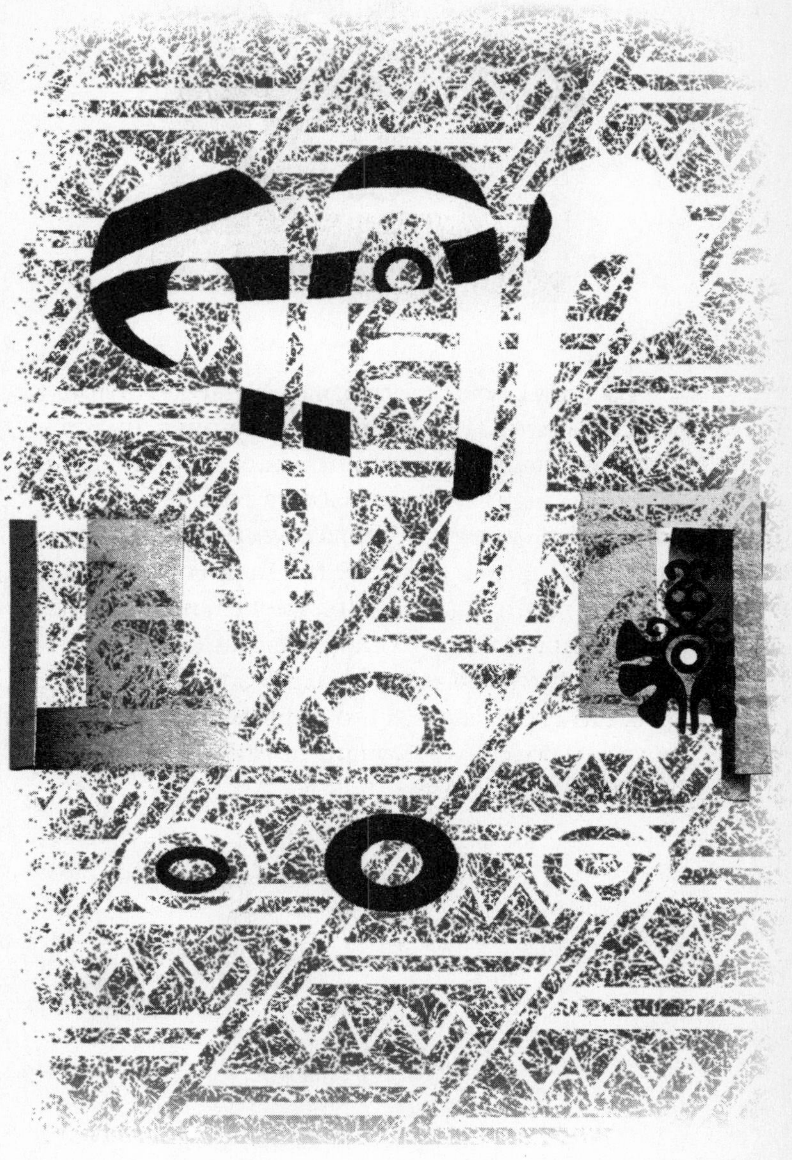

Часто случается так, что мы должны выжидать и медлить. А часто приходится засучить рукава и решить проблему, не откладывая.

В таких ситуациях промедление губительно.

Однажды утром, когда Будда собрал вокруг себя учеников, к нему приблизился какой-то человек и спросил:

— Бог существует?

— Существует, — ответил Будда.

После обеда подошел другой человек и тоже осведомился:

— Бог существует?

— Нет, — ответил Будда.

И ближе к вечеру третий человек задал ему тот же самый вопрос:

— Бог существует?

— Это тебе решать, — ответил Будда.

— Учитель, что за нелепость! — воскликнул тогда один из его учеников. — Как ты можешь давать на один и тот же вопрос три разных ответа?!

— Так ведь и люди-то все разные, — ответил Будда. — И каждый приходит к Богу своим путем: один — благодаря непреложной убежденности, другой — преодолев неверие, третий — ведомый сомнением.

Все мы озабочены тем, чтобы действовать, принимать решения, предвидеть будущее. Мы вечно пытаемся одно спланировать, другое — завершить, третье — открыть и определить.

Что ж, все правильно: ведь в конце концов именно так мы создаем и изменяем мир. Но непременной частью нашего бытия должно стать Поклонение.

Надо время от времени останавливаться, отрешаться от самих себя, постоять в молчании перед ликом Вселенной.

Преклонить колени — и в буквальном смысле, и в метафизически-фигуральном. Не просить, не думать, даже ни за что не благодарить. А просто постараться воспринять безмолвную любовь, обволакивающую нас. И в такие мгновения могут пролиться несколько нежданных слезинок — не с горя и не с радости.

Не удивляйся им. Это — Божий дар. Они омывают твою душу.

Говорит наставник:

— Если придется плакать — плачь, как плачут дети.

Ты сам некогда был ребенком и едва ли не прежде всего остального в жизни научился плакать. Слезы — неотъемлемая часть жизни. Никогда не забывай, что ты — свободен, а проявлять свои эмоции не стыдно.

Кричи, рыдай в голос, реви, если захочешь — ибо именно так плачут дети, владеющие секретом быстро избывать в слезах свое горе и успокаиваться.

Ты ведь наверняка видел, как дети прекращают плач?

Они заливаются слезами — и вдруг что-то отвлекает их, а новое житейское приключение приковывает к себе их внимание.

И они мгновенно стихают.

И то же будет с тобою — но только если ты и плакать будешь, как плакал когда-то, когда был ребенком.

Странник обедает со своей приятельницей — она адвокат из Форт-Лодердейл.

За соседним столиком очень пьяный и оттого возбужденный человек навязчиво пытается завязать с ними разговор. Потеряв наконец терпение, дама просит его утихомириться.

— С какой стати? — недоумевает он. — Я говорю о любви так, как ни один трезвый не скажет! Мне весело, я пытаюсь общаться с незнакомыми... Что тут плохого?! Что не так?

— Сейчас не время... — урезонивает его моя приятельница.

— То есть, вы хотите сказать, что для демонстрации счастья должно быть отведено особое время?!

И после этой фразы пьяного приглашают пересесть за тот стол, куда он так стремился.

Говорит наставник:

— Мы должны заботиться о своем теле — оно есть храм Святого Духа, а потому заслуживает, чтобы его уважали и ублажали.

Мы должны сполна использовать отведенное нам время — нужно бороться за исполнение своей мечты и собрать для этого все силы.

Но не следует и забывать, что жизнь состоит из маленьких радостей. Они присутствуют в ней, чтобы стимулировать нас, помогать нашему поиску, давать нам мгновения передышки в наших ежедневных и повседневных битвах.

И нет никакого греха в том, чтобы испытывать счастье. И ничего неправильного нет в том, чтобы порою преступать установленные нами правила — как питаться, как спать, как быть счастливым.

И не вини себя, если порой потратишь сколько-то времени на всякий вздор. Эти маленькие удовольствия обладают огромным стимулирующим эффектом.

Покуда наставник странствовал, распространяя слово Божие, дом, где он жил со своими учениками, сгорел.

— Он нам доверил его, а мы не сумели сберечь, — сетовал один из них.

И они немедля принялись восстанавливать все, что уцелело от пламени, но тут вернулся наставник и увидел их работу.

— Ага, — обрадовался он. — Наши дела идут на лад — новый дом!

Пристыженный ученик рассказал ему тогда, как было дело: дом, в котором все они жили, был разрушен огнем.

— Не понимаю, о чем ты толкуешь, — ответил наставник. — Вижу людей, что, исполняясь веры в жизнь, начали новый ее этап. Те, кто потерял единственное свое достояние, находятся в лучшем положении, нежели все остальные: ибо с этой минуты они будут лишь приобретать.

Пианист Артур Рубинштейн опаздывал на званый обед в одном из фешенебельных нью-йоркских ресторанов. Друзья уже начали было беспокоиться — как вдруг он наконец появился об руку с очаровательной блондинкой, которая была примерно втрое моложе знаменитого музыканта.

Маэстро, известный тем, что он был человек весьма прижимистый, в этот день заказывал самые дорогие блюда, самые изысканные и редкие вина. И в конце обеда заплатил по счету с улыбкой.

— Знаю, — сказал он своим сотрапезникам, — знаю, что вы удивлены. Но дело в том, что сегодня я был у нотариуса и оформил свое завещание. Выделил значительную долю дочери, оставил немалую толику прочим родственникам, щедро пожертвовал на благотворительность. И вдруг осознал — себя самого-то я не включил в список наследников! Все теперь принадлежит другим!

И с этой минуты решил относиться к себе более великодушно, чем прежде.

Говорит наставник:

— Когда следуешь стезей своей мечты, исполняй свои обязательства перед нею. Не оставляй себе лазейки, не отговаривайся тем, что это, мол, не вполне то, что ты хотел.

Эта фраза несет внутри себя семя поражения.

Иди своим путем. Даже если должен будешь сделать неверный шаг, даже если будешь знать, что смог бы сделать то, что делал, лучше. Если ты примешь свои возможности в настоящем, это, без сомнения, пригодится тебе в будущем.

А вот если отвергать свои ограничения, нипочем не сумеешь избавиться от них.

Будь отважен, двигаясь своим путем. Не бойся, что другие будут порицать тебя. И — главное — сумей не впасть в столбняк и оцепенение, порицая себя сам.

Господь пребудет с тобой в твоих бессонных ночах и осушит Своей любовью твои непролитые слезы.

Ибо Господь есть Господь отважных.

Наставник как-то раз попросил своих
учеников раздобыть еды. Они странст-
вовали и питались впроголодь. Ученики разо-
шлись и вернулись к вечеру. Каждый нес то, что
подали ему добрые люди: подгнившие плоды,
черствый хлеб, скисшее вино.

Но один из них, как ни странно, раздобыл це-
лый мешок спелых яблок.

— Я сделал все возможное, чтобы накормить
моего учителя и моих собратьев, — сказал он,
оделяя каждого.

— Где же ты раздобыл это? — осведомился
наставник.

— Украл, — ответил ученик. — Люди давали
мне только всякую дрянь, хоть и знали, что мы
распространяем по свету слово Божье.

— Забери свои яблоки, уходи отсюда и никог-
да больше не возвращайся, — сказал тогда на-
ставник. — Тот, кто ворует ради меня, когда-ни-
будь обворует и меня.

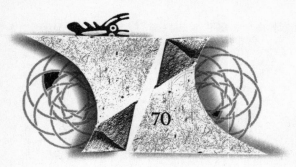

Мы выходим в мир в поисках наших мечтаний и ради осуществления наших идей. И очень часто помещаем в недоступные места то, что должно быть совсем рядом — только руку протяни. А, осознав свой промах, чувствуем, что теряем время, отыскивая вдали то, что лежит близко. И виним себя за неверный шаг, за поиски, не увенчавшиеся находкой, за причиненные самим себе разочарования.

Наставник встретился со своим любимым учеником и спросил, как подвигается его духовное совершенствование. Тот ответил, что ему удается теперь посвящать Богу каждую минуту.

— Что ж, тогда тебе остается лишь простить своих врагов, — сказал наставник.

Ученик в глубоком изумлении обернулся к нему:

— Зачем? Я не испытываю к ним гнева!

— Как ты думаешь, гневается ли на тебя Господь?

— Конечно нет!

— Но тем не менее ты ведь просишь: «Господи, прости!» Поступай точно так же и по отношению к своим врагам, даже если не чувствуешь к ним ненависти. Благоуханная влага прощения омывает сердце прощающего.

В молодости Наполеон дрожал как осиновый лист во время жестоких бомбардировок Тулона.

Один из солдат, заметив это, сказал другим:

— Смотрите, он ни жив ни мертв со страху!

— Да, это так, — ответил Наполеон. — Но продолжаю сражаться. Если бы тебе было вполовину так страшно, как мне, ты давно бы уж удрал без оглядки.

Говорит наставник:
— Страх не есть признак трусости. Но то, что дает нам возможность действовать в сложных ситуациях, на которые так богата жизнь, с отвагой и достоинством. Тот, кто испытывает страх, но, несмотря на это, продолжает идти вперед, не позволяя себе поддаться робости, преодолевая свое малодушие, достоин называться храбрецом. А тот, кто ввязывается в опасное дело, не давая себе отчета в том, какому риску подвергает себя, — всего лишь безответственен.

Странник оказывается на празднике Святого Иоанна — палатки и лотки, балаганы и стрельба в цель, домашняя еда. И вот клоун вдруг начинает передразнивать его, повторяя все его движения. Все вокруг смеются, смеется и странник. А потом приглашает клоуна выпить по чашечке кофе.

— Пользуйся тем, что ты жив, — говорит он. — Если ты жив — прыгай и скачи, размахивай руками, шуми, смейся, разговаривай с людьми, ибо жизнь есть полнейшая противоположность смерти.

Умереть — значит навсегда остаться в одном и том же положении. Если ты тих и неподвижен, то значит, и не живешь.

Некий могущественный властелин призвал к себе мужа святой жизни, — который, как уверяли люди, обладал даром исцелять недуги и хвори, — чтобы тот избавил его от болей в спине.

— Господь нам поможет, — сказал праведник. — Но сперва давай-ка установим причину этих болей. Признание заставляет человека пристально взглянуть на мучающие его заботы и способно освобождать от многих скорбей.

И он принялся расспрашивать владыку о его жизни, причем требовал всех подробностей — и о том, как обращается он со своими приближенными, и о том, что омрачает его царствование, что томит и тревожит. Царь, раздосадованный тем, что вынужден думать об этом, сказал наконец:

— Я не желаю больше говорить об этом! Будь добр, приведи мне кого-нибудь, кто умеет лечить, не задавая вопросов.

Праведник ушел и через полчаса вернулся с каким-то человеком:

— Вот тот, кто тебе нужен, — сказал он. — Мой друг — ветеринар. Он никогда ни о чем не расспрашивает тех, кого лечит.

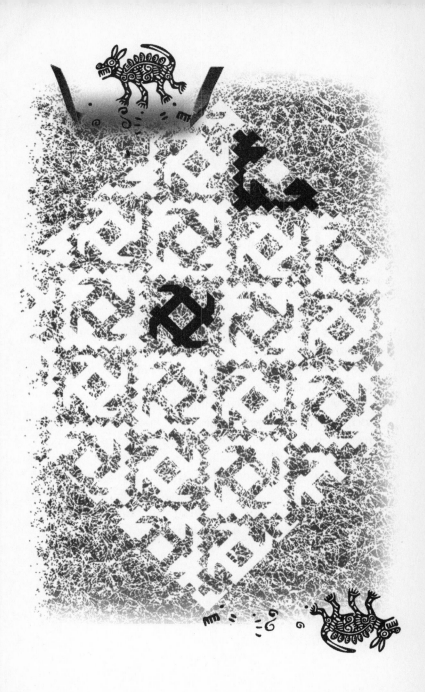

Один ученик спрашивал, что следует, а чего не следует есть, чтобы достичь очищения. Как ни старался наставник объяснить ему, что всякая еда — священна, ученик не желал верить этому.

— Обязательно должна быть еда, которая приводит нас к Богу, — настойчиво твердил он.

— Что ж, быть может, ты и прав. Вот, к примеру, те грибы.

И ученик обрадовался, решив, что грибы даруют ему духовное очищение и воодушевление. Но подойдя поближе, в ужасе отпрянул с криком:

— Они же ядовитые! Если съем хоть кусочек, умру не сходя с места!

— Но это — единственная еда, благодаря которой можно попасть в царствие небесное, — отвечал наставник.

В 1981 году странник прогуливался с женой по улицам Праги и увидел юношу, рисовавшего дома вокруг. Ему понравился один из рисунков, и он решил купить его.

И, протягивая деньги, заметил, что юноша — без перчаток, хотя на улице минус пять.

— Почему ты без перчаток? — спросил он художника.

— Чтобы можно было держать карандаш.

Они разговорились, и юноша предложил сделать портрет жены странника, причем — бесплатно.

Ожидая, когда портрет будет готов, странник вдруг осознал: он почти пять минут разговаривал с юношей, хотя ни слова не знал на его языке.

Они объяснялись жестами, мимикой, улыбками — и желание общения было столь велико, что сумели обойтись без слов.

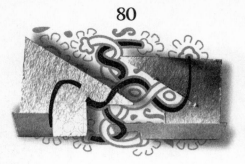

Друг подвел Хасана к дверям мечети, где просил милостыню нищий слепец.

— Это самый мудрый человек у нас в стране.

— Давно ли вы не видите? — спросил нищего Хасан.

— Я слеп с рождения, — ответил тот.

— Что же обогатило вас мудростью?

— Не смирившись со своей слепотой, я попытался стать астронавтом. Не имея возможности видеть небо, я должен был воображать звезды, солнце, планеты, галактики. И по мере того, как познавал Божье творение, я приближался к Его мудрости.

В Испании, неподалеку от города Олите есть бар, где висит плакат, написанный его владельцем:

«В тот самый миг, когда я нашел верные ответы, переменились все вопросы».

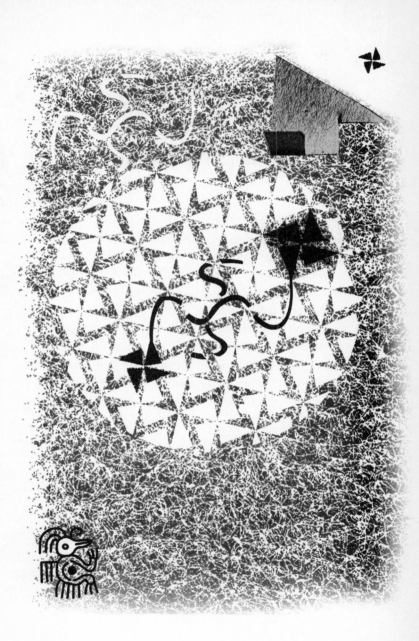

Γоворит наставник:
— Мы всегда озабочены поисками отве-
тов, мы считаем это чем-то очень важным и не-
обходимым для постижения смысла жизни.

Меж тем гораздо важнее просто жить —
жить полно и насыщенно, и пусть само время
откроет нам тайны нашего бытия. Если будем
чрезмерно доискиваться смысла, мы не сумеем
дать природе действовать и проявляться, а сами
окажемся неспособны прочесть Божьи *знаки*.

$В$ одной австралийской легенде рассказывается об истории колдуна, который прогуливался с тремя своими сестрами, когда к нему подошел самый знаменитый воин тех времен.

— Хочу жениться на одной из этих красавиц, — сказал он.

— Женишься на одной — заставишь страдать двух других. Я ищу такое племя, где мужчине можно иметь сразу трех жен, — отвечал колдун и удалился.

На протяжении многих лет бродил он по всему континенту, но никак не мог найти такое племя.

— По крайней мере, хоть одна из нас могла бы найти свое счастье, — сказала младшая из сестер, когда все они состарились и измучились от бесконечных блужданий.

— Да, я ошибся, — сказал колдун. — Но теперь уже поздно.

И превратил своих сестер в три огромных каменных валуна — чтобы каждый, кто проходил там, понимал: счастье одного вовсе не означает страданий других.

Журналист Вагнер Карелли взял интервью у аргентинского писателя Хорхе Луиса Борхеса.

А по окончании беседы заговорили о том языке, что существует помимо слов, и о том, что человек обладает невероятной способностью понимать своего ближнего.

— Я приведу вам пример, — сказал Борхес.

И заговорил на непонятном языке. А потом спросил, что это было.

Прежде чем Карелли успел ответить, фотограф, который сопровождал его, сказал:

— «Отче наш».

— Совершенно верно! — воскликнул Борхес. — Я прочел эту молитву по-фински.

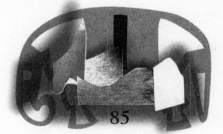

Дрессировщик придумал очень простой трюк, благодаря которому ему удается держать слона в повиновении. Он привязывает маленького слоненка за ногу к крепкому дереву.

Слоненок, как ни старается, высвободиться не может. И вырастает, постепенно привыкая к мысли, что дерево — сильней, чем он.

И достаточно привязать взрослого, обладающего неимоверной силой слона веревкой к колышку, чтобы могучее животное даже не пыталось высвободиться, ибо помнит: многократные попытки ни к чему не привели.

В точности, как у слонов, наши ноги тоже привязаны к чему-то весьма хрупкому. Но поскольку мы с детства приучены, что это — сильнее нас, то и не осмеливаемся что-либо предпринять. И даже не подозреваем, что хватило бы одного-единственного смелого шага, чтобы обрести свободу во всей ее безграничной полноте.

Совершенно зряшное и бессмысленное это дело — слушать рассуждения и объяснения о том, кто такой Бог.

Слова звучат красиво, но, по большей части, впустую. Ведь можно проштудировать целую энциклопедию о любви, но так и не понять, что такое любовь.

Говорит наставник:

— Никому еще покуда не удалось доказать или опровергнуть факт бытия Божьего. Есть на свете такое, что должно быть проверено, а не объяснено.

Это, например, любовь. Это — Бог, который тоже есть любовь.

Вера — это волшебное чувство, открывающееся детям в том смысле, о котором говорил Иисус, уча нас, что им, детям, принадлежит царствие небесное. И Бог никогда не проникает в них через голову, но, чтобы войти, неизменно использует сердце.

Аббат Пастор любил повторять: аббат Жоан молился столь рьяно и часто, что теперь может уже ни о чем не тревожиться — все его страсти побеждены.

И слова эти достигли наконец ушей одного из мудрецов, обитавших в монастыре Сцета.

После ужина он позвал к себе послушников.

— Вы, — сказал он им, — слышали, наверно, что аббату Жоану более нет надобности одолевать искушения. Но при отсутствии борьбы душа слабеет. Давайте же попросим Господа, чтобы послал Жоану могущественное искушение. А если он победит его, попросим посылать еще и еще. И когда он вновь начнет бороться с искушениями, помолимся о том, чтобы ему никогда не приходилось говорить: «Господи, избавь меня от этих бесов». Помолимся, чтобы всегда говорил так: «Господи, дай мне силы противостоять злу».

*Е*сть в сутках такой час, когда трудно различить, что вокруг тебя.

Это час сумерек. В этот час свет встречается с тьмой — и нет тогда ничего непреложного ясного или однозначного темного. Во многих спиритуальных обрядах этот час почитают священным.

Католический канон требует в шесть вечера читать «Аве-марию». В племени кечуа существует такой обычай: если ты повстречал друга под конец дня и пробыл с ним до сумерек, то обязан заново поздороваться с ним, пожелав доброго вечера.

В час сумерек подвергается испытанию равновесие планеты и человека. Бог, смешивая свет и тьму, желает удостовериться, что Земля продолжит вращение.

Если она не испугается тьмы, минет ночь — и заблещет новое солнце.

Немецкий философ Шопенгауэр (1788—1860) шел как-то раз по улице Дрездена, раздумывая над волновавшими его вопросами. Внезапно он увидел сад и решил провести несколько часов за созерцанием цветов.

Кто-то из прохожих заметил, как странно ведет себя этот человек, и позвал полицейского.

— Кто вы такой? — спросил блюститель порядка.

Шопенгауэр смерил его взглядом и сказал:

— Именно это я и пытался понять, глядя на цветы. Если бы вы смогли найти ответ на мой вопрос, я был бы вам очень благодарен.

В поисках мудрости некий человек взду-
мал отправиться в горы, ибо слышал,
что раз в два года там появляется Бог.

Первый год он питался тем, что предоставля-
ла ему земля. Но вот кончилась еда, и пришлось
возвращаться в город.

— Бог несправедлив! — возопил он. — Разве
Он не видел, сколько времени провел я здесь, на-
деясь услышать Его голос?! Теперь я хочу есть и
иду домой, так и не услышав его.

И тут появившийся невесть откуда ангел ска-
зал ему:

— Бог очень хотел поговорить с тобой. Целый
год Он давал тебе пропитание. И надеялся, что
ты позаботишься о запасах на следующий год.
И что же ты посадил и взрастил? Если человек не
способен получить плоды там, где живет, он не
готов беседовать с Богом.

М ы думаем: «В самом деле, кажется
ведь, что свобода человека заключает-
ся в том, чтобы выбрать себе рабство. Я работаю
по восемь часов в день, а буду, если получу повы-
шение, — по двенадцать. Я женился, и теперь у
меня не остается времени на себя самого. Я ис-
кал Бога и теперь должен соблюдать посты, хо-
дить к мессе, исполнять обряды и пр.

И все, что есть в этой жизни по-настоящему
важное — любовь, работа, вера — в конце кон-
цов становится неподъемным бременем».

Г оворит наставник:
— Только любовь поможет нам спастись.
Только любовь к тому, что мы делаем на свободе.

Если не можем любить, лучше остановиться
немедля. Иисус сказал: «Если же правый глаз твой
соблазняет тебя, вырви его и брось от себя, ибо
лучше для тебя, чтобы погиб один из членов тво-
их, а не все тело твое было ввержено в геенну».
Звучит жестко и сурово. Но ведь так оно и есть.

Некий отшельник постился целый год, позволяя себе поесть лишь раз в неделю.

И после таких усилий попросил, чтобы Господь разъяснил ему сокровенный смысл одного стиха в Священном Писании.

И ничего не услышал в ответ.

— Попусту время потратил, — сказал себе монах. — На какие жертвы пошел я во имя Бога, а он мне не отвечает! Пойду-ка лучше отсюда и пусть какой-нибудь законоучитель растолкует мне суть этого отрывка.

И тут появился ангел и сказал:

— Двенадцать месяцев поста привели всего лишь к тому, что ты уверовал, будто лучше прочих, а Господь не склоняет слуха к суетным гордецам. А когда ты смиренно согласился спросить помощи и совета у ближнего своего, Господь отправил к тебе меня.

И ангел объяснил монаху все, что тот хотел знать.

$В$ пятницу вечером ты приходишь домой, листаешь газеты, которые не успел просмотреть за неделю, включаешь телевизор, убрав звук, и ставишь диск с любимой музыкой.

Щелкая пультом, переходишь с канала на канал, пробегаешь глазами страницы газет и внимательно слушаешь музыку. В газетах нет ничего нового, все, что показывает телевизор, ты уже видел — и не по одному разу, да и музыку эту знаешь наизусть. Твоя жена занимается детьми, жертвуя лучшими годами своей жизни и не понимая толком, почему она это делает.

И только одно объяснение приходит ей в голову: «Жизнь такая». Но жизнь — совсем не такая. Жизнь исполнена воодушевления. Попытайся вспомнить, где ты растерял его, куда спрятал. Возьми жену и детей, иди вслед за ним, пока не поздно. Любовь никому еще не препятствовала следовать за своими мечтами.

Bрождественский сочельник странник с
женой подводят баланс истекающего
года.

За ужином в единственном ресторанчике пи-
ренейской деревни странник жалуется — что-то,
мол, вышло не так, как хотелось и как замышля-
лось.

Жена пристально рассматривает наряжен-
ную рождественскую елку, украшающую ма-
ленький зал. Странник, сочтя, что слова его неин-
тересны ей, начинает говорить о другом.

— Какие лампочки!

— Да, очень красиво, — отвечает жена. — Но
если приглядишься повнимательней, увидишь,
что среди десятков горящих лампочек есть одна
перегоревшая. Мне кажется, что вместо того что-
бы воспринимать минувший год, как десятки си-
яющих благодатей, ты сосредоточился на той
единственной лампочке, которая ничего не осве-
щает.

– Видишь на дороге вон того смиренного праведника? — спрашивает один демон другого. — Сейчас я подойду и овладею его душой.

— Он не услышит тебя, — отвечает второй демон. — Ибо обращает внимание только на то, что свято для него.

Но первый, полный самомнения, принял облик архангела Гавриила и явился перед праведником.

— Пришел помочь тебе, — сказал он.

— Ты, наверно, принял меня за кого-то другого, — отвечал праведник. — Ибо я не сделал в своей жизни ничего такого, чтобы заслужить явления архангела.

И пошел своей дорогой, сам того не зная, что избежал подстроенной ему ловушки.

99

Анжела Понтуал была в театре на Бродвее и в антракте вышла в фойе.

Там было много народу — люди курили, разговаривали, выпивали.

Никто не слушал игравшего на рояле пианиста. Анжела стала пить и слушать музыку. Пианист играл безо всякого воодушевления, словно отбывал скучную повинность и думал: «Поскорее бы дали звонок!»

Выпив третью порцию виски и немного охмелев, Анжела приблизилась к пианисту и гаркнула:

— Почему вы не играете только для себя!?

Пианист поглядел на нее в изумлении, но уже в следующий миг стал играть то, что хотелось слышать ему самому. И уже очень скоро в фойе наступила мертвая тишина.

А когда он кончил, все восторженно зааплодировали ему.

Святой Франциск Ассизский был еще очень молод, но уже весьма известен, когда решил все бросить и возвести свою постройку.

Святая Клара была в расцвете своей красоты, когда принесла обет целомудрия.

Святой Раймундо Лил водил дружбу с виднейшими интеллектуалами своего времени, когда оставил свет и удалился в пустыню.

Ибо духовный поиск — это, помимо всего прочего, еще и вызов. И тот, кому он нужен для бегства от своих проблем, недалеко уйдет.

И совершенно незачем удаляться от мира тому, кто не сумел обзавестись друзьями. Не имеет смысла давать обет бедности человеку, не способному заработать себе на пропитание. Что проку быть смиренным, если ты робок и малодушен?

Одно дело — чем-то обладать и от этого отказаться. И совсем другое — ничего не иметь, но осуждать имеющих. И нет ничего проще, чем жить в чистоте и целомудрии, если ты лишен мужской силы. Но какой в этом смысл? И в чем тогда ценность твоего отречения?

Говорит наставник:

— Восславь Божье творение. Став лицом к лицу с миром, сумей победить самого себя.

До чего же легко быть трудным! Достаточно отойти подальше от других, и уже никогда больше не будешь страдать.

Не познаешь больше риска неразделенной любви, не будет ни разочарований, ни несбывшихся мечтаний.

Как легко быть трудным! Можно не обременять себя необходимостью отвечать на телефонные звонки, не морочить себе голову мыслями о тех, кто нуждается в нашей помощи, о добрых делах и о милосердии.

Как легко быть трудным! Достаточно запереться в башне из слоновой кости, чтобы никогда в жизни не пролить больше ни слезинки. Достаточно до конца дней своих жить, играя некую роль.

Как легко быть трудным! Достаточно отрешиться и выбросить из своей жизни все самое лучшее, что есть в ней.

К врачу обратился пациент:
— Доктор, меня мучает и томит страх, он лишает меня радости бытия.

— Здесь, у меня в кабинете, живет мышка, которая грызет мои книги, — отвечал врач. — Если бы я впал от этого в отчаянье, она бы спряталась от меня, а я бы занимался исключительно тем, что ловил бы ее.

Но вместо этого я ставлю самые важные и ценные книги в надежное место и разрешаю мышке грызть все остальные.

И потому мышка остается мышкой и не превращается в монстра. Постарайтесь и вы найти что-то такое, чего будете бояться, и сосредоточьте весь свой страх на этом «что-то», и тогда ко всему остальному сможете относиться без боязни.

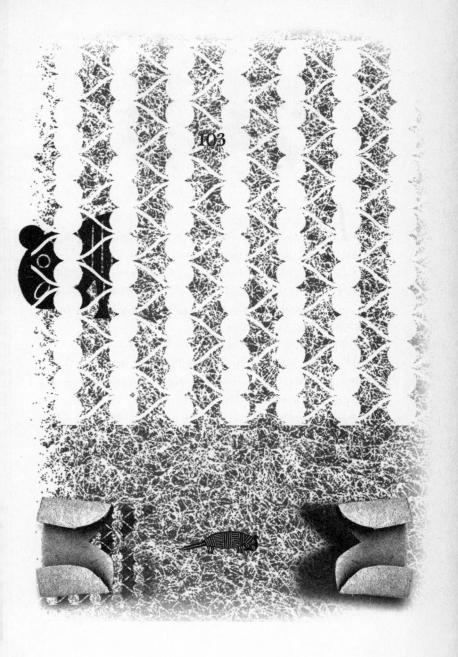

103

Говорит наставник:

— Часто бывает так, что любить легче, нежели быть любимым.

Нам трудно принимать помощь и поддержку от других. Наши попытки казаться независимыми не позволяют дать ближнему возможность выказать свою любовь.

Многие люди в старости лишают своих детей этой самой возможности — возможности дать ту же самую ласку и заботу, какие те получали от родителей, пока росли.

Многие мужья (и жены), настигнутые ударами судьбы, стыдятся зависеть от другого. И из-за этого волны любви не распространяются.

Надо принимать от ближнего душевное движение, продиктованное любовью.

Надо, чтобы кто-нибудь приходил к нам на помощь, оказывал поддержку, давал силы для того, чтобы двигаться дальше.

Если примем эту любовь смиренно и с чистыми помыслами, то поймем, что суть Любви — не в том, чтобы давать или получать, а в том, чтобы разделять и участвовать.

К Еве, гулявшей по Эдему, приблизился змей и сказал:

— Съешь это яблоко.

Ева, памятуя предупреждения и наставления Бога, отказалась.

— Съешь это яблоко, — настаивал змей, — ибо ты должна быть для своего мужа красивей всех.

— Не должна, — отвечала Ева, — потому что здесь нет женщин, кроме меня.

— Еще как есть! — рассмеялся змей.

Ева не поверила, и тогда змей подвел ее к берегу озерца.

— Она там, внизу. Адам прячет ее от тебя.

Ева наклонилась и увидела в спокойной воде озера красивую женщину. И в тот же миг, не раздумывая, съела яблоко, предлагаемое змеем.

Отрывки из безымянного сочинения «Письмо к сердцу»:

«Мое сердце, я никогда не стану осуждать тебя или порицать или стыдиться исторгнутых из тебя слов. Знаю, что ты любимое дитя Бога, и Он хранит тебя в средоточии блистающего света любви.

Я доверяю тебе, мое сердце. Я — всегда за тебя и на твоей стороне, я всегда буду поминать тебя в своих молитвах и просить, чтобы ты обрело помощь и поддержку, в которых нуждаешься.

Я верю в твою любовь, мое сердце. И верю, что ты разделишь эту любовь с тем, кто заслуживает ее или в ней нуждается.

Пусть мой путь станет твоим путем, чтобы мы вместе шли к Духу Святому.

И тебя прошу верить мне. Знай, что я люблю тебя и стараюсь дать тебе свободу, нужную для того, чтобы ты продолжало радостно биться у меня в груди. Сделаю все, чтобы ты всегда было рядом и чтобы тебя никогда не смущало и не беспокоило мое присутствие подле тебя».

Говорит наставник:

— Когда мы решаемся действовать, совершенно естественно появление нежданных конфликтов. Естественно и то, что они не обходятся без ран.

Но раны затянутся, оставив после себя шрамы, а они — суть благодать. Они останутся с нами по гроб жизни и очень помогут нам. И если в некую минуту от тяги ли к удобной и привольной жизни, или еще по какой-то причине возникнет вдруг неодолимое желание вернуться в прошлое, достаточно лишь взглянуть на них — и желание это пройдет.

Шрамы покажут нам следы от кандалов, напомнят об ужасах тюрьмы — и мы продолжим движение вперед.

В своем Послании к коринфянам апостол Павел говорит нам, что мягкость есть одна из главнейших характеристик любви. Не забудем этого — любовь и нежность.

Ибо душа черствая и суровая неподатлива к длани Божией, пытающейся придать ей форму в соответствии с Божьими намерениями.

Странник шел по неширокой дороге на севере Испании и увидел крестьянина, лежавшего в саду.

— Мнете цветы, — заметил ему прохожий.

— Вовсе нет, — отвечал тот. — Пытаюсь набраться от них нежности и мягкости.

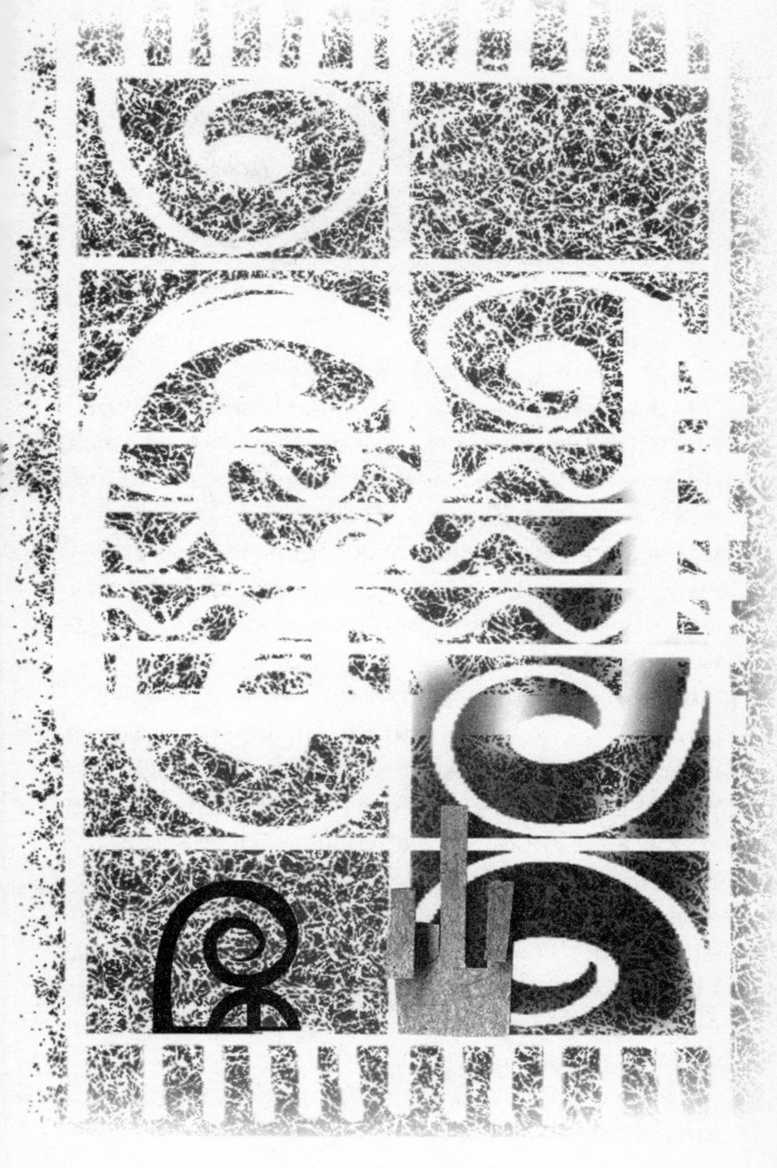

Говорит наставник:

— Молись ежедневно. Ничего не проси и не произноси никаких слов. Можешь даже сам не сознавать, о чем молишься, но пусть ежедневная молитва войдет в неукоснительную привычку. Если сначала будет трудно, предложи себе: «Буду молиться ежедневно со следующей недели». И каждые семь дней повторяй свое обещание.

И помни — ты не просто создаешь теснейшие узы с духовным миром, но еще и закаляешь волю. И благодаря определенным ритуалам и обрядам сумеешь укрепить ту дисциплину, без которой не обойтись в настоящей, то есть тяжкой житейской борьбе.

Но не пытайся сдвинуть свой «урок» и, не помолившись сегодня, помолиться завтра два раза. Не вздумай молиться семь раз на дню с тем, чтобы всю остальную неделю считать, будто исполнил свое задание.

Ибо есть на свете такое, что должно происходить в размеренном и четком ритме.

Некий скверный и злой человек, окончив свой земной путь, встретил у врат преисподней ангела. И тот сказал ему:

— Если ты сделал в жизни хоть одно-единственное доброе дело, оно избавит тебя от вечных мук.

— Нет, не числится за мной ни единого доброго дела, — отвечал грешник.

— Подумай хорошенько, — настаивал ангел.

И тогда человек припомнил, что однажды шел по лесу и, заметив на тропинке паука, обошел его, чтобы не раздавить.

Ангел улыбнулся, и в тот же миг с небес спустилась паутинка, и грешник, ухватившись за нее, стал подниматься в райские чертоги. Другие осужденные тоже попытались воспользоваться этим, однако злой человек принялся отталкивать их, боясь, как бы нить не оборвалась. А нить как раз и лопнула, и грешник снова полетел в преисподнюю.

— Как жаль, — услышал он слова ангела. — Твое себялюбие обратило во зло единственное за всю твою жизнь доброе дело.

Говорит наставник:

— Перекресток — это священное место. Там паломник должен принять решение. Именно потому боги имеют обыкновение есть и спать на перекрестках.

Там, где сходятся дороги, сосредотачиваются две могучие энергии — энергия избранного пути и энергия пути оставленного. Обе дороги сливаются воедино — но на кратчайший срок.

Паломник может отдохнуть, немного поспать и даже спросить совета у богов, живущих на скрещении дорог. Но никому не дано остаться там навсегда: если выбор сделан, надо идти вперед, не думая больше о пути, оставшемся позади.

Иначе перекресток станет проклятием.

Во имя Истины человечество совершало самые страшные преступления.

Людей сжигали на кострах.

Уничтожали целые цивилизации.

Тех, кто совершал плотские грехи, держали на расстоянии. Тех, кто искал свой, особый путь, оттесняли на обочину, превращали в изгоев.

Одного из них во имя все той же истины распяли на кресте.

Но перед смертью Он оставил великое определение Истины.

Это — не то, что дает нам уверенность.

И не то, что сообщает глубину.

И не то, что делает человека лучше других.

И не то, что держит нас в темнице предрассудков.

Истина делает нас свободными.

— Познайте Истину, и Истина освободит нас, — сказал Он.

114

Один из монахов обители в Сцете совершил тяжкий проступок. Позвали мудрейшего из отшельников, чтобы разобрать дело. Он долго отказывался, но наконец, после долгих уговоров согласился. Прежде чем начать, он взял ведро и в нескольких местах продырявил его. Потом наполнил песком и направился к монастырю.

Настоятель спросил, что это значит.

— Я пришел судить ближнего своего, — отвечал отшельник. — Мои грехи истекают из меня, как песок из этого дырявого ведра. Но поскольку я не оглядываюсь назад и не замечаю собственных грехов, то и пришел разбирать грехи другого.

И монахи отступились от виновного.

На стене маленькой церкви в Пиренеях есть надпись: «Господи, пусть эта свеча, которую я только что зажег, не гаснет и освещает мне путь в минуты трудного выбора.

Да будет ее огонь тем пламенем, которым Ты выжжешь во мне себялюбие, гордыню, нечистые помыслы. Да закалит оно мое сердце и научит меня любить.

Я не могу проводить много времени в Твоем храме, но вместе с этой свечой оставляю здесь навсегда частицу себя. Помоги мне продолжить эту молитву в тяготах и суете повседневья. Аминь.

Один из друзей странника решил провести несколько недель в Непале, в буддийском монастыре.

И как-то под вечер, в каком-то из многочисленных храмов обители увидел там монаха, с улыбкой восседавшего на алтаре.

— Чему вы улыбаетесь? — спросил он.

— Потому что постиг смысл бананов, — и монах, открыв сумку, извлек оттуда полусгнивший банан. — Вот жизнь, которая миновала и не была использована в нужный миг, а теперь уже слишком поздно.

Затем он достал из сумки зеленый банан. Показал — и снова спрятал.

— А это жизнь, которая еще не произошла. И надо дождаться благоприятной минуты.

Затем достал спелый банан, очистил от кожуры, дал половину моему другу, сказав так:

— А это — жизнь в настоящем. Сумей прожить ее без страха.

Бэби Консуэло повезла сына в кино, денег
у нее с собой было в обрез на билеты.

Мальчик, предвкушая удовольствие, поминут-
но спрашивал, скоро ли они наконец приедут.

Когда остановились перед светофором, увиде-
ли нищего, который сидел на обочине — иниче-
го не просил.

— Отдай ему все, что у тебя есть с собой, —
услышала Бэби некий голос.

Она отвечала, что пообещала сводить сына
в кино.

— Все деньги, — настойчиво повторил голос.

— Могу дать половину, мальчик пойдет один,
а я подожду у входа, — сказала она.

Однако голос не желал вступать в пререкания:

— Отдай ему все.

Бэби было некогда объяснять сыну, что про-
исходит: она опустила стекло и протянула нище-
му все деньги, какие были у нее в сумке.

— Бог существует, и вы доказали мне это, — ска-
зал нищий. — Сегодня у меня день рождения. Мне
было грустно, я стыдился, что все время прошу ми-
лостыню. И решил сегодня обойтись без подаяния,
подумав: если Бог есть, он пошлет мне подарок.

Некто проходил через деревню во время сильной грозы и увидел, что один дом объят пламенем.

Приблизившись, он увидел, что в горящей комнате сидит человек с уже опаленными ресницами.

— Эй, твой дом горит! — крикнул ему путник.

— Знаю, — отвечал тот.

— Отчего же ты не выходишь?

— На улице льет. А мама всегда говорила: выйдешь под дождь — можешь получить воспаление легких.

119

Чжао Цзи заметил как-то:

— Поистине мудр тот, кто способен изменить положение вещей, когда видит, что вынужден сделать это.

Некоторые магические обряды предписывают посвящать один или два дня в году (скажем, субботу или воскресенье) установлению незримой связи учеников с предметами, находящимися у них дома.

Они прикасаются к каждому и громко спрашивают:

— Мне в самом деле не обойтись без него?

Берут книгу с полки:

— Буду ли я когда-нибудь перечитывать ее?

Рассматривают памятные вещицы:

— Я и вправду считаю важным тот миг, о котором напомнит мне эта безделушка?

Открывают шкафы:

— Сколько времени прошло с тех пор, как я надевал эту вещь в последний раз? Неужели она мне нужна?

Говорит наставник:
— Вещи наделены собственной энергией.
Если не пользоваться ими, они в конце концов превращаются в стоячую воду, рассадник москитов, источник гнили.

Надо быть внимательным и давать энергии возможность свободно циркулировать.

Если будешь хранить старье, то тем самым лишишь новое возможности выразить и проявить себя.

Старинная перуанская легенда рассказывает о некоем городе, где все были счастливы. Жители его делали все, что им заблагорассудится, и прекрасно друг друга понимали. Все — кроме префекта, который пребывал в печали, оттого что ничем не мог управлять.

Тюрьма пустовала, в суд никто не обращался, нотариальная контора прогорала, ибо слово стоило много дороже бумажки с печатью.

И в один прекрасный день префект привез откуда-то работяг, главную площадь городка окружили забором, из-за которого теперь днем и ночью слышно было, как стучат молотки и визжат пилы.

Через неделю префект пригласил всех жителей на торжественное открытие. Убрали забор, и взорам собравшихся открылась... виселица.

Люди стали спрашивать друг друга, зачем она тут. И обращаться к силе закона по тем делам, которые раньше решали между собой полюбовно. И выстроились очереди в нотариальную контору, чтобы оформить документы, которые раньше заменялись обыкновенным честным словом. И, убоясь закона, вновь стали слушать префекта.

Легенда гласит, что виселица так никогда и не была использована по назначению. Но хватило одного ее присутствия, чтобы все переменить.

Немецкий психиатр Виктор Франк описал опыт своего пребывания в нацистском концлагере: «...подвергаемый унизительному наказанию узник сказал: „Ах, какое счастье, что нас не видят наши жены, мы умерли бы со стыда!" От этих слов мне вспомнилось лицо моей жены, и меня точно отбросило от этого ада. Вернулось желание жить, и я понял, что человек живет любовью, и только в любви — его спасение.

И вот, пребывая в этих муках, я все же оказался способен постичь Бога — и именно потому что сумел представить себе лицо той, кого любил.

Охранник велел всем остановиться, но я не послушался, ибо в этот миг не был уже в аду. Хоть даже и не знал, жива моя жена или нет — но это ничего не меняло.

И образ ее вернул мне достоинство и придал сил. Я понял: даже если у человека отнято все, у него всегда остается блаженное право вспомнить лицо любимой, и это может даровать ему спасение».

Говорит наставник:
— Отныне — и на срок в несколько столетий — человечество будет бойкотировать суеверных.

Энергия Земли нуждается в обновлении. Новые идеи требуют пространства. Плоть и дух — вызовов. Будущее стучится к нам в двери, и все идеи — за исключением тех, что зиждутся на предрассудках — получают шанс проявиться.

Все, что будет важно, останется; все ненужное — отринется. Но пусть каждый думает только о своих победах, ибо кто мы такие, чтобы судить о мечтах ближнего?

И чтобы твердо верить в правильность избранной дороги, вовсе необязательно доказывать, что кто-то иной пошел неверным путем. Тот, кто поступает так, не доверяет собственным шагам.

Жизнь подобна грандиозным велосипедным гонкам, цель которых исполнить Свою Стезю.

На старте мы — все вместе, и все охвачены воодушевлением и сплочены чувством товарищества. Но по мере того как продолжается гонка, первоначальная радость уступает место разнообразным и истинным вызовам — усталости, однообразию, неверию в собственные силы. Мы замечаем, что кое-кто отказывается принимать их и продолжает крутить педали — но не потому ли, что просто не могут остановиться посреди шоссе? Их — много, они держатся поблизости к машине сопровождения, переговариваются между собой и просто исполняют некую повинность.

Мы, остальные, в конце концов отрываемся от них и с этой минуты обречены сами справляться с одиночеством, с неожиданными и крутыми поворотами трассы, с поломками.

И мы рано или поздно спросим себя, имеют ли смысл подобные усилия.

Да, имеют. Главное — не сдаваться.

Наставник и ученик ехали по Аравийской пустыне. Наставник использовал каждую минуту, чтобы наставить ученика в вере.

— Надо все вверить Всевышнему. Он никогда не оставит своих детей.

Когда под вечер остановились на привал, наставник попросил ученика привязать коней к скале, возле которой они оказались. Тот отправился было исполнять поручение, но на полпути вспомнил слова учителя.

«Да он же испытывает крепость моей веры, — подумал он. — Оставлю коней на попечение Господа». И не стал их привязывать.

А утром обнаружилось, что кони исчезли.

В ярости ученик накинулся на своего наставника:

— Ты ничего не понимаешь в том, что такое Бог, — горько сетовал он. — Я поручил Ему сторожить наших коней. А теперь их нет!

— Бог хотел присмотреть за ними, — отвечал наставник. — Но чтобы привязать их, Ему в эту минуту были нужны твои руки.

— Быть может, Иисус послал кого-то из своих апостолов в ад, спасать души, — сказал Джон. — И даже если ты оказался в аду, не все еще потеряно.

Эта мысль удивила странника. Джон служит пожарником в Лос-Анджелесе и сегодня у него выходной.

— Почему ты так считаешь? — осведомляется странник.

— Потому что бывал в аду здесь, на этом свете. Входил в объятые огнем здания, видел мечущихся в отчаянии людей, которые пытались выйти, и много раз успевал спасти их, рискуя собственной жизнью. Мне — всего лишь малой частице этой огромной вселенной — приходилось действовать как герою во множестве огненных геенн. И если я, ничтожество, мог поступать так, представь, чего только не сумеет совершить Иисус!

Я совершенно уверен — кое-кто из его апостолов «внедрен» в преисподнюю и занят там спасением грешных душ.

Говорит наставник:
— Во многих первобытных цивилизациях существовал обычай хоронить покойников в позе зародыша. «Усопший рождается для новой жизни, а потому ему надо придать ту же позу, в которой он пребывал, придя в наш мир» — так рассуждают его соплеменники.

Для них чудо перевоплощения есть повседневная часть бытия, а потому смерть — это всего лишь очередной шаг по нескончаемо-долгой дороге мироздания.

Но постепенно мир утрачивал такое щадящее представление о смерти.

Не имеет значения, что мы думаем, что делаем, во что веруем: все мы рано или поздно умрем.

И лучше поступить по примеру индейцев племени яки, которые обращаются к смерти за советом. Постоянно спрашивают у нее: «Если я все равно умру, скажи, что мне надлежит делать сейчас?»

Ибо жизнь ни о чем не попросишь и советов от нее не получишь. А если нам нужна помощь, лучше всего посмотреть, как решают (или не решают) свои проблемы другие люди.

Ибо наш ангел-хранитель неизменно стоит рядом и часто говорит с нами устами нашего ближнего. Но этот ответ приходит лишь в те минуты, когда мы, не ослабляя внимания, не позволяем повседневным заботам и тревогам замутить сияющее чудо жизни.

Пусть наш ангел говорит так, как он привык, и тогда, когда он сочтет это нужным и своевременным.

Говорит наставник:
— Советы — это теория жизни, а на практике, как правило, все оказывается совсем иначе.

Некий священник ехал в автобусе по Рио-де-Жанейро, как вдруг услышал голос, приказывавший ему начать проповедь немедля и не сходя с места.

Падре принялся было возражать:

— Здесь совсем не место для того, чтобы нести слово Божие. Меня на смех поднимут.

Голос меж тем продолжал настаивать.

— Я робок и застенчив, пожалуйста, не требуй от меня этого.

Голос не прекращал своих требований.

Тогда священник вспомнил о своем обете — безропотно принимать все предначертания Христа. Поднялся, сгорая со стыда, и заговорил о Священном Писании. Пассажиры внимали ему молча. Он глядел на каждого из них, и мало кто отводил глаза. Сказав все, что хотел, завершил проповедь и сел на свое место.

Он и сегодня не знает, какую задачу выполнял в те минуты.

Но в том, что — выполнил, убежден абсолютно.

Шаман одного африканского племени увел своего ученика в лес.

Он, хоть и был сильно старше годами, шел легко и проворно, тогда как ученик поминутно спотыкался и падал. Проклинал свою судьбу, ругался, вставал, плевал на подведшую его землю и вновь шел следом за своим наставником.

И вот наконец после долгого пути пришли они к святилищу. И, не останавливаясь, колдун развернулся и двинулся в обратный путь.

— Ты ничему не научил меня сегодня, — пожаловался ученик после очередного падения.

— Я-то учил, да вот ты, похоже, ничего не усвоил, — отвечал колдун. — Я пытался показать тебе, как следует поступать с ошибками.

— И как же?

— Точно так же, как ты должен был бы поступить, упав. Вместо того чтобы проклинать то место, где ты упал, следовало найти то, на чем ты поскользнулся.

Настоятеля монастыря в Сцете посетил однажды отшельник.

— Мой духовный наставник не знает, куда меня направить, — сказал он. — Должен ли я бросить его?

Аббат ничего ему не ответил, и отшельник вернулся в пустыню.

А через неделю вновь пришел в монастырь:

— Мой духовный наставник не знает, куда меня направить, — сказал он. — Я решил расстаться с ним.

— Вот это — мудрые слова, — сказал ему на это настоятель. — Ибо когда человек сознает, что душа его не удовлетворена, он не просит советов. Он принимает решения, потребные для того, чтобы двигаться в этой жизни прежним путем.

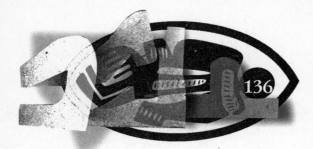

К страннику подошла некая молодая женщина.

— Вот что я хочу рассказать тебе, — молвила она. — Я всегда верила, что обладаю даром врачевания. Но мне не хватало решимости испытать его на ком-нибудь, пока однажды у моего мужа не начались сильные боли в левой ноге, а облегчить его страдания было некому. И вот тогда я, умирая от стыда, наложила руки на больное место и попросила, чтобы боль стихла.

Я действовала, не веря, что сумею помочь мужу, и вдруг услышала, как он молится: «Господи, сделай так, чтобы моя жена смогла стать посланницей Твоего света и Твоей силы». От моей руки стало распространяться тепло, и боли тотчас прекратились.

Потом я спросила, почему он обратился к Богу с такой молитвой. И он ответил: «Чтобы придать тебе уверенности».

И сейчас, благодаря этим словам, я могу исцелять недуги.

Однажды философ , который преуспел в жизни, пресмыкаясь перед сиракузским тираном Дионисием, увидел, как готовит себе чечевицу, и сказал:

«Если бы ты прославлял царя, тебе не пришлось бы питаться чечевицей!» На что Диоген возразил: «Если бы ты научился питаться чечевицей, тебе не пришлось бы прославлять царя!»

139

Говорит наставник:
— Да, всему на свете — своя цена, но цена эта — относительна. Когда следуем за нашими мечтами, можем показаться другим убогими, жалкими и несчастными. Но не все ли нам равно, что думают о нас другие? Важно лишь, чтобы сердца наши полнились радостью.

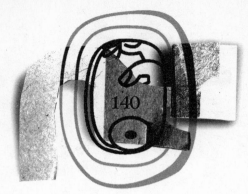

Некий человек, живший в Турции, прослышал, что в Персии живет великий мудрец. Недолго думая, он продал все свое имущество, распрощался с семьей и отправился на поиски мудрости.

После нескольких лет странствий добрался наконец до той лачуги, где обитал тот, кто был так ему нужен. Трепеща от страха и почтения, приблизился и постучал.

Хозяин отворил.

— Я из Турции, — молвил посетитель. — И проделал столь утомительный путь для того лишь, чтобы задать тебе один-единственный вопрос.

Старец воззрился на него в удивлении:

— Ну хорошо задавай свой вопрос.

— Поскольку я хочу выразиться как можно яснее, скажи, позволено ли мне будет говорить по-турецки?

— Позволено, — отвечал мудрец. — И на твой единственный вопрос я тебе уже ответил. Обо всем прочем из того, что тебя интересует, осведомись у своего сердца — оно скажет.

И закрыл дверь.

Говорит наставник:
— Слово могущественно. Слово способно преобразовать мир и изменить человека.

Каждому из нас приходилось в свое время слышать: «Об удачах в своей жизни лучше помалкивать, ибо чужая зависть способна уничтожить наше счастье».

Ничего подобного — победители житейского ристалища с гордостью говорят о чудесах, случавшихся в их жизни. Позитивная энергия, распространяемая тобой, притягивает к себе новую — и радует тех, кто по-настоящему желает тебе добра.

Что же касается завистников и побежденных, они способны причинить тебе вред лишь в том случае, если ты им это позволишь.

Так что ничего не бойся. Говори о хорошем в своей жизни со всяким, кто согласится слушать. Душе Мира очень нужна твоя радость.

Жил да был некогда в Испании король, который очень гордился знатностью своего рода и был при этом известен своей жестокостью по отношению к слабым.

Как-то раз он в сопровождении свиты прогуливался в окрестностях Арагона, где за несколько лет до этого пал в битве его отец.

И, повстречав праведника, ворошившего огромную кучу костей, король спросил:

— Что ты здесь делаешь?

— Когда я узнал, что ваше величество прибудет сюда, я решил выкопать кости вашего покойного отца и передать их вам. Но, как ни стараюсь, не могу отличить их от скелетов и черепов простых крестьян, бедняков, нищих, невольников.

Афроамериканскому поэту Ленгстону Хьюзу принадлежат такие строки: «Я знаю реки.

Я знаю реки — ровесницы сотворения мира: они древнее тока крови по жилам.

И душа моя так же глубока, как реки.

На заре цивилизации я плавал в Евфрате.

Моя хижина стояла на берегу Конго, и воды ее пели мне колыбельную.

Я видел Нил и возводил пирамиды.

Когда Линкольн путешествовал в Новый Орлеан, я слышал напев Миссисипи и видел, как золотятся они под закатным солнцем.

Душа моя стала так же глубока, как реки».

— Кто лучше всех владеет мечом? — спросил воин.

— Выйди в поле возле монастыря, — сказал ему наставник. — Там стоит валун. Оскорби его.

— Зачем это? — удивился воин. — Камень никогда не ответит мне тем же.

— Тогда атакуй его.

— Не стану. Меч мой сломается. А если нападу на него с голыми руками, издеру их в кровь, но ничего не достигну. Да и вообще при чем тут валун? — Я спрашивал тебя, кто лучше всех управляется с мечом?

— Тот, кто подобен каменному валуну, — отвечал на это наставник. — Тот, кто, даже не обнажив меча, может показать, что одолеть его не под силу никому.

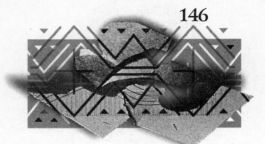

Странник, придя в наваррский городок Сан-Мартин-де-Ункс, отыскал женщину, у которой хранились ключи от красивой старинной церкви в романском стиле.

И она была так любезна, что поднялась по крутым узким улочкам и открыла храм.

Тьма и тишина, царившие там, взволновали странника. Он вступил в беседу со своей провожатой и посетовал, что хотя на дворе полдень, красивейшие фрески на стенах рассмотреть нельзя.

— Они видны только на рассвете, — отвечала та. — Легенда гласит, что строители этого собора хотели этим внушить нам одну истину: Господь, чтобы явиться нам во всей славе своей, всегда избирает для этого определенный час.

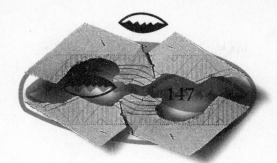

Говорит наставник:

— Существуют два бога. Один — это тот, которому учат нас наши педагоги. Другой — Бог, который сам учит нас. Бог, о котором привыкли толковать люди, и Бог, который говорит с нами. Бог, которого нас учат бояться, и Бог, который говорит с нами о милосердии.

Существуют два бога. Один пребывает где-то на запредельных высотах, другой участвует в нашей повседневной жизни.

Один взыскивает, другой прощает нам долги.

Один грозит вечными загробными муками, другой указывает нам наилучший путь.

Существуют два бога. Один раздавливает нас нашими винами, другой освобождает Своей любовью.

Микеланджело спросили однажды, как удается ему ваять столь прекрасные статуи.

— Это очень просто, — отвечал он. — Глядя на глыбу мрамора, я вижу спрятанную там скульптуру. Мне остается лишь высвободить ее, убрав все лишнее.

Говорит наставник:
— Существует произведение искусства,
которое нам предназначено создать.

Оно есть средоточие нашей жизни, и мы,
хоть и пытаемся уверить себя в обратном, одна-
ко сознаем, какое значение имеет оно для того,
чтобы мы были счастливы. Как правило, оно, тво-
рение это, пребывает под спудом, под гнетом
годами выношенных страха, вины, нерешитель-
ности.

Но если отбросить все это, если уверовать
в свое дарование и способность, то мы сумеем
осуществить сужденное нам. Ибо это — единст-
венный способ жить достойно и с честью.

Некий старец, чувствуя приближение смертного часа, подозвал к себе юношу и поведал ему историю о героизме: во время войны он помог одному человеку бежать из плена, дал ему пристанище и пищу.

Когда оба были уже почти в безопасности, человек этот решил предать его и выдать врагам.

— Как же ты спасся? — спросил юноша.

— Мне не надо было спасаться, потому что я и есть этот предатель, — отвечал старик. — Но когда рассказываешь эту историю от первого лица, начинаешь сознавать, что́ сделал для меня тот человек.

Говорит наставник:

— Каждый из нас нуждается в любви.
Любовь — это неотъемлемая часть человеческой
природы, такая же естественная потребность,
как еда, вода, сон.

И часто бывает, что любуясь в полнейшем
одиночестве прекрасным закатом, мы думаем:

«Все это не имеет значения, если мне не
с кем разделить свое восхищение».

В такую минуту уместно спросить себя:
сколько раз у нас просили любви, а мы просто
отворачивались? Сколько раз сами не смели при-
близиться к кому-то и сказать прямо и открыто,
что влюблены в него?

Берегитесь одиночества. Оно отравляет почи-
ще самых опасных наркотиков. Если кажется,
что закат солнца больше не имеет для вас значе-
ния, смиритесь — и отправляйтесь на поиски
любви. И помните, что свойство всех сокровищ
духа — чем больше мы готовы отдать, тем боль-
ше получим в ответ.

Некий испанский миссионер повстречал на острове трех ацтекских жрецов.

— Как вы молитесь? — спросил он.

— Молитва у нас всего одна. Мы говорим так: «Господи, ты един в трех лицах, и нас трое, помилуй нас!»

— Хорошая молитва, — сказал падре. — Но это не вполне то, к чему прислушивается Бог. Я вас научу другой, получше.

И научил троих ацтеков католической молитве, а потом отправился своей дорогой — обращать язычников. Прошли годы, и случилось ему однажды проплывать на испанском корабле мимо этого самого острова. Он заметил с борта троих ацтекских жрецов и помахал им на прощанье.

И тут все трое зашагали к кораблю по воде.

— Падре! Падре! — закричал один из них. — Мы позабыли слова той молитвы, к которой прислушивается Бог. Напомни, пожалуйста.

— Да нет, наверно, не стоит, — отвечал миссионер при виде такого чуда.

И попросил у Бога прощенья за то, что раньше не понял — Бог говорит на всех языках.

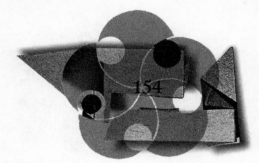

154

Сан-Хуан де ла Крус учит, что, отправляясь в духовное странствие, мы не должны искать видения или прислушиваться к словам тех, кто уже некогда прошел этим путем.

Единственной нашей опорой должна быть вера, ибо вера есть нечто такое, что ни с чем не спутаешь — светлое, прозрачное, рождающееся внутри нас.

155

Некий писатель разговаривал со священником и спросил его, случалось ли тому ощущать присутствие Бога.

— Не знаю, —ответил падре. — До сих пор я ощущал только присутствие моей веры в Бога.

И это — самое главное.

Говорит наставник:

— Прощение — это дорога с двусторонним движением.

Прощая кого-нибудь, мы прощаем в этот миг и самих себя. Если будем терпимы к чужим грехам и ошибкам, то легче будет принимать собственные промахи и просчеты.

И тогда, отрешившись от чувства вины и горечи, мы сможем улучшить наше отношение к жизни.

Когда же — по слабости — мы допускаем, чтобы ненависть, зависть, нетерпимость бурлили вокруг нас, то и сами поневоле в конце концов поддаемся им.

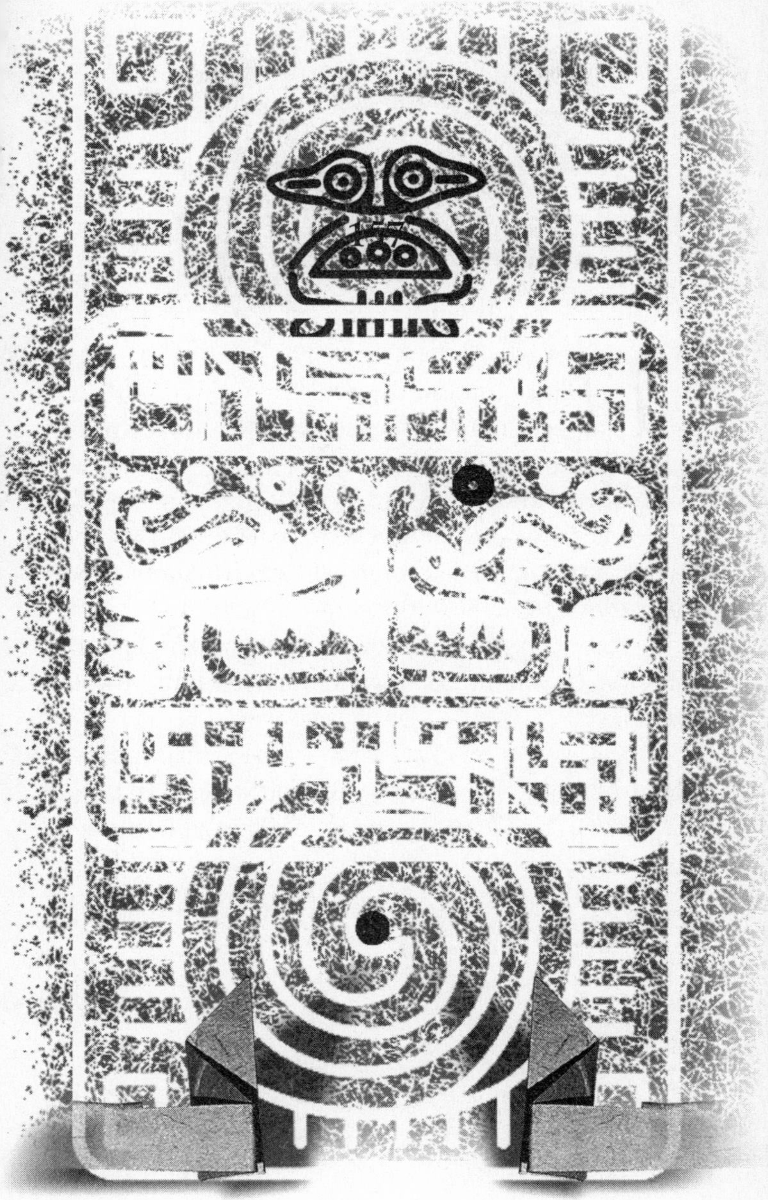

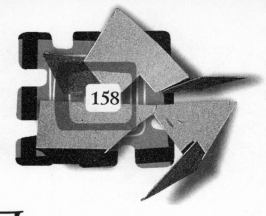

Петр спросил Христа:
— Учитель, ближнего моего следует прощать до семи раз?

И Христос ответил:
— Не до семи, но до семидесяти раз.

Акт прощения очищает наше астральное поле и являет нам истинный свет Божества.

Говорит наставник:
— В древности наставники создавали «персонажей», чтобы помочь своим ученикам справляться с темными сторонами своей личности. Многие истории, имеющие отношение к сотворению этих персонажей, превратились в знаменитые волшебные сказки.

Процесс прост: достаточно поместить свои тревоги, страхи, разочарования в некое невидимое существо, находящееся слева от тебя. Оно будет действовать, предлагая те самые решения, которые ты в конечном итоге, может быть, и принял бы — пусть и наперекор своей совести, вопреки своим убеждениям. А вот если эти решения прозвучат из уст такого вот <негодяя>, тебе станет много проще отказаться от его нашептываний и отвергнуть его лукавые советы. В самом деле, проще некуда. И потому действует безотказно.

Наставник попросил смастерить стол. И когда работа была уже почти окончена — оставалось лишь вбить гвозди — подошел к ученику. Тот точными ударами молотка вогнал три гвоздя.

Четвертый, однако, потребовал больших усилий и не трех, а еще одного удара. Но гвоздь ушел чересчур глубоко, и дерево раскололось.

— Твоя рука привыкла наносить по три удара, — сказал наставник. — Когда какое-нибудь действие управляется привычкой, оно теряет смысл и может в конце концов причинить ущерб.

Действие есть действие, и есть лишь один секрет: не допускать, чтобы твоими движениями руководила привычка.

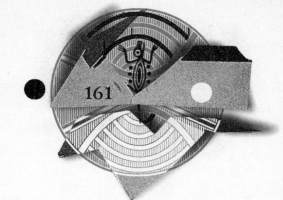

В Испании, неподалеку от города Сория, в древнем скиту, врезанном в скалу, живет — уже несколько лет — человек, оставивший все ради того, чтобы всецело посвятить себя созерцанию.

Этой осенью, как-то под вечер, странник навестил его и был принят с необыкновенным радушием. Разделив с ним ломоть хлеба, пустынник попросил сходить к ближайшей речушке, чтобы собрать там на берегу съедобных грибов.

По дороге им встретился юноша.

— Святой отец, — сказал он, — я слышал, что если хочешь достичь просветления, не следует употреблять в пищу мясо. Так ли это?

— Принимай с радостью все, что предлагает тебе жизнь, — отвечал отшельник. — Не греши против духа, но и не совершай кощунства, отвергая щедрые дары земли.

Говорит наставник:

— Если тебе кажется, что путь слишком труден, постарайся прислушаться к своему сердцу. Постарайся быть предельно честен с самим собой и определить для себя, по той ли дороге идешь ты, расплачиваясь за каждый шаг своими мечтами.

Если и после этого жизнь будет по-прежнему томить и огорчать тебя — можешь пожаловаться. Но делай это, сохраняя почтение, как жалуется сын на отца, прося всего лишь чуть больше внимания и помощи. Господь — и отец твой, и мать, а родители неизменно ожидают самого лучшего от своего сына. Быть может, чересчур затянулось твое ученье, и тогда ты вправе попросить о том, чтобы тебе дали передохнуть и, может быть, приласкали.

Но никогда не преувеличивай. Иов пожаловался, найдя для этого должное время, и все отнятое у него было ему возвращено. Аль-Афид же взял себе за правило жаловаться беспрестанно, и Всевышний перестал слушать его.

В Валенсии существует забавный обычай, возникший в незапамятные времена в гильдии плотников.

В течение целого года художники и мастера строят огромные деревянные статуи. Когда приходит праздничная неделя, они привозят их на главную площадь городка. Люди приходят к ним, рассматривают, обсуждают, дивятся такой выдумке и воображению. А в день Святого Иоанна все статуи — за исключением одной — сжигают на исполинском костре, окруженном тысячной толпой зевак.

— Столько трудов — и все уходит дымом. Как же так? — спросила одна англичанка, наблюдая, как взвиваются к самому небу языки пламени.

— Ты тоже когда-нибудь умрешь, — отвечала ей женщина из местных. — И представь себе, что в этот миг кто-то из ангелов спросит Создателя: «Столько трудов — и все впустую. Как же так?»

Один очень благочестивый и набожный человек внезапно лишился всего своего состояния. И зная, что Господь может в любых обстоятельствах прийти к нему на помощь, принялся молиться:

— Сделай так, чтобы я выиграл в лотерею.

Такие молитвы воссылал он год за годом, но оставался бедняком.

Но вот он умер и, как человек праведной жизни, попал прямо к райским вратам.

Но входить отказался. А заявил, что прожил всю свою жизнь, не нарушая заповедей и в полном соответствии с тем, чему его учили, а вот Бог все равно так и не послал ему выигрыш в лотерею.

— И все, что Ты мне обещал, ничего не стоит! — в ярости кричал он.

— Я был готов помочь тебе, — отвечал Господь. — Но ты бы хоть раз купил лотерейный билет!

*С*тарый китайский мудрец шел по заснеженному полю и увидел плачущую женщину.

— Почему ты плачешь? — спросил он ее.

— Потому что вспомнила прошлое, молодость, былую красоту, ныне поблекшую, мужчин, которых любила. Бог поступил жестоко, даровав людям память. Он, видно, знал, что я буду вспоминать весну моей жизни и плакать.

Мудрец, уставившись неподвижным взглядом в одну точку, созерцал снежную равнину.

А женщина вдруг перестала плакать и спросила:

— Что ты видишь там?

— Вижу цветущие розы, — отвечал мудрец. — Бог был великодушен, даровав мне память. Он, видно, знал, что зимой я всегда смогу вспомнить весну и улыбнуться.

Говорит наставник:

— Своя Стезя — это не так просто, как кажется. Напротив, она чревата определенными опасностями. Когда мы хотим чего-нибудь, то приводим в действие могущественную энергию, и нам уже не удается скрыть от самих себя истинный смысл нашей жизни.

Путь следом за своей мечтой имеет свою цену. Может быть, придется расстаться с какими-то из укоренившихся привязанностей и привычек, могут возникнуть трудности, могут ждать горчайшие разочарования.

Но как бы высока ни была эта цена, она всегда будет ниже той, которую приходится платить тем, кто не следует Своей Стезей. Ибо они когда-нибудь оглянутся назад, увидят все, что сделали, и услышат голос собственного сердца: «Я прожил жизнь зря».

И поверьте, едва ли есть на свете слова страшнее, чем эти.

Кастанеда в одной из своих книг рассказывает, что как-то раз его наставник велел ему надеть ремень от брюк пряжкой в другую сторону — не так, как он застегивал ее обычно.

Кастанеда повиновался, будучи убежден, что учится владеть каким-то могущественным орудием власти и силы.

Спустя несколько месяцев он сообщил, что благодаря этому магическому приему усваивает все необходимое куда скорее, чем раньше.

— Застегивая пряжку ремня не левой рукой, а правой, я трансформирую негативную энергию в позитивную.

Наставник же в ответ на эти слова расхохотался:

— Пряжки и ремни не видоизменяют энергию. Я попросил тебя сделать это для того лишь, чтобы ты всякий раз, как надеваешь штаны, вспоминал, что проходишь обучение. И именно сознание этого, а вовсе не ремень, помогло тебе вырасти.

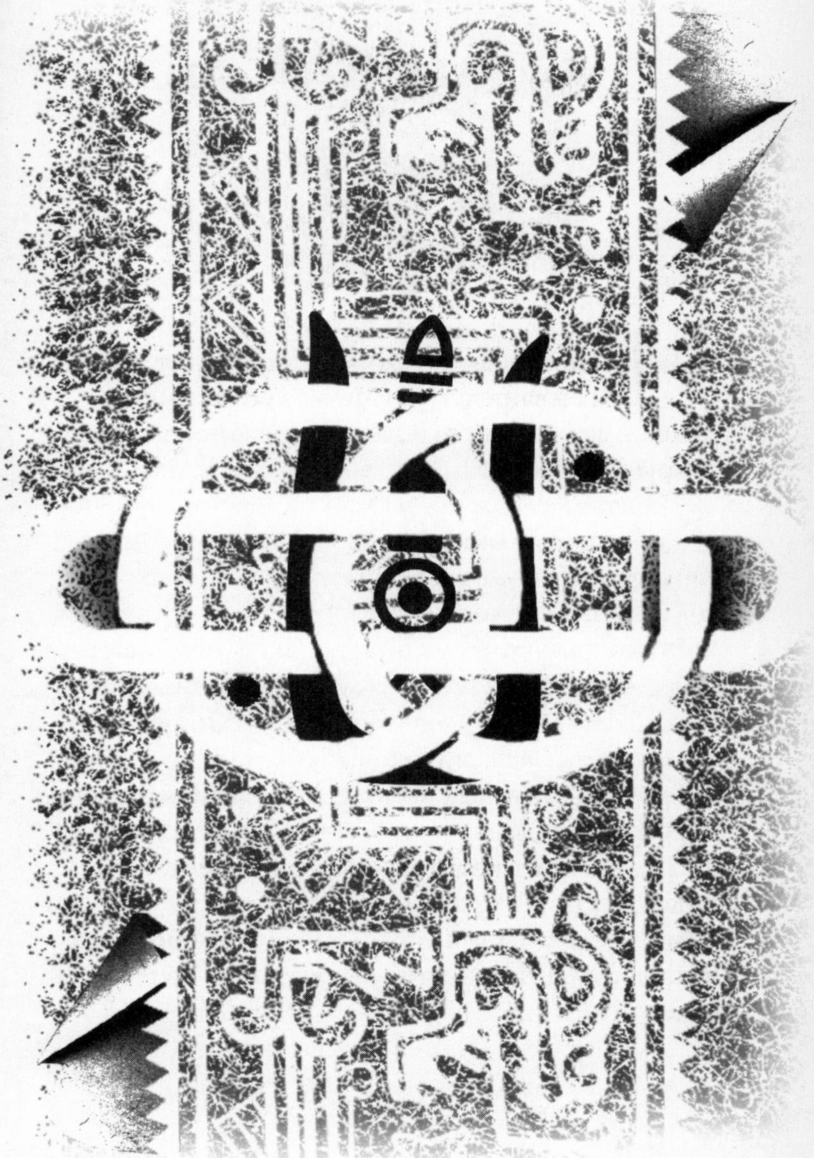

У одного наставника были сотни учеников. И в определенный час все они молились — все, кроме одного, который неизменно оказывался пьян.

И перед смертью наставник именно ему поведал заветные оккультные тайны.

Остальные же возмутились:

— Стыд и срам! — говорили они. — Какие жертвы принесли мы никуда не годному наставнику, который не сумел заметить наши дарования!

Ответил наставник так:

— Я должен был вверить эти тайны человеку, хорошо мне знакомому. Те, кто прилежен и усерден, обычно скрывают какой-нибудь порок — гордыню, тщеславие, нетерпимость. И потому я вам всем предпочел единственного человека, наделенного явной слабостью — тягой к спиртному.

Священник Маркос Гарсия утверждает: «Господь иногда лишает человека благодати, дабы тот смог понять Его, не обращаясь с просьбами и не получая милостей.

Господь всегда знает, до каких пределов можно испытывать человеческую душу — и никогда не преступит их.

И, лишившись благодати, не говори: «Господь оставил меня». Это невозможно. Это мы иногда способны оставить Его. Если Господь подвергнет нас испытанию, то неизменно одарит и благодатью, достаточной — я бы даже сказал: более чем достаточной — чтобы испытание это выдержать.

Когда мы порою не чувствуем рядом Его присутствия, не видим Его лика, должно спросить себя: «Сумели мы воспользоваться тем, что Он поставил на нашем пути?»

Порою мы целыми днями или даже неделями не получаем от ближнего никакого знака приязни или ласкового слова.

Когда иссякает человеческое тепло, наступает трудный период и жизнь сводится к изнурительным усилиям выживания.

Г оворит наставник:
— Мы должны изучать наш собственный очаг. Должны подложить побольше дров и попытаться осветить темную комнату — и тогда жизнь преобразится неузнаваемо. Когда мы слышим, как потрескивают поленья в огне, рассказывая о чем-то, к нам возвращается надежда.

Если мы способны любить, то значит, будем способны и быть любимыми. Это всего лишь вопрос времени.

За ужином один из гостей разбил бокал.

— К счастью, — наперебой заговорили сидевшие за столом. Все знали эту примету.

— А почему, кстати, это считается хорошей приметой? — спросил раввин.

— Не знаю, — сказала жена странника. — Быть может, это старинный способ сделать так, чтобы неловкий гость не смущался.

— Нет, это не объяснение, — заметил раввин. — По иудейской легенде, каждому человеку отпущена некая доля счастья, которую он расходует на протяжении всей своей жизни. Он может растратить ее впустую, а может приумножить — при условии, что будет использовать лишь на то, что ему нужно на самом деле.

Мы, иудеи, тоже говорим «К счастью», когда что-нибудь бьется. Но у нас это значит: как хорошо, что ты не растратил свою удачу, не обратил ее на то, чтобы этот стакан не разбился. Теперь ты можешь использовать ее для чего-то более важного.

Настоятель монастыря отец Авраам узнал, что неподалеку от обители живет отшельник, пользующийся славой всесветного мудреца.

Он отыскал его и вопросил:

— Если бы сегодня ты увидел у себя в постели красавицу, сумел бы ты подумать, что она — не женщина?

— Нет, — отвечал мудрец, — но сумел бы смирить себя и не дотронуться до нее.

— А если бы увидел в пустыне груду золотых монет, — продолжал допытываться аббат, — сумел бы взглянуть на них, как на обыкновенные камни?

— Нет, но сумел бы обуздать себя и не прикоснуться к ним.

— А если бы тебя разыскивали двое братьев, из которых один ненавидел бы тебя, а другой — любил, сумел бы ты заключить, что оба они одинаковы? — настаивал аббат.

— Мне это было бы мучительно трудно, — отвечал отшельник, — но с одним я вел бы себя точно так же, как и с другим.

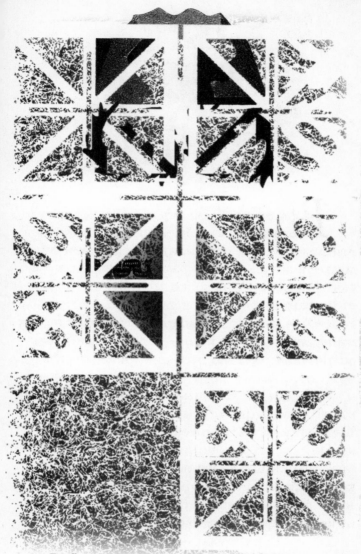

— Я объясню вам, кто такой мудрец, — сказал
отец Авраам, вернувшись к себе в монастырь. —
Это — человек, который не избегает страстей,
но умеет обуздывать их.

Всю жизнь У. Фрезер писал о покорении Дикого Запада. Гордясь тем, что в его «послужном списке» числится и сценарий фильма, где главную роль сыграл Гари Купер, он рассказывает, что очень редко сердится или досадует на что-то.

— Я очень многому научился у американских пионеров, — говорит он. — Они сражались с индейцами, пересекали пустыни, добывали себе воду и пропитание.

И все документальные свидетельства показывают любопытную подробность: пионеры писали или говорили только о хорошем. Вместо того чтобы жаловаться, они сочиняли песни или подшучивали над собственными неурядицами и трудностями. И благодаря этому прогоняли уныние и подавленность. И сегодня, когда мне 88 лет, я стараюсь следовать их примеру.

177

Один из священных символов христиан-
ства — изображение пеликана.

И совершенно понятно почему: при отсутст-
вии еды эта птица клювом вспарывает себе грудь
и кормит птенцов собственным мясом.

Говорит наставник:
— Очень часто бывает так, что мы оказы-
ваемся не в состоянии понять ниспосланную
нам благодать. Очень часто мы не понимаем, что
делает Он ради того, чтобы утолить наш духов-
ный голод.

Есть рассказ про пеликана, который суровой
зимой, совершив свое самопожертвование, про-
жил еще несколько дней, собственным мясом
кормя птенцов.

Когда же наконец он умер, один из птенцов
сказал другому:
— Может, оно и к лучшему... Сколько же
можно есть одно и то же каждый день?!

*Е*сли ты чем-то недоволен — а под «чемто» я понимаю нечто хорошее, то, что ты хочешь, да все никак не можешь осуществить — остановись.

Если дела не идут, возможны два объяснения этому. Либо подвергается испытанию твое упорство. Либо тебе следует сменить направление.

Чтобы определить, какой из этих двух противоположных вариантов — твой, используй безмолвие и молитву. И мало-помалу все таинственно начнет обретать ясность — до тех пор, пока ты не сумеешь выбрать.

Но, выбрав один вариант, немедля позабудь другой. И двигайся вперед, потому что Бог помогает храбрым.

Домингос Сабино сказал как-то:
— В конце концов все будет хорошо.
А если пока не хорошо — значит, ты просто еще не дошел до конца.

Композитор Нелсон Мотта, оказавшись в Баии, решил посетить Мать Менинью-до-Гантоис[1].

Он взял такси, но когда они на большой скорости ехали по автостраде, у машины отказали тормоза. По счастью, ни водитель, ни пассажир не пострадали, отделавшись легким испугом.

Разумеется, встретившись с Матерью Меминьей, композитор прежде всего рассказал ей о происшествии.

— Есть на свете такое, что уже предопределено и на роду написано, однако Бог может сделать так, чтобы мы прошли через это безо всякого ущерба для себя. На этом отрезке жизненного пути тебе суждено было попасть в аварию. Но как видишь, случилось все — и ничего не случилось.

---

[1] Речь идет о т.н. «матери святого» — жрице, руководящей радением афро-бразильского культа (кандомблэ).

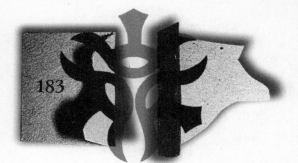

— В вашем рассказе о Пути Сантьяго кое-чего не хватает, — сказала паломница страннику после его лекции. — Я замечала, что большинство паломников, идут ли они по Пути Сантьяго, или по житейским дорогам, всегда стараются двигаться в общем ритме.

И в начале своего паломничества я старалась держаться поближе к спутникам. Я выбивалась из сил, требовала от моего тела больше, чем оно могло дать, пребывала в постоянном напряжении, а под конец сильно стерла себе левую ногу.

И после этого, оказавшись в вынужденной неподвижности, поняла, что смогу пройти Путь Сантьяго до конца лишь в том случае, если буду повиноваться своему собственному ритму.

Я шла медленней, чем остальные, и шла в одиночестве — но сумела совершить паломничество лишь потому, что соблюдала свой ритм.

И с тех пор я применяю это правило ко всему, что мне приходится совершать в жизни.

Крез, повелитель малоазийского царства Лидии, собрался войною на персов. Но хоть и был твердо намерен начать боевые действия, решил все же сначала посоветоваться с Дельфийским оракулом.

— Тебе предназначено уничтожить великую империю, — сказал тот.

Крез, довольный таким ответом, объявил персам войну. Уже через двое суток Лидия была занята ими, столица разграблена, а сам Крез оказался в плену. Негодуя, он велел своему послу в Греции вернуться к оракулу и сказать, что тот обманул лидийцев.

— Нет, вы не обмануты, — сказал оракул. — Вы и в самом деле добились гибели великой империи, имя которой — Лидия.

185

Говорит наставник:

— Знаки и приметы говорят на своем, внятном нам языке и показывают нам, как действовать наилучшим образом. Мы же тем не менее зачастую пытаемся исказить собственный взгляд на них так, чтобы они согласовывались с тем, что мы намерены сделать во что бы то ни стало.

Бускалья рассказывает историю четвертого мага, который тоже видел сияние рождественской звезды над Вифлеемом, а потом приходил во все те грады и веси, где бывал Иисус, но неизменно опаздывал, ибо его задерживали бесчисленные встречи на дорогах с нищими, обездоленными, отверженными, просившими у него помощи.

Тридцать лет он следовал за Иисусом по Египту, Галилее и Вифании, а потом пришел в Иерусалим — но опять слишком поздно: в этот день мальчика, давно ставшего взрослым, распяли на кресте. Почти весь купленный для Иисуса жемчуг маг должен был продать, чтобы оказать содействие сирым и убогим, встречавшимся на пути. Осталась всего одна бусина — но Спасителя уже не было на свете. «Я провалил главное дело своей жизни», — подумал маг. И тотчас услышал голос:

— Вопреки тому, что ты думаешь, знай, что в течение всей своей жизни встречал меня. Я был в тех нагих, которых ты одевал. В тех голодных, которых ты кормил. В тех томящихся в тюрьме, которых ты навещал. Я был во всех тех нищих, что попадались тебе на пути. И я благодарен тебе за твои дары — свидетельства любви.

Водном научно-фантастическом рассказе речь идет о некоем обществе, где люди уже с рождения готовы к определенной профессии и уже на свет появляются техниками, инженерами, механиками. А тех немногих, кто лишен каких бы то ни было навыков, отправляют в сумасшедший дом, считая, вероятно, что только безумцы неспособны приносить обществу практическую пользу.

И вот один из этих безумцев взбунтовался. В клинике, где его содержат, есть библиотека, и он пытается как можно больше узнать из книг о науке и искусстве. Сочтя, что осведомлен в достаточной степени, он решает бежать. Его ловят и приводят в находящийся за городом Учебный Центр.

— Добро пожаловать, — говорит ему один из сотрудников. — Нас больше всего восхищают именно те люди, которые напряженно отыскивают свой собственный путь. С этой минуты вы можете делать все, что вам заблагорассудится, ибо только благодаря таким, как вы, мир движется вперед.

Собираясь надолго уехать, бизнесмен прощался с женой.

— Ты никогда не преподносил мне подарка, который был бы достоин меня, — сказала она.

— Ах ты, неблагодарная! — отвечал он. — Все, что у тебя есть, я зарабатывал годами упорного труда. Что еще я могу подарить тебе?

— Что-нибудь такое же красивое, как я.

Два года она дожидалась подарка. И вот наконец бизнесмен вернулся.

— Я раздобыл для тебя нечто равное тебе по красоте. Я плакал от твоей неблагодарности, но все же решил исполнить твое желание. Все это время я думал, что же может сравниться с твоей красотой, и наконец нашел.

И с этими словами протянул ей зеркало.

190

Немецкий философ Фридрих Ницше сказал как-то раз:

— Не стоит всю жизнь отстаивать свою неизменную правоту; условием человеческого существования является возможность время от времени ошибаться.

Говорит наставник:

— Есть люди, которые стараются изо всех сил быть непогрешимо-точными в мелочах и деталях. Мы часто не позволяем себе ошибаться.

Чего мы добьемся этим? — Того лишь, что страх ошибки парализует нас, не давая двигаться дальше.

Он, этот страх, запирает нас в темнице посредственности. Если нам удастся победить его, мы сделаем очень важный шаг навстречу нашей свободе.

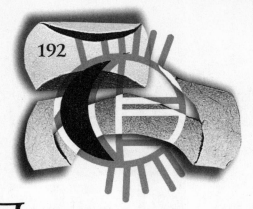

Послушник спросил аббата Нистероса, настоятеля монастыря в Сцете:

— Что я должен сделать, чтобы порадовать Бога?

— Авраам принимал странников, и Бог был доволен. Илия не любил чужеземцев, и Бог был доволен. Давид гордился тем, что делал, и Бог был доволен. Священник перед алтарем стесняется того, что делает, и Бог доволен. Иоанн Креститель отправился в пустыню, и Бог был доволен. Иона же пошел в большой город Ниневию, и Бог был доволен.

Спроси свое сердце, что бы ему хотелось.

Когда сердце в ладу с твоими мечтами, оно сумеет обрадовать Бога.

Один буддийский наставник путешествовал со своими учениками и услышал однажды, как они спорят, кто из них лучше.

— Я занимаюсь медитацией уже пятнадцать лет, — сказал один.

— Я творю добрые дела с тех пор, как покинул отчий дом, — сказал другой.

— Я неизменно следую наставлениям Будды, — сказал третий.

В полдень они остановились под яблоней передохнуть. Ветви ее, отягощенные спелыми яблоками, склонялись почти до самой земли.

Тогда заговорил наставник:

— Когда дерево щедро плодоносит, ветви его склоняются низко-низко. Истинному мудрецу присуще смирение.

Когда же дерево бесплодно, ветви его вздымаются высокомерно и спесиво. И глупец всегда почитает себя лучше ближнего своего.

Во время Тайной Вечери Иисус одной и той же фразой и с одинаковой суровостью осудил двоих своих апостолов. Оба совершили преступления, о которых Он знал заранее.

Иуда опомнился, раскаялся и покончил с собой. Петр тоже пришел в себя, но после того как трижды отрекся от всего, во что верил.

Однако в решающий миг он понял истинный смысл слов Иисуса. Он попросил прощения и смиренно пошел впереди.

Хотя тоже мог бы выбрать самоубийство. Вместо этого он смело взглянул в лицо своим сподвижникам и сказал им, должно быть, что-то вроде:

«Окей, пусть о моей ошибке говорят до тех пор, пока существует род человеческий. Но дайте мне возможность исправить ее».

Петр понял, что Любовь прощает. Иуда же не понял ничего.

Один знаменитый писатель шел как-то с другом и вдруг увидел, как мальчишка перебегает улицу, не замечая мчащийся на него грузовик.

Писатель в последнюю долю секунды успел вытащить мальчишку буквально из-под колес.

Но прежде чем кто-либо успел поздравить его и восхититься его героическим поступком, он дал мальчишке крепкую затрещину со словами:

— Не прельщайся мнимостями, сын мой. Я спас тебя исключительно для того, чтобы ты не смог избежать тех проблем, которые будут ждать тебя, когда ты станешь взрослым.

Говорит наставник:
— Порою мы стыдимся делать добрые дела. Присущее нам чувство вины всегда пытается внушить нам, что, поступая великодушно, мы тщимся произвести благоприятное впечатление на других, «угодить» Богу и пр. Кажется очень трудным допустить, что человек по природе своей — исключительно добр. И добрые дела мы стараемся спрятать за иронию и небрежность — как если бы милосердие было синонимом слабости.

Иисус оглядывал стол, ища наилучший символ для своего земного странствия. Перед ним лежали гранаты из Галилеи, пряности из южных пустынь, сушеные фрукты из Сирии, финики из Египта.

Он должен был простереть руку, освящая какой-нибудь из этих плодов, но внезапно вспомнил — послание его предназначено всем людям, где бы они ни жили. А финики и гранаты растут, должно быть, не везде.

Он снова огляделся, и в голову Ему пришла еще одна мысль: в гранатах, в финиках, в сушеных плодах чудо Творения проявляется само собой, безо всякого вмешательства человека.

Тогда он взял со стола хлеб, освятил его прикосновением, преломил и роздал своим ученикам со словами:

— Возьмите, ешьте, ибо это есть плоть Моя.

Потому что хлеб существует везде и всюду. И еще потому, что хлеб в отличие от гранатов, фиников и сушеных плодов из Сирии есть наилучший и самый зримый образ пути к Богу. Хлеб родился на свет от союза земли и человеческого труда.

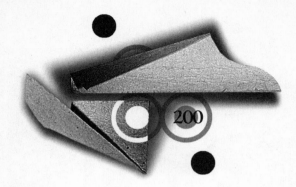

Жонглер стал посреди площади, вынул три апельсина и принялся подбрасывать их и ловить. Вокруг собрались люди, любуясь изяществом и точностью его движений.

— Это в известной степени напоминает нашу жизнь, — заметил кто-то, стоявший рядом со странником. — У каждого из нас по апельсину в каждой руке, а еще один — в воздухе, в этом-то и заключается вся разница. Его подбрасывают и ловят умело и ловко, с навыком и сноровкой, но путь у него — свой. В точности как этот жонглер, мы запускаем в этот мир свою мечту и не всегда оказываемся в состоянии контролировать ее. В такие минуты нужно уметь вверить ее Богу и попросить, чтобы она достойно исполнила предназначенное ей и, исполнившись, упала нам в руки.

201

Одно из самых эффективных упражнений по ускорению внутреннего роста заключается в том, чтобы обращать внимание на все те вещи, которые мы делаем машинально — дышим, моргаем или отмечаем, что происходит вокруг.

Делая это, мы как бы даем волю нашему мозгу — и он работает без участия и вмешательства наших желаний. И проблемы, казавшиеся непреодолимыми, вдруг решаются сами собой. А работа, представлявшаяся каторжной, вдруг выполняется почти без усилий.

Говорит наставник:

— Когда оказываешься в сложном положении и должен всесторонне оценить его, попробуй применить эту технику. Она требует лишь немного самодисциплины, но результаты поистине поразительны.

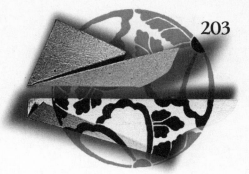

Некто пришел на рынок продавать стаканы. Женщина подошла к прилавку и стала рассматривать выставленный на нем товар. Одни стаканы были просты и безыскусны, другие покрыты затейливой и искусной росписью.

Покупательница спросила, сколько они стоят. И с удивлением услышала, что цена у всех одинакова.

— Как же может расписной стакан стоить столько же, сколько гладкий? — в недоумении воскликнула она. — Почему ты не берешь деньги за работу?

— Я художник, — отвечал продавец. — Могу взять деньги за стакан, который изготовил, но не за красоту. Красота — бесплатно.

Странник, выходя из церкви после мессы, испытал острое чувство одиночества. Внезапно его окликнул друг:

— Мне очень надо поговорить с тобой.

Странник увидел в этой нежданной встрече знак судьбы и так обрадовался, что начал говорить обо всем, что казалось ему важным. О Божьей благодати, о любви. И добавил, что друга не иначе как Бог послал или привел ангел — ведь еще минуту назад он чувствовал себя одиноким и никому не нужным.

Друг выслушал все это, поблагодарил и пошел прочь.

И странник, только что ликовавший, почувствовал еще большее одиночество. Чуть позже он понял, в чем дело: в своей бурной радости он пропустил мимо ушей просьбу друга выслушать его.

Странник поглядел себе под ноги и увидел собственные слова, валяющиеся на земле: Вселенная в этот час хотела другого.

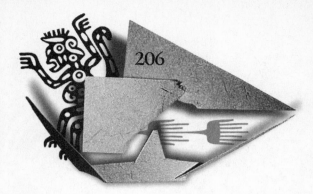

Три феи были приглашены на крещение принца.

Первая преподнесла ему в дар умение любить. Другая — деньги, чтобы он мог делать, что захочется. Третья наделила красотой.

Но тут, как и полагается во всякой сказке, явилась злая колдунья. И в ярости от того, что ее не пригласили, бросила проклятье:

— Хоть у тебя уже все есть, я дам тебе еще кое-что. Ты будешь талантлив во всем, за что ни возьмешься.

Принц рос красивым, богатым и влюбчивым. Но исполнить свое предназначение на Земле ему никак не удавалось. Он был превосходный живописец, одаренный скульптор, блистательный математик, замечательный музыкант — но ни в какой области не мог выполнить задачу до конца, потому что, начав одно дело, тут же отвлекался и принимался за другое.

Говорит наставник:

— Все дороги ведут в одно и то же место. Избери свою и иди по ней до конца, не пытаясь свернуть на другую.

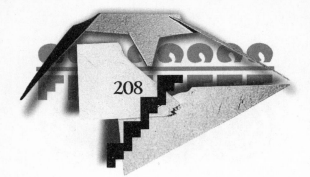

Вот анонимный текст XVIII века, где речь идет о некоем русском монахе, искавшем себе духовного поводыря. Как-то ему сказали, что в одной деревне живет отшельник, днем и ночью занятый спасением души. И монах отправился к мужу святой жизни.

— Хочу, чтобы ты вел меня по стезям души, — сказал он ему.

— У души — своя собственная стезя, — отвечал пустынник. — И ведет по ней ангел. Молись непрестанно.

— Я так молиться не умею. Научи меня, как надо.

— Если не умеешь молиться непрестанно, попроси Бога, чтобы научил тебя этому.

— Ты ничему не научил меня, — сказал монах.

Учить никого ничему не надо, ибо Веру нельзя передать, как передают познания в математике. Прими тайну Веры — и мироздание откроется тебе.

209

Говорит Антонио Мачадо:
Помни, путник, твоя дорога,
только след за твоей спиной
Путник, нет впереди дороги
ты торишь ее целиной.
Целиной ты торишь дорогу,
тропку тянешь ты за собой.
Оглянись! Никогда еще раз
не пройти тебе той тропой.
Путник, в море дороги нету,
только пенный след за кормой[1].

---

[1] Перевод В. Столбова.

Говорит наставник:

— Пиши. Не важно, что это будет — письмо, дневник, какие-то заметки, которые нацарапываешь, пока говоришь по телефону.

Когда пишешь, приближаешься к Богу и к людям.

Если хочешь осознать и прочувствовать свою роль в этом мире, — пиши. Постарайся выразить душу свою в написанных тобой строчках, пусть даже никто и никогда их не прочтет. Или еще того хуже — прочтет то, что ты не желаешь доверять чужим глазам. Сам процесс письма помогает упорядочить мысли и более отчетливо увидеть, что тебя окружает. Бумага и перо творят чудеса — унимают боли, укрепляют мечту, возвращают утраченную было надежду. Слово написанное обладает могуществом.

Монахи-пустынники утверждали, что необходимо дать ангелам возможность действовать, и ради этого время от времени совершали нелепые и бессмысленные поступки — разговаривали, например, с цветами или смеялись без причины.

Алхимики следуют «Божьим знакам», которые на первый взгляд бессмысленны, однако в конце концов непременно приводят куда-нибудь.

Говорит наставник:
— Не бойся, что тебя сочтут безумцем. Делай то, что противоречит привычной тебе логике. Изменяй поведение, которому тебя научили. И эта малость при всей своей кажущейся ничтожности открывает двери для великого приключения — человеческого и духовного.

Некто ехал на роскошном «Мерседесе», как вдруг у него спустило колесо. Начал менять и обнаружил, что нет домкрата.

— Ладно, — сказал себе водитель, — постучу в дверь первого же дома. Авось помогут.

— Хозяева, увидев такую дорогую машину, наверняка захотят содрать с меня что-нибудь, — продолжал он размышлять вслух, направляясь к дому.

— Да не «что-нибудь», а никак не меньше десяти долларов! Да какие там «десять»! Увидят, кто и для чего просит домкрат — и заломят все пятьдесят! Уж постараются нажиться на моем несчастье — меньше чем за сотню не дадут.

И с каждым следующим шагом цена возрастала.

И когда он подошел и постучал и хозяин отворил ему, автомобилист закричал в бешенстве:

— Это грабеж средь бела дня! Не стоит домкрат таких денег! Подавись своим домкратом!

Кто из нас осмелится сказать, что никогда не вел себя подобным образом?

Мильтон Эриксон — автор новой методики лечения, уже успевшей обрести тысячи поклонников в США.

В двенадцать лет он заболел полиомиелитом. Спустя десять месяцев после этого услышал, как врач сказал его родителям:

— Ваш сын не переживет эту ночь. — А вслед за тем — как заплакала мать.

«Может быть, если я сумею дожить до утра, она не будет так горевать?!» — подумал мальчик.

И решил не засыпать до рассвета. А утром крикнул матери:

— Я жив!

Все так обрадовались, что мальчик, чтобы не огорчать родителей, решил продержаться еще сутки.

...Мильтон скончался в 1990 году, в возрасте 75 лет, оставив целую серию книг, посвященных важнейшей теме — невероятным способностям, таящимся в человеке и позволяющим ему преодолевать свои ограничения.

— Святой отец, — сказал послушник настоятелю монастыря аббату Пастору, — сердце мое преисполнено любви к миру, душа свободна от дьявольских искушений. Каков должен быть мой следующий шаг?

Настоятель попросил, чтобы послушник сопровождал его к умирающему, которого надо было соборовать.

Исполнив таинство и сказав несколько ободряющих слов родственникам, Пастор заметил в углу большой сундук.

— А что там лежит? — поинтересовался он.

— Одежда, которую мой дядюшка никогда не надевал, — ответил племянник усопшего. — Все ждал, когда представится случай нарядиться в то или это, а в результате все так и сгнило в сундуке.

— Помни про это сундук, — молвил аббат, когда они вышли из этого дома. — Если есть у тебя в душе сокровища, используй их без промедления, примени к делу. А не то сгниют и сгинут бесцельно.

Мистики утверждают, что, когда мы
двигаемся своей духовной стезей, нам
очень хочется беспрерывно беседовать с Бо-
гом — и в конце концов мы не слышим Его слов,
обращенных к нам.

Говорит наставник:
— Расслабься немного. Это — непросто:
мы испытываем природную потребность постоянно делать что-то определенное и считаем, что достигнем цели, если будем работать без передышки.

Очень важно пробовать, падать, подниматься и идти дальше. Но еще важней принимать помощь Бога.

Совершая огромное усилие, полезно вдруг остановиться, посмотреть на себя самого, подождать, когда Господь явит свое присутствие и поведет нас.

Давайте позволим Ему время от времени брать нас на руки.

Настоятеля монастыря в Сцете посетил некий юноша, отыскивавший свой духовный путь.

— В течение года давай по монете всякому, кто оскорбит тебя, — сказал ему аббат.

И целых двенадцать месяцев юноша безропотно давал монету всем, кто обижал его. И через год вновь пришел к аббату узнать, что делать дальше.

— Сходи в город, купи там еды для меня, — велел настоятель.

А сам переоделся нищим и, воспользовавшись короткой дорогой, оказался у городских ворот раньше юноши. Когда же тот появился, начал оскорблять его.

— Слава Богу! — воскликнул юноша. — Целый год я должен быть платить всем, кто оскорблял меня, а теперь могу наконец слушать насмешки и брань бесплатно.

Услышав это, аббат предстал перед ним в своем истинном виде:

— Ты научился смеяться над своими трудностями, а значит, готов совершить следующий шаг.

221

Странник вместе с двумя приятелями
шел по улице в Нью-Йорке.

Внезапно, посреди самого обычного, заурядного разговора приятели заспорили — да так, что едва не набросились друг на друга с кулаками.

Попозже — когда оба немного остыли — они зашли в бар, и один попросил у другого извинения за свою несдержанность, прибавив:

— Я давно заметил, что гораздо проще обидеть близкого тебе человека. Был бы ты посторонним, я, конечно, вел бы себя иначе. А тут — и именно потому, что ты понимаешь меня лучше, чем кто-либо еще — я и разъярился до такой степени. Может быть, это в природе человека.

Может, и в природе.

Но мы будем бороться с этим.

Случается так, что нам очень хочется помочь тому или иному человеку, но мы ничего не можем сделать. Либо обстоятельства не позволяют нам приблизиться к нему, либо сам человек этот закрыт для любого проявления солидарности и поддержки.

Говорит наставник:

— Нам остается любовь. Когда все прочее уже бессмысленно и бесполезно, мы все еще можем любить — любить, не ожидая ни благодарности, ни взаимности, ни перемен.

И если удастся действовать таким образом, то энергия любви начнет преобразовывать вселенную вокруг нас.

Когда появляется эта энергия, всегда можно осуществить желаемое.

Английский поэт Джон Китс
(1795—1821) дал превосходное определение поэзии. При желании его можно отнести и к самой жизни. «Поэзия должна удивлять нас неназойливым избытком, а не тем, что она — иная. Стихи должны трогать нашего ближнего так, словно прочитанные им слова произнес он сам, словно он вдруг припомнил то, что некогда, во тьме времен, уже было начертано в его душе».

Где-то в середине семидесятых годов, в пору активного отрицания веры, странник вместе с женой и приятельницей находился в Рио-де-Жанейро. Они сидели в баре и выпивали, когда к ним присоединился давний друг странника, неизменный спутник его юношеских безумств.

— Чем ты занят теперь? — спросил его странник.

— Я стал священником, — отвечал тот.

Когда вышли на улицу, странник указал на беспризорного ребенка, ночевавшего на тротуаре.

— Видишь, как Иисус заботится о нашем мире? — спросил он.

— Разумеется, вижу. Он сделал так, чтобы это бездомное дитя попалось тебе на глаза и ты мог что-то сделать для него.

Несколько еврейских мудрецов решили создать самую лучшую конституцию в мире. Если за то время, что можно простоять, балансируя, на одной ноге, кто-нибудь сумеет сформулировать законы, призванные управлять поведением человека, этот «кто-то» будет признан мудрейшим из мудрых.

— Господь карает преступников, — сказал один.

Ему ответили, что это не закон, а угроза, и вариант был отвергнут.

В этот миг подошел раввин Гиллель и, балансируя на одной ноге, сказал:

— Не делай своему ближнему, чего не хочешь, чтобы делали тебе. Таков Закон. Все прочее — юридические комментарии.

И его признали мудрейшим.

Бернард Шоу заметил в доме своего друга, скульптора Дж. Эпстейна огромную каменную глыбу и спросил:

— Что ты собираешься с ней делать?

— Не знаю. Пока не решил, — ответил скульптор.

— Иными словами, ты планируешь свое вдохновение? — удивился Шоу. — Но разве ты не знаешь, что художник должен быть волен в любой момент переменить свое намерение?

— Это хорошо для тех, кому, чтобы переменить решение, достаточно скомкать лист бумаги весом в пять грамм. А тому, кто имеет дело с четырехтонной глыбой, приходится действовать несколько иначе, — сказал Эпстейн.

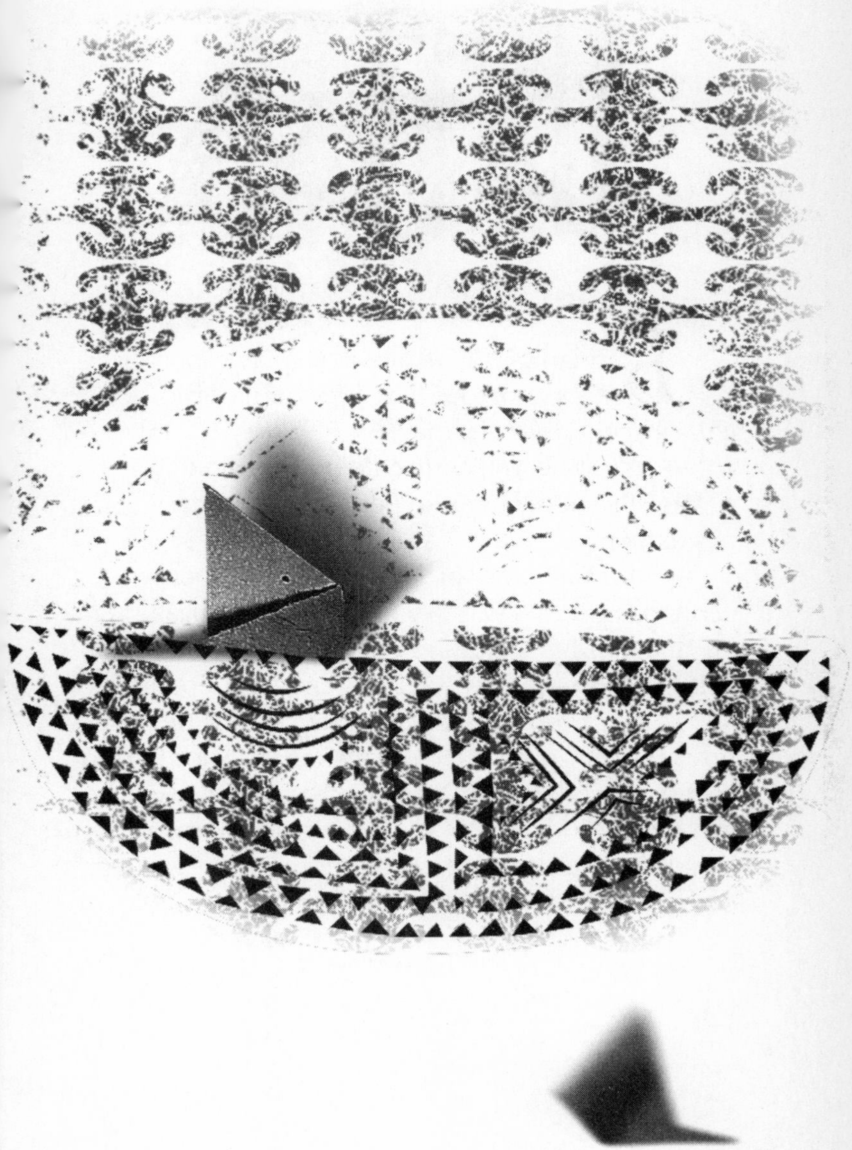

230

Говорит наставник:

— Каждый из нас знает, как наилучшим образом сделать свою работу. Лишь тот, кому дано поручение, знает, с какими трудностями столкнется он при выполнении его.

Аббат Жоан Пекено подумал однажды: «Я должен уподобиться ангелам, которые ничего не делают, а только созерцают Господа во славе Его».

И в ту же ночь оставил монастырь в Сцете и удалился в пустыню.

Но через неделю вернулся в обитель. Брат-привратник услышал стук в двери и спросил:

— Кто там?

— Аббат Жоан, — послышалось снаружи. — Я голоден.

— Быть того не может! Брат Жоан находится в пустыне и превращается в ангела. Он больше не знает, что такое голод, и не должен работать ради поддержания своей бренной плоти.

— Прости мне мою гордыню, — сказал тогда Жоан. — Ангелы помогают людям и потому созерцают Господа во славе Его. Я же увижу это, если буду исполнять свою повседневную работу.

И, услышав эти слова, исполненные смирения, привратник отпер дверь.

Изо всех средств уничтожения, изобретенных человеком, самое чудовищное, но при этом еще и самое трусливое — это слово. Холодное оружие, как и огнестрельное оставляют кровавые следы.

Бомбы несут разрушение, превращая дома в руины.

Если человека отравили, в конце концов можно установить, каким ядом.

Слово же способно уничтожать, не оставляя следов. Детей на протяжении нескольких лет воспитывают родители, взрослых подвергают беспощадной критике, женщин систематически терзают замечания и придирки мужей. Верующих не допускают к религии усилия тех, кто счел себя вправе толковать голос Господа.

Постарайся заметить, пользуешься ли этим оружием ты. Постарайся заметить, обращают ли это оружие против тебя. И не допускай ни того ни другого.

Уильямс попытался описать весьма любопытную ситуацию: «Представим себе, что жизнь достигла идеального совершенства. Ты обитаешь в совершенном мире, тебя окружают совершенные люди, у которых есть все, что им надо и хочется, и все в мире происходит в точности так и тогда, как и когда требуется. В этом мире ты обладаешь всем, чего желаешь, и только тем, чего желаешь, и все полностью отвечает твоим мечтам и представлениям. И жить ты будешь столько, сколько пожелаешь.

Так вот, представь, что так проходит лет сто или двести, и ты, присев на незапятнанно-чистую скамью, оглядываешь чудесный пейзаж вокруг и думаешь: «Какая тоска! Никаких эмоций!»

И в этот миг замечаешь перед собой красную кнопку с надписью: «СЮРПРИЗ!»

Обдумав все, что может означать это слово, ты нажмешь кнопку? — Ну разумеется! И тотчас окажешься в черном туннеле, а по выходе из него — в том далеком от совершенства мире, где живешь сейчас».

В одной легенде рассказывается о некоем бедуине, решившем перебраться из одного оазиса в другой. Он грузил на верблюда свои пожитки — ковры, утварь, сундуки с одеждой — и верблюд все выдерживал. Уже перед тем, как тронуться в путь, бедуин вспомнил о красивом синем перышке, что когда-то подарил ему отец. Он вернулся за ним и тоже положил на спину верблюду. Но тот вдруг упал и умер — ноша оказалась чересчур тяжела. «Мой верблюд не снес веса птичьего перышка», — подумал бедуин.

Порою мы так же поступаем с нашим ближним, не удосуживаясь понять, что очередная шутка может стать той последней каплей, которая переполнит чашу его терпения.

— Порою мы так привыкаем к тому, что видели в кино, что забываем в конце концов, как обстояло дело в действительности, — сказал кто-то страннику, осматривавшему порт Майами. — Помните фильм «Десять заповедей»?

— Конечно. Моисей, которого играет Чарльтон Хестон, вздымает свой посох, воды Чермного моря расступаются и народ израильский проходит, «аки посуху», — ответил странник.

— В том-то и дело, что в Священном Писании по-другому. Там Бог приказывает Моисею: «Скажи сынам Израилевым, чтобы они шли...» И лишь после того, как те двинулись вперед, Моисей поднял свой посох, и воды Красного моря расступились.

Ибо только готовность преодолеть путь позволит этот путь обнаружить.

Эти слова принадлежат перу виолончелиста Пабло Касальса:

«Я постоянно возрождаюсь. Каждое новое утро — это отправной пункт новой жизни. Вот уже восемьдесят лет я начинаю свой день одинаково, причем это означает не механическую рутину, а нечто совершенно необходимое для того, чтобы я был счастлив.

Я просыпаюсь, иду к роялю, играю две прелюдии и фугу Баха. Эта музыка звучит как благословение моему дому. И одновременно это — способ восстановить связь с тайной бытия, с чудом принадлежности к человеческому роду.

Хотя я занимаюсь этим на протяжении восьмидесяти лет, музыка никогда не остается прежней — она всегда учит меня чему-то новому, фантастическому, невероятному».

Говорит наставник:

— С одной стороны, мы знаем, как важно искать Бога. С другой — жизнь отдаляет нас от Него: мы чувствуем, что Высшей Силе нет до нас дела, или что она о нас ничего не знает, или мы отвлекаемся на повседневные заботы. От этого возникает чувство вины: мы либо чувствуем, что во имя Бога отрекаемся от жизни, либо — что ради жизни предаем забвению Его.

На самом деле эта двойственность — кажущаяся, потому что Бог — в жизни, а жизнь — в Боге. Достаточно сознавать это, чтобы лучше понимать свою судьбу. Если мы сумеем проникнуть в священную гармонию нашего повседневного бытия, то выйдем на правый путь и исполним свое предназначение.

239

Пабло Пикассо сказал как-то: Бог — художник. Он придумал жирафа, слона и муравья. И, по правде говоря, Он никогда не стремился следовать определенному стилю, а просто делал все, что ему хотелось делать.

Говорит наставник:

— Когда мы вступаем на предназначенную нам стезю, нами овладевает сильный страх — мы чувствуем, что непременно должны сделать все «как надо». Но ведь у каждого — своя жизнь, единственная и неповторимая, так откуда же взялось понятие «как надо»? Господь сотворил и жирафа, и слона, и муравья — почему же мы обязаны следовать чьему-то примеру?

Пример служит лишь для того, чтобы показать, как другие определяют свою действительность. Мы можем восхищаться этим, но можем и избежать повторения чужих ошибок.

Но как жить — позвольте решать только и исключительно нам самим, и никому больше.

Несколько благочестивых иудеев молились в синагоге, как вдруг раздался детский голос:

— А, В, С...

Прихожане старались сосредоточиться на священных текстах, но голос повторил:

— А, В, С...

Постепенно молитва прекратилась, и люди, обернувшись, увидели мальчика, который повторял:

— А, В, С...

Раввин приблизился к нему и спросил:

— Зачем ты это делаешь?

— За тем, что не знаю слов молитвы. И питаю надежду, что Бог, услышав буквы алфавита, сам составит из них правильные слова.

— Спасибо тебе за этот урок, — сказал раввин. — Хотелось бы и мне вверить Богу дни мои на этой земле так же, как ты вверяешь ему эти буквы.

243

Говорит наставник:

— Дух Божий, который присутствует в нас, можно уподобить киноэкрану. По нему проходят, чередуясь, разнообразные ситуации — люди любят друг друга, люди расстаются, ищут и не могут найти сокровища, открывают дальние страны.

И не имеет значения, какой фильм показывают — экран всегда остается прежним. Не важно, катятся ли слезы, льется ли кровь — ничто не может запятнать белизну экранного полотна.

И точно так же Бог — вне и превыше всех житейских восторгов и горестей. И когда наш фильм подойдет к концу, мы все увидим это.

Некий лучник прогуливался в окрестностях индуистского монастыря, известного строгостью устава, и вдруг увидел в саду обители нескольких монахов, которые пили и шумно веселились.

— Какое бесстыдство со стороны тех, кто ищет путь к Богу, — вслух и довольно громко молвил лучник. — Уверяют всех, что важен порядок, а сами втихомолку пьянствуют!

— Если ты выпустишь сто стрел подряд, что станется с твоим луком? — спросил старший из монахов.

— Он сломается.

— Если кто-то превысит предел допустимого, он тоже сломает свою волю, — сказал монах. — Тот, кто не умеет уравновесить труд досугом, вскоре потеряет воодушевление и не сможет пройти далеко.

Один царь послал в далекую страну гонца, поручив ему отвезти туда мирный договор, который должен был быть подписан тамошним властелином.

Гонец, желая получить выгоду от этого, рассказал о поручении нескольким друзьям, имевшим в той стране свои торговые интересы. Друзья попросили гонца помедлить несколько дней, сами же тем временем в преддверии мирного договора изменили свою стратегию.

Когда же гонец наконец отправился в путь, оказалось, что предложения мира запоздали — грянула война, уничтожив и намерения царя, и планы купцов, задержавших посла.

246

Говорит наставник:
— В нашей жизни важно лишь одно — следовать Своей Стезей, исполняя сужденное тебе. А мы все обременяем себя бесполезными занятиями, которые в конце концов разрушают наши мечты.

Когда странник стоял в Сиднейском порту, рассматривая мост, соединяющий две части города, к нему подошел австралиец и попросил его прочесть объявление в газете:

— Шрифт очень мелкий, — объяснил он. — Ничего не могу разобрать, а очки дома оставил.

Но и странник не захватил с собой очки для чтения и сожалением отказал австралийцу.

— В таком случае лучше вообще забыть про это объявление, — сказал тот, помолчав. И, желая продолжить разговор, добавил: — Не только у нас с вами, но и у самого Господа Бога ослабело зрение. И не потому что Он состарился, а потому что сам выбрал для себя это. И вот, когда кто-то из близких Ему совершает дурной поступок, Он, не в силах разглядеть все в подробностях, прощает его, потому что боится проявить несправедливость.

— Ну а добрые дела? — осведомился странник.

— В этом случае Бог никогда не забывает очки дома, — засмеялся австралиец, собираясь уходить.

— Есть ли на свете что-либо важнее молитвы? — спросил ученик у своего наставника.

А тот попросил его дойти до ближайшего дерева и срезать с него ветку. Ученик повиновался.

— Дерево не погибло? — спросил наставник.

— Живехонько, как и прежде, — ответил ученик.

— В таком случае отправляйся к нему снова и переруби его корень.

— Если я сделаю так, дерево засохнет.

— Молитвы — суть ветви дерева, а корень его — вера, — сказал тогда наставник. — Вера может выжить без молитв, а вот молитвы без веры не бывает.

Святая Тереза Авильская написала:
«Помните — Господь пригласил нас
всех, а поскольку Он есть воплощение истины,
мы не можем сомневаться в том, что приглаше-
ние это — от чистого сердца.

Он сказал: „Придите ко мне страждущие, и я
напою вас".

Если бы призыв этот был направлен не к
каждому из нас, Господь сказал бы: „Придите ко
мне все, кто хочет, ибо вам нечего больше терять.
Но я дам напиться лишь тем, кто уже готов".

Однако Господь не ставит никаких условий.
Достаточно захотеть и прийти и получить Жи-
вую Воду его любви».

251

Буддийские монахи, когда собираются медитировать, усаживаются перед скалой и думают:

«Теперь буду ждать, когда эта скала увеличится в размерах».

Говорит наставник:

— Вокруг нас все постоянно меняется.
И каждое утро солнце освещает новый мир.

А то, что мы называем «рутиной», изобилует новыми возможностями, новыми предложениями. Однако мы не сознаем, что каждый новый день отличается от предыдущего.

Сегодня где-то нас поджидает сокровище. Это может быть мимолетная улыбка, а может — ослепительная победа. Не имеет значения. Жизнь состоит из множества больших и малых чудес. Ничто не может надоесть, ибо изменяется беспрестанно. Скука и уныние заключены не в самом мире, но в том, как мы смотрим на него.

По слову поэта Т. С. Элиота:
      Пройти множество путей
      Вернуться домой
      И взглянуть на все словно впервые.

МАРИЯ, БЕЗ ПЕРВОРОДНОГО ГРЕХА
ЗАЧАВШАЯ, МОЛИ БОГА О НАС,
К ТЕБЕ ПРИБЕГАЮЩИХ

ПАУЛО КОЭЛЬО

ПОБЕДИТЕЛЬ ВСЕГДА ОДИН

Посему говорю вам: не заботьтесь для души вашей, что вам есть и что пить, ни для тела вашего, во что одеться. Душа не больше ли пищи, и тело одежды?

Взгляните на птиц небесных: они ни сеют, ни жнут, ни собирают в житницы; и Отец ваш Небесный питает их. Вы не гораздо ли лучше их? И кто из вас, заботясь, может прибавить себе росту хотя на один локоть? И об одежде что заботитесь? Посмотрите на полевые лилии, как они растут: ни трудятся, ни прядут; но говорю вам, что и Соломон во всей славе своей не одевался так, как всякая из них.

Евангелие от Луки, 12; 22-27

Кто бы ты ни был, держащий меня в руках,
Честно предупреждаю, что ты ничего от меня не добьешься,
Если в расчет не возьмешь одно обстоятельство:
Я не такой, как ты предполагаешь, я совершенно другой.

Кто тот, кто станет моим последователем?
Кто обречет себя домогаться моей любви?

Дорога опасна, цель неясна, быть может, губительна,
Тебе придется оставить все и всех и меня одного считать
                своей мерой вещей,
И даже тогда твой искус будет долог и изнурителен,
Тебе придется забыть былую идею своей жизни и ее
                соответствие жизням ближних,
А потому отпусти меня и не тревожь себя мной,
                сними свою руку с моих плеч,
Положи меня и отправляйся своим путем.

УОЛТ УИТМЕН. Листья травы

Посвящается Н. Д. де Пьетат,
случившейся на Земле, чтобы указать путь
Подвига Доброго

ПОРТРЕТ

Сейчас, когда я дописываю эти страницы, у власти еще находятся несколько диктаторов. Некая ближневосточная страна оккупирована войсками единственной в мире сверхдержавы. Терроризм с каждым днем обретает все большее число сторонников. Люди, придерживающиеся фундаменталистских воззрений на христианство, оказались способны выбирать президентов. Духовным поиском манипулируют несколько сект, заявляющих, что обладают «абсолютным знанием». Ярость природных катаклизмов стирает с лица земли целые города. Власть над всем миром сосредоточена, если верить исследованию, проведенному авторитетным американским ученым, в руках шести тысяч человек.

На всех континентах томятся в заключении тысячи «узников совести». Пытки вновь сделались одним из приемлемых методов следствия. Богатые страны закрывают свои границы, бедные — покорно наблюдают за тем, как их жители, совершая небывалый в истории человечества исход, отправляются на поиски нового Эльдорадо. В двух, по крайней мере, африканских странах продолжается геноцид. Экономика проявляет явные признаки истощения; начинают рушиться колоссальные состояния. Детский труд применяется постоянно и повсеместно. Сотни миллионов людей живут за чертой бедности. Распространение ядерного оружия принято и признано процессом необратимым. Возникают неведомые ранее болезни, а те, что существовали всегда, так и не удается обуздать.

Неужели это и есть портрет мира, в котором я живу?

Ну разумеется, нет. Решив запечатлеть свою эпоху, я написал эту книгу.

ПАУЛО КОЭЛЬО

3:17 AM

Пистолет «Beretta Px4» по размеру чуть больше сотового телефона, весит около семисот граммов, обойма вмещает десять патронов. Компактный и легкий, он почти не заметен в кармане, а малый калибр имеет одно неоспоримое преимущество: пуля не проходит навылет, а остается в теле жертвы, ломая кости и круша все, что повстречает на своем пути.

Ну и разумеется, у того, кто получает пулю такого калибра, больше шансов выжить: известны тысячи случаев, когда пуля не задевала крупную артерию, и жертва успевала отреагировать и обезоружить нападавшего. Впрочем, если тот обладает мало-мальским опытом, то может подарить ей либо мгновенную смерть, стреляя в лоб, переносицу или сердце — либо медленную: в этом случае ствол под определенным углом следует навести под ребро и спустить курок. Пораженный пулей не сразу сознает, что ранен смертельно, и еще пытается отбить нападение, убежать, позвать на помощь. В этом — основное достоинство второго варианта: он успевает увидеть, кто убивает его, он постепенно теряет силы и вот наконец падает наземь, совсем даже не обливаясь кровью и не вполне отчетливо понимая, что это с ним такое случилось.

Конечно, это оружие — не для профессионалов. «Оно больше подходит для женщин, чем для шпионов», — говорил, помнится, кто-то из британской секретной службы, вручая Джеймсу Бонду усовершенствованную модель пистолета взамен устаревшей. Но он ведь и не претендует на то, чтобы считаться профессионалом, а для исполнения его намерений лучше «беретты» ничего пока не придумано.

И куплен ствол на черном рынке, так что идентифицировать его будет невозможно. В обойме — пять патронов, а он-то собирается использовать всего один, пилочкой для ногтей сделав на головке пули крестообразный надрез. Попав во что-либо более-менее твердое, она разлетится на четыре части.

Впрочем, пистолет припасен на самый крайний случай. Есть и другие способы сделать так, чтобы мир погас, а мироздание погибло, и можно не сомневаться: *она* поймет, о чем идет речь, как только будет обнаружена первая жертва. *Она* узнает, что сделано это во имя любви, что в душе его нет ни капли обиды или досады и что если *она* вернется, он примет ее, не спрашивая, как жила *она* последние два года.

Он надеется, что шесть месяцев тщательнейшей подготовки дадут результаты, но убедиться в этом сможет лишь наутро. Да, таков его план: сделать так, чтобы Фурии из древнегреческих мифов простерли свои черные крылья над этим бело-синим миром бриллиантов, ботокса, спортивных автомобилей, развивающих чудовищную скорость, но вмещающих не более двух пассажиров. Мечты о власти, об успехе, о славе, деньгах — все это может быть прервано с минуты на минуту благодаря тем маленьким вещицам, которые он принес с собой.

Он мог бы уже сейчас подняться к себе в номер, потому что ожидаемое случилось в 11:11 PM, хоть он и был готов ожидать больше — столько, сколько понадобится. В холл вошел мужчина в сопровождении красивой женщины — оба были одеты так, как принято одеваться, когда отправляешься на одну из гала-вечеринок, которые устраиваются после званых ужинов, и на которых народу бывает больше, чем на просмотре любого фестивального фильма.

Женщину Игорь не знал. Одной рукой он поднял повыше французскую газету (русская могла бы вызвать подозрения) так, чтобы вошедшая не видела его лица. Впрочем, предосторожность была излишней: женщина — в полнейшем соответствии с тем, как держат себя люди, непреложно уверенные в своем первородстве, — по сторонам не смотрела. Такие женщины являются блистать и не обращают внимания, как и во что одеты другие, ибо количество бриллиантов и экстравагантность туалетов способны всерьез испортить настроение, вызвать подавленность, а то и комплекс неполноценности — даже если собственная одежда и все прочие аксессуары стоят немыслимых денег.

Ее спутник, элегантный седовласый господин, подошел к стойке бара и попросил бокал шампанского, без которого не начнешь, разумеется, эту ночь, предполагающую множество новых знакомств, превосходную музыку и волшебный вид на море и стоящие на якорях яхты.

Игорь видел, что с официанткой тот человек вел себя учтиво: получив два бокала, поблагодарил, оставил хорошие чаевые.

Они познакомились. Игорь ощутил ликующее чувство — это выплеснулся в кровь адреналин. Завтра он постарается сделать так, чтобы она узнала о том, что он был здесь. И настанет момент, когда они встретятся.

А чем эта встреча закончится, один бог знает. Игорь, ревностный католик, дал обет в одной московской церкви, перед мощами Святой Магдалены (их привезли в русскую столицу на неделю, чтобы верующие могли им поклониться). Он простоял почти пять часов в длинной очереди, а когда подошел наконец к раке, был вполне убежден, что все это — не более, чем выдумки священников. Тем не менее он все же попросил у святой защиты и помолился о том, чтобы достичь своей цели, не принося больших жертв. И дал обет — когда все будет кончено и он вновь ступит на родную землю — заказать у знаменитого иконописца, живущего в монастыре под Новосибирском, образ в золотом окладе.

270

В три часа ночи бар отеля «Мартинес» пахнет табачным дымом и потом. Хотя Джимми (он носил на левой ноге башмак одного цвета, а на правой — другого) уже закрыл крышку рояля, а барменша вконец выбилась из сил, посетители и не думали расходиться, намереваясь провести в холле если не всю ночь, то уж еще час по крайней мере — а вдруг случится что-нибудь примечательное!

Тем более что Каннский кинофестиваль открылся четыре дня назад, а все еще ничего не произошло. Разные люди сидели за столиками, но в голове у них была одна и та же мысль, и снедало их одно желание — встретиться с Властью. Красивые женщины надеялись на встречу с продюсером, который влюбится и даст заметную роль в новом фильме. И несколько актеров пили, смеялись и болтали между собой, делая вид, что все это не имеет к ним никакого отношения, но время от времени поглядывая на двери.

Кто-нибудь да войдет.

Кто-нибудь непременно должен войти. Юные режиссеры, в головах у которых роятся свежие замыслы, а в творческом активе числятся несколько видео, снятых еще в университете, перелопатившие горы книг по технике фотографии и киносъемки, ожидают волшебного поворота судьбы: некто, возвращаясь с очередной вечеринки, присядет за свободный столик, закажет кофе, закурит — и почувствует, что ему все смертельно надоело и что он открыт для нового и неведомого.

Какая наивность.

Если даже такое и случится, менее всего на свете такому человеку захочется вникать в подробности «уникального проекта». Однако отчаянье способно обмануть отчаявшегося. Власть имущие, входя сюда время от времени, обводят холл и бар взглядом и поспешно удаляются в свои номера. Они ничем не озабочены. Они уверены, что могут себе позволить ничего не бояться. Принадлежность к Суперклассу измен не прощает, и каждый из них, зная свои границы, шагу не сделает за ту черту, где есть возможность отдавить ногу другому — хотя легенды утверждают обратное. А кроме того, если предстоит открыть что-то неожиданное и значительное — в мире кино, или музыки, или моды — открытие это уж во всяком случае произойдет не в гостиничном баре, ибо потребует исследований и разысканий.

Суперкласс сейчас занимается сексом с девицей, сумевшей проникнуть на праздник и потому согласной на все. Снимает косметику, разглядывает морщины и думает, что пора делать новую пластику. Просматривает почту, читает новости *on-line*, ожидая отклика на свое последнее объявление, помещенное в сети. Запивает таблетку неизбежного снотворного чашкой чая, способствующего снижению веса. Отмечает в меню блюда к завтраку в номер и в специальном чехле вывешивает его на ручку двери вместе с табличкой «Не беспокоить». Суперкласс закрывает глаза и думает: «Хоть бы сразу уснуть, завтра у меня встреча в десять утра».

Однако в баре «Мартинес» все убеждены, что сильные мира сего — здесь. А если они здесь, то имеется шанс.

Им и в голову не приходит, что Власть разговаривает только с Властью. Что представители ее должны время от времени встречаться, пить и есть вместе, поддерживать престиж больших празднеств, а заодно — иллюзию того, что мир роскоши и гламура открыт всякому, у кого хватит дерзости и упорства отстаивать некую идею. Избегать войн, если они не сулят прибыли, и науськивать друг на друга компании и целые государства, если чувствуют, что это может дать еще больше власти и денег. Притворяться, будто счастливы, хотя давно уже стали заложниками собственного успеха. Вести борьбу за усиление своего влияния и приумножение богатства, хотя и то, и другое уже достигло чудовищных размеров. Ибо Суперкласс тешит себя тем, чтобы соперничать с самим собой и забраться на вершину вершин.

В идеальном мире Власть вступала бы в разговор с актерами, режиссерами, сценаристами и художниками, которые сейчас с покрасневшими от усталости глазами думают, как вернутся в свои съемные квартирки в богом забытых городах, чтобы с утра вновь начать изнурительный марафон просьб о встрече или субсидировании проекта.

В мире реальном Власть в этот час сидит в своих квартирах, проверяя электронную почту, и сетует, что все вечеринки неотличимы одна от другой, что бриллианты у подруги оказались крупнее, чем у тебя, что яхта, купленная конкурентом, отделана уникальными породами дерева — и как же такое возможно?

Игорю разговаривать не с кем и, более того, — неинтересно. Победитель всегда один.

Игорь, вполне успешный владелец и президент компании сотовой связи в России, еще за год забронировав лучшие апартаменты в отеле «Мартинес» (что означало необходимость уплатить за двенадцать, по крайней мере, дней проживания вне зависимости от того, сколько времени будешь жить на самом деле), прилетел сегодня днем на собственном самолете, принял душ и спустился в холл в ожидании увидеть нечто единственное в своем роде, хоть и очень простое.

Некоторое время ему докучали актрисы, актеры, режиссеры, но он давно уже нашел для всех замечательный ответ:

— *Don't speak English, sorry. Polish.*

Или:

— *Don't speak French, sorry. Mexican*[1].

---

[1] Простите, я не говорю по-английски. Я — поляк... мексиканец (*англ.*).

А если в последнем случае кто-нибудь пытался произнести несколько слов по-испански, Игорь прибегал к другому проверенному способу. Записывал у себя в книжечке какие-то цифры, чтобы не походить ни на журналиста, который интересуется всем на свете, ни на человека, связанного с кинопроизводством. На столике лежал экономический журнал по-русски (в конце концов, мало кто сможет отличить русский от польского или испанского) с фотографией никому не ведомого функционера на обложке.

Посетители бара, считая себя превосходными знатоками человеческой природы, наверное, думают, что это один из тех миллионеров, которые приезжают в Канны исключительно ради того, чтобы завести здесь необременительный романчик. После того как за его столик под предлогом того, что «все занято», присел и заказал минеральной воды пятый, распространился слух, что этот одинокий господин не имеет никакого отношения к кинематографу и индустрии моды, и Игоря оставили в покое, сочтя «парфюмом».

Словечко это — из жаргона актрис (или «старлеток», как называют их на фестивале): марку парфюма легко сменить, и очень часто он может оказаться истинным сокровищем. «Парфюмом» можно заняться, когда до закрытия фестиваля остается два дня, а подцепить что-нибудь стоящее из мира киноиндустрии так и не удалось. Стало быть, этот странный и на вид весьма состоятельный человек может подождать. Все они знают: лучше покинуть этот фестиваль, обзаведясь возлюбленным (которого всегда можно превратить в продюсера), чем в одиночестве отправляться на следующий, чтобы исполнять там извечный ритуал: пить, улыбаться (особенно — улыбаться), притворяться, что ни на кого не смотришь, и чувствовать, как сердце колотится, оттого что минутная стрелка на часах будто с ума сошла, и программа гала-вечеринок еще далеко не исчерпана, а тебя никто не пригласил...

Все, что говорят «парфюмы», а говорят они все одно и то же, старлетки знают наперед и уже успели вытвердить наизусть, однако делают вид, будто верят тому, что:

а) «Я способен изменить твою жизнь»;

в) «Многие женщины мечтали бы оказаться на твоем месте»;

c) «Сейчас ты еще молода, но надо смотреть вперед и провидеть будущее».

d) «Я женат, но моя жена... (тут возможны варианты: «...больна», «пообещала покончить с собой, если я ее брошу» и т. д.)

e) «Ты — настоящая принцесса и заслуживаешь соответствующего обхождения. Сам того не зная, я всю жизнь ждал именно тебя. Я не верю в совпадения и считаю, что мы должны дать шанс нашим отношениям».

Да, слова всегда звучат одни и те же. Варьируется разве что количество полученных подарков (всего предпочтительней драгоценности, благо они обладают, так сказать, высокой ликвидностью), приглашений на вечеринки или на яхты, визитных карточек, возможность побывать на гонках «Формулы-1», где можно повстречать людей того же сорта, а значит, ухватить за хвост удачу.

Это же словечко молодые актеры используют для обозначения престарелых миллионерш, многократно прошедших через чудеса пластической хирургии и отличающихся бо́льшим по сравнению со своими коллегами мужского пола умом. Эти дамы никогда не теряют времени впустую и приезжают сюда перед самым закрытием, зная, что все искусство обольщения заключено в деньгах.

«Парфюмы»-мужчины обманывают себя, полагая, что обладательницы длинных ног и свежих лиц, однажды позволив себя соблазнить, в дальнейшем позволят делать с собой все что угодно. «Парфюмы»-дамы верят в силу своих бриллиантов — и только в них.

Игорь здесь впервые и всех этих тонкостей не знает. И к несказанному своему удивлению убеждается, что никто вроде бы особенно не интересуется конкурсным показом — если не считать посетителей этого бара. Он перелистал несколько журналов, вскрыл конверт, куда его компания вложила приглашения на самые значительные и пышные празднества, — и не нашел даже упоминания о просмотрах. Перед вылетом во Францию он приложил неимоверные усилия к тому, чтобы узнать, какие фильмы будут демонстрироваться на фестивале. Наконец один из приятелей сказал ему:

— Забудь ты про фильмы. Канны — это фестиваль моды.

Мода. Что думают о ней люди? Считают ее чем-то таким, что меняется с наступлением нового времени года? Слетелись сюда со всех уголков земли продемонстрировать свои наряды, туалеты, драгоценности, коллекции обуви? Нет, они не понимают истинного значения этого слова, смысл которого в том, чтобы дать понять: я принадлежу к вашему миру. Я ношу мундир вашей армии, не стреляйте, свои!

С незапамятных доисторических времен, с тех самых пор, как мужчины и женщины обосновались в пещерах, мода стала единственным способом сказать так, чтобы поняли все и чтобы даже незнакомцы осознали: я принадлежу к вашему племени, мы объединяемся против тех, кто слабей, и таким образом выживаем.

Однако здесь есть люди, убежденные, что «мода» — это все. Каждые полгода они тратят огромные деньги на то, чтобы, поменяв едва заметную деталь своего туалета, остаться, как и прежде, в единственном в своем роде племени богачей. Но если бы они побывали в Силиконовой долине, где сколотившие состояния на информационных технологиях миллиардеры носят пластмассовые часы и ходят в истертых джинсах, то поняли бы, что мир давно уже стал другим: ныне все по виду принадлежат к одной социальной группе, никто больше не обращает ни малейшего внимания на размер бриллиантов, марку галстука, модель кожаного портфеля. Кстати, галстуков и портфелей не существует в этой части света, расположенной неподалеку от Голливуда, — самой могучей, хоть и выработавшей уже свой ресурс машины, все еще заставляющей простаков верить в силу туалетов *haut-couture*, изумрудных колье, гигантских лимузинов. А поскольку все это еще появляется на страницах журналов, у кого, скажите, поднимется рука разрушить многомиллиардную индустрию рекламы, продажи никому не нужных вещей, производства по-разному называющихся, но неотличимых друг от друга кремов?

Идиоты. Игорь не может скрыть своей ненависти к тем, чьи решения так пагубно влияют на жизнь честно работающих людей, повседневное существование которых исполнено достоинства, ибо они здоровы, у них есть крыша над головой и любящая семья.

Извращенцы. Когда все, казалось бы, в порядке, когда семья собирается вокруг стола за ужином — возникает призрак Суперкласса, продающего неосуществимые грезы под названием «роскошь», «красота», «власть». И увы — нет больше благополучной, счастливой семьи.

Отец работает сверхурочно, света белого не видит, чтобы купить сыну новую модель кроссовок, без которых тот будет чувствовать себя в школе последним изгоем. Жена замыкается в неприязненном молчании и плачет, потому что подруги обзавелись платьями знаменитой фирмы, а у нее нет на это денег. Подростки вместо того чтобы познавать истинные ценности — такие, как вера и надежда — мечтают стать актерами. Девочки из захолустья, теряя неповторимые черты своей личности, изыскивают возможность уехать в большой город, а там пойти на все — на все решительно! — чтобы получить то, о чем так вожделеют. Мир, который должен двигаться в сторону справедливости, начинает вращаться вокруг материи, а она через полгода уже ни на что не годна и подлежит замене, ибо только так и никак иначе могут удерживаться на вершине презренные существа, ныне обретающиеся в Каннах.

Разумеется, Игорь не позволяет этой разрушительной силе воздействовать на себя. Дело, которым он занят, по-прежнему одно из самых завидных. Он все еще зарабатывает в день много больше
того, что может истратить за год — даже если бы
решился позволить себе все виды удовольствий,
как законных, так и запретных. Ему не составит
труда соблазнить женщину — даже если она не будет знать, богат он или нет: он проверял это многократно, и всякий раз добивался своего. Ему только
что исполнилось 40, он — в превосходной физической форме, и ежегодный медицинский осмотр не
выявил пока никаких нарушений или отклонений.
У него нет долгов. Он избавлен от необходимости
носить одежду определенной фирмы, посещать
именно этот, а ни в коем случае не тот ресторан,
проводить отпуск там, «куда все ездят», покупать
часы такой-то марки потому лишь, что ее рекомендует знаменитый спортсмен. Он может позволить себе подписывать важнейшие контракты грошовой шариковой ручкой и носить удобные и элегантные пиджаки, сшитые на заказ в маленькой

мастерской рядом с его офисом и не помеченные никаким фирменным знаком. Он волен делать все, что ему хочется, он добился права никому не доказывать, что богат и успешен. И то, чем он занимается, ему интересно и доставляет удовольствие.

Да, вот в этом, похоже, все дело: получать удовольствие от всего, что делаешь. Он убежден, что именно по этой причине несколько часов назад женщина, вошедшая в бар, не сидит за его столиком.

Он пытается продолжить свои размышления, убивая время. И просит Кристель принести еще порцию — он знает, как зовут официантку, потому что час назад, когда люди разошлись ужинать и коловращение в баре стихло, заказал ей виски, а она сказала, что он, вероятно, грустит, а потому надо что-нибудь съесть, чтобы поднять настроение. Он поблагодарил ее, ему и вправду было приятно, что хоть кого-то в самом деле беспокоит состояние его духа.

Пожалуй, ему одному известно, как зовут человека, обслуживающего его: все остальные хотят узнать имя, а еще лучше — и должность лишь тех, кто сидит за столиками и в креслах.

Он пытается продолжить свои размышления, но уже четвертый час утра, красивая женщина и ее учтивый спутник — внешне он необыкновенно похож на него самого — так больше и не появились. Наверное, поднялись в номер и предались любви, а может быть, пьют шампанское на одной из тех яхт, где веселье сейчас только начинается. А, может быть, лежат в кровати и, не глядя друг на друга, перелистывают газеты.

Да все это, впрочем, неважно. Игорь сидит в одиночестве. Он устал, он хочет спать.

Содержание

Литературно-художественное издание

Пауло Коэльо

МАКТУБ

Зав. редакцией *О. Ярикова*
Ответственный редактор *М. Малороссиянова*
Технический редактор *Т. Тимошина*
Корректор *И. Мокина*
Компьютерная верстка *Е. Илюшиной*

ООО «Издательство Астрель»
129085, г. Москва, пр-д Ольминского, 3а

ООО «Издательство АСТ»
141100, РФ, Московская обл., г. Щелково, ул. Заречная, 96

Наши электронные адреса: www.ast.ru
E-mail: astpub@aha.ru

Подписано в печать 15.06.08. Формат 84х108 $^1/_{32}$
Усл. печ. л. 14,28. Тираж 250 000 экз.

Общероссийский классификатор продукции ОК-005-93, том 2;
953000 — книги, брошюры

Санитарно-эпидемиологическое заключение
№ 77.99.60.953.Д.007027.06.07 от 20.06.2007 г.

Пауло Коэльо

Брида

Впервые на русском языке

"- Как же я узнаю родственную душу?
- Только идя на риск, - сказала она. - Рискуя потерпеть неудачу, разочароваться, утратить иллюзии, но никогда не прекращая поисков Любви. И чем упорнее ты будешь ее искать, тем скорее обретешь".

Это рассказ о Бриде, прекрасной молодой ирландке, и ее стремлении познать мир. На своем жизненном пути она встречает мудреца, который наставляет ее, как преодолевать страхи, и женщину, которая учит ее двигаться в ритме потаенной музыки мира. Оба наставника видят в Бриде особый дар, но раскрыть его в себе и продолжать свой путь она должна без их участия.

Пока Брида находится в поисках своей судьбы, ее отношения с людьми приходят в противоречие с желанием изменить себя.

"Брида" - волнующая история о любви, страсти, тайне и духовном поиске от признанного мастера слова.